Heike Müns, Matthias Weber (Hg.):

„Durst nach Erkenntnis ..."
Zwei Jahrzehnte Immanuel-Kant-Stipendium

Schriften des Bundesinstituts für Kultur
und Geschichte der Deutschen im östlichen Europa

Band 29

R. OLDENBOURG VERLAG MÜNCHEN 2007

„DURST NACH ERKENNTNIS ..."

FORSCHUNGEN ZUR KULTUR UND
GESCHICHTE DER DEUTSCHEN IM ÖSTLICHEN
EUROPA

ZWEI JAHRZEHNTE
IMMANUEL-KANT-STIPENDIUM

Herausgegeben von
Heike Müns und Matthias Weber

R. OLDENBOURG VERLAG MÜNCHEN 2007

Redaktion:
Eckhard Grunewald
Jens Stüben

Bibliographische Information der Deutschen Bibliothek

Die Deutsche Bibliothek verzeichnet diese Publikation in der Deutschen Nationalbibliographie; detaillierte bibliographische Daten sind im Internet über http://dnb.ddb.de abrufbar.

© 2007 Bundesinstitut für Kultur und Geschichte der Deutschen im östlichen Europa, Oldenburg

Das Werk einschließlich aller Abbildungen ist urheberrechtlich geschützt.
Jede Verwendung außerhalb der Grenzen des Urheberrechtsgesetzes ist ohne Zustimmung des Verlages unzulässig und strafbar. Das gilt insbesondere für Vervielfältigungen, Mikroverfilmungen und die Einspeicherung und Bearbeitung in elektronischen Systemen.

Satz und Layout: TypoGrafika | Anke Buschkamp, Oldenburg
Druck und Bindung: Hubert & Co., Göttingen

ISBN-13: 978-3-486-58153-9
ISBN-10: 3-486-58153-8

Inhalt

Staatsminister Bernd Neumann: Grußwort 7

Michaela Marek: Geleitwort 9

Werner Stark: Kant in Königsberg 11

Teil I: Dokumentation

Matthias Weber: Zwei Jahrzehnte Immanuel-Kant-Stipendium 39

Vorsitzende und Mitglieder der Auswahlausschüsse 1986–2006 49

Stipendiatinnen und Stipendiaten und ihre Themen 51

Bisher erschienene Qualifikationsarbeiten der Stipendiatinnen und Stipendiaten 65

Richtlinien für die Vergabe des Immanuel-Kant-Promotionsstipendiums 73

Teil II: Forschungsbeiträge von Stipendiatinnen und Stipendiaten

Geschichte

Joachim Bahlcke: Damit „das Hungarländische zu Revolutionen und Unruhen geneigte Gebluet mit dem Teutschen temperiret [...] werden möchte" – Deutsche Adelige im ungarischen Episkopat des 17. und 18. Jahrhunderts .. 79

Victor Dönninghaus: „Religiös und unpolitisch ...". Der Kommunistische Jugendverband und die deutsche Jugend in der UdSSR (1924–1929) 103

Julia Cartarius: Schutz und Verfolgung. Die oberschlesischen Juden in den Jahren 1933–1938 119

Per Brodersen: Utopia Kaliningrad. Aneignungsstrategien und Repräsentationen in einer sowjetischen Stadt 1945–1968 139

Volkskunde

Brigitte Bönisch-Brednich: Im Westen nicht angekommen.
Autobiographie und Emigration 153

Elisabeth Fendl: Kolonisatoren, Pioniere, ‚Helden der Arbeit'.
Aufbaugeschichten in der Vertriebenengemeinde Neutraubling 171

Literatur- und Sprachwissenschaften

Živilė Vagonytė: Mittelalterliche deutsche Handschriften in St. Petersburg.
Bericht über eine Bibliotheksreise 181

Katinka Seemann: Wortgeschichte als Sozialgeschichte. Zur Konnotierung
des deutschen Lehnworts *gmin* ('gemeines Volk') im Polnischen 197

Kunstgeschichte

Marc Carel Schurr: Die ‚Junker von Prag' und die mitteleuropäische Spätgotik   225

Swantje Volkmann: Architektur im Banat im 18. Jahrhundert 247

Beate Störtkuhl: Der „Wettbewerb zur Erlangung eines Bebauungsplanes
der Stadt Breslau und ihrer Vororte" 1921/22 275

Anhang

Autorinnen und Autoren 299

Register 301

Grußwort

Die Gründungsväter des Immanuel-Kant-Stipendiums waren gut beraten, den Königsberger Philosophen zum Namenspatron ihres Wissenschaftsförderprogramms zu wählen. In der Verehrung dieses aufklärerischen Denkers und seines bahnbrechenden Werks war sich die Welt auch zu den dunkelsten Zeiten des Kalten Krieges über alle Grenzen hinweg einig. Es erscheint symptomatisch, dass die Grabstätte Immanuel Kants neben dem 1945 zerstörten Königsberger Dom nie pietätvoller Pflege ermangelte und dass 1992 kurz nach der politischen Wende das Kant-Denkmal vor der Kaliningrader Universität neu errichtet wurde – deutliche Zeichen einer kulturellen Kontinuität über alle historischen Brüche und politischen Verwerfungen hinweg.

Jenseits seiner weltgeschichtlichen Bedeutung ist Immanuel Kant für uns einer der prägnantesten Repräsentanten des deutschen Kulturerbes im östlichen Europa, einer geistigen Hinterlassenschaft, deren Erforschung, Erhaltung und Weiterentwicklung die Bundesregierung als wichtige Aufgabe und Verpflichtung gemäß § 96 BVFG ansieht. Es ist mir persönlich ein besonderes Anliegen, in diesem Bereich gerade die junge Forschung zu fördern – nicht als Subvention, vielmehr als Investition in die Zukunft.

Die Auseinandersetzung mit dem deutschen Kulturerbe hat eine nationale und zugleich – wie das Beispiel Kants im heutigen Kaliningrad zeigt – eine europäische Dimension. Das Immanuel-Kant-Stipendium leistet hier einen spezifischen Beitrag, indem es die grenzübergreifende kooperative Erforschung der Kultur und Geschichte von Regionen des östlichen Europa fördert, in denen Deutsche jahrhundertelang in engem Kontakt mit anderen Völkern gelebt und gewirkt haben. Wie in kaum einem anderen Teil Europas bieten sich hier Möglichkeiten der Einsicht in historische Wechselbeziehungen und kulturelle Austauschprozesse, die es zu erfassen und zu erforschen gilt.

Die von uns allen gewünschte erfolgreiche Gestaltung der europäischen Zukunft ist nur auf der Basis einer engagierten und vorbehaltlosen Aufarbeitung der gemeinsamen Vergangenheit möglich. Hierzu haben die durch das Immanuel-Kant-Stipendium geförderten jungen Wissenschaftlerinnen und Wissenschaftler in den zurückliegenden Jahren viel geleistet, und sie werden in den kommenden Jahren gewiss noch viel leisten. Meine besten Wünsche begleiten sie auf diesem Weg.

Bernd Neumann, MdB
Staatsminister bei der Bundeskanzlerin
Der Beauftragte der Bundesregierung für Kultur und Medien

Geleitwort

„Kultur, Geschichte und Entfaltung der Deutschen in ihren historischen Gebieten östlich von Oder und Neiße", „Themen aus der deutschen Kultur und Geschichte im Osten" – so lauteten im Kern die Vorgaben, nach welchen seit dem Gründungsjahr des Immanuel-Kant-Stipendiums und noch vor wenigen Jahren die förderungswürdigen Forschungsvorhaben auszuwählen waren. Es ging um Erinnern und Bewahren, es ging um das wissenschaftlich fundierte Bild – freilich nur eines Teils der Vergangenheit des östlichen Mitteleuropa. Forschung folgt einer besonderen Art von Neugier, und diese duldet auf Dauer keine Beschränkung. Wenn Bewerber um Stipendien seit dem Jahr 2003 ausdrücklich dazu eingeladen werden, die Aufmerksamkeit „insbesondere den wechselseitigen Beziehungen zu den Nachbarvölkern" zu widmen, so folgt dies dem wichtigsten Interesse der jungen Forscher und ihrer akademischen Lehrer. Es kennzeichnet aber auch einen Wandel, der zugleich nichts weniger als epochal ist und nichts mehr als die Rückkehr zur Normalität bedeutet: Begegnung, Durchdringung, gegenseitige Bereicherung und immer wieder auch konflikthafte Zusammenstöße unterschiedlicher Kulturen prägten in besonderer Weise die Geschichte des östlichen Teils von Europa, kein Ereignis und kein kulturelles Phänomen kann ohne den Blick auf die anderen angemessen untersucht werden. Diese Konstellation spiegelt sich endlich auch in der historischen Forschung wider. Das Hauptinteresse gilt nicht mehr der Volksgeschichte und der Sicherung ‚eigener' Spuren im Osten Europas, sondern im Gegenteil Erscheinungsformen und Problemlagen der kulturellen Vielfalt in bestimmten Regionen und an einzelnen Orten. Dieser Normalität entspricht es auch, dass Archivrecherchen, Literaturstudium und der lebendige wissenschaftliche Austausch ganz selbstverständlich unabhängig von politischen Grenzen und sprachlichen Barrieren betrieben werden. Nicht zuletzt zeigt sie sich darin, dass die geförderten Doktoranden zu den neuerdings alljährlich stattfindenden Kolloquien von den verschiedensten Orten in Mittel- und Osteuropa anreisen – weil sie dort, ‚vor Ort', ihren Forschungen nachgehen oder weil es ihre Heimatorte sind.

Die mit offenem Blick betriebene, ebenso unbefangene wie kritische Erforschung des gemeinsamen Erbes ist zu einer europäischen Angelegenheit geworden. Dass dieses Kapital aufgebaut werden konnte, ist wesentlich auch der Förderung durch das Immanuel-Kant-Stipendienprogramm zu verdanken. Es bedarf konsequenter weiterer Investitionen, damit es sich reich verzinst.

Prof. Dr. Michaela Marek
Vorsitzende des Auswahlausschusses
für das Immanuel-Kant-Promotionsstipendium

Werner Stark

Kant in Königsberg

Das mehr formal denn inhaltlich bestimmte Thema meines Vortrags[1] verdankt sich dem historischen Zufall, dass im Februar 1804 in Königsberg ein Professor für Philosophie mit Namen Immanuel Kant verstorben und daselbst begraben worden ist. Die Lebensleistung des genannten Philosophen und die von späteren Generationen bewusst gepflegte Erinnerung daran bildet – wie Sie alle wissen – den Anlass unter anderem zur Namensgebung eines renommierten Wissenschaftsstipendiums.

Der aktuelle Anlass gibt mir eine der seltenen Gelegenheiten, eigene Erfahrungen öffentlich zu reflektieren, Erfahrungen, die sich nicht unmittelbar und ausschließlich in einer Spezialpublikation zur Kant-Forschung niederschlagen können. Mir geht es hier also nicht um die Interpretation des Werkes, die verschiedenen Formen seiner Überlieferung (Handschriften, Drucke) oder deren editorische Aufbereitung und Präsentation. Im Lauf der letzten rund zwanzig Jahre hat sich bei mir als einem auch an allgemeineren Zusammenhängen – vor allem politischen und kulturellen – interessierten Zeitgenossen ein gewisses Maß an Beobachtungen und Überlegungen quasi naturwüchsig akkumuliert, das – so meine und hoffe ich – für ähnlich strukturierte andere Geister von Belang sein könnte.

In den letzten Jahren fällt mir zunehmend auf, dass sich eine Lücke auftut: Während ich selber in früheren Jahren zu den Jüngeren zählte, die sich wie selbstverständlich an Ältere wenden konnten, wenn sie etwas wissen wollten, kehrt sich die Lage allmählich um. Ich meine dies nicht bloß persönlich, sondern auch in Büchern oder Publikationen gedacht, indem nämlich die Generation derjenigen Forscher – vornehmlich Historiker –, von denen ich etwas erfahren konnte über, sagen wir, z. B. ‚Kant in Königsberg', deutlich abnimmt und – wir sind alle Menschen – auch weiter abnehmen und schließlich verstummen wird. Mutatis mutandis gilt dies auch für Bibliothekare oder Archivare bzw. teils sogar die Institutionen selber. Mit anderen Worten: Die Generation derjenigen, die durch Geburt oder Herkunft unmittelbar mit Königsberg und Altpreußen verbunden sind, stirbt aus.

Es gibt aber auch – und hier sehe ich ein wesentlich zukunftsträchtiges Moment – eine gegenläufige Entwicklung. Mit den politischen Wandlungsprozessen, die in den Jahren 1989–1991 im östlichen Europa in Gang gekommen sind und deren Wirkungen nunmehr auch im älteren, westlichen Teil der Bundesrepublik Deutschland

---

1 Für den Druck überarbeitete, von der Redaktion des Bandes gekürzte Fassung meines Vortrags, gehalten anlässlich der Jahrestagung der Immanuel-Kant-Stipendiaten in Oldenburg (Oktober 2004) sowie in Wilna/Vilnius (Februar 2005), in Teilen auch in Kaliningrad und Marburg (2004). Die in Wilna/Vilnius vorgetragene Fassung ist in litauischer Übersetzung von Alfonsas Tekorius erschienen in: Kultūros Barai, Nr. 4 (Vilnius 2005), S. 76–87.

den universitären Alltag zu verändern begonnen haben, entsteht oder verstärkt sich in Litauen, Polen und Russland unter der jüngeren Generation ein Interesse an der Vergangenheit der Gebiete, Städte und Institutionen, die vor 1945 teils über Jahrhunderte hin von deutschen Kulturen und Traditionen geprägt worden sind. Kurz: Eine neue Generation von geborenen ‚Königsberg-Kaliningradern' ist entstanden, und sie hat schon begonnen, sich auch der früheren deutschen Geschichte zuzuwenden. Wobei das Attribut ‚deutsch' auch und der Sache nach vielleicht sogar treffender durch ‚europäisch' ersetzt werden kann.

Und es scheint nun so, also gehöre ich zur Generation derjenigen, die eine Art von Brücke bilden können, müssen oder wollen zwischen einem deutschen Königsberg und dem russischen Kaliningrad; oder wenn man es weniger politisch mag: Meine Generation – und die Ihre – hat die Chance, mitzuwirken an einem bewussten Brückenschlag, der notwendig ist nach all den materiellen Zerstörungen und kulturellen Verwüstungen, die im Verlauf des vergangenen 20. Jahrhunderts hauptsächlich im östlichen Teil von Europa angerichtet worden sind.

Die Lücke besteht nun für mich bzw. mein Interessensgebiet genauer darin, dass die wissenschaftlichen und kulturellen Traditionen der Stadt, in der Kant – abgesehen von seiner Hofmeisterzeit auf dem Land – sein gesamtes, fast 80 Jahre währendes Leben verbracht hat, nach dem Ende des Zweiten Weltkrieges nahezu vollständig zum Erliegen gekommen sind. Dies ist eine der Folgen des Vernichtungs- und Expansionskrieges, der in den 1930er Jahren während der nationalsozialistischen Herrschaft systematisch vorbereitet und schließlich zu einer schrecklichen Tatsache geworden ist.

Damit können die Präliminarien enden. Und ich wende mich ‚Kant in Königsberg' etwas konkreter zu. Zum Beschluss werde ich mich direkt auf die Person des Immanuel Kant in Kaliningrad beziehen und an einem Beispiel Ihnen zu verdeutlichen versuchen, worauf es meiner Meinung nach in den nächsten Jahren wird ankommen müssen, wenn denn ein kultureller Brückenschlag von und für die heutigen Einwohner zur früheren Kultur und Geschichte der Deutschen im östlichen Europa gelingen soll.

Für meine heutige, über 200 Jahre zurückblickende Perspektive ergibt sich aus dem Standpunkt des Todesjahrs 1804 für ‚Kant in Königsberg' eine zweifache Blickrichtung: einmal weiter rückwärts auf sein Leben und Wirken von 1724 bis 1804 und zum anderen vorwärts von 1804 bis 2005 – oder, anders gesagt, auf die Biographie oder die Nachwirkung. Da zum Kant-Jahr 2004 drei teils umfängliche Biographien in deutscher Sprache erschienen sind, möchte ich mich hier dem lokalen Nachleben in Königsberg zuwenden.

Ich möchte also fragen: Wie war eigentlich die lokale Pflege des kantischen Erbes beschaffen? Oder: In welchen Formen sind die örtlichen Instanzen mit den ihnen kulturell und geistesgeschichtlich gestellten Aufgaben umgegangen, die ihnen durch das Werk des vielleicht größten und wichtigsten Philosophen der Neuzeit hinterlassen worden sind? Meiner Meinung nach sind hier zwei schon im Ansatz zu unterscheidende Konkretionen zu beachten: einmal die sich in Denkmalen und anderen äußeren Zeichen manifestierende öffentliche Präsenz, zum anderen eine sich mehr auf den inneren Gehalt der Lehre beziehende Sorge um den handschriftlichen Nachlass und die Dokumente aus dem Leben des akademischen Lehrers und philosophischen Schriftstellers. – Zunächst zu den sichtbarsten äußeren Zeichen, die ich etwa chronologisch angeordnet habe:

I.

1. Das Grab

Immanuel Kant ist am 12. Februar 1804 nach langer Alterskrankheit gestorben; mehr als 14 Tage später wurde sein Leichnam im sogenannten ‚Professor-Gewölbe' an der Nordseite des Königsberger Doms bestattet. Diese ungewöhnlich lange Pause geht nun nicht, wie man vielleicht denken mag oder auch lesen kann, auf die Witterung zurück, sondern ist letztlich Ausfluss der Tatsache, dass sich die Zeitgenossen bewusst waren, ein Großer sei von ihnen gegangen. Die verschiedenen beteiligten Instanzen, Universität, Regierung, Kirche und Studenten, haben – dies zeigen die 1924 von Arthur Warda veröffentlichten Dokumente eindeutig – ganz schlicht und simpel rund zwei Wochen gebraucht, um eine ihnen angemessen erscheinende Form und Gestaltung für das Begräbnis zu finden.

Bei der Bestattung ist an der Grabstelle keinerlei sichtbarer Hinweis auf Immanuel Kant angebracht worden. 1808 wird das nördlich und südlich des Domes gelegene Gräberfeld des schon Mitte der 1780er Jahre geschlossenen Friedhofs der Domgemeinde eingeebnet. Gleichzeitig wird der als ‚Professor-Gewölbe' bezeichnete arkadenartige Anbau an der Nordseite des Doms als Begräbnisstätte geschlossen. Johann George Scheffner nutzt kurz darauf 1809/10 diese Gelegenheit zu einer Neugestaltung der Arkaden, die fortan als „Stoa Kantiana" bezeichnet werden. Das östliche Ende wird zu einer Gedenkstätte für den großen Philosophen umgestaltet (Abb. 1). Auf der durch einen Gedenkstein markierten Grabstelle wird eine Stele errichtet, die eine 1802 in Berlin bei Johann Gottfried Schadow (1764–1850) geschaffene Porträtbüste des Verstorbenen trägt.

Im Zuge des Umbaus der alten, auf der Pregelinsel gelegenen universitären Gebäude wird die Büste zunächst etwa ein Jahrzehnt später in das neu gestaltete Auditorium Maximum verlagert. Mitte des 19. Jahrhunderts wandert die Büste dann in den Senatssaal der am Paradeplatz neu erbauten Universität, den sogenannten Stülerbau. Aus etwa derselben Zeit sind verschiedene Berichte überliefert, wonach die „Stoa Kantiana" zunehmend in Verfall gerät. Erste Pläne zur Umgestaltung von Kants Grab entstehen: 1880 wird das östliche Ende des früheren ‚Professor-Gewölbes' zu einer eigenständigen Grabkapelle (Abb. 2) umgebaut.

Der in Königsberg geborene, an der Berliner Akademie der Künste tätige Bildhauer Rudolf Siemering (1835–1905) fertigt nach dem aus Königsberg entliehenen Original der Kant-Büste eine Marmorkopie, die Ende 1880 an alter Stelle über dem Grab aufgestellt wird. Nach Fertigstellung der neugotischen Grabkapelle entstehen Zweifel über die genaue Position des ursprünglichen Grabes; deshalb wird eine Grabung – beginnend unter dem Scheffner'schen Grabstein mit der Jahreszahl 1809 – durchgeführt, die zur Identifikation der sterblichen Überreste Kants führt. Anschließend werden diese im November 1880 erneut an derselben Stelle bestattet.

Ganz offensichtlich war jedoch das Mauerwerk der neugotischen Kapelle nicht hinreichend gegen aufsteigende Feuchtigkeit gesichert, sodass um 1900 abermals die Frage nach einer Neugestaltung des kantischen Grabmals aufgeworfen wird. Im Zuge einer umfassenden und gründlichen Sanierung der Domkirche (bis 1907) ist der aus dem 16. Jahrhundert stammende arkadenartige nördliche Anbau, also die Reste der Scheffner'schen „Stoa Kantiana", vermutlich noch im Jahr 1899 abgerissen worden. Die Kant gewidmete Grabkapelle blieb jedoch zunächst stehen. Schließlich wird erst im unmittelbaren Vorfeld der groß angelegten Feierlichkeiten zu Kants 200. Geburtstag von den lokalen politischen Instanzen entschieden, ein neues Grabmal zu errichten.

Im April 1924 feiern Stadt und Universität Königsberg den 200. Geburtstag des Philosophen; bei dieser Gelegenheit wird das von dem Professor an der Königsberger Kunstakademie Friedrich Lahrs (1880–1964) neu konzipierte, klassizistisch anmutende Grabmal der Öffentlichkeit übergeben. Die Nordostecke der Königsberger Domkirche erhält die noch heute der eigenen Anschauung zugängliche Form aus rotem Porphyr (Rochlitz/Sachsen), grauem Granit und schmiedeeisernen Gittern (Abb. 3). Die 1880 geschaffene unterirdische Situation konnte dabei unverändert belassen bleiben.

2. Das Rauch'sche Standbild

Die Denkmale gebärende, biedermeierliche Zeit der Mitte des 19. Jahrhunderts führte unter anderem dazu, dass der aus dem heute hessischen Arolsen stammende Berliner Bildhauer Christian Daniel Rauch (1777–1857) für Königsberg eine bronzene, etwa lebensgroße Vollplastik des Philosophen herstellte. Er übernahm die leitende Bildidee, die er schon für den Sockel der 1851 eingeweihten Reiterstatue von Friedrich dem Großen in Berlin entwickelt hatte. Ikonographisch orientiert Rauch sich dabei sichtlich an einer kleinen Skizze (Abb. 4), die von dem ansonsten nicht weiter bekannten Zeichner Johann Gottlieb Puttrich, wohl noch im Jahr 1793, in Königsberg nach dem Leben angefertigt worden ist. Das Kant-Denkmal wurde zunächst (1862) ganz in der Nähe von Kants Wohnhaus unweit der nordwestlichen Ecke des Königsberger Schlosses aufgestellt. Mit den Veränderungen des Straßenverlaufs und der Bebauung wechselt es 1885 zum alten Paradeplatz unmittelbar vor die Neue Universität – wenig mehr als hundert Meter in nördlicher Richtung. Während des Zweiten Weltkrieges wird es unweit des Dönhoff'schen Schlosses Friedrichstein eingegraben, um für die Nachwelt bewahrt zu werden. Es ging jedoch verloren, und aufgrund einer großzügigen Spende von Marion Gräfin Dönhoff konnte es in Form einer Nachschöpfung durch den Berliner Bildhauer Harald Haacke im Juni 1992 erneut etwa an alter Stelle auf dem in Kaliningrad erhaltenen Granitsockel aufgestellt werden (Abb. 5). Vorlagen für Haacke fanden sich in den in (Ost-)Berlin lagernden Beständen des früheren Rauch-Museums – darunter ein heute in Arolsen ausgestelltes kleines, nur rund einen halben Meter hohes und in Details reicheres Modell in Gips (Abb. 6).

3. Das Wohnhaus

Zur Jahreswende 1783/84 hatte der fast 60-jährige Kant auf Vermittlung des Königsberger Oberbürgermeisters Theodor Gottlieb (von) Hippel ein für seine Bedürfnisse passendes Haus von der Witwe des Porträtmalers Becker erwerben können. Kant verbrachte dort die letzten 20 Jahre seines Lebens. Anschließend hat das Haus verschiedenen kommerziellen Zwecken gedient. Es verfügte über einen vergleichsweise großen Raum – den vormaligen kantischen Hörsaal – und konnte so leicht als Gaststätte genutzt werden (Abb. 7). Im Frühjahr 1893 ist das stets in privater Hand befindliche Haus abgebrochen worden; seine äußeren Dimensionen reichten nicht länger hin für die Anforderungen der sich stets modernisierenden Geschäftswelt.

Wir sind heute dennoch vergleichsweise gut informiert über den Zustand von Kants Haus, weil der Königsberger Architekt Walter Kuhrke 1917 auf der Basis noch vorhandener Unterlagen (Zeichnungen, Fotografien) und teils sehr plastischer Schilderungen von Zeitgenossen eine Rekonstruktion des Hauses veröffentlicht hat.

4. Die Gedenktafel

Im 100. Gedenkjahr von Kants Tod wurde auf Initiative der Stadt Königsberg an der südwestlichen Schlossmauer eine bronzene Gedenktafel angebracht, die die vielfach zitierte Schluss-Sequenz der „Critik der practischen Vernunft" von 1788 – „Der bestirnte Himmel über mir und das moralische Gesetz in mir" – den Passanten stets vor Augen führte. Auch diese Bronze ging nach 1945 verloren. 1993 hat die Stadtgemeinschaft Königsberg in Abstimmung mit Kaliningrader Instanzen eine neue – zweisprachige russisch-deutsche – Fassung etwa an derselben Stelle anbringen können (Abb. 8).

5. Das Kant-Zimmer

Mit deutlich spürbarem politischem Rückenwind aus Berlin wurde in der nach 1918 zu einer Exklave gewordenen Provinz Ostpreußen ein groß angelegtes Gedenken zur Feier des 200. Geburtstages von Immanuel Kant im Frühjahr 1924 durchgeführt. Wohl im Vorfeld dazu ist 1923 erstmals ein eigenes Kant-Zimmer in den Räumlichkeiten des alten Universitätsgebäudes auf der Dominsel eingerichtet worden. Die Zuständigkeit lag, wenn ich die wenigen verfügbaren Informationen richtig deute, bei der Stadtbibliothek, die seit dem ausgehenden 19. Jahrhundert dort ihren Sitz hatte. Wenig später wechselte das Kant-Zimmer in das Stadtgeschichtliche Museum, das im historischen Gebäude des Kneiphöfischen Rathauses untergebracht wurde. Eduard Anderson hat 1936 eine Broschüre mit Bestandsübersicht veröffentlicht und in mehreren Publikationen Licht auf die historischen Umstände der allmählich anwachsenden Anzahl von Exponaten werfen können. – Mit Ausnahme zweier Kant-Autographen, die nach 1945 in die Moskauer Lenin-Bibliothek gelangt sind, scheinen – ich betone: scheinen – die Exponate verloren zu sein.

6. Das Kant-Häuschen im Garten des Modittener Forsthauses

Ein letztes äußeres Gedenkzeichen möchte ich hier noch kurz erwähnen: Einer Überlieferung des 18. Jahrhunderts zufolge war Kant in seinen jüngeren Jahren mit einem Förster Wobser befreundet. Ein wohl aus dem 18. Jahrhundert stammendes Gartenhäuschen wurde, tatkräftig befördert von Königsberger Heimatforschern in den 1920er Jahren, zu einem beliebten Ausflugsziel; in dem kleinen Häuschen wurde auch eine Ausstellung (Abb. 9) – wohl ausschließlich mit Reproduktionen – eingerichtet. – Entgegen einer auch in Kaliningrad verbreiteten Meinung teile ich die Ansicht von Anatolij Bachtin, wonach das Häuschen bei den Kämpfen um den Pillauer Korridor Anfang des Jahres 1945 zerstört wurde.

*

Die deutsche Zeit der Stadt endete bald nach dem Ende der Kämpfe im Winter 1945, und in den ersten in vielerlei Hinsicht problematischen Jahren danach war an eine Fortführung der Traditionen nicht zu denken. Der Stadt kam in der sowjetischen Zeit eine vorwiegend militärstrategische Rolle zu. Im Zusammenhang mit der Umwandlung der Pädagogischen Hochschule zur Staatlichen Universität Kaliningrad und einer Internationalen Kant-Tagung in Riga aus Anlass der 250. Wiederkehr von Kants Geburtstag wurde 1974 in Kaliningrad eine auch für das ‚kapitalistische Ausland' sichtbare russische Tradition der Kant-Forschung in Kaliningrad begründet. Eine der antreibenden Personen war und ist zweifellos Leonard Kalinnikov, der sich bis heute auf vielfältige Weise und stets mit großem persönlichem Engagement für die Pflege der Erinnerung an Kant und seine Zeit in Stadt und Universität einsetzt.

Auf der deutschen Seite ist es wohl zunächst die nach 1945 in Bonn neu gegründete Kant-Gesellschaft e. V. gewesen, die teils über Moskauer Vermittlungen, teils direkt mit Kaliningrader Instanzen einen ersten Informationsaustausch im Hinblick auf Immanuel Kant aufbauen konnte. Hinzuweisen ist hier auf eine 1983 erschienene Mainz-Marburger Koproduktion, die auf den allzu früh, Ende 1994, verstorbenen Mainzer Kant-Forscher Rudolf Malter zurückgeht. Der schmale Band „Kant in Königsberg seit 1945. Eine Dokumentation" lässt kaum erahnen, welche Anstrengungen und Mühen in den Jahren zuvor dazu erforderlich waren.

Ein Teil der im damaligen Kant-Museum in der sogenannten ‚Alten Universität' vorhandenen Exponate hat nach dem Wiederaufbau der Domkirche in den 1990er Jahren einen Weg in das jetzt dort angesiedelte (eher private) Kant-Museum gefunden; ein anderer Teil gelangte in das erst vor wenigen Jahren begründete Universitätsmuseum. – Nicht unerwähnt bleiben darf hier auch die erstmals 1975 erschienene „Kantovski Sbornik" [Kant-Sammlung], die seither jährlich in Kaliningrad, teils unter Überwindung großer Schwierigkeiten, herausgekommen ist. 2003 ist eine CD dazugekommen, die – wenn ich recht informiert bin – sämtliche bis dahin gedruckten Artikel enthält. 2003 ist zudem als Nr. 3 der neu begründeten Reihe „Stoa Kantiana" eine Auswahl im neu strukturierten Verlag der Staatlichen Universität Kaliningrad erschienen. Die Wiedererrichtung des Rauch/Haack'schen Kant-Denkmals im Jahr 1992 und die zweisprachige Ausführung der Kant-Gedenktafel im Herbst 1993 habe ich schon erwähnt. Im April des Jahres 2004 wurde ein auch internationale Beachtung findender Kant-Kongress von der Universität organisiert, nachdem dort bereits im Februar ein Gedenkseminar aus Anlass des 200. Todestages stattgefunden hatte. Bei der April-Tagung ist am Leninskij Prospekt eine Gedenktafel zur Erinnerung an Kants Geburtshaus angebracht worden (Abb. 10). – So weit oder so knapp zu den eher äußeren Zeichen der Kant-Tradition in Königsberg-Kaliningrad.

II.

Ein zweiter großer, jedoch deutlich weniger sinnfälliger Block des Fortwirkens von Immanuel Kant in Königsberg lässt sich nicht abtrennen von der primären Trägerinstitution der intellektuellen und wissenschaftlichen Aktivitäten in der Stadt – der 1544 begründeten Albertus-Universität. Bis in die 1940er Jahre hinein existierte zwar auch eine zunächst rein private Einrichtung: die einmal jährlich sich versammelnde kantische Geburtstagstafel mit ihrer Tradition der Bohnenrede. Ursprünglich waren als Mitglieder nur solche Personen zugelassen, die noch zu Lebzeiten des Philosophen an seiner Tischgesellschaft teilgenommen hatten; im Lauf des 19. Jahrhunderts fand zwangsläufig ein fließender Übergang zu einer teils bildungsbürgerlichen, teils akademischen Gesellschaft statt, mit einem – was die Außenwirkung angeht – zunehmenden Gewicht auf der wissenschaftlich-kulturellen Seite. Dies Letztere gilt auch für die bis heute erreichte Fortführung eines jährlichen, Kant gewidmeten Bohnenmahls, das – soweit meine eigene Erinnerung reicht – jährlich in Mainz stattfindet.

Kant war jedoch primär und de jure Universitätsangehöriger und ist nie im buchstäblichen Sinn Bürger der Stadt Königsberg gewesen. Seine Hauptwirkungsstätte war die Universität, und diese ist zu verschiedenen Zeiten auf je verschiedene Weise der als Verpflichtung empfundenen Aufgabe nachgekommen, sein intellektuelles Erbe zu bewahren und fortzuführen. – Die summarische Aufgabenstellung des vorliegenden Beitrags würde verfehlt, wenn ich im Einzelnen hierauf zu sprechen käme; denn dazu wäre ein gezielter Rückgriff auf all die akademischen Lehrer – insbesondere die Philosophen – der Universität erforderlich, in deren Werk sich ein besonderer Kant-Bezug nachweisen lässt. Abgesehen davon, dass dazu – soweit ich sehe – bislang kaum Vorarbeiten existieren, meine ich mich hier auf eine kurze, mehr andeutende denn ausführende Skizze beschränken zu sollen, eine wirkliche Skizze, die die essentiellen Stationen in der Überlieferung des handschriftlichen Nachlasses von Kant vor Augen führt, und die bloße Nennung der sieben oder acht wichtigsten Personen, ohne deren Vorleistungen auch die gegenwärtig nicht beendete, an Primärquellen orientierte Kant-Forschung nicht möglich ist: Der Historiker Friedrich Wilhelm Schubert, der Philosoph Karl Rosenkranz und der Kunsthistoriker August Hagen stehen am Anfang; es folgen der Freigeist Emil Arnoldt und der mit ihm befreundete Bibliothekar Rudolf Reicke. Die Last der dritten Generation übernahmen der Jurist Arthur Warda und der Philosoph Arnold Kowalewski. Auch der Oberlehrer Otto Schöndörffer kann hierzu gerechnet werden. Alle haben sie auf je verschiedene Weise sich den materiellen Überlieferungsträgern von Kants Leben und Wirken zugewendet. Mit Ausnahme der Archivalien in Allenstein/Olsztyn und Berlin sind die von ihnen angelegten und gepflegten Königsberger Sammlungen an Kant-Handschriften – soweit ich weiß – bis heute verschollen.

Die 1944/45 aus Königsberg verlagerten Stücke aus Königsberger Bibliotheken und die von der Berliner Akademie der Wissenschaften im Sommer 1944 aus Berlin nach Greifswald verlagerten Teilbestände sind seit dem Ende des Zweiten Weltkrieges verschwunden. Die Städte St. Petersburg, Moskau und Kiew scheinen, wenn die mir zugänglichen Informationen nicht trügen, eine besondere Rolle bei den anzunehmenden Verlagerungen nach dem 8. Mai 1945 gespielt zu haben. Dies gilt sicher auch für Warschau, von wo aus heute der gleichsam offizielle polnische Anteil an der Sicherung der zurückgelassenen deutschen Kulturgüter nachvollzogen werden kann. Thorn/Toruń an der Weichsel, d. h. der dort 1945 neu begründeten polnischen Nikolaus-Kopernikus-Universität, kommt in diesem Zusammenhang eine herausragende Rolle zu. In ihrer Hauptbibliothek befindet sich unter anderem der zweite Band der Königsberger Universitätsmatrikel, enthaltend auch die Sommer 1786 und 1788, in denen Kant als Rektor der Albertus-Universität die neu ankommenden Studenten zu akademischen Bürgern erklärte.

Blickt man jetzt, und damit komme ich zu dem versprochenen praktischen Schluss meines Vortrags, auf die heutige Situation, dann dürfte schon durch die Nennung des Stichwortes ‚Beutekunst' klar sein, dass auf russischer Seite primär, wenn nicht ausschließlich an *eine* Stelle zu denken ist, die an einer Aufklärung der Schicksale des Kant-Nachlasses interessiert ist: die ‚Staatliche Russische Immanuel-Kant-Universität' in Kaliningrad. Freilich sollte ebenso klar sein, dass deren Perspektive nicht ausschließlich auf Kant gerichtet sein kann, sondern auf die vielfältigen wissenschaftlichen Traditionen ihrer Vorgängerinstitution. Wobei insbesondere für die Aufklärung über Umstände der Verlagerungen und Sicherungen in den ersten Nachkriegsjahren die polnische und die litauische Seite stets mit bedacht werden müssen.

Gegen Ende meiner Präliminarien habe ich für den Beschluss meines Vortrags angekündigt, die Person des Immanuel Kant in Kaliningrad gleichsam auftreten zu lassen. Diese Redeweise ist, wie Sie gemerkt haben werden, ein Spiel mit Worten: *persona* oder Maske und hier konkret eine Büste der Person. Unter den Exponaten des Kaliningrader Kant-Museums hat mich 1990 eine Büste besonders fasziniert.

Was ist das für eine Büste? – Es handelt sich offenkundig um eine Replik in Gips, doch wonach? Es war mir – des Russischen unkundig – nicht möglich, vor Ort irgendwelche zusätzlichen Informationen zu erfragen. Mittlerweile bin ich sicher, dieses Rätsel gelöst zu haben: Die Büste ist eine Replik der ersten 1801 oder 1802 in Berlin in der Schadow'schen Werkstatt hergestellten Marmorplastik, die einige Jahre auf Kants Grab und dann im Senatszimmer der Universität aufgestellt war. Eine weitere Replik befindet sich in Oxford, ein anderes Gips-Exemplar ist vor dem Ersten Weltkrieg in die Marburger Philipps-Universität gelangt, dort aber – leider – nicht mehr auffindbar. – Eine zweite um dieselbe Zeit entstandene Marmorfassung aus derselben Berliner Werkstatt befindet sich in der Hamburger Kunsthalle. Die Kaliningrader Replik ist 1974 aus Moskau dorthin gekommen; aufgefunden wurde das Stück von einem Mitarbeiter an der damaligen Akademie der Wissenschaften der UdSSR, dem Philosophen Schutschkow.

Die Replik ist, wie die Beschriftung auf der Rückseite zeigt, von der Berliner Firma der Gebrüder Micheli angefertigt worden. Im Katalog der Königsberger Kant-Ausstellung von 1904, durchgeführt von der Buchhandlung Gräfe & Unzer, werden neben einigen Originalen auch zahlreiche fotografische oder andere technische Reproduktionen von Kant-Darstellungen und Dokumenten aus seinem Leben angeboten. Auf S. 24 findet man unter Nr. 108 „Büste von Schadow. Lebensgröße. Verkäuflich" und unter Nr. 109 „Büste von Schadow. 2/3 Lebensgröße. Verkäuflich". Die herstellende Firma wird zwar nicht genannt, doch spricht nichts dagegen, diese mit der um die Wende zum 20. Jahrhundert sich mit einem neuen Reproduktionsverfahren etablierenden Firma der Gebrüder Micheli in Berlin zu identifizieren. Wenn meine Zuschreibung zutrifft, dann folgt daraus, dass eine sichtlich andere Büste, die in etlichen Repliken in Rostock, Berlin, Weimar und Duisburg vertreten ist, die 1880 von Rudolf Siemering angefertigte Marmorkopie wiedergibt und nicht, wie vielfach zu lesen, das Hagemann'sche Modell für die in der Schadow-Werkstatt kurz nach 1800 entstandenen Fassungen. – Ich möchte an dieser Stelle nicht weiter auf die teils sehr komplizierten Wege und Schritte eingehen, die mich zu dieser Lösung geführt haben, und stattdessen den kunsthistorischen Exkurs hier beenden, denn mir kommt es ja auf die grundsätzlichen Aspekte dieses einen Beispiels an.

Ich meine, dass es bisher noch nicht gelungen ist, die wechselseitigen Interessen aus und für Kaliningrad mit den in der Bundesrepublik Deutschland überkommenen Forschungseinrichtungen so zu vernetzen, dass Vergangenheit und Zukunft sich tatsächlich in der Gegenwart treffen können. Wenn Sie sich nämlich in die Rolle des Kaliningrader Universitätsmuseums im Jahr 2003 versetzen und nur versuchen wollen, eine historisch richtige Beschriftung an der Kant darstellenden Gipsbüste (Abb. 11) anzubringen, dann sind Sie nicht nur angewiesen auf deutschsprachige Informationsquellen, die Ihnen freilich kaum erreichbar sind, sondern Sie stehen vor einem wahrhaften Labyrinth an Traditionen, für das Sie keinen Leitfaden besitzen.

Literatur

Altpreußische Biographie. Hg. im Auftrage der Historischen Kommission für Ost- und Westpreußische Landesforschung von Christian Kollmann, Kurt Forstreuter u. a. 5 Bde. Königsberg, Marburg/L. 1936–2000.

Altpreußische Monatsschrift zur Spiegelung des provinziellen Lebens in Literatur, Kunst, Wissenschaft und Industrie. Königsberg 1864–1923.

Anderson, Eduard: Führer durch Königsberg und Umgebung. 7., neubearb. Aufl. Königsberg 1934.

Anderson, Eduard: Das Kantzimmer im stadtgeschichtlichen Museum Königsberg (Pr) Brodbänkenstr. 11/12. Königsberg 1936.

Anderson, Eduard: Das Kanthäuschen in Moditten. Königsberg 1936.

Anonym: Kant's Grabkapelle in Königsberg. In: Die Gartenlaube. Illustrirtes Familienblatt 1881, Nr. 30, S. 497.

Antoni, Michael (Bearb.): Dehio-Handbuch der Kunstdenkmäler West- und Ostpreußen. Die ehemaligen Provinzen West- und Ostpreußen (Deutschordensland Preußen) mit Bütower und Lauenburger Land. München, Berlin 1993.

Benninghoven, Friedrich (Hg.): Immanuel Kant. Leben – Umwelt – Werk. Ausstellung des Geheimen Staatsarchivs Preußischer Kulturbesitz aus Beständen der Stiftung Preußischer Kulturbesitz der Bayerischen Staatsbibliothek München, des Hauses Königsberg in Duisburg und anderer Leihgeber zur 250. Wiederkehr von Kants Geburtstag am 22. April 1974. Berlin 1974.

Bergmann u. a.: Die Stoa Kantiana. In: Altpreußische Monatsschrift zur Spiegelung des provinziellen Lebens in Literatur, Kunst, Wissenschaft und Industrie 10 (1873), S. 286 f.

Bessel-Hagen, Friedrich: Die Grabstätte Immanuel Kants mit besonderer Rücksicht auf die Ausgrabung und Wiederbestattung seiner Gebeine im Jahre 1880. In: Altpreußische Monatsschrift zur Spiegelung des provinziellen Lebens in Literatur, Kunst, Wissenschaft und Industrie 17 (1880), S. 643–670.

Böckel, Ernst Gottfried Adolph: Die Todtenfeyer Kant's. Königsberg 1804.

Borkowski, Heinrich: Kants Grabstätte – Die Professorengruft – Die Stoa Kantiana. In: Mitteilungen des Vereins für die Geschichte von Ost- und Westpreußen 10 (1936), S. 65–69.

Brandt, Reinhard / Euler, Werner (Hg.) / Stark, Werner (Mitw.): Studien zur Entwicklung preußischer Universitäten (Wolfenbütteler Forschungen 88). Wiesbaden 1999.

Clasen, Karl-Heinz: Kant-Bildnisse. Mit Unterstützung der Stadt Königsberg hg. von der Königsberger Ortsgruppe der Kant-Gesellschaft. Königsberg 1924.

Dethlefsen, Richard: Die Domkirche in Königsberg i. Pr. nach ihrer jüngsten Wiederherstellung. Dargestellt und mit Unterstützung der Königlich Preußischen Staatsregierung, des Provinzialverbandes Ostpreußen, der Stadt Königsberg und der Domgemeinde. Berlin 1912.

Dethlefsen, Richard: Die Grabstätte Kants. In: Zentralblatt der Bauverwaltung (Berlin) 44 (1924), Nr. 25, S. 205–207.

Dietzsch, Steffen: Immanuel Kant. Eine Biographie. Leipzig 2003.

Döhring, Alfred: Rückblick auf die ersten hundert Jahre der Gesellschaft der Freunde Kants. Rede zum Geburtstag Kants gehalten bei dem Bohnenmahle des Jahres 1905. In: Altpreußische Monatsschrift zur Spiegelung des provinziellen Lebens in Literatur, Kunst, Wissenschaft und Industrie 42 (1905), S. 403–432.

Dönhoff, Marion Gräfin: Heimkehr nach fünfzig Jahren. Am vergangenen Wochenende wurde das Denkmal Immanuel Kants in Königsberg wieder aufgestellt. In: Die Zeit vom 3. Juli 1992, S. 7.

Faber, Karl: Die Haupt- und Residenz-Stadt Königsberg in Preußen. Das Merkwürdigste aus der Geschichte. Beschreibung und Chronik der Stadt. Königsberg 1840.

Die Feier des 200. Geburtstages Immanuel Kants in seiner Vaterstadt. Die Königsberger Kant-Tage (19. bis 24. April 1924) nach den Berichten der Königsberger Hartungschen Zeitung. Königsberg 1924.

Feldkeller, Paul (Hg.): Reichls philosophischer Almanach auf das Jahr 1924. Immanuel Kant zum Gedächtnis. 22. April 1924. Darmstadt 1924.

Gause, Fritz: Die Geschichte der Stadt Königsberg in Preußen. Bd. II: Von der Königskrönung bis zum Ausbruch des Ersten Weltkrieges. 2., erg. Aufl. Köln, Weimar, Wien 1996.

Gause, Fritz / Forstreuter, Kurt (Hg.): Kant und Königsberg. Ein Buch der Erinnerung an Kants 250. Geburtstag am 22. April 1974. Leer 1974.

Gause, Fritz / Lebuhn, Jürgen: Kant und Königsberg bis heute. Aktueller Reisebericht und historischer Rückblick. Leer 1989.

Gebser, August Rudolf: Geschichte der Domkirche zu Königsberg und des Bisthums Samland, mit einer ausführlichen Darstellung der Reformation im Herzogthum Preußen (1. Abtlg. zu: Der Dom zu Königsberg in Preußen. Eine kirchen- und kunstgeschichtliche Schilderung). Königsberg 1835.

Gedenkblatt der Königsberger Allgemeinen Zeitung: Immanuel Kant, 22. April 1724 – 22. April 1924. Königsberg 1924.

Geier, Manfred: Kants Welt. Eine Biographie. Reinbek bei Hamburg 2003.

Gerner, Manfred / Odinzow, Igor Alexandrowitsch: Der Königsberger Dom. Kaliningrad, Fulda 1998.

Göttinger Arbeitskreis (Hg.): Jahrbuch der Albertus-Universität 1951 ff. [zuletzt: 29/1995].

Goldstein, Ludwig: Eine Rundfrage über Kants Grabstätte. In: Kant-Studien 19 (1914), S. 439–441.

Gräfe & Unzer: Katalog zu der anläßlich des 100. Todestages von der Gräfe & Unzer'schen Buchhandlung veranstalteten Kant-Ausstellung. Königsberg 1904.

Grimoni, Lorenz (Hg.) / Daugsch, Walter (Bearb.): Museum Stadt Königsberg in Duisburg. Dokumentation zur Geschichte und Kultur einer europäischen Stadt. Leer 1998.

Grimoni, Lorenz / Will, Martina (Hg.): Immanuel Kant. Erkenntnis – Freiheit – Frieden. Katalog zur Ausstellung anlässlich des 200. Todestages am 12. Februar 2004. Museum Stadt Königsberg der Stadtgemeinschaft Königsberg (Pr) im Kultur- und Stadthistorischen Museum Duisburg. Husum 2004.

Grolle, Joist / Scheede, Uwe M. (Hg.): Im Blickfeld: Kant in Hamburg. Der Philosoph und sein Bildnis. Ausstellung in der Hamburger Kunsthalle 7. April – 18. Juni 1995. Stuttgart 1995.

Hagen, Ernst August: Beschreibung der Domkirche zu Königsberg und der in ihr enthaltenen Kunstwerke, mit einer Einleitung über die Kunst des deutschen Ordens in Preußen, vornämlich über den ältesten Kirchenbau im Samlande (2. Abtlg. zu: Der Dom zu Königsberg in Preußen. Eine kirchen- und kunstgeschichtliche Schilderung). Königsberg 1833.

Hagen, Ernst August: Ueber den Bildhauer Rauch. Ein zum Besten des zu errichtenden Kant-Denkmals am 16. Januar öffentlich gehaltener Vortrag. In: Neue Preußische Provinzialblätter, 2. Folge, Nr. 7, 1855, S. 196–224.

Heydeck, Johannes Wilhelm: Die Grabstätte Kants. Vortrag des Professor Heydeck (Altertumsgesellschaft Prussia in Königsberg 1880. Sitzung vom 22. October 1880). In: Altpreußische Monatsschrift zur Spiegelung des provinziellen Lebens in Literatur, Kunst, Wissenschaft und Industrie 18 (1881), S. 688 f.

Immanuel Kant. Katalog der Ausstellung. Hg. von der Kantgesellschaft e. V. in Verbindung mit dem Kulturdezernat der Stadt Mainz und der Universitätsbibliothek Mainz von Günter Richter (4. Internationaler Kantkongreß Mainz). Mainz 1974.

Immanuel Kant's Gedächtnisfeyer zu Königsberg am 22sten April 1810. Königsberg 1811 (Nachdruck: Amsterdam 1969).

Jäger, Eckhard / Schreiner, Rupert: Das alte Königsberg. Veduten aus 400 Jahren. Hg. anläßlich der gleichnamigen Ausstellung durch: Museum Ostdeutsche Galerie, Regensburg, und Institut Nordostdeutsches Kulturwerk, Lüneburg. Regensburg 1987.

Jünemann, Franz: Kantiana. Vier Aufsätze zur Kantforschung und Kantkritik, nebst einem Anhange. Leipzig 1909.

Kant, Immanuel: Sämmtliche Werke. 12 Bde. Hg. von Karl Rosenkranz und Friedrich Wilhelm Schubert. Leipzig 1838–1842.

Kant's gesammelte Schriften. Berlin 1900 ff. [Bd. I–IX = 1. Abtlg. ‚Werke' (1902–1923); Bd. X–XIII (XXIII) = 2. Abtlg. ‚Briefwechsel' (1900–1922); Bd. XIV–XXIII = ‚Handschriftlicher Nachlaß' (1911–1955); Bd. XXIV–XXIX = ‚Vorlesungen' (1966 ff.)].

Kant-Studien. Philosophische Zeitschrift der Kant-Gesellschaft 1896 ff. [zuletzt: 1/2006].

Kelch, Wilhelm Gottlieb: Ueber den Schädel Kant's. Ein Beitrag zu Gall's Hirn- und Schädellehre. Königsberg 1804.

Kelch, Wilhelm Gottlieb / Kupffer, Carl (Hg.): Ueber den Schädel Kants. Ein Beytrag zu Galls Hirn- und Schädellehre. Neudruck der Ausgabe 1804. Hg. von Fritz Hagen-Bessel. Königsberg 1880.

Kowalewski, Sabina Laetitia / Stark, Werner (Hg.): Königsberger Kantiana (Immanuel Kant: Werke. Volksausgabe, Bd. 1. Hg. von Arnold Kowalewski) (Kant-Forschungen 12). Hamburg 2000.

Kuehn, Manfred: Kant. A Biography. Cambridge 2001.

Kühn, Manfred: Kant. Eine Biographie. München 2003.

Kümmel, Birgit / Maaz, Bernhard (Hg.): Christian Daniel Rauch-Museum Bad Arolsen. Bad Arolsen, München, Berlin 2002.

Kuhrke, Walter: Kants Wohnhaus. Zeichnerische Wiederherstellung mit näherer Beschreibung. Berlin 1917; 2. Aufl. Königsberg 1924.

Kuhrke, Walter / Kowalewski, Arnold (Geleitwort): Kant und seine Umgebung. Königsberg 1924.

Kurpakov, Vadim: Das Schicksal der Königsberger Bücher in der Sowjetunion nach 1945. Zu den russischen Expeditionen in das Königsberger Gebiet und zu den Beständen Königsberger Provenienz in Moskauer Archiven und Bibliotheken. In: Walter (Hg.): Königsberger Buch- und Bibliotheksgeschichte (2004), S. 449–467.

Lange, Heinrich: „Ausspähung des Inneren im Menschen". Totenmaske und Schädelabguß von Immanuel Kant in Berlin wiederaufgefunden. In: MuseumsJournal. Berichte aus Museen, Schlössern und Sammlungen in Berlin und Potsdam 14,1 (2000), S. 25–28.

Lawrynowicz, Kasimir / Rauschning, Dietrich (Hg.) / Wörster, Peter (Mitw.): Albertina. Zur Geschichte der Albertus-Universität in Preußen (Abhandlungen des Göttinger Arbeitskreises 13). Berlin 1999.

Lindemann-Stark, Anke / Stark, Werner: Beobachtungen und Funde zu Königsberger Beständen des 18. Jahrhunderts. In: Nordost-Archiv, N. F. 4 (1995), S. 63–100.

Lomber, Wilhelm / Kowalewski, Arnold (Geleitwort): Die Grabstätte Immanuel Kants auf Grund authentischer Quellen dargestellt. Nebst den zu Kants Gedächtnis gehaltenen akademischen Reden. Königsberg 1924.

Loos, Waltraud: Kants Grabstätte. In: Günter Brilla (Hg.): Zur Kulturgeschichte Ost- und Westpreußens. Prussia. Gesellschaft für Heimatkunde Ost- und Westpreußens. In Nachfolge der Altertumsgesellschaft Prussia (Königsberg/Pr.) (Prussia-Reihe 24). Husum 2003, S. 161–179.

Malter, Rudolf / Kopper, Joachim (Hg.): Immanuel Kant zu ehren. Frankfurt a. M. 1974.

Malter, Rudolf / Staffa, Ernst / Wörster, Peter: Kant in Königsberg seit 1945. Eine Dokumentation (Schriften der Mainzer philosophischen Fakultätsgesellschaft 7). Wiesbaden 1983.

Malter, Rudolf (Hg.): „Denken wir uns aber als verpflichtet ...". Königsberger Kant-Ansprachen 1804–1945. Mit einer Einleitung zur Königsberger Kant-Tradition 1804–1945. Erlangen 1992.

Marzian, Herbert G.: Vom Wesen der Gesellschaft der Freunde Kants. Bohnenrede, gehalten am 22. April 1971 vor der Gesellschaft der Freunde Immanuel Kants in Göttingen. In: Jahrbuch der Albertus-Universität 22 (1972), S. 110–113.

Minden, David: Die Grabstätte Kant's. In: Altpreußische Monatsschrift zur Spiegelung des provinziellen Lebens in Literatur, Kunst, Wissenschaft und Industrie 7 (1870), S. 274 f.

Neue Preußische Provinzialblätter. Königsberg 1845–1866 [1. Folge: 1845–1851; 2. Folge: 1852–1857; 3. Folge: 1858–1866].

Nikžentaitis, Alvydas: Litauische Forschungsprojekte zu Königsberg/Kaliningrad. Heutiger Stand und Perspektiven. In: Nordost-Archiv, N. F. 3 (1994), S. 513–517.

Rosenkranz, Karl: Das für Kant zu Königsberg projectirte Denkmal. Eine Ansprache, in der Kant'schen Gesellschaft, an seinem Geburtstage, den 22. April 1852. Königsberg 1852.

Sahm, W[ilhelm]: Wegweiser durch Königsberg i. Pr. und Umgebung. 2., verb. Ausg. Königsberg 1910 (Reprint: Leer 1989).

Scheffner, Johann George: Mein Leben, wie ich Johann George Scheffner es selbst beschrieben. Leipzig 1823.

Schöndörffer, Otto: Das Kantzimmer in Königsberg. In: Feldkeller (Hg.): Reichls philosophischer Almanach (1924), S. 227–235.

Schulz, Karl / Tiesler, Kurt (Hg.): Das älteste Bürgerbuch der Stadt Königsberg (Pr.) 1746–1809. Königsberg 1939.

Stark, Werner: Zum Verbleib der Königsberger Kant-Handschriften: Funde und Desiderate. In: Deutsche Zeitschrift für Philosophie 39 (1991), S. 285–293.

Stark, Werner: Nachforschungen zu Briefen und Handschriften Immanuel Kants. Berlin 1993.

Stark, Werner: Eine unbekannte Kant-Büste. In: Jahrbuch für historische Bildungsforschung 10 (2004), S. 347–350.

Steiner, Paula: Königsberg. Das Gesicht der östlichsten Großstadt Deutschlands. Königsberg 1929.

Strutyńska, Maria (Bearb.): Katalog inkunabułów Biblioteki Uniwersyteckiej w Toruniu [Uniwersytet Mikołaja Kopernika w Toruniu, wydawnictwa jubileuszowe. 1945–1995]. Toruń 1995.

Vaihinger, Hans: Der Kampf um Kants Grab in Königsberg. In: Kant-Studien 13 (1908), S. 167–175.

Vorländer, Karl: Immanuel Kant. Der Mann und das Werk. Leipzig 1924 [weitere Auflagen: Hamburg 1977 und 1992].

Walter, Axel E. (Hg.): Königsberger Buch- und Bibliotheksgeschichte (Aus Archiven, Bibliotheken und Museen Mittel- und Osteuropas 1). Köln, Weimar, Wien 2004.

Warda, Arthur: Die Druckschriften Immanuel Kants (bis zum Jahre 1838). Wiesbaden 1919.

Warda, Arthur: Immanuel Kants Bücher. Mit einer getreuen Nachbildung des bisher einzigen bekannten Abzuges des Versteigerungskataloges der Bibliothek Kants. Berlin 1922.

Warda, Arthur: Immanuel Kants letzte Ehrung. Aktenmäßige Darstellung. Königsberg 1924.

Weisfert, Julius Nicol[aus]: Biographisch-litterarisches Lexikon für die Haupt- und Residenzstadt Königsberg und Ostpreussen. Königsberg 1897.

Wieser, Friedrich von / Wenger, Leopold / Klein, Peter (Hg.): Kant-Festschrift zu Kants 200. Geburtstag am 22. April 1924. Im Auftrage der internationalen Vereinigung für Rechts- und Wirtschaftsphilosophie. Berlin 1924.

Witt, Karl [anonym]: Kants Grabstätte. Königsberg 1882.

Abbildungsverzeichnis

1. Östliches Ende der „Stoa Kantiana". Stich von Friedrich August Brückner; vgl. Hagen: Beschreibung (1833), S. 293, Anm.
2. Grabkapelle am Ende des früheren ‚Professor-Gewölbes'. Holzstich (1880) nach einer Zeichnung von Johannes Wilhelm Heydeck. Archiv Werner Stark.
3. Kants Grab in Kaliningrad. Foto: Werner Stark (Febr. 2004).
4. Immanuel Kant. Zeichnung von Johann Gottlieb Puttrich (1793?). Aus: Wieser u. a. (Hg.): Kant-Festschrift (1924). Archiv Werner Stark.
5. Kant-Denkmal (1992) vor der Staatlichen Universität Kaliningrad. Foto: Werner Stark (Febr. 2004).
6. Christian Daniel Rauch: Kant-Statuette (1848), Rauch-Museum Bad Arolsen. Aus: Kümmel/Maaz (Hg.): Rauch (2002), S. 165.
7. Kants Wohnhaus, 1893 abgebrochen. Aus: Anderson: Führer durch Königsberg (1934), Abb. 101.
8. Zweisprachige Kant-Gedenktafel in Kaliningrad. Foto: Werner Stark.

9. Kant-Häuschen in Moditten, vermutlich Reproduktion einer Postkarte (1930er Jahre). Herder-Institut (Marburg), Bild-Archiv: Inv.-Nr. 103154.
10. Enthüllung einer Kant-Gedenktafel in Kaliningrad, Leninskij Prospekt. Foto: Werner Stark (April 2004).
11. Kant-Büste im Museum der Staatlichen Universität Kaliningrad. Foto: Werner Stark (Febr. 2004).

Abb. 1: Östliches Ende der „Stoa Kantiana". Stich von Friedrich August Brückner.

Abb. 2: Grabkapelle am Ende des früheren ‚Professor-Gewölbes'. Holzstich (1880) nach einer Zeichnung von Johannes Wilhelm Heydeck.

Abb. 3: Kants Grab in Kaliningrad.

Abb. 4: Immanuel Kant. Zeichnung von Johann Gottlieb Puttrich (1793?).

Abb. 5: Kant-Denkmal (1992) vor der Staatlichen Universität Kaliningrad.

Abb. 6: Christian Daniel Rauch: Kant-Statuette (1848).

Abb. 7: Kants Wohnhaus, 1893 abgebrochen.

Abb. 8: Zweisprachige Kant-Gedenktafel in Kaliningrad.

Abb. 9: Kant-Häuschen in Moditten, vermutlich Reproduktion einer Postkarte (1930er Jahre).

Abb. 10: Enthüllung einer Kant-Gedenktafel in Kaliningrad, Leninskij Prospekt.

Abb. 11: Kant-Büste im Museum der Staatlichen Universität Kaliningrad.

Teil I

Dokumentation

Matthias Weber

Zwei Jahrzehnte Immanuel-Kant-Stipendium

> „Ich bin selbst aus Neigung ein Forscher. Ich fühle den ganzen Durst nach Erkenntnis und die begierige Unruhe, darin weiter zu kommen, oder auch die Zufriedenheit bei jedem Erwerb."
> *Immanuel Kant: Bemerkungen zu den „Beobachtungen über das Gefühl des Schönen und Erhabenen" (1764).*

Der Philosoph Immanuel Kant (1724–1804), der Namensgeber des Stipendiums, hat sein ganzes Leben in Königsberg verbracht, an der dortigen Albertus-Universität gewirkt und in dieser Stadt sein umfassendes Werk geschrieben. Von hier, unweit der Grenze des alten deutschen Sprachraums, in enger Nachbarschaft zu den baltischen Ländern, zu Polen und zu Russland strahlten Kants Lehren und Wirken sowohl in den Osten als auch in den Westen Europas aus.

Die ehemalige Deutschordens- und preußische Krönungsstadt Königsberg heißt heute Kaliningrad und gehört zur Russischen Föderation. Sowohl für die ehemaligen als auch für die heutigen Bewohner der Stadt wirkt Immanuel Kants Persönlichkeit und Werk identitätsstiftend. Die Geschichte dieser Stadt wird von ihren heutigen Bewohnern in ihrer ganzen Vielfalt und Vielschichtigkeit angenommen, was nicht zuletzt die Feiern zum 750. Jahrestag ihrer Gründung im Jahr 2005 deutlich gemacht haben.

1. Kultur und Geschichte der Deutschen im östlichen Europa – Förderung des Bundes nach § 96 BVFG

Wie Immanuel Kants Königsberg werden auch Kultur und Geschichte anderer Orte und Regionen Ostmitteleuropas, in denen Deutsche gelebt und gewirkt haben, als ein Erbe verstanden, mit dem sich alle dort lebenden Völker auseinandersetzen, das sie zunehmend annehmen und weiterentwickeln. So kann heute eine gemeinsame Vergangenheit, die an friedlichem, wechselseitigem Austausch ebenso reich ist wie an Kontroversen und tragischen Ereignissen, aufgearbeitet werden; dies trägt nicht zuletzt auch zur Herausbildung eines gemeinsamen europäischen Identitätsbewusstseins bei. Die Auseinandersetzung mit den Migrationsprozessen, die vom nationalsozialistischen Deutschland und durch den von ihm entfesselten Zweiten Weltkrieg angestoßen wurden – und die auch Flucht, Vertreibung und Aussiedlung von rund zwölf Millionen Deutschen nach sich zogen –, wird heute als Chance angesehen, in Kenntnis der Vergangenheit die Zukunft Europas neu zu gestalten.

Zudem gilt es, die reichen Traditionen der von Deutschen mit geformten Kulturlandschaften Ostmittel-, Ost- und Südosteuropas im historischen und politischen Bewusstsein ihrer früheren und ihrer heutigen Bewohner zu bewahren oder wieder in Erinnerung zu rufen, ein gemeinsames Erbe zu pflegen und weiterzuentwickeln. Dazu sind Bund und Länder aufgrund des § 96 des Bundesvertriebenen- und Flüchtlingsgesetzes (BVFG) verpflichtet. Die Förderung der wissenschaftlichen Forschung und speziell der „Einrichtungen [...] der Ausbildung" des wissenschaftlichen Nachwuchses sind in diesen gesetzlichen Auftrag eingeschlossen[1].

Die Erfüllung dieses Gesetzesauftrags wurde innerhalb der Bundesregierung zunächst vom Bundesministerium für Vertriebene, Flüchtlinge und Kriegsgeschädigte, ab 1969 vom Bundesministerium des Innern und wird seit 1998 vom Beauftragten der Bundesregierung für Kultur und Medien wahrgenommen. Dieser fördert Museen, wissenschaftliche Institutionen sowie Einrichtungen der kulturellen Breitenarbeit und unterstützt Projekte, die Kultur und Geschichte jener Regionen des östlichen Europa betreffen, in denen auch Deutsche gelebt haben und zum Teil noch heute leben, vom Baltikum bis zur Adria, von den Sudeten bis an die Karpaten, unter anderen das Institut für Kultur und Geschichte der Deutschen in Nordosteuropa (Lüneburg), das Institut für deutsche Kultur und Geschichte Südosteuropas (München), das Herder-Institut (Marburg), das Deutsche Kulturforum östliches Europa (Potsdam), die Martin-Opitz-Bibliothek (Herne), das Kunstforum Ostdeutsche Galerie (Regensburg), die Landesmuseen für Schlesien (Görlitz), Pommern (Greifswald), Ost- und Westpreußen (Lüneburg und Münster), Siebenbürgen (Gundelsheim) und die Donauschwaben (Ulm). Der engen wissenschaftlichen Kooperation mit den Staaten und Völkern des östlichen Europa dienen in besonderer Weise die vom Bundeskulturbeauftragten initiierten und geförderten Stiftungsprofessuren in Olmütz/Olomouc (Tschechien), Klausenburg/Cluj (Rumänien) und demnächst Fünfkirchen/Pécs (Ungarn). Durch zahlreiche Projektförderungen werden weitere Bereiche der Forschung und der kulturellen Breitenarbeit zielgerichtet weiterentwickelt.

2. Das Immanuel-Kant-Stipendium

In das Ensemble bundesgeförderter Einrichtungen, Initiativen und Projekte wurde im Jahr 1986 das Immanuel-Kant-Stipendium integriert. Die Initiative gründete

---

1   § 96 des Bundesvertriebenen- und Flüchtlingsgesetzes (BVFG) in der Fassung von 1971 lautet: „Pflege des Kulturgutes der Vertriebenen und Flüchtlinge und Förderung der wissenschaftlichen Forschung [Überschrift]. Bund und Länder haben entsprechend ihrer durch das Grundgesetz gegebenen Zuständigkeit das Kulturgut der Vertreibungsgebiete in dem Bewußtsein der Vertriebenen und Flüchtlinge, des gesamten deutschen Volkes und des Auslandes zu erhalten, Archive, Museen und Bibliotheken zu sichern, zu ergänzen und auszuwerten, sowie Einrichtungen des Kunstschaffens und der Ausbildung sicherzustellen und zu fördern. Sie haben Wissenschaft und Forschung bei der Erfüllung der Aufgaben, die sich aus der Vertreibung und der Eingliederung der Vertriebenen und Flüchtlinge ergeben, sowie die Weiterentwicklung der Kulturleistungen der

auf der Sorge um den akademischen Nachwuchs in dem genannten Forschungsbereich, eine Entwicklung, die in den 1980er Jahren zunehmend als ein kulturpolitisches Problem wahrgenommen wurde. In einer „Grundsatzkonzeption zur Weiterführung der ostdeutschen Kulturarbeit", die die Bundesregierung im Jahre 1982 vorgelegt hat, ist ein eigener Absatz der Nachwuchsförderung gewidmet. Es wurde betont, dass Einrichtungen und Projekte, die die Förderung des akademischen Nachwuchses auf wissenschaftlichem, bildungspolitischem und künstlerischem Gebiete zum Ziele haben, besondere Förderung verdienen[2].

In Umsetzung dieser Konzeption richtete der Bundesminister des Innern das Immanuel-Kant-Stipendium zur Förderung von Dissertationen ein, um jüngere Forscherinnen und Forscher an die einschlägige Thematik heranzuführen und ihnen zu ermöglichen, sich akademisch zu qualifizieren, und um damit die Weitergabe der Thematik im akademischen Bereich zu sichern.

In den am 1. Januar 1986 in Kraft getretenen Vergaberichtlinien wird der Zweck des Immanuel-Kant-Stipendiums wie folgt definiert:

Mit ihm sollen Dissertationen gefördert werden, die einen wesentlichen Beitrag zur wissenschaftlichen Erforschung von Kultur, Geschichte und Entfaltung der Deutschen in ihren historischen Gebieten östlich von Oder und Neiße sowie in ihren geschlossenen Siedlungsräumen und Sprachinseln im östlichen Europa erwarten lassen[3].

Im Bericht der Bundesregierung über ihre Maßnahmen zur Förderung der Kulturarbeit gemäß § 96 BVFG in den Jahren 1993 und 1994 wird die Zielsetzung des Stipendiums weiter präzisiert:

Mit dem Immanuel-Kant-Stipendium verfolgt das Bundesministerium des Innern als Stifter das Ziel, jungen Wissenschaftlerinnen und Wissenschaftlern die Erforschung von Themen aus der deutschen Kultur und Geschichte im Osten zu ermöglichen. Mit diesem Förderprogramm soll dazu beigetragen werden, dass dieser Förderbereich stärker in der akademischen Forschung und Lehre präsent wird, nachdem er nach dem Ende des Zweiten Weltkriegs weitgehend ausgeklammert war[4].

Die Geschäftsstelle des Stipendiums wurde im Marburger Herder-Institut, der zentralen Forschungsstätte in diesem Bereich, eingerichtet. Das Bundesministerium des Innern übertrug die Entscheidung über die zu fördernden Qualifikationsarbeiten einem interdisziplinär zusammengesetzten „Auswahlausschuss" aus bis zu fünf Hochschullehrern, die vom Ministerium nominiert wurden. Zu dessen Vorsitzendem

---

Vertriebenen und Flüchtlinge zu fördern. Die Bundesregierung berichtet jährlich dem Bundestag über das von ihr Veranlaßte." Bundesgesetzblatt, Teil I, Nr. 97/1971 vom 17.9.1971.
2 Deutscher Bundestag, Drucksache 9/1589 vom 9.11.1984, Anlage: Grundsatzkonzeption zur Weiterführung der ostdeutschen Kulturarbeit, S. 25: „Nachwuchsförderung".
3 Richtlinie für die Vergabe des Immanuel-Kant-Stipendiums, 1986, aus § 1: „Zweck des Stipendiums".
4 Deutscher Bundestag, Drucksache 13/6796 vom 20.01.1997: Bericht der Bundesregierung über ihre Maßnahmen zur Förderung der Kulturarbeit gemäß § 96 BVFG in den Jahren 1993 und 1994.

wurde Prof. Dr. Roderich Schmidt, der Direktor des Herder-Instituts, gewählt. Er hat in dieser Eigenschaft von 1986 bis 2000 mit unermüdlichem Engagement prägend und beispielgebend gewirkt.

Die konstituierende Sitzung der Jury, auf der auch die Richtlinien zur Vergabe des Stipendiums abschließend überarbeitet wurden, fand am 10. September 1986 in Marburg statt. Damals wurden auch die ersten fünf Immanuel-Kant-Stipendiaten und -Stipendiatinnen ausgewählt. Das Stipendium hatte eine reguläre Förderzeit von 18 Monaten mit der Möglichkeit einer Verlängerung um weitere sechs Monate. Die Dotierung betrug 1.300 DM pro Monat. Die regelmäßige Förderung der Stipendiaten setzte zum 1. Januar 1987 ein.

Auf der Sitzung des Auswahlausschusses vom 16. September 1987 wurde der Beschluss gefasst, die geförderten Stipendiaten zu regelmäßigen Nachwuchstagungen einzuladen. Hier sollten sie über ihr Vorhaben berichten und dabei die Quellenlage, den Forschungsstand und die speziellen methodischen Probleme ihres Themas erläutern sowie erste Ergebnisse ihrer Untersuchungen vortragen.

Die erste Stipendiatentagung fand vom 10. bis 12. Dezember 1987 in Marburg statt. Weitere Tagungen wurden in Michelbach bei Marburg (1988 und 1992), in Magdeburg (1994) und in Leipzig (1995) veranstaltet. Die „Zeitschrift für Ostforschung" veröffentlichte jeweils kurze Berichte über die neu ausgewählten Stipendiaten sowie über den Verlauf der Tagungen[5]. Bereits nach der zweiten Stipendiatentagung konnte Roderich Schmidt resümieren:

> Überblickt man die bisherige Entwicklung des Immanuel-Kant-Stipendiums, so dürfte die Feststellung berechtigt sein, daß der Zweck, dem es dienen soll, nämlich einen Beitrag zur wissenschaftlichen Erforschung von Kultur, Geschichte und Entfaltung der Deutschen in ihren historischen Gebieten östlich von Oder und Neiße sowie in ihren geschlossenen Siedlungsräumen und Sprachinseln im östlichen Europa zu leisten, erreicht werden wird[6].

Aus Anlass des zehnjährigen Bestehens des Stipendiums fand am 13./14. November 1997 an der Universität Würzburg eine Festveranstaltung statt, begleitet von einem Symposium mit Vorträgen ehemaliger Stipendiaten und von Mitgliedern des Auswahlausschusses zum Thema „Deutsche Geschichte im östlichen Mitteleuropa – Nachbarschaft und Konflikt". Den Festvortrag „Von *solchen, die noch östlicher wohnen* – Deutsche, Polen, Juden im Oberschlesien des 19. Jahrhunderts" hielt Prof. Dr. Dr. h. c. mult. Horst Fuhrmann, Präsident der Bayerischen Akademie der Wissenschaften. Dr. Eckhart Werthebach, Staatssekretär im Bundesministerium des Innern, sprach ein Grußwort[7].

---

5 Berichte über das Immanuel-Kant-Stipendium und die Nachwuchstagungen der Stipendiaten sind abgedruckt in: Zeitschrift für Ostforschung Bd. 35 (1986), S. 458 f., Bd. 36 (1987), S. 614, Bd. 37 (1988), S. 157 f., Bd. 38 (1989), S. 138 f.

6 Roderich Schmidt: Zweites Symposium der Immanuel-Kant-Stipendiaten vom 10.–12. November 1988 in Marburg-Michelbach. In: Zeitschrift für Ostforschung 38 (1989), S. 138 f., hier S. 139.

7 Tagung „Deutsche Geschichte im östlichen Mitteleuropa. Nachbarschaft und Konflikt", veranstaltet von der Universität Würzburg, dem Herder-Institut Marburg, dem Auswahlausschuß zur

Die weltpolitischen Veränderungen der Jahre 1989/90 haben das Interesse an der Kultur und Geschichte des östlichen Europa radikal verändert. In der Bundesrepublik Deutschland und in ihren Nachbarländern widmete man sich zunehmend auch jenen Regionen, die sich durch mehrfache, nicht zuletzt deutsche kulturelle Identität auszeichnen. Deren Geschichte wurde als gemeinsames Erbe angenommen, die offene Auseinandersetzung mit ihr als eine Chance begriffen, Gräben zuzuschütten und Gemeinsamkeiten zu erkennen. Junge Forscherinnen und Forscher aus dem östlichen Europa verstärken seither die Reihe der Kandidaten für ein Immanuel-Kant-Stipendium.

Die erleichterten Reisemöglichkeiten und die Öffnung der Archive in der ehemaligen DDR, in Polen und Tschechien, in der Slowakei und der Ukraine, in Ungarn und Rumänien, in Russland und der GUS kamen der Forschung entgegen und erhöhten Qualität und Umfang des grenzübergreifenden wissenschaftlichen Diskurses.

Auf diesen Voraussetzungen gründen die 1989 und 1994 veröffentlichten Aktionsprogramme der Bundesregierung zur Förderung der deutschen Kultur im östlichen Europa[8], die der Förderung des wissenschaftlichen Nachwuchses auf internationaler Ebene große Bedeutung zumessen. Es wurde zudem auf die Notwendigkeit verwiesen, neben dem Promotions- ein Habilitationsstipendium einzurichten. Dieses wurde 1991 vom Bundesminister des Innern gestiftet und sollte „Arbeiten aus allen Wissenschaftsgebieten (z. B. Geschichte, Kunstgeschichte, Rechtswissenschaften, Literatur, Sprach-, Volks- und Landeskunde)" fördern[9].

Die Habilitationsstipendien wurden auf einen Zeitraum von zunächst 18 Monaten vergeben mit einer Verlängerungszeit um bis zu 12 Monate. Die Grunddotierung betrug 2.400 DM im Monat. Zwischen 1991 und 2002 konnten – zusätzlich zum Promotionsstipendium – zwölf Habilitationsstipendien vergeben werden.

In seiner „Konzeption zur Erforschung und Präsentation deutscher Kultur und Geschichte im östlichen Europa" bestätigte der Beauftragte der Bundesregierung für Kultur und Medien im Jahre 2000 Bedeutung und Nachhaltigkeit der Nachwuchsförderung durch das Immanuel-Kant-Stipendium und nahm eine organisatorische Neuordnung vor:

Vergabe der Immanuel-Kant-Stipendien und der Künstler-Gilde Esslingen, 13.–14. November 1997. Quelle: Registratur des Bundesinstituts.

8 Presse- und Informationsamt der Bundesregierung (Hg.): Aktionsprogramm der Bundesregierung zur Förderung der ostdeutschen Kulturarbeit 1988 bis 1993. Bonn 1989, S. 30: „Förderung wissenschaftlichen Nachwuchses"; Deutscher Bundestag, Drucksache 12/7877 vom 14.6.1994: Aktionsprogramm des Bundesministeriums des Innern zur Förderung der deutschen Kultur des Ostens in den Jahren 1994–1999, S. 37: „Die systematische gebietsbezogene wissenschaftliche Forschung und Lehre über die Kultur, Geschichte und Landeskunde der Deutschen im Osten an den Universitäten und anderen wissenschaftlichen Einrichtungen sollte in die Lage versetzt werden, dieser Aufgabe umfassend gerecht zu werden. Nach wie vor bestehen gravierende Defizite, die insbesondere die Heranbildung des wissenschaftlichen Nachwuchses erschweren"; S. 38: „Förderung wissenschaftlichen Nachwuchses".

9 Richtlinie für die Vergabe des Immanuel-Kant-Habilitationsstipendiums des Bundesministeriums des Innern, Fassung vom 1. Januar 1995. Registratur des Bundesinstituts.

Die seit 1986 erfolgte Nachwuchsförderung durch die Immanuel-Kant-Dissertations- und Habilitationsstipendien ist erfolgreich und wird fortgesetzt. Das Bundesinstitut für Kultur und Geschichte der Deutschen im östlichen Europa wird künftig die Verwaltungsabwicklung sowie die wissenschaftliche Beratung der Stipendiaten übernehmen und ihnen ein Forum für wissenschaftliche Gespräche und Publikationen geben[10].

Unter Berücksichtigung der seit 1989 erfolgten Veränderungen in Europa wurden neue Richtlinien für die Vergabe des Immanuel-Kant-Promotionsstipendiums ausgearbeitet und am 1. Juli 2003 in Kraft gesetzt. Zur Zielsetzung der Stipendienvergabe heißt es darin:

> Mit dem Stipendium werden Promotionsvorhaben gefördert, die sich mit der Geschichte und Kultur der Deutschen im östlichen Europa und den damit verbundenen Themen, insbesondere den wechselseitigen Beziehungen zu den Nachbarvölkern, befassen. Der Arbeitsbereich umfasst folgende Regionen: historische Ostprovinzen Schlesien, Ostbrandenburg, Pommern, Ost- und Westpreußen in den heutigen Staaten Polen und Russland; frühere und heutige Siedlungsgebiete von Deutschen in Ost-, Ostmittel- und Südosteuropa, vornehmlich in Tschechien und der Slowakei, in der ehemaligen Sowjetunion und in den baltischen Staaten sowie in Ungarn, Rumänien und dem ehemaligen Jugoslawien[11].

Mit der Satzungsänderung verbunden war auch eine deutliche Verbesserung der finanziellen Ausstattung des Stipendiums und der Förderungsdauer: Als Grunddotierung wurden nunmehr monatlich 935 € vorgesehen; die Förderung ist auf 24 Monate angelegt, mit einer Verlängerungsmöglichkeit um weitere 12 Monate.

Das Bundesinstitut hat die vom Herder-Institut begründete Tradition der Nachwuchstagungen fortgesetzt. In seinen Räumen fanden diese Veranstaltungen in den Jahren 2004, 2005 und 2006 statt. Sie ermöglichen offene Diskussionen und bieten den Promovierenden ein erstes wissenschaftliches Forum. Im Jahrbuch des Bundesinstituts können die Stipendiaten ihre Forschungsprojekte einer breiteren Öffentlichkeit vorstellen. Hier wird auch über die jährlichen Entscheidungen des Auswahlausschusses berichtet[12].

3. Bilanz und Perspektiven

Der Erfolg des Immanuel-Kant-Stipendiums lässt sich auf unterschiedliche Weise messen; er kann quantitativ an nüchternen Zahlen abgelesen oder thematisch –

---

10 Deutscher Bundestag, Drucksache 14/4586 vom 26.10.2000: „Konzeption zur Erforschung und Präsentation deutscher Kultur und Geschichte im östlichen Europa", S. 8 f.
11 Vgl. die „Richtlinien für die Vergabe des Immanuel-Kant-Promotionsstipendiums" unter http://www.bkge.de und in diesem Buch, S. 73–76.
12 Immanuel-Kant-Stipendien. Berichte über aktuelle Forschungen. In: Berichte und Forschungen. Jahrbuch des Bundesinstituts für Kultur und Geschichte der Deutschen im östlichen Europa, Bd. 11 (2003), S. 169–212, Bd. 13 (2005), S. 216–254.

im Kontext der Ostmitteleuropaforschung und der Wissenschaftsförderung auf der Grundlage des § 96 BVFG – betrachtet werden.

Rein quantitativ ist das Ergebnis beeindruckend: In der Zeit von 1986 bis 2006 wurden 105 Promotions- und 12 Habilitationsstipendien vergeben. Abgeschlossen, von den Fakultäten angenommen und – bis auf Ausnahmen – bereits gedruckt wurden bislang 48 Dissertationen und 6 Habilitationsschriften[13]. Nicht wenige Arbeiten konnten deshalb (vorerst) nicht zu Ende geführt werden, weil die betreffenden Stipendiaten – es handelt sich hierbei oft um besonders qualifizierte junge Leute – eine Stelle als Lehrer antraten oder ein Stellenangebot aus der freien Wirtschaft annahmen.

Das Spektrum der Arbeiten der Kant-Stipendiaten ist thematisch, inhaltlich und methodisch weit gefächert und reicht von Editionen und Grundlagenwerken über regional ausgerichtete Spezialuntersuchungen bis zu Diskussionen allgemeiner Fragen der Ostmitteleuropaforschung. Forschungen zur Kultur und Geschichte einer Region binden unterschiedliche Wissenschaftsbereiche ein, die nur im interdisziplinären Austausch erfolgsorientiert arbeiten können. Durch die Kant-Stipendien wurden alle relevanten Fachgebiete gefördert, wobei ein Schwerpunkt naturgemäß auf der Geschichtsforschung lag, aber auch volkskundliche, literaturhistorische, sprachwissenschaftliche, kunsthistorische und musikgeschichtliche Untersuchungen Berücksichtigung fanden.

Unter den historisch und kulturwissenschaftlich ausgerichteten Projekten überwiegen Forschungen zur Geschichte des 19. und 20. Jahrhunderts, also jener Epochen, die den stärksten Aktualitätsbezug haben und denen auch im allgemeinen wissenschaftlichen und publizistischen Diskurs die größte Aufmerksamkeit gewidmet wurde und wird. Spezielle Fragen zu den Umständen von Flucht und Vertreibung wurden erstaunlicherweise nur tangentiell angesprochen, wohl aber der historische Kontext und – im interdisziplinären Ansatz von Zeitgeschichte, Ethnologie und Soziologie – Aspekte der Integration der Flüchtlinge, Vertriebenen und Spätaussiedler in die deutsche Gesellschaft; ihnen sind mehrere volkskundliche und diskursanalytische Arbeiten gewidmet.

Sehr groß ist der Anteil regionalgeschichtlich ausgerichteter Arbeiten. Berücksichtigt wurden dabei alle Territorien, an deren Entwicklung im Laufe der Jahrhunderte auch Deutsche beteiligt gewesen sind, vom Baltikum bis nach Siebenbürgen, von Ostpreußen bis zu den böhmischen Ländern. Dabei überwiegen Themen aus der Geschichte und Kulturgeschichte Schlesiens vom Mittelalter bis zur Gegenwart, unter Berücksichtigung des Verhältnisses der Region zum Heiligen Römischen Reich, zum Habsburgerreich und zur polnischen Krone. Einen weiteren regionalen Schwerpunkt bildet Pommern, dem insbesondere Untersuchungen zur Neuzeit und zur Zeitgeschichte gewidmet sind, zudem kirchen- und vereinsgeschichtliche Arbeiten.

---

13 Siehe die entsprechende Übersicht unten S. 65–72.

Außerdem galt der Deutschordensgeschichte in ihren vielfältigen Aspekten eine besondere Aufmerksamkeit. Hier wurden neben Untersuchungen der mittelalterlichen Quellen siedlungs-, sozial- und verwaltungsgeschichtliche, außerdem biographische bzw. prosopographische Aspekte thematisiert.

Die Vermutung, mit den weltpolitischen Veränderungen der Jahre 1989/90 könne ein Paradigmenwechsel in der thematischen Ausrichtung der durch Gewährung des Kant-Stipendiums geförderten Promotions- und Habilitationsarbeiten einhergegangen sein, wurde nicht bestätigt. Untersuchungen von Themen zur Beziehungsgeschichte zwischen den Deutschen und ihren östlichen Nachbarn wurden von Anfang an gefördert, desgleichen Fragen der Minderheitenexistenz und -politik in der Zwischenkriegszeit und danach, mit einem besonderen Augenmerk auf die Geschichte und Entwicklung des Minderheitenschulwesens. Eine verstärkte Hinwendung zur Ostmitteleuropaforschung ist allerdings festzustellen. An die Stelle der Konzentration auf die Deutschen in der einen oder anderen ostmitteleuropäischen Region tritt zunehmend die Untersuchung der Gesamtzusammenhänge des für diesen Raum so charakteristischen interethnischen und interkulturellen Beziehungsgeflechtes. Hinzu treten wissenschafts- und rezeptionsgeschichtlich ausgerichtete Untersuchungen. Der erinnerungspolitische Diskurs um das angemessene Gedenken an die Geschichte des 20. Jahrhunderts, das in besonderer Weise von Kriegen und totalitären Diktaturen geprägt war, findet seinen Niederschlag auch in den Themen, denen sich die Kant-Stipendiaten zuwenden.

Die im Bereich Volkskunde geförderten Themen reflektieren die vergleichsweise kurze Wissenschaftsgeschichte dieses Fachgebietes, das sich bis in die 1990er Jahre auf die Sammlung und Beschreibung traditioneller Bräuche und Lebensgewohnheiten der Vertriebenen konzentriert hatte und sich dann zunehmend um Fragen der Integration, Assimilation und Akkulturation der Migranten in den Aufnahmegesellschaften ausweitete. Gegenwärtig dominieren problemorientierte wissenschaftsgeschichtliche und bio-bibliographische Untersuchungen.

Die Schwerpunkte der germanistischen Arbeiten liegen im Bereich der Edition und der Grundlagenforschung, die vor allem durch die Öffnung der Archive in der ehemaligen DDR und im östlichen Europa erheblich erleichtert worden sind. Der Blick richtet sich vor allem auf Texte des Mittelalters und der Frühen Neuzeit sowie die Literatur des 20. Jahrhunderts. Die sprachwissenschaftlichen Analysen konzentrieren sich auf das Frühneuhochdeutsche sowie die Interferenzen des Deutschen mit den benachbarten Idiomen.

Eine Erweiterung ist bei der Herkunft der geförderten Stipendiaten zu erkennen. Handelte es sich vor 1989 ausschließlich um deutsche Staatsbürger, so werden heute auch Nachwuchswissenschaftler aus dem Ausland, insbesondere den Ländern des östlichen Europa, gefördert, die sich mit Fragen der Geschichte und Kultur der Deutschen in diesen Gebieten beschäftigen und neue Fragestellungen, neue thematische und methodische Ansätze, nicht zuletzt spezielle Sprachkenntnisse und Erlebnishintergründe einbringen. Auch damit trägt das Kant-Stipendium einer allgemeinen Entwicklung Rechnung, wonach die wissenschaftliche Bearbeitung der Thematik auf eine intensive Zusammenarbeit mit Forschern in den historischen Herkunftsgebieten angewiesen ist.

Die Qualifikationsarbeiten der Kant-Stipendiaten sind in den anerkannten, regional und thematisch ausgerichteten wissenschaftlichen Publikationsreihen des Marburger Herder-Instituts, des Bundesinstituts für Kultur und Geschichte der Deutschen im östlichen Europa in Oldenburg, des Lüneburger Nordost-Instituts und des Münchener Instituts für deutsche Kultur und Geschichte Südosteuropas sowie weiterer einschlägig tätiger wissenschaftlicher Einrichtungen erschienen. Namhafte Verlage und Schriftenreihen mit überregionalem Bezug zählen desgleichen zu den Publikationsorten ihrer Arbeiten. Damit ist gewährleistet, dass die Ergebnisse der allgemeinen wissenschaftlichen Forschung dauerhaft zur Verfügung stehen. Für eine Reihe von Stipendiaten eröffneten sich nach Abschluss ihres akademischen Qualifikationsverfahrens berufliche Möglichkeiten als Mitarbeiter an Hochschulen und an den unterschiedlichsten wissenschaftlichen Einrichtungen, wobei die spezifischen Arbeitsschwerpunkte beibehalten werden konnten.

Die allein nach wissenschaftlichen Fragestellungen ausgerichteten Forschungen der Kant-Stipendiaten befassen sich mit allen Facetten der Geschichte und Kultur. Sie stützen sich auf wissenschaftliche Literatur und historische Quellen in allen Sprachen, die für die jeweilige Thematik relevant sind, und bilden somit einen Teil des internationalen wissenschaftlichen Diskurses. Tabuisierte Themen oder Berührungsängste gibt es dabei nicht mehr. Das Kant-Stipendium fördert damit nicht nur die Erforschung von Kultur und Geschichte der Deutschen im östlichen Europa, sondern unterstützt auch den grenzübergreifenden Wissenschaftsdialog. Auf diese Weise trägt es dazu bei, dem Diskurs über die europäische Geschichte und Kultur eine verlässliche Basis zu schaffen, ihn dauerhaft im Wissenschaftsbereich zu verankern, und leistet damit einen Beitrag zur Verständigung und Versöhnung. Die Selbstvergewisserung durch einen aufrichtigen Umgang mit der Vergangenheit ist eine der wesentlichen Voraussetzungen für einen offenen, optimistischen Blick in die gemeinsame Zukunft.

Vorsitzende und Mitglieder der Auswahlausschüsse 1986–2006

1. Auswahlausschuss für das Promotionsstipendium

Vorsitzende

Prof. Dr. Roderich Schmidt, Marburg (1986–2000)

Prof. Dr. Norbert Conrads, Stuttgart (2001–2004)

Prof. Dr. Wulf Segebrecht, Bamberg (2005–2006)

Prof. Dr. Michaela Marek, Leipzig (ab 2006)

Mitglieder

Prof. Dr. Udo Arnold, Bonn (1986–1997)

Prof. Dr. Detlef Brandes, Düsseldorf (ab 2006)

Prof. Dr. Gertrude Cepl-Kaufmann, Düsseldorf (ab 2006)

Prof. Dr. Norbert Conrads, Stuttgart (1997–2001)

Prof. Dr. Silke Göttsch-Elten, Kiel (ab 2004)

Prof. Dr. Otto Kimminich († 1992), Regensburg (1986–1992)

Prof. Dr. Michaela Marek, Leipzig (2001–2005)

Prof. Dr. Josef Joachim Menzel, Mainz (1986–1997)

Prof. Dr. Karl Schlögel, Frankfurt/Oder (2001–2005)

Prof. Dr. Wulf Segebrecht, Bamberg (1997–2005)

Prof. Dr. Bernhard Stasiewski († 1995), Bonn (1986–1995)

Prof. Dr. Robert Suckale, Berlin (1997–2001)

Prof. Dr. Dietmar Willoweit, Würzburg (1992–2004)

Prof. Dr. Thomas Wünsch, Passau (ab 2005)

2. Auswahlausschuss für das Habilitationsstipendium

Vorsitzender

Prof. Dr. Roderich Schmidt, Marburg (1990–2000)

Mitglieder

Prof. Dr. Helmut Börsch-Supan, Berlin (1990–2000)

Prof. Dr. Hartmut Boockmann († 1998), Göttingen (1990–1998)

Prof. Dr. Otto Kimminich († 1992), Regensburg (1990–1992)

Prof. Dr. Dietmar Willoweit, Würzburg (1992–1997)

Prof. Dr. Roswitha Wisniewski, Heidelberg (1990–2000)

Stipendiatinnen und Stipendiaten und ihre Themen

1. Promotionsstipendium

1986

Petra Blachetta-Madajczyk, geb. Blachetta
Die Geschichte der Deutschen Sozialistischen Arbeiterpartei Polens (DSAP). Die deutsche Sozialdemokratie Polens in der Zwischenkriegszeit
Betreuer: Prof. Dr. Helmut Böhme, Prof. Dr. Karl Otmar Freiherr von Aretin, Darmstadt

Isolde Kleinschuster
Der Graphiker Heinrich Wolff (1875–1940). Biographie, Werkverzeichnis, kunstgeschichtliche Einordnung und Würdigung
Betreuer: Prof. Dr. Jörg Traeger, Regensburg

Pia Nordblom
„Der Deutsche in Polen" (1934–1939). Eine katholische Wochenzeitung in der geistigen Auseinandersetzung mit dem Nationalsozialismus
Betreuer: Prof. Dr. Eike Wolgast, Heidelberg

Harry Stossun
Die Umsiedlung der Deutschen aus Litauen während des Zweiten Weltkrieges
Betreuer: Prof. Dr. Wolfgang Stribrny, Flensburg, Prof. Dr. Norbert Angermann, Hamburg

Matthias Weber
Das Verhältnis Schlesiens zum Alten Reich in der frühen Neuzeit
Betreuer: Prof. Dr. Norbert Conrads, Stuttgart

1987

Martin Armgart
Das Urkundenformular der Handfesten des preußischen Oberlandes bis 1410. Ein Beitrag zum Urkundenwesen beim Deutschen Orden in Preußen
Betreuer: Prof. Dr. Helmut Plechl, Prof. Dr. Werner Bergmann, Bochum

Elisabeth Fendl
Neutraubling – neue Heimat für Flüchtlinge
Betreuer: Prof. Dr. Konrad Köstlin, Regensburg/Wien

Gerhard M. Kirr
Die Sprache des Dichters Andreas Gryphius und ihr Einfluß auf die Entwicklung der neuhochdeutschen Schriftsprache
Betreuer: Prof. Dr. Hans Friedrich Rosenfeld, München

Veronika Kribs
Ferdinand von Saars Novelle „Leutnant Burda". Historisch-kritische Ausgabe, Entstehungs- und Wirkungsgeschichte, Interpretation
Betreuer: Prof. Dr. Karl Konrad Polheim, Bonn

Sonja Neitmann, geb. Sandau-Mocci
Ritterbrüder aus Westfalen im Deutschen Orden in Livland
Betreuer: Prof. Dr. Norbert Angermann, Hamburg

1988

Michael Rüdiger Gerber
Die Schlesischen Provinzialblätter 1785–1875. Entstehung und Entwicklung der Zeitschrift und ihre Bedeutung für die schlesische landesgeschichtliche Forschung
Betreuer: Prof. Dr. Josef Joachim Menzel, Mainz

Gregor Harzheim
Das Elementarschulwesen in Pommerellen und Großpolen von 1772 bis 1806
Betreuer: Prof. Dr. Udo Arnold, Bonn

Daniel Langhans
Die Lage der deutschen Katholiken Böhmens, Mährens und Österreichisch-Schlesiens in der Ersten Tschechoslowakischen Republik (1918–1938) unter besonderer Berücksichtigung der nationalen Problematik
Betreuer: Prof. Dr. Gabriel Adriányi, Bonn

Cäcilia Maria Rohde
Die Geschichte der Statistik Schlesiens von 1741 bis 1871 unter besonderer Berücksichtigung preußischer Generaltabellen und Volkszählungsstatistiken
Betreuer: Prof. Dr. Josef Joachim Menzel, Mainz

Bernward Speer
Die Gebrüder Kothe in Schlesien. Ein Beitrag zur Musik, Musikanschauung, Musikwissenschaft und Musikpädagogik im 19. Jahrhundert
Betreuer: Prof. Dr. Hubert Unverricht, Eichstätt

1989

Juris Baltputnis
Die deutschbaltische Presse in Lettland von 1919 bis 1939
Betreuer: Prof. Dr. Norbert Angermann, Hamburg

Barbara Kanowsky
Eva von Tiele-Wincklers diakonisches Wirken in Oberschlesien
Betreuer: PD Dr. Peter Maser, Münster

Ute Milheit, geb. Lipperheide
Pommersches Familienbrauchtum und seine Tradierung in Westdeutschland
Betreuer: Prof. Dr. Hinrich Siuts, Münster

Rembert Unterstell
Geschichtsforschung und Geschichtsschreibung in Pommern 1815–1945.
Ein Beitrag zur Wissenschaftsgeschichte
Betreuer: Prof. Dr. Roderich Schmidt, Marburg

1990

Christiane Birkholz
Paulus Luetkemannus Colbergensis – eine stilkritische Untersuchung zur Musik der Spätrenaissance
Betreuer: Prof. Dr. Martin Ruhnke, Erlangen

Jörg Meier
Die Sprache des Bergbaues in den deutschen Sprachgebieten der Slowakei
Betreuer: Prof. Dr. Ilpo Tapani Piirainen, Münster/Bochum

Donata von Nerée
Pommern in der Weimarer Republik (1918–1930)
Betreuer: Prof. Dr. Rudolf von Thadden, Göttingen

Viola Nitschke
Das überlieferte Vokalwerk Paul Sieferts und die Stillehre des 17. Jahrhunderts
Betreuer: Prof. Dr. Dietrich Kemper, Köln

Beate Störtkuhl, geb. Szymanski
Der Architekt Adolf Rading (1888–1957). Arbeiten in Deutschland bis 1933
Betreuer: Prof. Dr. Volker Hoffmann, München

1991

Joachim Bahlcke
Regionalismus und Staatsintegration. Die innerstaatlichen Beziehungen zwischen den Ländern der Böhmischen Krone im ersten Jahrhundert der Habsburgerherrschaft (1526–1620)
Betreuer: Prof. Dr. Gottfried Schramm, Freiburg

Beatrice Derksen
Prag – Heimat und Exil. Vergessene deutschsprachige Prager Autoren der Zwischenkriegszeit
Betreuer: Prof. Dr. Volker Mertens, Berlin

Leonie Koch-Schwarzer
Empirismus und Feldforschung. Die ethnosoziographischen und politischen Schriften Christian Garves im Kontext der Entstehung der Wissenschaft Volkskunde
Betreuer: Prof. Dr. Albrecht Lehmann, Hamburg

Stefanie Schüler-Springorum
Jüdisches Leben in Königsberg, 1870–1945
Betreuerin: Prof. Dr. Helga Grebing, Bochum

Sabine Weede
Der Handel der livländischen Hansestädte mit Lübeck in der zweiten Hälfte des 15. Jahrhunderts
Betreuer: Prof. Dr. Norbert Angermann, Hamburg

1992

Margarete Busch
Deutsche in St. Petersburg
Betreuer: Prof. Dr. Manfred Alexander, Köln

Renate Glaser
Die Herder-Rezeption in der Volkskunde
Betreuer: Prof. Dr. Konrad Köstlin, Regensburg

Maria Klodt
Ungarndeutsche Hochzeit in Berzel. Wandel – interethnische Kontakte – Erhebungsproblem
Betreuer: Prof. Dr. Hinrich Siuts, Münster

Andrea Langer
Die schlesischen Gnadenkirchen. Bau- und Ausstattungsprogramm des protestantischen Kirchenbaues in der ersten Hälfte des 18. Jahrhunderts
Betreuer: Prof. Dr. Michael Bringmann, Mainz

Gerhild Schreiber
Die Entwicklung des Elementarschulnetzes in der Provinz Posen 1815–1871
Betreuer: Prof. Dr. Karl-Heinz Scharp, Hamburg

1993

Brigitte Bönisch-Brednich
Volkskundliche Forschung in Schlesien. Eine Wissenschaftsgeschichte
Betreuer: Prof. Dr. Peter Assion, Freiburg

Hansjörg Fischer
Entwicklung der schlesischen Klosterlandschaft bis zur Mitte des
14. Jahrhunderts
Betreuer: Prof. Dr. Josef Joachim Menzel, Mainz

Katja Schoss, geb. Schmidt
Leben und Werk Ehm Welks unter besonderer Berücksichtigung des
Kummerow-Zyklus und seiner Rezeption
Betreuer: Prof. Dr. Helmut Kreuzer, Siegen

Carla Siegert
Deutschbalten in Deutschland 1914/15 bis 1939/40 unter besonderer
Berücksichtigung des Baltischen Vertrauensrates
Betreuer: Prof. Dr. Johannes Kalisch, Rostock

1994

Dorothea Borchardt, geb. Volkmann
Die großen Legendare des Deutschen Ordens. Interpretation des Väterbuches
und Passionals
Betreuer: Prof. Dr. Konrad Kunze, Freiburg

Michael Gabriel
Die Gemeinschaft Evangelischer Posener (Hilfskomitee). Eine Untersuchung zur
Integration der ostdeutschen Protestanten in der westdeutschen Gesellschaft und
die Organisation der Evangelischen Kirche in Deutschland nach 1945
Betreuer: Prof. Dr. Norbert Angermann, Hamburg

Susanne Gernhäuser
Obrigkeitliche Armenfürsorge in Breslau in der frühen Neuzeit
Betreuer: Prof. Dr. Norbert Conrads, Stuttgart

Petra Hölscher
Die Akademie für Kunst und Kunstgewerbe in Breslau in der Zeit von 1900 bis
1932
Betreuer: Prof. Dr. Adrian v. Buttlar, Kiel

Cordula Loebel († Oktober 1994)
  Gablonzer Schmuckgürtlerei um 1900

1995

Thomas Berg
  Landesordnungen in Preußen vom 16. bis 18. Jahrhundert
  Betreuer: Prof. Dr. Udo Arnold, Bonn

Klaus Brake
  Biographisches Erzählen bei Rußlanddeutschen
  Betreuer: Prof. Dr. Albrecht Lehmann, Hamburg

Heinke M. Kalinke
  Die Frauen von Zülz/Biała. Lebensgeschichten dies- und jenseits der deutsch-polnischen Grenze (1820–1994)
  Betreuer: Prof. Dr. Rolf Wilhelm Brednich, Göttingen

Dirk Lentfer
  Die Glogauer Landesprivilegien des Andreas Gryphius von 1653
  Betreuer: Prof. Dr. Hans Hattenhauer, Kiel

Michaela Scheibe
  Studien zu Neustammbildung und Geschichtsbewußtsein im Bereich der nördlichen Germania Slavica am Beispiel Mecklenburgs und Pommerns
  Betreuer: Prof. Dr. Jürgen Petersohn, Marburg

1996

Ingo Eser
  Die Schulorganisation der deutschen Minderheiten in Polen 1918–1939
  Betreuer: Prof. Dr. Hans Lemberg, Marburg

Hubert Gerlich
  Der Einfluß Richard Roepells auf die politischen Ideen der konservativen politischen Gruppierungen in der zweiten Hälfte des 19. Jahrhunderts
  Betreuer: Prof. Dr. Lothar Maier, Münster

Ruth Leiserowitz, geb. Kibelka
  Die Deutschen im nördlichen Ostpreußen und in Litauen nach 1945
  Betreuer: Prof. Dr. Heinrich August Winkler, Berlin

Christine Nielsen
  Der Architekt Theo Effenberger. Moderne Architektur und Siedlungsbau in Breslau und Niederschlesien 1907–1933
  Betreuer: Prof. Dr. Andreas Tönnesmann, Zürich/Basel

Heinz-Siegfried Strelow
Entstehung und Entwicklung des Landesvereins Pommern im Deutschen Bund Heimatschutz ca. 1890–1934
Betreuer: Prof. Dr. Werner Buchholz, Greifswald

1997

Roland Gehrke
Der polnische Westgedanke bis zur Wiedererrichtung des polnischen Staates nach dem Ende des Ersten Weltkrieges
Betreuer: Prof. Dr. Norbert Angermann, Hamburg

Nicole Kämpken
Leben und Werk des schlesischen Komponisten Hans-Georg Burghardt
Betreuer: Prof. Dr. Siegfried Kross, Bonn

Regina Löneke
Mennonitische Aussiedler aus der UdSSR/GUS in Ostwestfalen
Betreuer: Prof. Dr. Rolf Wilhelm Brednich, Göttingen

Christoph Reckhaus
Die Deutschen in Preßburg 1900–1920. Strukturanalyse der relativen Bevölkerungsmehrheit in Pozsony/Bratislava
Betreuer: Prof. Dr. Manfred Alexander, Köln

Claudia A. Zonta
Schlesier an italienischen Universitäten in der frühen Neuzeit
Betreuer: Prof. Dr. Norbert Conrads, Stuttgart

1998

Anne-Margarete Brenker
Breslau im 18. Jahrhundert
Betreuer: Prof. Dr. Arno Herzig, Hamburg

Andreas Kossert
Die Masuren zwischen Preußen, Deutschland und Polen. Die Bevölkerung einer Grenzregion im Spannungsverhältnis nationaler Interessenpolitik 1848–1959
Betreuer: Prof. Dr. Klaus Zernack, Berlin

Christina Kupffer
Friedrich Konrad Gadebusch und die Anfänge der wissenschaftlichen Landesgeschichtsschreibung in Livland
Betreuer: Prof. Dr. Hartmut Boockmann, Prof. Dr. Ernst Schubert, Göttingen

Ralf G. Päsler
  Deutschsprachige Sachliteratur im Preußenland bis 1500. Untersuchungen zu ihrer Überlieferung und Rezeption
  Betreuer: Prof. Dr. Uwe Meves, Oldenburg

Swantje Volkmann
  Barockarchitektur im Temescher Banat im 18. Jahrhundert
  Betreuer: Prof. Dr. Peter Anselm Riedl, Heidelberg

1999

Karsten Eichner
  Briten, Franzosen und Italiener in Oberschlesien 1920–1922
  Betreuer: Prof. Dr. Josef Joachim Menzel, Mainz

Markus Milewski
  Die kaiserliche Osteuropapolitik im Umfeld der polnischen Königswahl 1697
  Betreuer: Prof. Dr. Lothar Maier, Münster

Jens Oldenburg
  Der Deutsche Ostmarkenverein 1894–1934
  Betreuer: Prof. Dr. Wolfgang Wippermann, Berlin

Ivano Petrocchi
  Lockes Nachlaßschrift „Of the conduct of the understanding" und ihr Einfluß auf die Philosophie Kants
  Betreuer: Prof. Dr. Norbert Hinske, Trier

Wolfgang Sand
  Kronstadt – das Musikleben einer multiethnischen Stadt im Wandel der Zeiten
  Betreuer: Prof. Dr. Helmut Loos, Chemnitz

Martina Thomsen
  Kriminalität und Strafrechtspflege im königlichen Preußen im 18. Jahrhundert
  Betreuer: Prof. Dr. Uwe Liszkowski, Kiel

2000

Hardi Bernerth
  Zunftordnungen siebenbürgischer Städte im 15. Jahrhundert. Eine graphematische Untersuchung
  Betreuer: Prof. Dr. Dietrich Schmidtke, Heidelberg

Heike Frenzel
  Modernisierung als Strategie der Selbstbehauptung
  Betreuer: Prof. Dr. Heinz Reif, Berlin

Eva Schmitsdorf
: Das erste deutschsprachige Missale (Schlesien 1381). Edition und Untersuchung des Cod. 115 der Stiftsbibliothek Einsiedeln
: Betreuer: Prof. Dr. Jochen Splett, Münster

Marc Carel Schurr
: Stil und Sinn. Die Architektur Peter Parlers
: Betreuer: Prof. Dr. Peter Kurmann, Freiburg/Fribourg, Schweiz

2001

Beate Dudek
: Juden als Staatsbürger in Schlesien – Glogau und Beuthen im Vergleich
: Betreuerin: Prof. Dr. Stefi Jersch-Wenzel, Berlin

Dorothee Herbert
: Essen und Trinken auf der Deutschordensburg in Preußen
: Betreuer: Prof. Dr. Udo Arnold, Bonn

Kurt Arne Markel
: Deutschsprachiges literarisches Leben im Rumänien der Nachkriegszeit (1944–1988)
: Betreuer: Prof. Dr. Wulf Segebrecht, Bamberg

Ralf Meindl
: Erich Koch – Gauleiter von Ostpreußen
: Betreuer: Prof. Dr. Ulrich Herbert, Freiburg

Sebastian Plür
: Gotthard Kettler – letzter Ordensmeister in Livland und erster Herzog von Kurland
: Betreuer: Prof. Dr. Lothar Maier, Münster

2002

Per Brodersen
: Am weitesten im Westen. Das nördliche Ostpreußen im Bewusstsein seiner russischen Bewohner (1945–1970)
: Betreuer: Prof. Dr. Dietmar Neutatz, Düsseldorf

Beata Kołodziejczyk
: Die deutsche Minderheitenpresse in Polen 1919–1939 und ihr Polen- und Judenbild
: Betreuer: Prof. Dr. Hans Henning Hahn, Oldenburg

Katinka Seemann
Synonymien deutscher Lehnwörter im Polnischen als Schlüssel zum polnisch-deutschen Zusammenleben von den Anfängen bis ins 20. Jahrhundert.
Eine soziolinguistische und sozialgeschichtliche Analyse
Betreuer: Prof. Dr. Gerd Hentschel, Oldenburg

2003

Adinel Ciprian Dinca
Das römisch-katholische Bistum von Siebenbürgen im 11.–14. Jahrhundert
Betreuer: Prof. Dr. Harald Zimmermann, Tübingen, Prof. Dr. Ioan Aurel Pop, Klausenburg/Cluj

Ansgar Haller
Verordnete Intelligenz? Varianten der Öffentlichkeit in Danzig 1739–1806
Betreuer: Prof. Dr. Christoph Schmidt, Köln

Daria Maria Jurca
Bikulturelle Lebensgemeinschaften in einer multiethnisch geprägten Region: Deutsch-rumänische Ehepaare im Banat
Betreuer: Prof. Dr. Burkhart Lauterbach, München

Matthias Lempart
Der Aufstieg des Nationalsozialismus in Schlesien bis 1933
Betreuer: Prof. Dr. Gerhard Grimm, München

2004

Severin Gawlitta
Deutsche Bauern im Königreich Polen 1815–1915
Betreuer: Prof. Dr. Detlef Brandes, Düsseldorf

Maritta Iseler
Renaissanceformen in der ersten Hälfte des 16. Jahrhunderts in der Oberlausitz am Beispiel der Stadt Görlitz
Betreuer: Prof. Dr. Hartmut Krohm, Berlin

Ines Koeltzsch
Getrennte Welten? Tschechen, Juden und Deutsche im Prag der Zwischenkriegszeit (1918–1938)
Betreuer: Prof. Dr. Klaus-Dietmar Henke, Dresden, Prof. Dr. Gertrud Pickhan, Berlin

Birgit Lange
: Korporatives Kunstmäzenatentum in Böhmen im 19. Jahrhundert. Strategien sozialer und politischer Standortbestimmung
Betreuerin: Prof. Dr. Michaela Marek, Leipzig

Pierre de Trégomain
: Die Siebenbürger Sachsen und der Zweite Weltkrieg. Ein erbaulicher Diskurs zwischen Mythen und Realität
Betreuer: Prof. Dr. Michel Hubert, Paris

Grischa Vercamer
: Siedlungs-, Sozial- und Verwaltungsgeschichte der Komturei Königsberg (13.–16. Jahrhundert)
Betreuer: Prof. Dr. Matthias Thumser, Berlin

2005

Alfons Adam
: Deutsche in der Prager Gesellschaft 1918–1939
Betreuer: Prof. Dr. Detlef Brandes, Düsseldorf

Julia Cartarius
: Verfolgung und Vernichtung der Juden Westoberschlesiens, 1933–1945
Betreuer: Prof. Dr. Michael Berkowitz, London

Maximilian Eiden
: Gedächtnis, Macht und Nation. Transnationale Erinnerungsorte im deutsch-polnischen Spannungsfeld
Betreuer: Prof. Dr. Joachim Bahlcke, Stuttgart

Dana Mühlmann
: Spätmittelalterliche Passionsfrömmigkeit in Böhmen: Der Passionstraktat „Extendit manum" des Heinrich von St. Gallen
Betreuerin: PD Dr. Petra Hörner, Leipzig

Živilė Vagonytė
: Mittelalterliche deutsche Handschriften im Baltikum und in St. Petersburg
Betreuer: Prof. Dr. Jürgen Macha, Münster

2006

Anna Jakubowska
: Der Bund der Vertriebenen und die Medien in Deutschland und Polen
Betreuer: Prof. Dr. Martin Schulze Wessel, München

Katrin Möller-Funck
Existenzielle Bedrohung und Kommunikation im Herzogtum Preußen zu Beginn des 18. Jahrhunderts
Betreuer: PD Dr. Stefan Kroll, Rostock

Evelyn Reitz
Bildsemantik im Zeichen des Kulturaustausches – Die Erfahrung der Fremde als stilbildendes Prinzip in der Prager Hofkunst 1580–1630
Betreuer: Prof. Dr. Werner Busch, Berlin

Marta Skrzyniarz
Nationalstereotype (Stereotype der Deutschen, Juden, Polen und Russen) in der deutschen und polnischen Literatur in Pommern
Betreuer: Prof. Dr. Helmut Lethen, Rostock

2007

Michaela Bentz
Zur Grammatik der donauschwäbischen Dialekte
Betreuer: Prof. Dr. Thomas Krefeld, München

Márkus Keller
Gymnasiallehrer in Preußen und Ungarn im 19. Jahrhundert
Betreuer: Prof. Dr. Holm Sundhaussen, Berlin

Andrea Lehmann
Die Berufungspolitik der preußischen Herrscher bei der Besetzung der Professuren der philosophischen Fakultät an ihren Universitäten in Frankfurt (Oder), Königsberg, Duisburg und Halle zwischen 1640 und 1740
Betreuer: Prof. Dr. Dr. Ulrich Knefelkamp, Frankfurt (Oder)

Nina Lohmann
Prag 1939–1945: Parallele Welten im Alltag einer mitteleuropäischen Metropole unter NS-Herrschaft
Betreuer: Prof. Dr. Detlef Brandes, Düsseldorf

Karoline Riener
Das ‚entkleidete' Wort – Die „deutschböhmische" sprachkritische ‚Moderne' und ihre Stifter-Rezeption, exemplarisch dargestellt an Bruno Adler (1888–1968) und Johannes Urzidil (1896–1970)
Betreuerin: Prof. Dr. Gertrude Cepl-Kaufmann, Düsseldorf

2. Habilitationsstipendium

1991

Dr. Michael G. Müller, Berlin
Zweite Reformation und städtische Autonomie im Königlichen Preußen 1570–1630 (Danzig, Elbing, Thorn)

Dr. Werner Klän, Münster
Die Evangelische Kirche in Pommern 1818–1945

1995

Dr. Jörg Meier, Oberhausen
Der Briefwechsel der Stadt Leutschau. Edition und Analyse einer Sammlung von Briefen aus slowakischen Archiven. Texte und Untersuchungen zum Frühneuhochdeutschen in der Slowakei

Dr. Petra Hörner, Leipzig
Gattungstypologische Studien zur deutschen Literatur des Mittelalters im östlichen Europa

1997

Dr. Helmut Beifuss, Heidelberg
Edition der deutschen Übersetzung(en) des „Dialogus rationis et conscientiae de communione sive de celebratione missae" des Matthäus von Krakau

Dr. Andreas Rüther, Göttingen
Vom herzoglichen Armenhospital zur städtischen Priesterkommende. Das St.-Matthias-Stift in Breslau und die Rolle der Kreuzherren mit dem roten Stern in Schlesien (1243–1526)

1998

Dr. Stefan Schröder, Bonn
Die historischen Grundlagen der deutschen Volksschauspiele unter besonderer Berücksichtigung der Spiele aus Böhmen, Mähren, Schlesien und Ungarn

1999

Dr. Jörg Deventer, Hamburg
Stadt und Konfessionalisierung. Mechanismen und Folgen der Rekatholisierung in den niederschlesischen Erbfürstentumshauptstädten Glogau und Schweidnitz (1590–1707)

2002

Dr. Victor Dönninghaus, Freiburg
Moskau und die Deutschen in der Sowjetunion 1917–1941. Die Politik der sowjetischen Zentralorgane gegenüber der deutschen Minderheit

Dr. Karen Lambrecht, Stuttgart
Kommunikation und Kulturtransfer – der katholische Schulreformer Johann Ignaz von Felbiger

Dr. Elke Schlenkrich, Bennewitz
Der mitteleuropäische Pestzug von 1679–1683. Schlesien, Böhmen und Mitteldeutschland unter dem Seuchenregiment. Ein Vergleich

Dr. Norbert Spannenberger, Leipzig
Migration und Ansiedlung der Deutschen in Ungarn. Die grundherrschaftliche Kolonisationstätigkeit der Benediktinerabtei Pécsvárad in Süd-Transdanubien im 18. Jahrhundert

Bisher erschienene Qualifikationsarbeiten der Stipendiatinnen und Stipendiaten

Martin Armgart
: Die Handfesten des preußischen Oberlandes bis 1410 und ihre Aussteller. Diplomatische und prosopographische Untersuchungen zur Kanzleigeschichte des Deutschen Ordens in Preußen (Veröffentlichungen aus den Archiven Preußischer Kulturbesitz, Beiheft 2). Köln, Weimar, Wien 1995 (zugleich Diss. Univ. Bochum 1990).

Joachim Bahlcke
: Regionalismus und Staatsintegration im Widerstreit. Die Länder der Böhmischen Krone im ersten Jahrhundert der Habsburgerherrschaft (1526–1619) (Schriften des Bundesinstituts für ostdeutsche Kultur und Geschichte 3). München 1994 (zugleich Diss. Univ. Freiburg 1993).

Thomas Berg
: Landesordnungen in Preußen vom 16. bis zum 18. Jahrhundert (Einzelschriften der Historischen Kommission für ost- und westpreußische Landesforschung 17; Veröffentlichungen aus dem Projektbereich Ostdeutsche Landesgeschichte an der Universität Bonn 17). Lüneburg 1998 (zugleich Diss. Univ. Bonn 1998).

Hardi Bernerth
: Zunftordnungen siebenbürgischer Städte im 15. Jahrhundert. Eine graphematische Untersuchung. Berlin o. J. (zugleich Diss. Univ. Heidelberg 2003).

Petra Blachetta-Madajczyk
: Klassenkampf oder Nation? Deutsche Sozialdemokratie in Polen 1918–1939 (Schriften des Bundesarchivs 49). Düsseldorf 1997 (zugleich Diss. Techn. Hochsch. Darmstadt 1992).

Brigitte Bönisch-Brednich
: Volkskundliche Forschung in Schlesien. Eine Wissenschaftsgeschichte (Schriftenreihe der Kommission für deutsche und osteuropäische Volkskunde in der Deutschen Gesellschaft für Volkskunde e. V. 68). Marburg 1994 (zugleich Diss. Univ. Marburg 1994).

Klaus Brake
: Lebenserinnerungen rußlanddeutscher Einwanderer. Zeitgeschichte und Narrativik (Lebensformen. Veröffentlichungen des Instituts für Volkskunde der Universität Hamburg 9). Berlin 1998 (zugleich Diss. Univ. Hamburg 1997).

Anne-Margarete Brenker
: Aufklärung als Sachzwang. Realpolitik in Breslau im ausgehenden 18. Jahrhundert (Hamburger Veröffentlichungen zur Geschichte Mittel- und Osteuropas 8). Hamburg 2000 (zugleich Diss. Univ. Hamburg 1999).

Per Brodersen
Am weitesten im Westen. Werden und Sein einer sowjetischen Stadt: Kaliningrad 1945–1971. Diss. Univ. Düsseldorf 2005.

Margarete Busch
Deutsche in St. Petersburg 1865–1914. Identität und Integration (Veröffentlichungen des Instituts für Kultur und Geschichte der Deutschen im östlichen Europa 6). Essen 1995 (zugleich Diss. Univ. Köln 1993).

Jörg Deventer
Gegenreformation in Schlesien. Die habsburgische Rekatholisierungspolitik in Glogau und Schweidnitz 1526–1707 (Neue Forschungen zur schlesischen Geschichte 8). Köln, Weimar, Wien 2003 (zugleich Habil.-Schr. Univ. Hamburg 2000/01).

Victor Dönninghaus
Instrumente und Methoden stalinistischer Nationalitätenpolitik: die Moskauer Zentralorgane und die Diaspora-Minoritäten 1917–1938. Im Druck (zugleich Habil.-Schr. Univ. Freiburg 2006).

Karsten Eichner
Briten, Franzosen und Italiener in Oberschlesien, 1920–1922. Die Interalliierte Regierungs- und Plebiszitkommission im Spiegel der britischen Akten (Beihefte zum Jahrbuch der Schlesischen Friedrich-Wilhelms-Universität zu Breslau 13 / Einzelschriften der Historischen Kommission für Schlesien). St. Katharinen 2002 (zugleich Diss. Univ. Mainz 2001).

Elisabeth Fendl
Aufbaugeschichten. Eine Biographie der Vertriebenengemeinde Neutraubling. Diss. Wien 2005.

Roland Gehrke
Der polnische Westgedanke bis zur Wiedererrichtung des polnischen Staates nach Ende des Ersten Weltkrieges. Genese und Begründung polnischer Gebietsansprüche gegenüber Deutschland im Zeitalter des europäischen Nationalismus (Materialien und Studien zur Ostmitteleuropa-Forschung 8). Marburg 2001 (zugleich Diss. Univ. Hamburg 1999).

Michael Rüdiger Gerber
Die Schlesischen Provinzialblätter 1785–1849 (Quellen und Darstellungen zur schlesischen Geschichte 27). Sigmaringen 1995 (zugleich Diss. Univ. Mainz 1992).

Hubert Gerlich
Organische Arbeit und nationale Einheit. Polen und Deutschland (1830–1880) aus der Sicht Richard Roepells (Arbeiten zur Geschichte Osteuropas 13). Münster 2004 (zugleich Diss. Univ. Münster 2003).

Ansgar Haller
Die Ausformung von Öffentlichkeit in Danzig im 18. Jahrhundert bis zur zweiten Teilung Polens im Jahre 1793 (Studien zur Geschichtsforschung der Neuzeit 42). Hamburg 2005 (zugleich Diss. Univ. Köln 2004).

Petra Hölscher
Die Akademie für Kunst und Kunstgewerbe zu Breslau. Wege einer Kunstschule 1791–1932 (Bau + Kunst. Schleswig-Holsteinische Schriften zur Kunstgeschichte 5). Kiel 2003 (zugleich Diss. Univ. Kiel 2001).

Petra Hörner
Zweisträngige Tradition der Evangelienharmonie. Harmonisierung durch den „Tatian" und Entharmonisierung durch Georg Kreckwitz u. a. (Germanistische Texte und Studien 67). Hildesheim, Zürich, New York 2000 (zugleich Habil.-Schr. Univ. Leipzig 2000).

Nicole Kämpken
Hans-Georg Burghardt (1909–1993). Leben und Werk. Ein Sonderweg in der „modernen" Musik (Edition IME, Reihe 1: Schriften 4). Sinzig 2000 (zugleich Diss. Univ. Bonn 2000).

Heinke M. Kalinke
Die Frauen aus Zülz/Biała. Lebensgeschichten dies- und jenseits der deutsch-polnischen Grenze (1920–1995) (Schriftenreihe der Kommission für deutsche und osteuropäische Volkskunde in der Deutschen Gesellschaft für Volkskunde e. V. 76). Marburg 1997 (zugleich Diss. Univ. Göttingen 1997).

Ruth Kibelka
Die deutsche Bevölkerung zwischen Anpassung und Ausweisung nördlich und südlich der Memel (1945–1948). Diss. Humboldt-Univ. Berlin 1997. – Ostpreußens Schicksalsjahre 1944–1948. Berlin 2000.

Werner Klän
Die Evangelische Kirche Pommerns in Republik und Diktatur. Geschichte und Gestaltung einer preußischen Kirchenprovinz 1914–1945 (Veröffentlichungen der Historischen Kommission für Pommern, Reihe V: Forschungen zur Pommerschen Geschichte 30). Köln, Weimar, Wien 1995 (zugleich Habil.-Schr. Univ. Münster 1993).

Leonie Koch-Schwarzer
Populare Moralphilosophie und Volkskunde. Christian Garve (1742–1798) – Reflexionen zur Fachgeschichte (Schriftenreihe der Kommission für deutsche und osteuropäische Volkskunde in der Deutschen Gesellschaft für Volkskunde e. V. 77). Marburg 1998 (zugleich Diss. Univ. Hamburg 1997).

Andreas Kossert
Preußen, Deutsche oder Polen? Die Masuren im Spannungsfeld des ethnischen Nationalismus 1870–1956 (Deutsches Historisches Institut Warschau, Quellen und Studien 12). Wiesbaden 2001 (zugleich Diss. Freie Universität Berlin 2000).

Veronika Kribs
Ferdinand von Saar, Leutnant Burda. Kritisch hg. und gedeutet von Veronika Kribs (Ferdinand von Saar, Kritische Texte und Deutungen 7). Tübingen 1997 (zugleich Diss. Univ. Bonn 1993).

Christina Kupffer
Geschichte als Gedächtnis. Der livländische Historiker und Jurist Friedrich Konrad Gadebusch (1719–1788) (Quellen und Studien zur baltischen Geschichte 18). Köln, Weimar, Wien 2004 (zugleich Diss. Univ. Göttingen 2001).

Andrea Langer
Die Gnadenkirche „Zum Kreuz Christi" in Hirschberg. Zum protestantischen Kirchenbau Schlesiens im 18. Jahrhundert (Forschungen zur Geschichte und Kultur des östlichen Mitteleuropa 13). Stuttgart 2003 (zugleich Diss. Univ. Mainz 1996).

Daniel Langhans
Der Reichsbund der deutschen katholischen Jugend in der Tschechoslowakei 1918–1938. Bonn 1990 (zugleich Diss. Univ. Bonn 1990).

Dirk Lentfer
Die Glogauer Landesprivilegien des Andreas Gryphius von 1653 (Rechtshistorische Reihe 147). Frankfurt a. M., Berlin, Bern, New York, Paris, Wien 1996 (zugleich Diss. Univ. Kiel 1996).

Regina Löneke
Die „Hiesigen" und die „Unsrigen". Werteverständnis mennonitischer Aussiedlerfamilien aus Dörfern der Region Orenburg/Ural (Schriftenreihe der Kommission für deutsche und osteuropäische Volkskunde in der Deutschen Gesellschaft für Volkskunde e. V. 81). Marburg 2000 (zugleich Diss. Univ. Göttingen 1999).

Jörg Meier
Untersuchungen zur deutschsprachigen Presse in der Slowakei. Sprache und Geschichte der Zeitung „Zipser Anzeiger, Zipser Bote". Levoča [Leutschau] 1993 (zugleich Diss. Univ. Bochum 1993).

Jörg Meier
Städtische Kommunikation in der Frühen Neuzeit. Historische Soziopragmatik und Historische Textlinguistik (Deutsche Sprachgeschichte. Texte und Untersuchungen 2). Frankfurt a. M., Berlin, Bern, Bruxelles, New York, Oxford, Wien 2004 (zugleich Habil.-Schr. Univ. Bochum 2002).

Ralf Meindl
Erich Koch. Gauleiter von Ostpreußen. Eine politische Biographie. Diss. Univ. Freiburg 2005/06.

Michael G. Müller
Zweite Reformation und städtische Autonomie im Königlichen Preußen. Danzig, Elbing und Thorn in der Epoche der Konfessionalisierung (1557–1660) (Publikationen der Historischen Kommission zu Berlin). Berlin 1997 (zugleich Habil.-Schr. Freie Univ. Berlin 1993).

Sonja Neitmann
Von der Grafschaft Mark nach Livland. Ritterbrüder aus Westfalen im livländischen Deutschen Orden (Veröffentlichungen aus den Archiven Preußischer Kulturbesitz, Beiheft 3). Köln, Weimar, Wien 1993 (zugleich Diss. Univ. Hamburg 1991).

Christine Nielsen
Theo Effenberger 1882–1968. Architekt in Breslau und Berlin (Deutsche Hochschulschriften 1160). Egelsbach, Frankfurt a. M., München, New York 1999 (zugleich Diss. Univ. Bonn 1998).

Pia Nordblom
Für Glaube und Volkstum. Die katholische Wochenzeitung „Der Deutsche in Polen" (1934–1939) in der Auseinandersetzung mit dem Nationalsozialismus (Veröffentlichungen der Kommission für Zeitgeschichte, Reihe B 87). Paderborn, München, Wien, Zürich 2000 (zugleich Diss. Univ. Heidelberg 1995).

Jens Oldenburg
Der Deutsche Ostmarkenverein 1894–1934. Berlin 2002 (zugleich Diss. Freie Universität Berlin 2000).

Ralf G. Päsler
Deutschsprachige Sachliteratur im Preußenland bis 1500. Untersuchungen zu ihrer Überlieferung (Aus Archiven, Bibliotheken und Museen Mittel- und Osteuropas 2). Köln, Weimar, Wien 2003 (zugleich Diss. Univ. Oldenburg 1999).

Ivano Petrocchi
Lockes Nachlaßschrift *Of the Conduct of the Understanding* und ihr Einfluß auf Kant. Das Gleichgewicht des Verstandes. Zum Einfluß des späten Locke auf Kant und die deutsche Aufklärung (Studien zur Philosophie des 18. Jahrhunderts 9). Frankfurt a. M., Berlin, Bern, Bruxelles, New York, Oxford, Wien 2004 (zugleich Diss. Univ. Trier 2003).

Cäcilia Maria Rohde
Die preußische Statistik als Quelle zur schlesischen Landesgeschichte insbesondere zu einem Geschichtlichen Atlas von Schlesien auf der Grundlage der Bevölkerungszählungen von 1816–1910 (Europäische Hochschulschriften, Reihe III 436). Frankfurt a. M., Bern, New York, Paris 1990 (zugleich Diss. Univ. Mainz 1989).

Wolfgang Sand
: Kronstadt. Das Musikleben einer multiethnischen Stadt bis zum Ende des Habsburgerreiches (Musikgeschichtliche Studien 8). Kludenbach 2004 (zugleich Diss. Techn. Univ. Chemnitz 2004).

Katja Schoss
: „Kummerow im Bruch hinterm Berge". Ehm Welk und sein Romanzyklus (1937–1943) (Sprach- und literaturwissenschaftliche Reihe 1). Darmstadt 1999 (zugleich Diss. Univ. Siegen 1999).

Stefanie Schüler-Springorum
: Die jüdische Minderheit in Königsberg/Preußen, 1871–1945 (Schriftenreihe der Historischen Kommission bei der Bayerischen Akademie der Wissenschaften 56). Göttingen 1996 (zugleich Diss. Univ. Bochum 1993/94).

Marc Carel Schurr
: Die Baukunst Peter Parlers. Der Prager Veitsdom, das Heiligkreuzmünster in Schwäbisch Gmünd und die Bartholomäuskirche zu Kolin im Spannungsfeld von Kunst und Geschichte. Ostfildern 2003 (zugleich Diss. Univ. Freiburg/Fribourg, Schweiz 2001).

Harry Stossun
: Die Umsiedlungen der Deutschen aus Litauen während des Zweiten Weltkrieges. Untersuchungen zum Schicksal einer deutschen Volksgruppe im Osten (Historische und landeskundliche Ostmitteleuropa-Studien 12). Marburg 1993 (zugleich Diss. Univ. Hamburg 1990).

Beate Szymanski
: Der Architekt Adolf Rading (1888–1957). Arbeiten in Deutschland bis 1933 (tuduv-Studien, Reihe Kunstgeschichte 56). München 1992 (zugleich Diss. Univ. München 1992).

Martina Thomsen
: Zwischen Hauptwache und Stockhaus. Kriminalität und Strafjustiz in Thorn im 18. Jahrhundert (Materialien und Studien zur Ostmitteleuropa-Forschung 13). Marburg 2005 (zugleich Diss. Univ. Kiel 2003/04).

Rembert Unterstell
: Klio in Pommern. Die Geschichte der pommerschen Historiographie 1815 bis 1945 (Mitteldeutsche Forschungen 113). Köln, Weimar, Wien 1996 (zugleich Diss. Univ. Marburg 1995).

Swantje Volkmann
: Die Architektur des 18. Jahrhunderts im Temescher Banat. Diss. Univ. Heidelberg 2001. URL: http://www.ub.uni-heidelberg.de/archiv/1823.

Matthias Weber
Das Verhältnis Schlesiens zum Alten Reich in der frühen Neuzeit (Neue Forschungen zur schlesischen Geschichte 1). Köln, Weimar, Wien 1992 (zugleich Diss. Univ. Stuttgart 1989).

Claudia A. Zonta
Schlesische Studenten an italienischen Universitäten. Eine prosopographische Studie zur frühneuzeitlichen Bildungsgeschichte (Neue Forschungen zur schlesischen Geschichte 10). Köln, Weimar, Wien 2004 (zugleich Diss. Univ. Stuttgart 1999).

Richtlinien für die Vergabe des Immanuel-Kant-Promotionsstipendiums

§ 1 Zweck der Stipendien

Die / Der Beauftragte der Bundesregierung für Kultur und Medien vergibt das Immanuel-Kant-Promotionsstipendium. Mit dem Stipendium werden Promotionsvorhaben gefördert, die sich mit der Geschichte und Kultur der Deutschen im östlichen Europa und den damit verbundenen Themen, insbesondere den wechselseitigen Beziehungen zu den Nachbarvölkern, befassen. Der Arbeitsbereich umfasst folgende Regionen:

– historische Ostprovinzen Schlesien, Ostbrandenburg, Pommern, Ost- und Westpreußen in den heutigen Staaten Polen und Russland,
– frühere und heutige Siedlungsgebiete von Deutschen in Ost-, Ostmittel- und Südosteuropa, vornehmlich in Tschechien und der Slowakei, in der ehemaligen Sowjetunion und in den baltischen Staaten sowie in Ungarn, Rumänien und dem ehemaligen Jugoslawien.

§ 2 Voraussetzungen für ein Stipendium

(1) Es können Bewerberinnen / Bewerber gefördert werden, deren hohe wissenschaftliche Qualifikation durch hervorragende Examensergebnisse belegt ist und deren beabsichtigte Arbeit einen wesentlichen Beitrag zur Erforschung der Kultur und Geschichte der Deutschen in den angeführten Regionen erwarten lässt. Anträge können von den Bewerberinnen / Bewerbern oder von den sie betreuenden Professorinnen / Professoren an einer wissenschaftlichen Hochschule in der Bundesrepublik Deutschland gestellt werden.

(2) Der Antrag auf ein Stipendium muss folgende Angaben und Anlagen enthalten:

1. Angaben zur Person der Bewerberin / des Bewerbers und ihrer / seiner wissenschaftlichen Qualifikation, insbesondere über Examen sowie über Tätigkeiten an der Universität (z. B. Lehrveranstaltungen, Mitarbeit in Projekten),
2. Angaben über Thema, Aufgabenstellung und Ziel der geplanten Arbeit, die die genügende Einarbeitung der Bewerberin / des Bewerbers in das Thema beweisen und die eine fachliche Beurteilung ermöglichen,
3. Angaben über die Dauer der Arbeit und über den Zeitraum, für den das Stipendium erbeten wird,
4. Angaben, welche Förderungen von anderer Seite zur Verfügung stehen oder beantragt worden sind,

5. ein Gutachten der die Dissertation betreuenden Hochschullehrerin / des die Dissertation betreuenden Hochschullehrers, in dem auf die wissenschaftliche Qualifikation der Doktorandin / des Doktoranden im Allgemeinen und im Hinblick auf die für die erfolgreiche Durchführung der Dissertation erforderlichen Voraussetzungen eingegangen wird; von einer weiteren Hochschullehrerin / einem weiteren Hochschullehrer ist ein zweites Gutachten zur wissenschaftlichen Qualifikation beizufügen.

§ 3 Auswahlausschuss

(1) Die / Der Beauftragte der Bundesregierung für Kultur und Medien beruft einen Auswahlausschuss von bis zu fünf Hochschullehrerinnen / Hochschullehrern (einschließlich dessen Vorsitzender / Vorsitzendem), die während der Berufungszeit dem aktiven Hochschuldienst angehören sollten, für einen Zeitraum von vier Jahren. Die einmalige Wiederberufung ist möglich; weitere Wiederberufungen können in Ausnahmefällen erfolgen.

(2) Der Auswahlausschuss tritt nach Bedarf – mindestens einmal im Jahr – zusammen. An der Sitzung nimmt eine Vertreterin / ein Vertreter der / des Beauftragten der Bundesregierung für Kultur und Medien mit beratender Stimme teil.

§ 4 Geschäftsführende Stelle und Antragsfrist

(1) Der Auswahlausschuss wird bei der Vorbereitung und Durchführung der Vergabeentscheidung von der Geschäftsführenden Stelle im Bundesinstitut für Kultur und Geschichte der Deutschen im östlichen Europa, Johann-Justus-Weg 147a, 26127 Oldenburg, unterstützt. Der Geschäftsführenden Stelle obliegt auch die verwaltungsmäßige Abwicklung der Stipendienvergabe.

(2) Anträge auf Gewährung eines Stipendiums sind jeweils bis zum 31. Juli mit den in § 2 Abs. 2 genannten Unterlagen an die Geschäftsführende Stelle zu richten.

§ 5 Vergabe der Stipendien

(1) Das Stipendium wird jeweils ab dem 1. Januar vergeben.
(2) Über die Vergabe des Stipendiums entscheidet der Auswahlausschuss.
(3) Gründe für die Vergabe oder Ablehnung werden nicht mitgeteilt. Ein Rechtsanspruch auf Gewährung eines Stipendiums besteht nicht.

§ 6 Ausstattung der Stipendien

(1) Das Promotionsstipendium beträgt monatlich 935 Euro.
(2) Verheiratete Stipendiatinnen / Stipendiaten erhalten einen monatlichen Zuschlag von 200 Euro, wenn der Ehegatte kein eigenes Einkommen bezieht.

(3) Stipendiatinnen / Stipendiaten erhalten für die Betreuung ihrer Kinder, die nicht älter als 12 Jahre sind, auf Antrag einen Kinderbetreuungszuschlag in Höhe von 150 Euro, wenn sie alleinerziehend sind.

(4) Auf Antrag kann ein einmaliger Auslandszuschlag für einen Auslandsaufenthalt in Höhe von 300 Euro gewährt werden, der der Durchführung des Arbeitsvorhabens und der grenzübergreifenden wissenschaftlichen Kooperation dient.

(5) Ziel der Förderung ist es, den Stipendiatinnen / den Stipendiaten zu ermöglichen, ihre ganze Arbeitskraft auf das Promotionsvorhaben zu konzentrieren. Daneben dürfen entgeltliche Tätigkeiten daher nur ausgeübt werden, wenn sie der Durchführung der Arbeiten dienlich und fachlich einschlägig sind. Entgeltliche Tätigkeiten sind der Geschäftsführenden Stelle anzuzeigen.

§ 7 Dauer des Stipendiums

(1) Das Stipendium wird in der Regel für zwei Jahre bewilligt und kann in begründeten Fällen um ein weiteres Jahr verlängert werden. Soll eine Verlängerung erfolgen, hat die Stipendiatin / der Stipendiat in einem Antrag die Gründe dafür darzulegen. Die die Arbeit betreuende Hochschullehrerin / der die Arbeit betreuende Hochschullehrer nimmt zu dem Antrag Stellung. Die Entscheidung trifft der Auswahlausschuss.

(2) Bricht die Stipendiatin / der Stipendiat die Arbeit an ihrer / seiner Dissertation während des Förderungszeitraums ab, so hat sie / er grundsätzlich das gesamte Stipendium zurückzuzahlen. Liegen wichtige Gründe für den Abbruch der Arbeit vor, so hat sie / er die Gründe dem Auswahlausschuss schriftlich darzulegen und über die bisherigen Arbeitsergebnisse umfassend zu berichten. Der Auswahlausschuss bewertet die vorgelegten wissenschaftlichen Ergebnisse; entsprechen diese nicht den Erwartungen im Hinblick auf die Laufzeit des Stipendiums, so hat die Stipendiatin / der Stipendiat das Stipendium ganz oder teilweise zurückzuzahlen.

§ 8 Arbeitsergebnis

(1) Die Stipendiatin / der Stipendiat legt nach einem Jahr ein Zwischenergebnis über den Stand der Arbeit mit einer Stellungnahme der betreuenden Hochschullehrerin / des betreuenden Hochschullehrers der Geschäftsführenden Stelle vor, die in Abstimmung mit der Vorsitzenden / dem Vorsitzenden des Auswahlausschusses prüft, ob die Voraussetzungen für die Weiterzahlung des Stipendiums erfüllt sind. Über die Einstellung der Weiterzahlung des Stipendiums entscheidet der Auswahlausschuss.

(2) Nach Ablauf der Förderungszeit legt die Stipendiatin / der Stipendiat einen ausführlichen Bericht über ihre / seine Arbeitsergebnisse vor. Die Regelung des § 7 Abs. 2 Satz 3 findet entsprechend Anwendung.

(3) Die Stipendiatin / der Stipendiat soll der Geschäftsführenden Stelle innerhalb von zwei Jahren nach dem Ende der Förderung das Manuskript ihrer / seiner Disser-

tationsschrift vorlegen. Die Geschäftsführende Stelle erhält nach Drucklegung ein Freiexemplar.

§ 9 Inkrafttreten

Die vorstehende Richtlinie tritt am 01.07.2003 in Kraft.

* * *

Bewerbungen für das Stipendium sind jährlich bis zum 31. Juli zu richten an:

Geschäftsstelle des Immanuel-Kant-Stipendiums
c/o Bundesinstitut für Kultur und Geschichte der Deutschen im östlichen Europa
Johann-Justus-Weg 147a
D-26127 Oldenburg

Teil II

Forschungsbeiträge von Stipendiatinnen und Stipendiaten

Joachim Bahlcke

Damit „das Hungarländische zu Revolutionen und Unruhen geneigte Gebluet mit dem Teutschen temperiret [...] werden möchte" – Deutsche Adelige im ungarischen Episkopat des 17. und 18. Jahrhunderts

I. Die Besetzung vakanter Bischofsstühle in Ungarn: kirchenrechtliche Grundlagen, politische Voraussetzungen, regionale Traditionen

Die Zusammensetzung der geistlichen Führungsschicht im frühneuzeitlichen Ungarn und der Werdegang des einzelnen kirchlichen Amtsträgers wurden maßgeblich durch die königliche Nomination und die Stellung der Bischöfe in der Verfassung bestimmt[1]. Das dem Landesherrn vom Heiligen Stuhl gewährte Recht, für erledigte Bischofsstühle einen geeigneten Geistlichen zu nominieren bzw. zu präsentieren, stellte sich hier allerdings ungleich komplizierter dar als in anderen europäischen Staaten. Das Vorschlagsrecht für bischöfliche Kandidaten war in den Ländern der Stephanskrone Teil eines ganzen Bündels königlicher, zu keinem Zeitpunkt klar definierter Sonderbefugnisse, die sich auf die besondere Art der Pfründenverleihung bezogen. Seit dem ausgehenden Mittelalter wurden sie zusammenfassend als königliches Oberpatronatsrecht (*ius supremi patronatus regis*) bezeichnet[2].

Die Praxis der Bischofsernennung fand Anfang des 16. Jahrhunderts Eingang in die bedeutende Sammlung des ungarischen Gewohnheitsrechts von István Verbőczy,

---

[1] Detaillierte Literaturnachweise und Quellenbelege bei Joachim Bahlcke: Ungarischer Episkopat und österreichische Monarchie. Von einer Partnerschaft zur Konfrontation (1686–1790) (Forschungen zur Geschichte und Kultur des östlichen Mitteleuropa 23). Stuttgart 2005, bes. S. 41–150.

[2] Unverzichtbar bis heute die materialreiche Darstellung von Vilmos Fraknói: A magyar királyi kegyúri jog Szent Istvántól Mária Teréziáig. Történeti tanúlmány [Das Patronatsrecht der ungarischen Könige von Stephan dem Heiligen bis zu Maria Theresia. Eine historische Studie]. Budapest 1895, sowie die ebenfalls von Fraknói, dem geistigen Vater der Kirchengeschichtsschreibung in Ungarn und produktivsten Kirchenhistoriker in der Zeit des Dualismus, herausgegebene Quellensammlung: Oklevéltár a magyar királyi kegyúri jog történetéhez [Urkundensammlung zur Geschichte des ungarischen königlichen Patronatsrechts]. Budapest 1899; kürzere Überblicksdarstellungen bieten Péter Erdő: Il Giuspatronato in Ungheria. In: Apollinaris. Commentarius Instituti Utriusque Juris 62 (1989), S. 189–206; Gabriel Adriányi: Das oberste königliche Patronatsrecht über die Kirche in Ungarn. In: ders.: Beiträge zur Kirchengeschichte Ungarns. München 1986, S. 26–40; Andor Csizmadia: Le développement des relations juridiques entre l'État et les Églises en Hongrie (1000–1944). In: Zoltán Péteri (Hg.): Droit hongrois, droit comparé. Budapest 1970, S. 235–257; Josef Tomko: Cirkevná právomoc sv. Štefana, uhorského kráľa [Die kirchliche Rechtsgewalt des ungarischen Königs Stephan des Heiligen]. In: Most. Štvrťročník pre slovenskú kultúru 11 (1964), S. 33–48.

das im Auftrag des Reichstags verfasste, 1517 in Wien gedruckte „Tripartitum opus iuris consuetudinarii inclyti regni Hungariae". Die Ausübung des Patronatsrechts während der vergangenen hundert Jahre wurde hier als eine unmittelbare Fortsetzung der kirchenrechtlichen Praxis interpretiert, wie sie zur Zeit des ersten christlichen Königs bestanden habe. Diese Deutung verstärkte die Wirkung des „Tripartium" für die weitere Diskussion um Ursprung und Umfang der königlichen Ansprüche gegenüber der Kurie ganz erheblich. Der Autor erklärte, dass für alle Belange der Bischofsernennung in Ungarn einzig der König zuständig sei und dem Papst daher lediglich die Bekräftigung der landesfürstlichen Entscheidung, die *confirmatio*, zustehe[3]. Trotz seines kanonischen Ursprungs wurde so das Oberpatronatsrecht durch Verbőczy, dessen Werk während der Frühen Neuzeit eine Art Heiligtum der um ihre Rechte kämpfenden Stände darstellte und ein entsprechend hohes Ansehen genoss, zu einem festen Bestandteil der ungarischen Verfassung und der sorgsam gehüteten nationalen Rechte. Selbst der Erzbischof von Gran/Esztergom und Primas Péter Pázmány bezeichnete in der ersten Hälfte des 17. Jahrhunderts eine Verletzung des *ius supremi patronatus regis* als Angriff auf das ungarische Staatsrecht und auf das Gemeinwohl[4]. Dass Verbőczys kirchenrechtliche Ausführungen von aufgeklärten Autoren seit dem 18. Jahrhundert zunehmend in Zweifel gezogen wurden, tat der Wertschätzung des „Tripartitum" keinen Abbruch.

Was das eigentliche Auswahlverfahren betrifft, so verfügte die österreichische Verwaltung bis zum Ende des 18. Jahrhunderts über keine eindeutigen und transparenten Zuständigkeiten und Normen für die Nomination geistlicher Würdenträger. Grundsätzlich war der Kaiser, der als ungarischer König das Nominationsrecht für bischöfliche Kandidaten besaß, weder an irgendeine staatliche oder kirchliche Institution noch an ihm vorgelegte Gutachten und Empfehlungen gebunden[5]. Ebenso

---

3 „licet papa / seu summus pontifex, utramque iurisdictionem temporalem scilicet / & spiritualem habeat / in collationibus tamen beneficiorum ecclesiasticorum pro tempore vacantium / in hoc tamen regno / summus ipse pontifex / nullam iurisdictionem exequitur, praeter confirmationis auctoritatem." [István Verbőczy]: Tripartitum opus iuris consuetudinarii inclyti regni Hungariae [...]. Viennae 1517 [ND Glashütten/Taunus 1971], pars I, tit. 11. Zum Hintergrund vgl. József Félegyházy: Werbőczy Hármaskönyve és a kánonjog [Verbőczys „Tripartitum" und das kanonische Recht]. Budapest 1942; István Barta: Egyház és állam viszonya Magyarországon a középkor végén [Das Verhältnis zwischen Kirche und Staat in Ungarn am Ausgang des Mittelalters] (A Pázmány Péter Tudományegyetem Történelmi Szemináriumának kiadványai 4). Budapest 1935; István Zombori (Hg.): Magyarország és a Szentszék kapcsolatának ezer éve [Tausend Jahre Beziehungen Ungarns zum Heiligen Stuhl]. Budapest 1996.

4 Iac[obus] Ferd[inandus] Miller de Brassó (Hg.): Epistolae, quae haberi poterant, S.R.E. cardinalis, archi-episcopi Strigoniensis, et Hungariae primatis, Petri Pázmány, ad pontifices, imperatores, reges, principes, cardinales, aliosque illustres aevi sui viros, Bd. 1–2. Budae 1822, hier Bd. 2, S. 173–178.

5 Ferenc Eckhart: A püspöki székek és a káptalani javadalmak betöltése Mária Terézia korától 1918-ig [Die Besetzung der Bischofssitze und Domkapitel von der Zeit Maria Theresias bis 1918]. Budapest 1935. Informativ die Darstellung bei Martin Papenheim: Karrieren in der Kirche. Bischöfe in Nord- und Süditalien 1676–1903 (Bibliothek des Deutschen Historischen Instituts in Rom 93). Tübingen 2001, S. 15–206.

wenig hatte der Monarch eine zeitliche Vorgabe zu beachten. Wenn ein neuer Oberhirte erst nach Jahren benannt wurde, so häufig nicht zuletzt aus finanzpolitischen Erwägungen, denn die Interkalareinkommen, die während der Vakanz eines Bistums anfallenden Erträge, flossen ausschließlich in die Staatskasse[6]. Mit dem Hinweis auf die mangelhafte seelsorgerische Betreuung in der jeweiligen Diözese konnten die Apostolischen Nuntien am Kaiserhof bei einer längeren Sedisvakanz allenfalls auf eine Beschleunigung der Wiederbesetzung drängen. Die entscheidende Rolle des Landesherrn bei der Auswahl der kirchlichen Oberen lässt sich daran ablesen, dass die römische Kurie im 17. und 18. Jahrhundert keinen Kandidaten des Hofes für den ungarischen Primatialverband zurückwies.

Den im Zuge des königlichen Nominationsprozesses entstandenen Akten kommt damit zwangsläufig ein deutlich höheres Gewicht zu als den einschlägigen römischen Quellen[7]. Das bedeutet freilich nicht, dass das Oberpatronatsrecht ausschließlich als politisches Instrument genutzt wurde, um loyalen Parteigängern einen Einstieg in die bischöfliche Hierarchie zu verschaffen oder die materielle Versorgung von Hofadeligen und Regierungsbeamten sicherzustellen. Kirchliche Kreise, vor allem der ungarische Primas bzw. der zuständige Metropolit und die Komprovinzialbischöfe, hatten durchaus Einfluss auf die Kandidatenauswahl. Auch waren ältere kirchliche und regionale Traditionen nicht ohne weiteres zu beseitigen. So stellten die Habsburger beispielsweise bis zum Ende des 18. Jahrhunderts die ungeschriebene Regel, nach der dem Primas entweder der Erzbischof von Kalocsa oder einer der Suffraganbischöfe nachfolgen solle, nicht in Frage[8]. Eine kollektive Sozialbiographie

---

6   In der Hofkammerinstruktion Karls VI. aus dem Jahr 1717 hieß es über die Verwendung der Vakaturgelder: „Unserem juri fisci seind auch anhängig die fructus bonorum vacantium, allermaßen dann auch in unserem erbkönigreich Hungarn derlei fructus von denen ledigen bistümbern [...] uns zustehen; dahero dann, wann derlei vacantien sich eraignen, wird unsere kaiserliche hof- und landcämmer die intercalarfructus unserem aerario zum besten einzuziehen und verraiten zu lassen haben." Thomas Fellner / Heinrich Kretschmayr (Hg.): Die österreichische Zentralverwaltung. Abt. I: Von Maximilian I. bis zur Vereinigung der österreichischen und böhmischen Hofkanzlei (1749). Bd. 3: Aktenstücke 1683–1749 (Veröffentlichungen der Kommission für Neuere Geschichte Österreichs 7). Wien 1907, Nr. 48, S. 203–300, hier S. 281.

7   István György Tóth: Gli archivi della Santa Sede e la storia ungherese dal Cinquecento all'Ottocento. In: Matteo Sanfilippo / Alexander Koller / Giovanni Pizzorusso (Hg.): Gli archivi della Santa Sede e il mondo asburgico nella prima età moderna. Viterbo 2004, S. 219–225; Tihamér Vanyó: Das Archiv der Konsistorialkongregation in Rom und die kirchlichen Zustände Ungarns in der zweiten Hälfte des 18. Jahrhunderts. In: Leo Santifaller (Hg.): Festschrift zur Feier des zweihundertjährigen Bestandes des Haus-, Hof- und Staatsarchivs. Bd. 1. Wien 1949, S. 151–179; Fridolin Dörrer: Der Schriftverkehr zwischen dem päpstlichen Staatssekretariat und der Apostolischen Nuntiatur Wien in der zweiten Hälfte des 18. Jahrhunderts. In: Römische Historische Mitteilungen 4 (1960/61), S. 63–246.

8   Mit dieser Konvention wurde erst im Jahr 1808 gebrochen, als Karl Ambros von Habsburg-Este, der bisher nur Administrator des Bistums Waitzen/Vác gewesen war, zum Erzbischof von Gran und Primas von Ungarn ernannt wurde. Vgl. Margit Beke: Habsburg-Lotharingiai Károly Ambrus. In: dies. (Hg.): Esztergomi érsekek 1001–2003. Budapest 2003, S. 354–357; Antal Meszlényi: A magyar hercegprímások arcképsorozata (1707–1945) [Porträtreihe der ungarischen

der kirchlichen Führungsschicht Ungarns in dieser Phase würde überdies zeigen, dass die Ordinarien durch Erziehung, Ausbildung und kirchliche Tätigkeit als Kanoniker, Generalvikare oder Seelsorger mehrheitlich auf das Bischofsamt gut vorbereitet waren. Nur in der für die Regierung kritischen Situation an der Wende vom 17. zum 18. Jahrhundert wurde vereinzelt auf Personen zurückgegriffen, die bis dahin ausschließlich in kaiserlichen Diensten gestanden hatten und bei Lichte besehen keine Erfahrungen im geistlichen Amt besaßen.

Eine freie Bewerbung um erledigte Bistümer bzw. Titularbistümer – auf diese besondere Einrichtung der ungarischen Kirchenorganisation wird später noch näher einzugehen sein – gab es in den Ländern der Stephanskrone, verglichen mit anderen Territorien der österreichischen Monarchie, eher selten[9]. Beobachten lässt sie sich hauptsächlich bei Landfremden, die keine andere Möglichkeit besaßen, eine eigene Kandidatur vorzubringen, und bei Außenseitern, deren bisheriger Werdegang eine Nomination auf einen Bischofsstuhl nicht unbedingt erwarten ließ. Dieser Personenkreis war vollständig auf landesfürstliche Patronage angewiesen. Unter den Aristokraten aus dem Reich, die ihr Augenmerk auf ein ungarisches Bistum gerichtet hatten, lässt sich dieses Verhaltensmuster besonders deutlich bei Christian August Herzog von Sachsen-Zeitz aufzeigen. Für den Wettiner, der zwar in zahlreichen Domkapiteln vertreten war und massiv von Kaiser und Papst gefördert wurde, aber selbst trotz eines General-Eligibilitätsbreve für sämtliche Bischofssitze in der *Germania Sacra* erfolglos geblieben war, schien ein Bistum im Osten der österreichischen Monarchie und damit außerhalb der Reichskirche als standesgemäße Versorgung wie geschaffen[10]. Tatsächlich gelangte er hier zum Ziel – 1696 zunächst nach

---

Fürstprimasse (1707–1945)]. Budapest 1970, S. 147–167; János Török: Magyarország primása. Közjogi és történeti vázolat [Der Primas von Ungarn. Eine staatsrechtliche und historische Skizze]. Bd. 1–2. Pest 1859, hier Bd. 1, S. 177.

9 Zur katholischen Kirchenorganisation in Ungarn vgl. zusammenfassend Ádám Somorjai / István Zombori (Hg.): A katolikus egyház Magyarországon [Die katholische Kirche in Ungarn]. Budapest 1991; István Zombori / Pál Cséfalvay / Maria Antonietta De Angelis (Hg.): A Thousand Years of Christianity in Hungary. Hungariae Christianae Millennium. Budapest 2001; Egyed Hermann: A katolikus egyház története Magyarországon 1914-ig [Geschichte der katholischen Kirche in Ungarn bis 1914] (Dissertationes Hungaricae ex historia Ecclesiae 1). München 1973; Josip Buturac / Antun Ivandija: Povijest katoličke Crkve među Hrvatima [Geschichte der katholischen Kirche bei den Kroaten]. Zagreb 1973; Az Erdélyi katolicizmus multja és jelene [Vergangenheit und Gegenwart des siebenbürgischen Katholizismus]. Dicsőszentmárton 1925; Adriano Caprioli / Luciano Vaccaro (Hg.): Storia religiosa dell'Ungheria. Milano 1992; Luciano Vaccaro (Hg.): Storia religiosa dei popoli balcanici. Milano 1983; ders. (Hg.): Storia religiosa dei Cechi e Slovacchi. Milano 1987; Gabriel Adriányi: Die Geschichte der katholischen Kirche in Ungarn (Bonner Beiträge zur Kirchengeschichte 26). Köln, Weimar, Wien 2004; ders.: Geschichte und Quellen der ungarischen Kirchengeschichtsschreibung. In: ders. / Joseph Gottschalk (Hg.): Festschrift für Bernhard Stasiewski. Beiträge zur ostdeutschen und osteuropäischen Kirchengeschichte. Köln, Wien 1975, S. 147–163.

10 Adél Lakatos: Sachsen-Zeitzi Keresztély Ágost. In: Beke (Hg.): Esztergomi érsekek (wie Anm. 8), S. 326–331; Meszlényi: A magyar hercegprímások arcképsorozata (wie Anm. 8), S. 25–49.

Raab/Győr, 1707 dann sogar auf den Graner Erzbischofsstuhl –, und zwar dank seines diplomatischen Einsatzes für den Kaiserhof, einer Vielzahl von Gastgeschenken, Festtagsgrüßen und Glückwunschschreiben, durch die unablässige Hervorhebung seiner Verdienste um das Wohl der Dynastie und nicht zuletzt durch ein ausgeklügeltes Patronagenetz, das er über Jahrzehnte entwickelt hatte und umsichtig pflegte.

Der Aufstieg in den ungarischen Episkopat verdankte sich wie jeder Aufstieg in eine historische Führungsgruppe einer Vielzahl von Faktoren[11]. Ohne Protektion war auch in der *Hungaria Sacra*, dies zeigt exemplarisch der Fall des Herzogs von Sachsen-Zeitz, kaum eine Karriere möglich. Waren andernorts in der durch Wahlkapitel verfassten Domkirche Anzahl und Verteilung der Kanonikate maßgebliche Kriterien für den bischöflichen Erfolg, so hatten hier Freundschafts-, Patronage- und Klientelbeziehungen entscheidendes Gewicht, verstärkt noch durch den stark informellen und persönlichen Charakter der Ernennungspraxis und die nur unscharfe Trennung von öffentlicher und dynastischer Sphäre. Der individuelle Erfolg war jedoch stets auch von den unmittelbaren Interessen der Wiener Zentralgewalt abhängig, die gerade in den ersten Jahrzehnten nach dem Ende der *Hungaria tripartita* über das Oberpatronatsrecht in Ungarn eine ganz eigene Politik betrieb[12]: In der kritischen Phase, in der die Weichen für die Einbeziehung des bis Ende des 17. Jahrhunderts dreigeteilten Ungarn in den Verband der werdenden österreichischen Großmacht gestellt wurden, war sie vor allem daran interessiert, die adelig-ständischen Mitspra-

---

– Ein Neffe, Moritz Adolf, wurde 1731 überdies auf das böhmische Bistum Königgrätz/Hradec Králové nominiert und zwei Jahre später nach Leitmeritz/Litoměřice transferiert. Vgl. Vít Vlnas: Vévoda Mořic Saský, enfant terrible na litoměřickém biskupském stolci [Herzog Moritz (Adolf) von Sachsen(-Zeitz), das enfant terrible auf dem Leitmeritzer Bischofsstuhl]. In: Kristina Kaiserová (Hg.): Čechy a Sasko v proměnách dějin. Ústí nad Labem 1993, S. 441–448.

11 Zur sozialgeschichtlichen Untersuchung historischer Führungsschichten vgl. vor allem Dietrich Herzog: Politische Führungsgruppen. Probleme und Ergebnisse der modernen Elitenforschung (Erträge der Forschung 169). Darmstadt 1982; Wolfgang Reinhard: Freunde und Kreaturen. „Verflechtung" als Konzept zur Erforschung historischer Führungsgruppen. Römische Oligarchie um 1600 (Schriften der Philosophischen Fachbereiche der Universität Augsburg 14). München 1979; ders.: Kirche als Mobilitätskanal der frühneuzeitlichen Gesellschaft. In: Winfried Schulze (Hg.): Ständische Gesellschaft und soziale Mobilität (Schriften des Historischen Kollegs. Kolloquien 12). München 1988, S. 333–351; ders.: Möglichkeiten und Grenzen der Verbindung von Kirchengeschichte mit Sozial- und Wirtschaftsgeschichte. In: Grete Klingenstein / Heinrich Lutz (Hg.): Spezialforschung und „Gesamtgeschichte". Beispiele und Methodenfragen zur Geschichte der frühen Neuzeit (Wiener Beiträge zur Geschichte der Neuzeit 8). München 1982, S. 243–278.

12 Joachim Bahlcke: „Veritas toti mundo declarata". Der publizistische Diskurs um Religionsfreiheit, Verfassungsordnung und Kirchenrecht in Ungarn im letzten Drittel des 17. Jahrhunderts – eine Fallstudie. In: ders. / Karen Lambrecht / Hans-Christian Maner (Hg.): Konfessionelle Pluralität als Herausforderung. Koexistenz und Konflikt in Spätmittelalter und Früher Neuzeit. Leipzig 2006, S. 553–574; ders.: Geistlichkeit und Politik. Der ständisch organisierte Klerus in Böhmen und Ungarn in der frühen Neuzeit. In: ders. / Hans-Jürgen Bömelburg / Norbert Kersken (Hg.): Ständefreiheit und Staatsgestaltung in Ostmitteleuropa. Übernationale Gemeinsamkeiten in der politischen Kultur vom 16.–18. Jahrhundert (Forschungen zur Geschichte und Kultur des östlichen Mitteleuropa 4). Leipzig 1996, S. 161–185.

che- und Kontrollrechte zurückzudrängen und die Zusammensetzung der bisher vorwiegend ungarischen Funktionseliten zu ändern[13].

Den in den folgenden Jahrzehnten auf ungarische Bischofsstühle nominierten Reichsaristokraten war daher bei allen Unterschieden eines gemeinsam: die Loyalität oder zumindest die Nähe zum Hof. Das 1688 entworfene „Einrichtungswerk des Königreichs Hungarn"[14], das Grundzüge einer Reorganisation der weltlichen und kirchlichen Verwaltung vorstellte, in Ungarn aber vor allem als Regierungsprogramm des habsburgischen Absolutismus wahrgenommen wurde[15], enthielt einen Abschnitt über die Kolonisierung des Landes mit Deutschen, der diesen eine zentrale Funktion für die Disziplinierung der Stände und die Stabilisierung der politischen Verhältnisse zusprach. Eine solche Bevölkerungspolitik sei geboten, „damit das Königreich oder wenigstens ein großer Theil dessen nach und nach germansiret werde, das Hungarländische zu Revolutionen und Unruhen geneigte Gebluet mit dem Teutschen temperiret und mithin zu beständiger Trey und Lieb ihres natierlichen Erbkönigs auffgerichtet werden möchte"[16]. Was hier auf die künftige Peuplierungspolitik in Ungarn bezogen war, lässt sich in abgewandelter Form auch als Maxime der kirchlichen Personalpolitik Wiens verstehen. Hierbei sollten die im engeren Sinn nationalen Aspekte, die bei der älteren kirchen- und allgemeingeschichtlichen Fachliteratur im Vordergrund stehen und dabei nicht selten mehr über die Gegenwart als über die Vergangenheit aussagen, freilich nicht übergewichtet und ohne Rücksicht auf die Entstehungsbedingungen und die engere Zielsetzung des

---

13 Die hierzu vorhandene umfangreiche Forschungsliteratur dokumentiert Domokos Kosáry: Bevezetés a magyar történelem forrásaiba és irodalmába [Einführung in die Quellen und die Literatur zur ungarischen Geschichte]. Bd. 1–3. Budapest 1951–1958, Bd. 4 u. d. T.: Bevezetés Magyarország történetének forrásaiba és irodalmába [Einführung in die Quellen und die Literatur der Geschichte Ungarns]. Budapest 1970. Zusammenfassend vgl. Magyarország története [Geschichte Ungarns]. Bd. 3/1–2: 1526–1686, Bd. 4/1–2: 1686–1790. Budapest 1985–1989, sowie die Forschungsberichte von Katalin Péter: A mohácsi csatától a szatmári békéig (1526–1711) [Von der Schlacht bei Mohács bis zum Friedensschluss von Sathmar (1526–1711)]. In: Századok 114 (1980), S. 364–377; Ambrus Miskolczy: A szatmári békétől az 1848/49-es forradalom és szabadságharcig (1711–1849) [Vom Friedensschluss von Sathmar bis zur Revolution von 1848/49 und zum Freiheitskampf (1711–1849)]. Ebd., S. 378–403.
14 János J. Varga: Habsburg berendezkedési kísérlet Magyarországon a XVII. század végén. Az „Einrichtungswerk" [Der Neuordnungsversuch der Habsburger in Ungarn am Ende des 17. Jahrhunderts. Das „Einrichtungswerk"]. In: János Barta (Hg.): Habsburgok és Magyarország a XVI–XVIII. században. Tanulmányok. Debrecen 1997, S. 33–42; ders.: Berendezési tervezetek Magyarországon a török kiűzésének időszakában. Az „Einrichtungswerk" [Entwürfe zur Neuordnung Ungarns in der Zeit nach dem Ende der Türkenherrschaft. Das „Einrichtungswerk"]. In: Századok 125 (1991), S. 449–488.
15 Jean Bérenger: Le cardinal Kollonich et la Contre-Réforme en Hongrie. In: XVIIe siècle 50 (1998), S. 297–313; ders.: Les fondements théoriques de l'absolutisme dans la Hongrie du XVIIe siècle. In: Jean Gergely u. a. (Hg.): Mélanges offerts a Aurélien Sauvageot pour son soixante-quinzième anniversaire. Budapest 1972, S. 23–28.
16 Zit. nach Theodor Mayer: Verwaltungsreform in Ungarn nach der Türkenzeit. Hg. v. Josef Fleckenstein und Heinz Stoob. Bearb. v. Adalbert Toth. Sigmaringen ²1980, S. 2.

„Einrichtungswerkes" gedeutet werden: Es ist geradezu ein Signum des gesamten östlichen Mitteleuropa, dass die stark religiös geprägten Gesellschaften ihre sozialen Konflikte und Gruppeninteressen auf ganz anderen Gebieten austrugen und frühnationale Antagonismen nicht isoliert, sondern immer nur im Zusammenhang mit ständisch-politischen und konfessionellen Problemen auftauchten. Darüber hinaus werden die Assimilierungskräfte einer funktionierenden Ständegesellschaft unterschätzt, der sich auch nichtmagyarische Adelige – in den weltlichen Ständen wie im Prälatenstand – ausgesetzt sahen. Ungarisches Standesbewusstsein und deutsches Geschichts- und Sprachbewusstsein bildeten nicht notwendigerweise einen Gegensatz[17].

II. Karrierewege von Aristokraten aus dem Heiligen Römischen Reich im ungarischen Primatialverband

Statistisch eindeutige Angaben über die Zusammensetzung des ungarischen Episkopats sind für das 17. und 18. Jahrhundert nicht nur aus methodischen Gründen mitunter schwer zu machen, sie sagen auch oft wenig über die tatsächlichen Lebenszentren, Aufstiegskanäle und Interessenschwerpunkte der einzelnen Familien aus. Die Grenzen waren sowohl in gesellschaftlicher als auch in ethnischer Hinsicht fließend[18]. Dass die Nationalität allerdings bei der königlichen Bischofsernennung in Ungarn grundsätzlich eines von mehreren Entscheidungskriterien darstellte, lässt sich in besonderer Weise bei den Adeligen aus dem Heiligen Römischen Reich

---

17 Maria Crăciun / Ovidiu Ghitta (Hg.): Ethnicity and Religion in Central and Eastern Europe. Cluj 1995; Joachim Bahlcke / Arno Strohmeyer (Hg.): Konfessionalisierung in Ostmitteleuropa. Wirkungen des religiösen Wandels im 16. und 17. Jahrhundert in Staat, Gesellschaft und Kultur (Forschungen zur Geschichte und Kultur des östlichen Mitteleuropa 7). Stuttgart 1999; Klaus Zernack: Zum Problem der nationalen Identität in Ostmitteleuropa. In: Helmut Berding (Hg.): Nationales Bewußtsein und kollektive Identität. Studien zur Entwicklung des kollektiven Bewußtseins in der Neuzeit 2. Frankfurt a. M. ²1996 [¹1994], S. 176–188; Heinz Schilling: Nationale Identität und Konfession in der europäischen Neuzeit [1991]. Jetzt in: ders.: Ausgewählte Abhandlungen zur europäischen Reformations- und Konfessionsgeschichte. Hg. v. Luise Schorn-Schütte und Olaf Mörke (Historische Forschungen 75). Berlin 2002, S. 541–587.
18 Noch deutlicher als beim Blick auf deutsche (österreichische) Adelige wird dies, wenn man die magyarisch-kroatischen bzw. die magyarisch-slowakischen Beziehungen vergegenwärtigt. György (Juraj) Szelepchényi zum Beispiel, dem als Titularbischof von Nin sowie als Diözesanbischof von Tschanad/Cenad, Fünfkirchen/Pécs, Wesprim/Veszprém und Neutra/Nitra, dann als Erzbischof von Kalocsa und schließlich sogar Erzbischof von Gran und Primas von Ungarn eine außergewöhnliche Karriere in der *Hungaria Sacra* gelang, bekannte sich ein Leben lang zu seinen slawischen Wurzeln; er beherrschte und pflegte die slowakische Sprache, in der er teilweise sogar korrespondierte. Als kirchlicher Würdenträger und damit als Teil des politischen Systems dagegen passte er sich vollständig der adelig-ständischen Werteordnung und Lebensführung an, strebte nach dem Erwerb von Grundbesitz in innerungarischen Komitaten und setzte alle Hebel in Bewegung, um seine slowakischen Familienangehörigen in die Reihe der magyarischen Aristokraten aufsteigen zu lassen. Vgl. Péter Tusor: Szelepchény V. György. In: Beke (Hg.): Esztergomi érsekek (wie Anm. 8), S. 303–310.

nachweisen. In noch stärkerem Maße als bei den Angehörigen der ungarischen und kroatischen Hofaristokratie wurde hier nationale Herkunft mit politischer Loyalität zum Kaiserhof gleichgesetzt. Am deutlichsten zeigt sich diese Tendenz im Banat, das sich nach dem Frieden von Passarowitz/Požarevac zu einer Art Laboratorium staatskirchlicher Reformpolitik entwickelte: In der südungarischen Diözese Tschanad, wo der rechtliche Status nach der Zurückdrängung der Osmanen durch kaiserliche Truppen unklar geworden war, drängten besonders die Wiener Zentralstellen bei der Besetzung des Bistums darauf, eher „Subjecta Teutscher als anderer Nation" zu nominieren[19]. Im Folgenden werden die einzelnen Aristokraten aus dem Heiligen Römischen Reich im ungarischen Primatialverband mit ihren wichtigsten Karrierestationen vorgestellt[20]; im abschließenden dritten Teil sollen die hier gemachten Beobachtungen dann nochmals in systematischer Hinsicht aufgegriffen werden.

Die größte Zahl bischöflicher Dignitäten in Ungarn erwarb die Familie Kollonich, ein im Spätmittelalter aus Kroatien nach Österreich gekommenes, 1636 in den Grafenstand erhobenes Adelsgeschlecht, das seither im wesentlichen österreichisch war und nur noch oberflächliche Verbindungen zur früheren Heimat besaß. Seit der zweiten Hälfte des 17. Jahrhunderts, als die Kollonich mit Leopold, Sigismund und Ladislaus zahlreiche Bischofsstühle in Ungarn und Österreich besetzten, spielte das Bischofsbewusstsein für das Prestige und das Selbstverständnis dieser Familie eine herausragende Rolle[21]. Der 1631 in Komorn/Komárom/Komárno geborene Leopold

---

[19] Bahlcke: Ungarischer Episkopat (wie Anm. 1), S. 124–127, 184–199 (Zitat S. 194). Zum kirchenpolitischen Hintergrund vgl. Tivadar Ortvay / Jenő Szentkláray (Hg.): Történelmi adattár Csanád-egyházmegye hajdanához és jelenéhez [Geschichtliche Daten zu Vergangenheit und Gegenwart der Diözese Tschanad]. Bd. 1–3. Temesvár 1871–1873, Bd. 4. Budapest 1874; Imre Réty: A csanádi egyházmegye a török hódoltság után [Die Diözese Tschanad nach der türkischen Besetzung]. In: Az Erdélyi katholicizmus (wie Anm. 9), S. 440–457; János Kalmár: A Kollonich-féle *Einrichtungswerk* és a 18. századi bánsági berendezkedés [Das *Einrichtungswerk* von Kollonich und die Organisation des Banats im 18. Jahrhundert]. In: Századok 125 (1991), S. 489–499.

[20] Die folgenden Anmerkungen zu den Einzelbiographien beschränken sich auf die wichtigsten Nachweise. Neben den einschlägigen biographischen Nachschlagewerken in deutscher Sprache vgl. Magyar Katolikus Lexikon [Ungarisches Katholisches Lexikon]. Bisher Bd. 1–10 [A–Pn]. Budapest 1993–2005; Slovenský biografický slovník [Slowakisches biographisches Lexikon]. Bd. 1–6. Martin 1986–1994; Magyar életrajzi lexikon [Ungarisches biographisches Lexikon]. Bd. 1–3. Budapest 1967–1981; József Szinnyei: Magyar írók élete és munkái [Leben und Werk ungarischer Schriftsteller]. Bd. 1–14. Budapest 1891–1914; Pál Gulyás: Magyar írók élete és munkái [Leben und Werk ungarischer Schriftsteller]. Bd. 1–6. Budapest 1939–1944; Iván Nagy: Magyarország családai czimerekkel és nemzékrendi táblákkal [Die Familien Ungarns mit ihren Wappen und Stammtafeln]. Bd. 1–13. Pest 1857–1865. Nähere Einzelheiten und Belege zu den folgenden Biogrammen bei Joachim Bahlcke: Aristokraten aus dem Reich auf ungarischen Bischofsstühlen in der frühen Neuzeit. Zur Instrumentalisierung einer geistlichen Elite. In: Ungarn-Jahrbuch. Zeitschrift für die Kunde Ungarns und verwandte Gebiete 23 (1997), S. 81–103.

[21] Magyar Katolikus Lexikon (wie Anm. 20). Bd. 7, S. 84–86; Robert J. W. Evans: Das Werden der Habsburgermonarchie 1550–1700. Gesellschaft, Kultur, Institutionen (Forschungen zur Geschichte des Donauraumes 6). Wien, Köln 1986 (zuerst engl. u. d. T.: The Making of the Habsburg Monarchy: 1550–1700. An Interpretation. Oxford 1979), Register s. v. Kollonitz (Kollonich).

Graf Kollonich, der als Bischof von Neutra (1668–1670) und Raab (1686–1690) sowie als Erzbischof von Kalocsa (1690–1695) und Gran (1695–1707) eine einzigartige Machtfülle erreichte, hatte als strikter Vertreter des habsburgischen Absolutismus im ungarischen Episkopat eine schwierige Position. Wie kein Geistlicher vor oder nach ihm war der seiner Schroffheit und seines Ehrgeizes wegen umstrittene Kollonich in erster Linie Politiker und Staatsmann. Aufgrund langjähriger Kenntnisse der Finanz- und Landesverwaltung galt er als der beste Kenner der ungarischen Verhältnisse. Seit den siebziger Jahren wurde sein Rat für den Wiener Hof und vor allem für den Hofkriegsrat immer unentbehrlicher[22].

Seinem 1677 ebenfalls in Oberungarn geborenen Neffen Sigismund Graf Kollonich verlieh der Kardinal noch während dessen Romaufenthalt ein Kanonikat an der Domkirche in Gran. 1705 wurde Sigismund zum ungarischen Titularbischof von Skutari/Shkodër ernannt, so dass er nun als Mitglied des Landesepiskopats genau wie die Residentialbischöfe das für seinen Onkel vorteilhafte Recht auf Sitz und Stimme im ungarischen Reichstag besaß. Für die Besetzung des Bistums Waitzen, das ihm 1709 übertragen wurde, wählte man auch künftig vor allem Aristokraten aus dem Reich. Im Gegensatz zu seinem Wirken im Bistum Wien, das er 1716 erhielt und dessen Erhebung zum Erzbistum er sechs Jahre später erreichte, liegt Kollonichs Tätigkeit in Waitzen weitgehend im Dunkeln. Auch später war der enge Vertraute des kaiserlichen Hofes, dem 1728 noch die Abtei St. Michael in Báta in der Diözese Fünfkirchen übertragen wurde, im Rahmen seiner vielfältigen Funktionen mit ungarischen Angelegenheiten beschäftigt[23]. Hätte Sigismund den ihm im Dezember 1745 nach dem Tod Imre Esterházys offenbar von Maria Theresia angebotenen Primasstuhl angenommen und diesem nicht sein Wiener Erzbistum vorgezogen[24], wären die Kollonich die einzige Familie im 17. und 18. Jahrhundert gewesen, die zweimal die Spitzenstellung im ungarischen Primatialverband eingenommen hätte. Im Jahr 1728 hatte der Wiener Erzbischof überdies von Karl VI. die Erlaubnis erhalten,

---

22 Materialreich, aber veraltet ist die Darstellung von Joseph Maurer: Cardinal Leopold Graf Kollonitsch, Primas von Ungarn. Sein Leben und sein Wirken. Innsbruck 1887. Die wichtigsten Stationen seiner Karriere bei Erwin Gatz (Hg.): Die Bischöfe des Heiligen Römischen Reiches 1648 bis 1803. Ein biographisches Lexikon. Berlin 1990, S. 234–236; Werner Lamm (Bearb.): Leopold Graf Kollonitsch. Sonderausstellung im Maltesermuseum Mailberg (Schriftenreihe des Maltesermuseums Mailberg 6). [Mailberg 1981]; Gabriel Adriányi: Katholische Erneuerung – Gegenreformation: Lebenswerk des Kardinals Leopold Graf Kollonich (1631–1707). In: ders.: Beiträge zur Kirchengeschichte Ungarns (wie Anm. 2), S. 83–99. In der ungarischen Geschichtsschreibung ist Kollonich nahezu nicht präsent. Vgl. Adél Lakatos: Kollonich Lipót. In: Beke (Hg.): Esztergomi érsekek (wie Anm. 8), S. 319–325.

23 Ferenc Kollányi: Esztergomi kanonokok [Graner Domherren] 1100–1900. Esztergom 1900, S. 319 f.; Gatz (Hg.): Bischöfe 1648–1803 (wie Anm. 22), S. 236–239; Christine Kitzler: Die Errichtung des Erzbistums Wien 1718–1729. Wien 1969.

24 M[ichael] M. R[anft]: Merkwürdige Lebensgeschichte aller Cardinäle der Röm. Cathol. Kirche, die in diesem jetztlaufenden Seculo das Zeitliche verlassen haben. Bd. 1–4/2. Regensburg 1768–1781, hier Bd. 3, S. 37 f.

seinen Vetter Baron Ladislaus von Zay zu adoptieren, der sich fortan ebenfalls Kollonich nannte und als Hofrat und Referent bei der Ungarischen Hofkanzlei in Wien die Familieninteressen auch politisch zu sichern vermochte. Dessen gleichnamigem Sohn Ladislaus Graf Kollonich sollte als Bischof von Siebenbürgen (1774–1781) und Großwardein/Oradea (1781–1788) sowie als Erzbischof von Kalocsa (1787–1817) ein weiteres Mal eine bemerkenswerte geistliche Karriere in Ungarn gelingen.

Von den ausgedehnten Patronagenetzen Kardinal Kollonichs profitierten jedoch nicht nur eigene Familienmitglieder. Auch andere Weggefährten wie Johann Otto Graf von Volkra, dessen Vater zahlreiche Funktionen in der ungarischen Kammerverwaltung innegehabt und 1687 das Indigenat in Ungarn erworben hatte, wussten aus diesen Beziehungen Nutzen zu ziehen. Der 1665 in Wien geborene Volkra wurde 1698 zum Propst von Preßburg/Bratislava, Generalvikar unter Kardinal Kollonich in Gran und im Jahr 1700 – aus vergleichbaren Gründen wie fünf Jahre später dessen Neffe – zum ungarischen Titularbischof von Scardona/Skradin ernannt. 1710 wurde ihm die Diözese Wesprim verliehen, in der er bis zu seinem Tod 1718 die Residenzpflicht wahrnahm. Volkra, der während seines Episkopats mit deutlich weniger Problemen konfrontiert war als andere Oberhirten in den lange Jahre im osmanischen Teil Ungarns gelegenen Diözesen, wurde wiederholt als Vermittler sowohl in innerkirchlichen als auch in weltlichen Konflikten eingesetzt[25].

Lässt sich bei den Kollonich seit dem letzten Drittel des 17. Jahrhunderts eine geradlinig und erfolgreich umgesetzte kirchliche Familienpolitik großen Stils erkennen, so bot das Episkopat des bereits genannten Christian August Herzog von Sachsen-Zeitz in Raab (1696–1725) und Gran (1707–1725) ein gänzlich anderes Bild. 1696 zunächst zum Bischof von Raab ernannt, wurde er im Jahr 1700 zum *coadiutor cum iure successionis* von Gran bestimmt. Der Herzog, der sieben Jahre später tatsächlich zum Nachfolger von Kollonich in Gran ernannt wurde, behielt die Bistumsverwaltung in Raab bis zu seinem Tod bei. Aus Rücksicht auf den sächsischen Herzog, der schon als kaiserlicher Bevollmächtigter während der Interimsadministration des Kölner Erzstifts wertvolle Dienste geleistet hatte, 1699 zum Geheimen Rat aufstieg und auch später die Interessen des Hofes auf mehreren Reichstagen vertrat, verlieh Karl VI. den Erzbischöfen von Gran den Titel eines Fürsten des Heiligen Römischen Reiches[26].

---

25 József Körmendy: Gróf Volkra Ottó keresztelő János veszprémi püspök élete és munkássága 1665–1720 [Leben und Werk des Wesprimer Bischofs Otto Johann Baptist Johann Graf Volkra 1665–1720] (A Veszprémi egyházmegye múltjából 16). Veszprém 1995; János Pfeiffer: A veszprémi egyházmegye történeti névtára (1630–1950) püspökei, kanonokjai, papjai [Geschichtliches Namensverzeichnis der Wesprimer Diözese: Bischöfe, Domherren, Priester (1630–1950)] (Dissertationes Hungaricae ex historia Ecclesiae 8). München 1987, S. 62–64.

26 Vgl. neben der in Anm. 10 genannten Literatur Atanáz Kelemen: Keresztély Ágost herceg katolikus restaurációs tevékenysége a győri egyházmegyében [Die Reformbemühungen von Herzog Christian August (von Sachsen-Zeitz) im Bistum Raab]. Pannonhalma 1931; Hans Gerig: Der Kölner Dompropst Christian August Herzog von Sachsen-Zeitz, Bischof von Raab. Seine diplomatische Tätigkeit am Niederrhein zu Beginn des spanischen Erbfolgekriegs im Dienst der Poli-

Ähnliche reichskirchliche Ambitionen wie Christian August verfolgte dessen Nachfolger in Raab Philipp Ludwig Graf von Sinzendorf, der mit noch nicht einmal 26 Jahren 1725 vom Kaiser für das westungarische Bistum nominiert wurde. Von der Familie für die Prälatenlaufbahn bestimmt, hatte Sinzendorf noch vor der Priesterweihe 1722 zahlreiche Würden und Pfründen erlangen können: Domkanonikate in Köln, Salzburg und Olmütz, die Real-Propstei zu Ardagger in Niederösterreich sowie die Einkünfte der wohlhabenden Benediktinerabtei Pécsvárad in Ungarn, die auch später mehrfach an Aristokraten aus dem Reich vergeben wurde. Durch die kaiserliche Nomination in Raab wurde im Grunde der fehlgeschlagene Versuch kompensiert, Sinzendorf über seinen einflussreichen Vater, Obersthofkanzler in Wien und über diese Funktion maßgeblicher Leiter der österreichischen Außenpolitik, das kaiserliche Auditoriat bei der *Sacra Rota Romana* zu verschaffen. Es war recht offensichtlich, dass das verhältnismäßig geringe Erträge abwerfende Bistum in Westungarn weder dem Karriereplan des hochgebildeten Bischofs noch dem Ehrgeiz des einflussreichen Vaters entsprach. 1727 scheiterte Sinzendorf zwar trotz eines Eligibilitätsbreve bei dem Versuch, auf den hoch dotierten Bischofssitz in Salzburg zu wechseln, doch gelang ihm in jenem Jahr der Aufstieg ins Kardinalat – auch dies ein Karrieresprung, der ohne enge familiäre Anbindung an den Hof und massive landesfürstliche Protektion undenkbar gewesen wäre. Ein erneutes Wählbarkeitsbreve für das Hochstift Breslau/Wrocław, das allerdings an die Bedingung geknüpft war, im Fall einer erfolgreichen Bewerbung unverzüglich auf Raab zu resignieren, ebnete schließlich den Weg zu seiner Wahl zum dortigen Fürstbischof im Jahr 1732[27].

Gleich mehrere Besonderheiten verbinden sich mit der Familie Althann. Der Aufstieg dieses im süddeutschen Raum, in Österreich, den böhmischen Ländern und

---

tik Kaiser Leopolds I. Bonn 1930; Eberhard Klein: Christian August, der Kardinal von Sachsen (1666–1725). Ein Beitrag zur Geschichte der Gegenreformation. In: Gelbe Hefte. Historische und politische Zeitschrift für das katholische Deutschland 4/2 (1928), S. 778–802, 847–882, 902–932; Rudolf Reinhardt: Konvertiten und ihre Nachkommen in der Reichskirche der frühen Neuzeit [1989]. Jetzt in: ders.: Reich – Kirche – Politik. Ausgewählte Beiträge zur Geschichte der Germania Sacra in der Frühen Neuzeit. Hg. v. Hubert Wolf. Ostfildern 1998, S. 172–203, hier S. 189–192; Stephan Kremer: Herkunft und Werdegang geistlicher Führungsschichten in den Reichsbistümern zwischen Westfälischem Frieden und Säkularisation. Fürstbischöfe – Weihbischöfe – Generalvikare (Römische Quartalschrift für christliche Altertumskunde und Kirchengeschichte. Supplementheft 47). Freiburg, Basel, Wien 1992, S. 100, 140, 387.

27 Gatz (Hg.): Bischöfe 1648–1803 (wie Anm. 22), S. 464–466; Colmar Grünhagen: Die Bischofswahl des Kardinals von Sinzendorf 1732. In: Zeitschrift des Vereins für Geschichte und Alterthum Schlesiens 26 (1892), S. 196–212; Alfred A. Strnad: Der Kampf um ein Eligibilitätsbreve. Römische Quellen zur Breslauer Bischofswahl des Kardinals Philipp Ludwig von Sinzendorf (1732). In: Archiv für schlesische Kirchengeschichte 33 (1975), S. 68–124; Hans-Wolfgang Bergerhausen: Der preußische Staat und die Breslauer Bischöfe 1740–1795. In: Archiv für schlesische Kirchengeschichte 53 (1995), S. 169–189; Joachim Köhler: Zwischen den Fronten. Anmerkungen zur Biographie der Breslauer Fürstbischöfe Sinzendorf (1732–1742) und Schaffgotsch (1747–1795). In: Peter Baumgart (Hg.): Kontinuität und Wandel. Schlesien zwischen Österreich und Preußen (Schlesische Forschungen 4). Sigmaringen 1990, S. 273–285.

seit Ende des 16. Jahrhunderts auch in Ungarn begüterten Geschlechts vollzog sich seit dem Dreißigjährigen Krieg über den kaiserlichen Militär- und Hofdienst. Innerhalb von nur zwei Generationen zählten die Althann, die zielbewusst Verwandtschaftsbeziehungen zur österreichischen Hofaristokratie geknüpft hatten, nach politischem Einfluss und Besitz zu den führenden Adelshäusern der Habsburgermonarchie. Mit den Waitzener Bischöfen Michael Friedrich und (dessen Neffen) Michael Karl von Althann erhielt die Familie auf dem Höhepunkt ihres Einflusses unter Karl VI. und Maria Theresia auch eine geistliche Prägung. Es war der einzige Fall, in dem eine Familie zwei Mitglieder nacheinander für ein ungarisches Bistum stellte[28]. Die familiäre Sozialstrategie der Althann war allerdings nicht nur im kirchlichen, sie war auch im weltlichen Bereich einzigartig: Für ihre Verdienste um das Haus Habsburg wurde ihnen im Komitat Zala von 1721 bis 1824 die erbliche Obergespanwürde übertragen – eine Auszeichnung, die unter den Adelsgeschlechtern aus dem Heiligen Römischen Reich sonst nur noch den Schönborn-Buchheim im Komitat Bereg von 1749 bis 1803 zuteil wurde[29].

Die Karriere des 1680 in Glatz/Kłodzko geborenen, frühzeitig für den geistlichen Stand bestimmten Michael Friedrich Graf von Althann führte dank kaiserlicher Protektion steil nach oben. Sein diplomatisches Geschick hatte er bereits 1705 als Olmützer Domherr bei Verhandlungen zwischen Rom und Wien unter Beweis gestellt. Das kaiserliche Auditoriat beim päpstlichen Gerichtshof, das dem infulierten Propst der kaiserlichen Kapelle Allerheiligen im Prager Schloss, Dompropst zu Altbunzlau/Stará Boleslav und Domherr von Olmütz/Olomouc und Breslau 1714 übertragen wurde, war nur der Einstieg in eine glänzende kirchliche und politische Laufbahn. Die Erhebung zum Bischof von Waitzen 1718 – als Nachfolger des auf das Bistum Laibach/Ljubljana transferierten Wilhelm von Leslie – diente vorrangig dem Zweck, die in Rom aufgewendeten Repräsentationskosten durch den Erwerb eines Bischofssitzes auszugleichen. Neun Jahre seines sechzehnjährigen Episkopats in Waitzen verbrachte Althann, der zunächst bei der Rota blieb und 1719 zum Kardinal erhoben wurde, in Rom und Neapel: 1720 bis 1722 vertrat er die kaiserlichen Interessen am päpstlichen Stuhl, 1722 bis 1728 verwaltete er sodann als Vizekönig Neapel und Sizilien. Trotz anfänglicher Erfolge verlor er allerdings in den kommenden Jahren das

---

28 Győző J. Nagy / Tibor Klekner: A két Althann váci püspöksége 1718–1756 [Das Waitzener Episkopat der beiden Althann 1718–1756] (Vácegyházmegye multjából 1). Vác 1941; Ferenc Chobot: A váci egyházmegye történeti névtára [Historisches Namensverzeichnis der Waitzener Diözese]. Bd. 1–2. Vácz 1915–1917, hier Bd. 2, S. 611–624; Magyar Katolikus Lexikon (wie Anm. 20). Bd. 1, S. 200 f.

29 Zoltán Fallenbüchl: Magyarország főispánjai. Die Obergespane Ungarns. 1526–1848. Budapest 1994, S. 34, 40 f., 68, 110 f.; Zsigmond Somogyi: Magyarország főispánjainak albuma. Hazánk ezredéves fenállásának emlékére [Album der Obergespane Ungarns. Zur Erinnerung an die tausendjährige Existenz unserer Heimat]. Szombathely 1889, S. 463–470; ders.: Magyarország főispánjainak története 1000–1903 [Geschichte von Ungarns Obergespanen 1000–1903]. Budapest 1902, S. 235–241.

kaiserliche Vertrauen und fiel am Hof in Missgunst. Zurückgekehrt in seine Waitzener Diözese, entwickelte sich Althann fortan zu einem scharfen Kritiker aller staatskirchlichen Bestrebungen Wiens[30].

In der Leitung der Waitzener Diözese folgte ihm 1734 sein Neffe Michael Karl Graf von Althann, der den kirchlichen Wiederaufbau zwar fortsetzte, die Autorität und das Format seines Vorgängers jedoch in keiner Weise zu erreichen vermochte. Seine Karriere vollzog sich in Rom und Neapel ganz im Schatten seines Onkels, dessen Einflusskanäle und Beziehungsnetze auch ihm zugute kamen. In Neapel wurde der Breslauer Domherr, Erzdechant von Oppeln/Opole und Abt von St. Gallen zum römischen Titularbischof von Bari ernannt, 1734 zum Bischof von Waitzen. Die Spannungen zum Domkapitel, dessen Zusammensetzung sich nach den kaiserlichen Resolutionen Anfang der dreißiger Jahre vermutlich zum Nachteil des vor Ort residierenden Bischofs auswirkte, nahmen während seines Episkopats deutlich zu. Die Karrierepfade der beiden Geistlichen spiegeln so in aller Deutlichkeit die unterschiedliche Sozialstrategie der Familie Althann wider: Der Waitzener Bischofsstuhl, der für Michael Friedrich eine wichtige Station seines Aufstiegs markierte, diente seinem Neffen Michael Karl nur noch zur Versorgung.

Sowohl der Aufstieg Kardinal Althanns und dessen späterer Kampf gegen die staatliche Kirchenpolitik als auch seine engagierte Administration in der ungarischen Diözese ähneln in vielfacher Hinsicht dem Wirken von Christoph Bartholomäus Anton Graf Migazzi, dem Nachfolger der Grafen Althann in Waitzen. Auch für Migazzi war der ungarische Bischofsstuhl, den er 1756/57 zunächst nur für einige Monate, von 1762 bis 1786 dann als Administrator erneut innehatte, lediglich eine Station in einer bemerkenswerten, vor allem durch den späteren Kampf gegen das josephinische Staatskirchentum bekannten geistlichen und politischen Karriere[31]. Ebenfalls Auditor bei der *Rota Romana*, erzielte der Domherr in Brixen/Bressanone und Trient/Trento, der das volle Vertrauen des Kaiserhofs besaß, seit 1746 wichtige diplomatische Erfolge. Seinem Ausscheiden aus der *Rota* 1751 folgte zwar unmittelbar die Ernennung zum Koadjutor des Erzbischofs von Mecheln/Mechelen in den österreichischen Niederlanden, doch wurde Migazzi abermals für vier Jahre mit diplomatischen Aufträgen am spanischen Hof betraut. Noch während seines kostspie-

---

30 Joachim Bahlcke: Michael Fridrich hrabě z Althannu (1680–1734). Životní etapy preláta ve službách habsburské monarchie na počátku 18. století [Michael Friedrich Graf von Althann (1680–1734). Lebensstationen eines Prälaten in Diensten der Habsburgermonarchie am Anfang des 18. Jahrhunderts]. In: Bronislav Chocholáč / Libor Jan / Tomáš Knoz (Hg.): Nový Mars Moravicus aneb Sborník příspěvků, jež věnovali Prof. Dr. Josefu Válkovi jeho žáci a přátelé k sedmdesátinám. Brno 1999, S. 501–515.

31 Elisabeth Kovács: Ultramontanismus und Staatskirchentum im theresianisch-josephinischen Staat. Der Kampf der Kardinäle Migazzi und Franckenberg gegen den Wiener Professor der Kirchengeschichte Ferdinand Stöger (Wiener Beiträge zur Theologie 51). Wien 1975; dies.: Beziehungen von Staat und Kirche im 18. Jahrhundert. In: Erich Zöllner (Hg.): Österreich zur Zeit des aufgeklärten Absolutismus (Schriften des Institutes für Österreichkunde 42). Wien 1983,

ligen Aufenthalts in Madrid nominierte ihn Maria Theresia im September 1756 zum Bischof von Waitzen, schlug ihn aber schon im März 1757 zum Fürsterzbischof von Wien vor. Als er 1761 zum Kardinal erhoben wurde, erhielt er 1762 mit Rücksicht auf die damit verbundenen Repräsentationskosten – gegen den Widerspruch der ungarischen Bischöfe – das gut dotierte Bistum Waitzen ein zweites Mal, formal allerdings nur als Administrator. 1786 sah sich Migazzi schließlich auf Druck Kaiser Josephs II. zur Resignation auf Waitzen gezwungen[32].

Das nahezu drei Jahrzehnte währende Episkopat des Wilhelm Franz Johann Bertram Freiherr von Nesselrode in Fünfkirchen in den Jahren 1703 bis 1732 stellt in mehrfacher Hinsicht einen Sonderfall dar. Der aus altem niederrheinischem Rittergeschlecht stammende Nesselrode, der sich als kaiserlicher General und Reichshofrat Verdienste erworben hatte, trat sehr spät in den geistlichen Stand, ohne damit sein vom Militärdienst gewohntes und dort akzeptiertes Auftreten zu ändern. Der Domherr von Münster und Propst von Stuhlweißenburg/Székesfehérvár wurde erst 1710, nachdem er die höheren Weihen empfangen hatte, zum Bischof geweiht. Während Nesselrodes Episkopat, der längsten Amtszeit eines Aristokraten aus dem Heiligen Römischen Reich auf einem ungarischen Bischofsstuhl überhaupt, kam es von Beginn an zu Spannungen mit dem Domkapitel. Die permanenten Querelen hatten zur Folge, dass 1728 der Ungarischen Kammer auf Anordnung vom Hof die Sequestration sämtlicher Kirchengüter übertragen wurde. Erst 1736 hob man die Sperre wieder auf[33].

S. 29–53. Einen guten Überblick über Interpretationsansätze und offene Forschungsfragen zum österreichischen Staatskirchentum bietet die voluminöse Aufsatzsammlung von Richard G. Plaschka u. a. (Hg.): Österreich im Europa der Aufklärung. Kontinuität und Zäsur in Europa zur Zeit Maria Theresias und Josephs II. Bd. 1–2. Wien 1985, die neben 52 Beiträgen auch eine umfassende Auswahlbibliographie enthält (Bd. 2, S. 969–1051). Darüber hinaus ist im Zusammenhang der hier verfolgten Fragestellung bedeutsam Elisabeth Kovács (Hg.): Katholische Aufklärung und Josephinismus. Wien 1979; gute Zusammenfassungen bieten Grete Klingenstein: Radici del riformismo asburgico. In: Ferdinando Citterio / Luciano Vaccaro (Hg.): Storia religiosa dell'Austria. Milano 1997, S. 143–168; P[eter] G. M. Dickson: Joseph II's Reshaping of the Austrian Church. In: The Historical Journal 36 (1993), S. 89–114; zu den Verhältnissen in Ungarn vor allem István Fried: II. József, a józefinisták és a reformerek (Vázlat a XVIII. század végének magyar közgondolkodásáról) [Joseph II., die Josephinisten und die Reformer (Betrachtungen zum ungarischen Denken am Ende des 18. Jahrhunderts)]. In: Az Országos Széchényi Könyvtár Évkönyve (1979), S. 563–591; Kálmán Benda: A jozefinizmus és jakobinusság kérdései a Habsburg-Monarchiában (Eredmények és feladatok a legújabb kutatások tükrében) [Zur Frage von Josephinismus und Jakobinertum in der Habsburgermonarchie (Ergebnisse und Aufgaben im Spiegel der neuesten Forschungen)]. In: Történelmi Szemle 8 (1965), S. 388–422.

32 Materialreich, aber veraltet ist die Darstellung von Cölestin Wolfsgruber: Christoph Anton Kardinal Migazzi Fürsterzbischof von Wien. Saulgau (Württemberg) 1890; Erwin Gatz (Hg.): Die Bischöfe der deutschsprachigen Länder 1785/1803 bis 1945. Ein biographisches Lexikon. Berlin 1983, S. 505–508; Magyar Katolikus Lexikon (wie Anm. 20). Bd. 9, S. 113.

33 Béláné Baranyai: A két Nesselrode [Die beiden Nesselrode]. In: Alán Kralovánszky (Hg.): Székesfehérvár évszázadai. Bd. 4: 1688–1848. Székesfehérvár 1979, S. 43–50; Magyar Katolikus Lexikon (wie Anm. 20). Bd. 9, S. 769.

Nesselrodes Nachfolger seit 1732, Anton Kasimir Graf von Thurn-Valsassina, war zuvor als *coadiutor cum iure successionis* in Fünfkirchen ernannt worden, starb jedoch bereits zwei Jahre später und hatte insofern nur wenig zur inneren Befriedung der Diözese beitragen können. Von größerer Bedeutung war seine erste Bischofswürde in Belgrad-Semendria/Beograd-Smederevo[34]. Thurn-Valsassina entstammte einem ursprünglich mailändischen Geschlecht, das im 15./16. Jahrhundert in Österreich Besitz erworben hatte und heimisch geworden war. Ebenso wie der 1679 in Bleiburg geborene Anton Kasimir wandten sich vier seiner sechs Geschwister dem geistlichen Stand zu. Nach seiner Ausbildung in Rom wirkte der Domherr von Eichstätt, dessen Familie Ende des 17. Jahrhunderts in Ungarn das Indigenat erworben hatte, 1718 als Domherr in Raab. Das Kanonikat dürfte er über den Kontakt zum dortigen Diözesanbischof, den Herzog von Sachsen-Zeitz, erhalten haben. Das Domkapitel von Raab war, unabhängig von der jeweiligen regionalen und nationalen Herkunft der Mitglieder, eine wichtige Vorstufe und Ausgangsbasis für die weitere kirchliche Karriere. Auch Thurn-Valsassina gelang es von dort aus, eine bischöfliche Dignität zu erlangen.

Entgegen allen Versuchen des benachbarten Bistums Syrmien, die Jurisdiktion über Serbien zu erlangen, wurde 1723 formal die Wiedererrichtung des zuvor nur als Titularbistum vergebenen Bistums Belgrad beschlossen[35]. Vor allem Prinz Eugen als Präsidenten der *Commissio Generalis Neoacquistica* war an einem unabhängigen Bistum in dem 1718 nach dem Frieden von Passarowitz den Wiener Hofstellen, nicht den ungarischen Behörden unterstellten Gebiet gelegen[36]. Prinz Eugen war es auch, der dem Kaiser Thurn-Valsassina zur Nomination in Belgrad vorschlug. Dieser konnte sich zwar im Vergleich zu den anderen Kandidaten auf keine herausragenden kirchlichen oder politischen Dienste berufen, besaß jedoch einflussreiche Fürsprecher am Hof. 1728 erhielt er die Ernennungsurkunde, allerdings nicht als Bischof von Belgrad, sondern als Bischof von Semendria. Der anschließende Protest Prinz Eugens beim Monarchen hatte zur Folge, dass dieser in Rom auf eine Vereinigung der beiden vor der Türkenherrschaft in Serbien existierenden Bistümer Belgrad und Semendria drängte. Thurn-Valsassina und sein Nachfolger 1732, Franz Anton Graf Engl von Wagrain, blieben freilich die einzigen Residenzbischöfe in Belgrad, das von den Osmanen zurückerobert wurde und von 1739 bis zum Ende des 19. Jahrhunderts erneut nur als ungarisches Titularbistum vergeben wurde.

---

34 Miroslav Premrou: Serie dei Vescovi romano-cattolici di Beograd. Studio storico composto in base a documenti degli Archivi Vaticani. In: Archivum Franciscanum Historicum 17 (1924), S. 489–508; 18 (1925), S. 33–62; 19 (1926), S. 29–45, hier 19, S. 35–37.

35 István György Tóth: Die Beziehungen der katholischen Kirche zum Staat in Türkisch-Ungarn im 17. Jahrhundert. In: Bahlcke / Strohmeyer (Hg.): Konfessionalisierung in Ostmitteleuropa (wie Anm. 17), S. 211–217.

36 Coloman Juhász: Bestrebungen zur Errichtung eines deutschsprachigen Bistums im Banat im 18. Jahrhundert. In: Römische Quartalschrift für christliche Altertumskunde und Kirchengeschichte 37 (1929), S. 454–458; ders.: Kirchliche Zustände im Banat in der Mitte des 18. Jahrhunderts. In: Mitteilungen des Österreichischen Staatsarchivs 15 (1962), S. 200–245.

Ähnliche Konfliktmuster wie in Belgrad zeigten sich auch 1730 in der Diözese Tschanad, die zu etwa zwei Dritteln auf das unmittelbar Hofkriegsrat und Hofkammer unterstehende Temeswarer Banat fiel. Im Zuge der Ernennung Euseb Anton Adalbert Freiherr von Falkensteins zum Bischof von Tschanad musste erstmals die Frage geklärt werden, welche Instanz eigentlich für die Aufstellung der Kandidaten befugt sei. Bei der Ernennung von Falkensteins Vorgänger im Jahr 1710 war diese Frage noch nicht aktuell gewesen. Wie schon im Fall von Belgrad bestand Prinz Eugen – in diesem Fall allerdings ohne Erfolg – auf seiner ausschließlichen Zuständigkeit für sämtliche kirchenpolitischen Angelegenheiten und wies die Ansprüche der Ungarischen Kanzlei entschieden zurück. Dass die Wahl dabei auf den 1671 im vorderösterreichischen Freiburg im Breisgau geborenen Falkenstein fiel, hatte vor allem zwei Gründe: die Patronage durch den Statthalter des Banats, Claudius Florimond Graf Mercy, einen Bruder von Falkensteins Mutter, einerseits und die Gunst des Kaiserhofs seit dem Kemptener Koadjutorstreit andererseits[37]. Falkenstein war in jungen Jahren in das Stift zu Kempten eingetreten, dessen Abt, ein Vetter von ihm, ihn 1697 nicht nur unter Umgehung des Kapitels zum Dekan ernannt hatte, sondern ihn auch durch zweifelhafte Mittel 1716 zum Koadjutor hatte wählen lassen. Der daran anschließende langjährige Koadjutorstreit hatte 1723 zu einer neuen Wahl geführt, in der der vom Hof unterstützte Dekan klar unterlag. Falkenstein, dem bereits die Benediktinerpropstei Grönenbach für den Fall seiner Niederlage zugesagt worden war, wurde mit dem Bistum Tschanad entschädigt. Zwar wurde seine Jurisdiktionsgewalt in der Ernennungsurkunde 1730 auf das Gebiet des Temeswarer Banats beschränkt, doch übte er – ebenso wie seine Nachfolger – auch in dem rechtlich zu Ungarn gehörenden Teil seiner Diözese de facto die Rechtsgewalt aus. Im Gegensatz zu seinem Vorgänger wählte er jedoch Temeswar/Timişoara als Residenz, wenngleich offiziell Szegedin/Szeged auch weiterhin als Bischofssitz galt[38].

War nach Falkensteins Tod 1739 mit dem bisherigen Weihbischof zunächst ein bulgarischer Franziskaner zum Bischof von Tschanad ernannt worden, so folgte 1750 bis 1777 mit Anton Franz Graf Engl von Wagrain erneut ein Österreicher in Temeswar. Zu dieser Zeit waren die anfänglichen Konflikte zwischen Kirche und Staat längst entschieden. Engl, der 1732 zum Bischof von Belgrad-Semendria ernannt worden war (er bestieg seinen Bischofsstuhl allerdings erst zwei Jahre später),

---

37 Jenő Szentkláray: Mercy kormányzata a Temesi bánságban. Újabb részletek Délmagyarország XVIII. századi történetéhez [Die Regierung Mercys im Temeswarer Banat. Neuere Beiträge zur Geschichte Südungarns im 18. Jahrhundert]. Budapest 1909; ders.: Közállapotok Csanád vármegyében a török uralom után [Die öffentlichen Zustände im Komitat Tschanad nach der Türkenherrschaft]. In: Századok 26 (1892), S. 107–130; J[osef] Rottenkolber: Der Koadjutorstreit unter dem Kemptener Fürstabt Rupert von Bodmann. In: Zeitschrift für bayerische Kirchengeschichte 2 (1927), S. 34–41, 154–161.
38 Endre Takáts: Hogyan lett Szeged püspöki székhely a XVIII. század elején? [Wie wurde Szegedin am Anfang des 18. Jahrhunderts bischöfliche Residenzstadt?]. In: Katholikus Szemle 44 (1930), S. 318–332.

entstammte einer in Oberösterreich begüterten und 1717 in den Reichsgrafenstand erhobenen Familie, die Ende des 18. Jahrhunderts auch den Bischofsstuhl in Leoben besetzen konnte. In die Zeit seines Episkopats fiel die Aufhebung der Gesellschaft Jesu, deren jeweiliger Superior im Temeswarer Banat stets als bischöflicher Vikar gewirkt und die Diözese in Abwesenheit des Bischofs regiert hatte[39].

Drei weitere Aristokraten aus dem Heiligen Römischen Reich hinterließen, nicht zuletzt wegen der Kürze ihres Episkopats, nur geringe Spuren in der ungarischen Kirchenorganisation. Der um 1650 geborene Wilhelm Graf von Leslie entstammte einer seit Anfang des 17. Jahrhunderts in der Steiermark begüterten iro-schottischen Familie, die sich vergleichbar mit den Althann nach Besitz und Einfluss innerhalb von nur zwei Generationen zu einem der führenden Adelsgeschlechter der Habsburgermonarchie entwickelt hatte. Nach Studien in Graz, Wien und Rom wurde er 1681 zum Priester geweiht und wirkte bis 1702 als Professor der Theologie an der Universität Padua. Schon vor seiner Nomination zum Bischof von Waitzen 1716 waren dem daraufhin als kaiserlicher Berater tätigen Leslie mehrere Pfründen in Ungarn verliehen worden. Sein bischöfliches Wirken in Waitzen währte jedoch nur zwei Jahre. Nach dem unerwarteten Tod des Laibacher Fürstbischofs nominierte ihn der Kaiser 1718 als dessen Nachfolger[40].

Eine nur kurze Episode bildete auch das Episkopat Johann Ernst Graf von Harrachs seit 1737 in Neutra, da der Domherr in Salzburg und Passau, Propst von Altbunzlau und Abt von Pécsvárad bereits 1739 mit 34 Jahren in Rom starb. Harrach, dessen Familie zur österreichischen Hofaristokratie zählte und mehrere Bischöfe hervorbrachte, war 1729 zum kaiserlichen Auditor bei der Rota ernannt worden. 1735 überantwortete man ihm zusätzlich die diplomatische Vertretung Wiens bei der Kurie. Sein Auditoriat hatte er zwar nach der Ernennung zum Bischof von Neutra niedergelegt. Er blieb jedoch bis zu seinem Tod als kaiserlicher Geschäftsträger in Rom[41].

Ebenfalls in der Ewigen Stadt wirkte über beinahe drei Jahrzehnte Franz Graf Hrzan von Harras, seit 1770 zunächst als kaiserlicher Auditor, seit 1775 dann als Geschäftsträger für geistliche Angelegenheiten. Der 1735 in Prag/Praha geborene Hrzan, einer der wichtigsten Vertrauensmänner des Wiener Hofes für die Vertre-

---

39 Koloman Juhasz: Das Bistum Belgrad und Tschanad unter Bischof Franz Anton Graf Engl von Wagrain (1702–1777). Ein Beitrag zur Siedlungsgeschichte des Banats mit Ergänzungen von Mathias Weber. In: Ostbairische Grenzmarken. Passauer Jahrbuch für Geschichte, Kunst und Volkskunde (1962/63), S. 78–126; (1964/65), S. 71–123; ders.: Jesuiten im Banat (1718–1773). Ein Beitrag zur Kulturgeschichte des Temeswarer Banats. In: Mitteilungen des Österreichischen Staatsarchivs 11 (1958), S. 153–220; Alfred Marks: Familiengeschichtliche Aufzeichnungen der Engl von Wagrain 1657 bis 1797. In: Mitteilungen des Oberösterreichischen Landesarchivs 8 (1964), S. 274–286; Magyar Katolikus Lexikon (wie Anm. 20). Bd. 3, S. 118.
40 Chobot: A váczi egyházmegye történeti névtára (wie Anm. 28). Bd. 2, S. 611; Gatz (Hg.): Bischöfe 1648–1803 (wie Anm. 22), S. 268 f.; Magyar Katolikus Lexikon (wie Anm. 20). Bd. 7, S. 814.
41 Magyar Katolikus Lexikon (wie Anm. 20). Bd. 4, S. 626.

tung der kirchenpolitischen Neuerungen, wurde gewissermaßen ein Werkzeug für die Durchsetzung des josephinischen Staatskirchentums. Bei der Neugründung der ungarischen Bistümer Zips, Rosenau/Rožňava, Neusohl/Banská Býstrica, Stuhlweißenburg und Steinamanger/Szombathely in den Jahren 1776/77 arbeitete er eng mit dem Hof zusammen[42]. Seine Laufbahn in Rom endete abrupt mit dem Anrücken der französischen Legionen. Die Verleihung des unbedeutenden Bistums Steinamanger durch den ihm nicht gewogenen Franz II. im Jahr 1800 – ein Fall, in dem der Kaiser ohne Vorschlag der Ungarischen Kanzlei entschied – kam daher eher einer Abschiebung von der politischen Bühne als einer Rangerhöhung gleich. Entsprechend empfand es auch der bisherige Wiener Diplomat, der das Bistum von Waitzen angestrebt hatte. Später wurde Hrzan nochmals vom Palatin als dritter Kandidat für den vakanten (seit 1804 erzbischöflichen) Stuhl von Erlau/Eger empfohlen; er starb jedoch kurze Zeit später, bevor eine Entscheidung in dieser Frage gefallen war[43].

III. Eigenständigkeit und Indienstnahme einer kirchlichen Elite – einige systematische Beobachtungen

Unter den landfremden geistlichen Würdenträgern stellten Adelige aus dem Heiligen Römischen Reich, vor allem aus den österreichischen Erblanden, die mit Abstand größte Gruppe im ungarischen Episkopat dar. Während des 17. und 18. Jahrhunderts sind sie mit Ausnahme von Erlau sowie den kroatischen Bistümern Agram/Zagreb, Syrmien und Zengg-Modrus/Semj-Modruš in sämtlichen Suffraganbistümern der beiden ungarischen Erzdiözesen Gran und Kalocsa nachweisbar[44]. Ein leichtes Übergewicht lässt sich dabei in Waitzen – in der westungarischen Diözese lag auch Ofen/Buda als politischer Zentralort – sowie in Raab beobachten. Die Zahl der deutschen Aristokraten im ungarischen Primatialverband würde noch höher aus-

---

42 József Borovi: Az esztergomi érseki egyházmegye felosztása. A besztercebányai, rozsnyói, szepesi püspökségek alapítása 1776-ban [Die Teilung der Graner Erzdiözese. Die Gründung der Bistümer Neusohl, Rosenau und Zips im Jahr 1776]. Budapest 2000; Josef Tomko: Zriadenie Spišskej, Banskobystrickej a Rožňavskej diecézy a kráľovské patronátne právo v Uhorsku [Die Errichtung der Diözesen Zips, Neusohl und Rosenau und das königliche Patronatsrecht in Ungarn]. Spišské Podhradie 1995.
43 Eduard Winter: Kaiser Josef II. und der Kardinalprotektor der deutschen Reichskirche F. Herzan Reichsgraf von Harras. In: Rudolf Schreiber (Hg.): Prager Festgabe für Theodor Mayer (Forschungen zur Geschichte und Landeskunde der Sudetenländer 1). Freilassing, Salzburg 1953, S. 148–155; Magyar Katolikus Lexikon (wie Anm. 20). Bd. 4, S. 786 f.
44 Im Überblick, wenn auch nicht immer zuverlässig, bei Patritius Gauchat (Hg.): Hierarchia Catholica medii et recentioris aevi sive Summorum Pontificium – S.R.E. Cardinalium Ecclesiarum antistitum series, Vol. 4: 1592–1667. Monasterii 1935; Remigius Ritzler / Pirmin Sefrin (Hg.): Hierarchia Catholica medii et recentioris aevi sive Summorum Pontificium – S.R.E. Cardinalium Ecclesiarum antistitum series, Vol. 5–7: 1667–1846. Patavii 1952–1968, sowie bei Pius Bonifacius Gams: Series episcoporum ecclesiae catholicae, quotquot innotuerunt a beato Petro Apostolo. Ratisbonae 1873 [ND Graz 1957], S. 367–390.

fallen, wenn man neben den Residential- bzw. regierenden Diözesanbischöfen auch die vom ungarischen König seit dem frühen 17. Jahrhundert ernannten über 30 „Bischöfe der Ungarischen Krone" berücksichtigen würde. Bei diesen im Gegensatz zu den *episcopi consecrati* in der Regel als *episcopi electi* bezeichneten Titularbischöfen, deren Bistümer einst zum ungarischen Herrschaftsbereich gehört hatten, spätestens in den Türkenkriegen aber verloren gegangen waren, handelt es sich um eine einmalige Rechtsinstitution innerhalb der gesamten *Hierarchia catholica*[45]. Die ebenfalls vom ungarischen König kraft dessen Nominationsrecht ernannten Würdenträger, die – sieht man vom Sonderfall Knin und Belgrad-Semendria ab – keine bischöfliche Weihe erhielten, dürfen nicht mit den von Rom auf den Titel untergegangener Bistümer promovierten und konsekrierten, seit 1882 ebenfalls nur noch Titularbischöfe genannten *episcopi in partibus infidelium* verwechselt werden. Als Vorstufe einer kirchlichen Karriere waren die ungarischen Titularbistümer für Adelige aus dem römisch-deutschen Reich ebenso bedeutsam wie als kirchen- und staatspolitisches Instrument für den Wiener Hof; ob die neuen Oberhirten ohne Untertanen allerdings ihr Recht auf Sitz und Stimme im ungarischen Reichstag wahrnahmen, hing von unterschiedlichen Faktoren ab[46]: Der aus der Oberpfalz gebürtige Franz Ferdinand von Rummel beispielsweise, dem 1695 von Leopold I. das Titularbistum Knin verliehen worden war, urteilte seinem Bruder gegenüber über seine neue Titulardiözese: „Episcopatus Tinniensis est in Possnia, Croatiam versus, quae ego non videbo"[47] – in einer Gegend also, die er gewiss nie zu Gesicht bekommen werde. Die weitere Karriere Rummels vollzog sich dann nicht im ungarischen, sondern im erbländischen Bistumsverband.

Bei der Entscheidung, ob ein bestimmter Adeliger aus dem Heiligen Römischen Reich in die bischöfliche Hierarchie gelangte – sei es zunächst auf ein ungarisches Titularbistum, sei es unmittelbar auf ein Residentialbistum – und welchen Aufstieg

---

45 Bahlcke: Ungarischer Episkopat (wie Anm. 1), S. 90–111; Ferenc Galla: A püspökjelöltek kánoni kivizsgálásának jegyzőkönyvei a Vatikáni Levéltárban. (A magyar katolikus megújhodás korának püspökei.) [Die Protokolle der kanonischen Untersuchungen der Bischofskandidaten im Vatikanischen Archiv (Die Bischöfe in der Zeit der ungarischen katholischen Erneuerung)]. In: Levéltári Közlemények 20–23 (1942–45), S. 141–186, hier S. 164–182; Péter Erdő: Egyházjog [Kirchenrecht]. Budapest 1992, S. 246 f.; Magyar Katolikus Lexikon (wie Anm. 20). Bd. 2, S. 237 f.

46 Die Zahl der an den Reichstagen persönlich oder durch einen Vertreter teilnehmenden Titularbischöfe nahm vom späten 17. Jahrhundert an zunächst kontinuierlich zu. Während 1681 in Ödenburg/Sopron nur fünf *episcopi electi* anwesend gewesen waren, nahmen an den Versammlungen in Preßburg der Jahre 1715, 1723 und 1729 19, 24 und 21 Titularbischöfe teil. Sie bildeten damit eine deutlich größere Gruppe als die Residentialbischöfe. Bis zum ausgehenden 18. Jahrhundert stabilisierte sich die Zahl der an den Reichstagsverhandlungen teilnehmenden Titularwürdenträger bei einem guten Dutzend, um danach bis zur Reform des ungarischen Oberhauses im Jahr 1885, die zu einer drastischen Reduzierung der Titularbischöfe führte, beständig abzunehmen. Vgl. Bahlcke: Ungarischer Episkopat (wie Anm. 1), S. 104.

47 Zit. nach Friedrich von Rummel: Franz Ferdinand von Rummel. Lehrer Kaiser Josephs I. und Fürstbischof von Wien (1644–1716). München 1980, S. 81.

er dort nahm, konnten unterschiedliche Faktoren den Ausschlag geben: Nähe zur weltlichen Macht, Dienste in höheren Hofämtern und Verwaltungserfahrung, Bewährung auf diplomatischem Parkett, Landsmannschaft, Zugehörigkeit zur ‚richtigen' Klientel, Familienbeziehungen zum Hof oder Protektion über verwandtschaftliche Netze. Das bisherige geistliche Wirken war nicht ohne Ausschlag, doch dürfte dieser Faktor, zumal angesichts der vielfältigen weltlichen Funktionen der ungarischen Oberhirten noch im 18. Jahrhundert, nie der einzige Grund bei der Kandidatenauswahl gewesen sein. Die besten Chancen besaß zweifelsohne, wer mehrere Voraussetzungen auf sich vereinte.

Am deutlichsten lassen sich die Aufstiegspfade in die bischöfliche Hierarchie bei jenen Geistlichen erkennen, die sich im diplomatisch-politischen Umfeld bewährt hatten oder in der Verwaltung tätig gewesen waren: als Auditor beim päpstlichen Gerichtshof beispielsweise oder als Referendar bzw. Protonotar in der Kammerverwaltung. Eine solche Laufbahn wurde vielfach mit dem Bischofstitel belohnt, dem sich später der Kardinalshut anschließen konnte[48]. Dies gilt vor allem für die Personen der kaiserlichen Botschaft in Rom, des Kardinalprotektorats und des Auditoriats bei der *Sacra Rota Romana*. Sie alle wurden vom Kaiser bei ihren Bemühungen unterstützt, die während der Jahre in Italien aufgewendeten Repräsentationskosten durch den Erwerb eines Bischofssitzes zu kompensieren. Allein vier von sechs während des 18. Jahrhunderts in Rom tätigen Botschaftern wurde einzig und allein aus diesem Grund ein ungarisches Bistum zuteil[49]. Für eine bedeutende kirchliche Laufbahn konnte ein ungarischer Bischofsstuhl freilich nur einen Einstieg in die bischöfliche Hierarchie darstellen, zumal die Bistümer bei der Apostolischen Kammer mit vergleichsweise geringen Jahreseinnahmen eingestuft waren. Das Fernziel namentlich der deutschen Adeligen war daher stets eine baldige Translation und eine Karriere in der Reichskirche. Sieht man vom Sonderfall der Familie Kollonich ab, so waren nicht zufällig alle Geistlichen, die in Ungarn bis zum Jahr 1790 die Mitra empfangen hatten und dann auf ein außerungarisches Bistum versetzt wurden, Landfremde. Das Sprungbrett bil-

---

48 Unter den Kardinälen, die im 17. und 18. Jahrhundert als Ordinarius eines ungarischen (Erz-)Bistums in das römische Kollegium aufstiegen, waren Christian August von Sachsen-Zeitz, Leopold Kollonich, Philipp Ludwig von Sinzendorf und Michael Friedrich von Althann. Sigismund Kollonich und Christoph Bartholomäus Anton Migazzi erhielten den Kardinalspurpur erst nach ihrer Translation auf das (Erz-)Bistum Wien. Franz Hrzan von Harras war wiederum schon Kardinal, als ihm das Bistum Steinamanger verliehen wurde. Vgl. Mario Guarnacci: Vitae et res gestae Pontificum romanorum et S.R.E. Cardinalium a Clemente X. ad Clementem XII. Bd. 1–2. Romae 1751, hier Bd. 1, Sp. 233–235; Bd. 2, Sp. 93–96, 347–350, 523–530.
49 Richard Blaas: Das kaiserliche Auditoriat bei der Sacra Rota Romana. In: Mitteilungen des Österreichischen Staatsarchivs 11 (1958), S. 37–152; ders.: Die k. k. Agentie für geistliche Angelegenheiten. In: Mitteilungen des Österreichischen Staatsarchivs 7 (1954), S. 47–89; ders.: Das Kardinalprotektorat der deutschen und der österreichischen Nation im 18. und 19. Jahrhundert. In: Mitteilungen des Österreichischen Staatsarchivs 10 (1957), S. 148–185; Horst Herrmann: Die römische Agenzie für kirchliche Angelegenheiten Deutschlands und Österreichs. In: Römische Historische Mitteilungen 11 (1969), S. 182–205.

dete – abgesehen von der Versetzung Philipp Ludwig von Sinzendorfs, der 1732 als Bischof von Raab auf das gut dotierte Bistum Breslau transferiert wurde – stets das Bistum Waitzen, das man ohnehin seit dem Ende des Rákóczi-Aufstands mit Vorliebe an hofnahe Aristokraten aus den österreichischen Erblanden oder aus anderen Reichsterritorien verlieh[50].

Die Hoffnung der Regierung, mit Hilfe der aus dem Alten Reich gebürtigen, zum Zeitpunkt ihrer Ernennung als loyal eingestuften Würdenträger nachhaltig die innere Befriedung Ungarns zu befördern, hat sich im Großen und Ganzen erfüllt. Dass die in Wien gemachte Rechnung gleichwohl nicht immer aufging und in der Zeit des forcierten Staatskirchentums in der österreichischen Monarchie neue Konfliktherde und Frontlinien entstanden, lässt sich besonders anschaulich am Episkopat Michael Friedrich von Althanns (1718–1734) erkennen, dessen Auseinandersetzung mit dem Hof hier nur angedeutet werden kann[51]. Als Waitzener Oberhirte war Althann auch während der ersten neun Jahre, die er außerhalb seiner ungarischen Diözese in Rom und Neapel verbracht hatte, durch seinen Generalvikar, das Domkapitel und das Konsistorium genauestens über die Verhältnisse vor Ort unterrichtet worden. Wie ernst er seine dortigen Pflichten selbst aus der Ferne nahm, zeigen mehrere für den Preßburger Reichstag von 1722/23 vorbereitete Schriftstücke, in denen er als Bischof gegen die Zugeständnisse protestierte, die der Hof den ungarischen Protestanten vor allem außenpolitischer Rücksichten wegen machen wollte. 1727 pochte er dann gegenüber dem Statthaltereirat auf das seiner Auffassung nach ausschließlich ihm gebührende Recht, eine Konskription der einzelnen Pfarrbenefizien und Stiftungen durchzuführen. Auch in anderen Bereichen unterstrich Althann seine Treue gegenüber der Kurie und mahnte die Einhaltung der Beschlüsse des Tridentinums an. Mit seiner Kritik gegen die *Carolina Resolutio* im Jahr 1731 kompromittierte er schließlich den gesamten Hof, wo man in jener Zeit sogar eine Inhaftierung des ebenso standhaften wie starrsinnigen Oberhirten erwog[52].

---

50 Bahlcke: Ungarischer Episkopat (wie Anm. 1), S. 112–127. Zur Bistumsgeschichte sind vor allem heranzuziehen Antal Arzén Karcsú: A váczi egyházmegye általános, s a püspöki lakok története és a püspökök életrajzai az első főpásztortól Peitler Antal Józsefig bezárólag. (1036–1885.) [Allgemeines über das Bistum Waitzen und besonders über die Bischofssitze und Bischofsbiographien vom ersten Oberhirten bis zu Antal József Peitler (1036–1885)]. Vácz 1885; József Bánk (Hg.): Váci egyházmegyei almanach Szent István millénium évében [Almanach der Waitzener Diözese im Milleniumsjahr des Heiligen Stephan]. Vác 1970; materialreich und unverändert wertvoll die ältere Darstellung von Josephus Innocentius Desericius: Historia episcopatus Dioecesis et civitatis Vaciensis [...]. Pestini o. J. (Anhang: Catalogus Vaciensium per seriem episcoporum [...]).
51 Für Einzelheiten vgl. Bahlcke: Michael Fridrich hrabě z Althannu (wie Anm. 30), S. 501–515; ders.: Ungarischer Episkopat (wie Anm. 1), S. 143–147.
52 Zahlreiche wertvolle Dokumente enthalten die von der Forschung bisher kaum herangezogenen Quellensammlungen: Mandata regia intimata per excelsum consilium locumtenentiale regium. Bd. 1–4. Vacii 1775; Augustinus de Roskovány (Hg.): Monumenta Catholica pro Independentia Potestatis Ecclesiasticae ab Imperio Civili. Bd. 1–4. Quinque-Ecclesiis, Pestini 1847–1856.

Ähnliche Streitfälle, die das Ringen um die weltliche und geistliche Macht in Ungarn nach dem Ende der *Hungaria tripartita* illustrieren, lassen sich in nahezu allen Bistümern beobachten. Hinzu kamen, und zwar ebenfalls völlig unabhängig von der Herkunft des jeweiligen Ortsbischofs, langjährige Auseinandersetzungen beim kirchlichen Neuaufbau in den bisher osmanischen Gebieten, wo aus mehreren Gründen die Abhängigkeit vom Staat größer sein musste als in den Diözesen des früheren Königlichen Ungarn[53]. Es überrascht daher nicht, dass sich am Wiener Hof seit den dreißiger Jahren des 18. Jahrhunderts eine neue kirchliche Personalpolitik abzuzeichnen begann. Der Regierung standen unterdessen nicht nur andere Instrumente, sondern auch andere Personengruppen zur Verfügung, um ihre Interessen in den Ländern der Stephanskrone durchzusetzen[54].

Als sich das Verhältnis zum Episkopat dann seit den frühen sechziger Jahren drastisch verschlechterte[55], ließ man vakant gewordene Bischofsstühle in Ungarn lieber unbesetzt als sie mit vermeintlichen Hofbischöfen zu besetzen. An der Wende vom 18. zum 19. Jahrhundert waren neben dem Sitz des Primas – und zwar zum Teil bereits seit Jahren – sieben weitere Bischofssitze vakant, so dass nahezu die Hälfte der katholischen Untertanen in Ungarn, Kroatien und Siebenbürgen ohne Oberhirten war[56]. Dass man die Folgen einer vakanten Diözese gleichwohl leichter verkraften konnte als den unablässigen Widerstand des Episkopats, erfuhr der Hof ein letztes Mal bei dem langjährigen Konflikt mit dem letzten Adeligen aus dem Heiligen Römischen Reich im ungarischen Bischofskollegium: bei Migazzi, einem um 1750 noch reformeifrigen Oberhirten und erklärten Feind der Gesellschaft Jesu, der das von ihm gegründete Priesterseminar in Wien zur bedeutendsten Pflanzschule des Janse-

---

53 Aufschlussreiche Berichte enthält die Edition von Tihamér Aladár Vanyó (Hg.): A bécsi pápai követség levéltárának iratai Magyarországról 1611–1786 [Schriften aus der Wiener päpstlichen Nuntiatur über Ungarn 1611–1786]. Budapest 1986.

54 Dezső Dümmerth: Mária Terézia és a magyar nemesség [Maria Theresia und der ungarische Adel]. In: József Szauder / Andor Tarnai (Hg.): Irodalam és felvilágosodás. Tanulmányok. Budapest 1974, S. 367–399; Boriska Ravasz: A magyar állam és a protestántizmus Mária Terézia uralkodásának második felében (1760–1780) [Der ungarische Staat und der Protestantismus in der zweiten Hälfte der Regentschaft Maria Theresias (1760–1780)]. Budapest 1935; Robert J. W. Evans: Maria Theresa and Hungary. In: Hamish M. Scott (Hg.): Enlightened Absolutism. Reform and Reformers in Later Eighteenth-Century Europe. Ann Arbor 1990, S. 189–207, 329f., 357–360; ders.: Der Adel Ungarns in der Habsburgermonarchie im 18. Jahrhundert. In: Ronald G. Asch (Hg.): Der europäische Adel im Ancien Régime. Von der Krise der ständischen Monarchien bis zur Revolution (ca. 1600–1789). Köln, Weimar, Wien 2001, S. 345–362.

55 Joachim Bahlcke: Élites religieuses et politiques dans le sud-est de la monarchie des Habsbourg. Clergé, constitution aristocratique et Église d'État en Hongrie à l'époque de Marie-Thérèse. In: Jean-Michel Boehler / Christine Lebeau / Bernard Vogler (Hg.): Les élites régionales (XVIIe–XXe siècle). Construction de soi-même et service de l'autre. Épique de recherche en sciences historiques. Strasbourg 2002, S. 215–232.

56 Dass diese Politik selbst am Hof auf Widerspruch stieß, zeigt ein Schreiben des Palatins, Erzherzog Joseph. Vgl. Sándor Domanovszky (Hg.): József nádor iratai [Die Schriften von Palatin Joseph]. Bd. 1: 1792–1804. Budapest 1925, Nr. 119, S. 318–321.

nismus in Österreich ausbaute, der dann aber Mitte der sechziger Jahre eine Kehrtwende machte und später zum hartnäckigsten Gegner der Reformpläne Josephs II. avancierte[57].

Den Wiener Erzbischof und Administrator der Diözese Waitzen hatte man aufgrund eines königlichen Erlasses vom 10. Februar 1785, wonach kein Geistlicher zwei Pfründen gleichzeitig versehen dürfe, zum Verzicht auf sein ungarisches Bistum gezwungen – Joseph II. sprach in diesem Zusammenhang von der „geistlichen Bigamie"[58], in der Migazzi seit Jahren lebe. Sebastian Brunner mutmaßte nicht ganz zu Unrecht, dass das Gesetz gegen die *Pluralitas beneficiorum* „wohl auch darauf gemünzt [gewesen sei], Migazzi von Wien zu entfernen"[59]. Der streitbare Oberhirte schien anfangs tatsächlich geneigt, eher das Erzbistum Wien als die ungarische Diözese aufzugeben. Schon 1782 hatte ein mit dem Apostolischen Nuntius am Kaiserhof Giuseppe Garampi befreundeter Kleriker über Migazzi abfällig geäußert, dieser solle sich am besten in sein ungarisches Bistum zurückziehen: in die, so ist zwischen den Zeilen zu lesen, seinem Wesen entsprechende antiaufklärerische, reaktionäre Umgebung[60].

---

57 Peter Hersche: Erzbischof Migazzi und die Anfänge der jansenistischen Bewegung in Wien. In: Mitteilungen des Österreichischen Staatsarchivs 24 (1971), S. 280–309; ders.: Franz Ostermayer und der jansenistische Reformkatholizismus in Ungarn. In: Gerhard Oberkofler / Eleonore Zlabinger (Hg.): Ost-West-Begegnung in Österreich. Festschrift für Eduard Winter zum 80. Geburtstag. Wien, Köln, Graz 1976, S. 125–136; in größeren Zusammenhängen ders.: Spätjansenismus in Österreich (Veröffentlichungen der Kommission für Geschichte Österreichs 7). Wien 1977.
58 Eduard Winter: Der Josefinismus und seine Geschichte. Beiträge zur Geistesgeschichte Österreichs 1740–1848. Brünn, München, Wien 1943, S. 144.
59 Sebastian Brunner: Die Mysterien der Aufklärung in Oesterreich 1770–1800. Mainz 1869, S. 227.
60 Hersche: Erzbischof Migazzi (wie Anm. 57), S. 305. Nicht zufällig widmete der zwar den neuen Geistesströmungen zuneigende, kirchlich aber kurial und autonomistisch gesinnte Bischof von Siebenbürgen Ignác Batthyány den 1785 in Karlsburg/Alba Iulia erschienenen ersten Band einer kirchlichen Gesetzessammlung Migazzi, dessen Handschriften- und Büchersammlung er drei Jahre zuvor erworben und nach Ungarn gebracht hatte. Vgl. Ignatius de Batthyán: Leges Ecclesiasticae Regni Hungariae. Bd. 1. Albae-Carolinae 1785. Zum Verhältnis der beiden Geistlichen vgl. Zsigmond Jakó: Batthyány Ignác, a tudós és a tudományszervező [Ignác Batthyány, der Gelehrte und Wissenschaftsorganisator] [1991]. Jetzt in: ders.: Társadalom, egyház, művelődés. Tanulmányok Erdély történelméhez. Budapest 1997, S. 359–382.

Victor Dönninghaus

„Religiös und unpolitisch ..."

Der Kommunistische Jugendverband und die deutsche Jugend in der UdSSR (1924–1929)

Mit der Gründung des einheitlichen Allrussischen Jugendverbands im Oktober 1918 verfolgten die Bolschewiki nicht nur das Ziel, den Klassenkampf auf eine möglichst breite Basis zu stellen, sondern traten auch Versuchen der konkurrierenden Parteien der Sozialrevolutionäre, Menschewiki und Anarchisten entgegen, einzelne Teile der Jugendbewegung unter ihre Kontrolle zu bringen. Entsprechend wurden die Hauptziele des neu zu gründenden Kommunistischen Jugendverbands folgendermaßen definiert: Propaganda der Ideen des Kommunismus, aktive Beteiligung am Aufbau der neuen Gesellschaftsordnung und revolutionäre Erziehung der Jugend. Die Schaffung eines einheitlichen Führungszentrums im Zuge der Vereinigung der bereits zuvor existierenden lokalen Organisationen des Bundes der Sozialistischen Arbeiterjugend zu einem einzigen Jugendverband sollte eine möglichst umfassende Kontrolle über die politische und kulturelle Massenarbeit unter der Jugend auch in der russischen Provinz und in den Randgebieten gewährleisten. Auf diese Weise schuf sich die RKP(B) nicht nur ein Instrument, um die heranwachsende Generation im Geiste der kommunistischen Idee erziehen zu können, sondern erschloss sich auch eine unerschöpfliche Reserve an Helfern und Vermittlern ihrer Ideen in der Provinz. Zudem wurde die Gründung des Allrussischen Jugendverbands vor dem Hintergrund des Bürgerkriegs nicht zuletzt durch das prosaische Bedürfnis der RKP(B) diktiert, die Bevölkerung und in erster Linie natürlich die Jugend für die Rote Armee zu mobilisieren.

Im Unterschied zu den meisten anderen Nationalitäten, deren Identität in erheblichem Maße auf der Zugehörigkeit zu einer einheitlichen Religion gründete, bestand eines der charakteristischen Merkmale der Russlanddeutschen in deren Polykonfessionalität. Zugleich hatte im vorrevolutionären Russland ohne Zweifel gerade die Kirche die entscheidende Rolle für die Bewahrung der deutschen Sprache und Kultur gespielt – nicht allein dadurch, dass der Gottesdienst in den katholischen und evangelisch-lutherischen Kirchen Russlands in deutscher Sprache gehalten wurde, sondern vor allem auch durch die Tradition der allgemeinen Schulpflicht, da Schule und Kirche sowohl für Protestanten als auch für Katholiken nicht voneinander zu trennen waren[1].

---

1 Vgl. dazu Erik Amburger: Geschichte des Protestantismus in Rußland. Stuttgart [1961], S. 160 f.; O. A. Licenberger: Rimsko-katoličeskaja cerkov' v Rossii: istorija i pravovoe položenie [Die römisch-katholische Kirche in Russland: Geschichte und rechtlicher Status]. Saratov 2001, S. 57–73.

„Im Vergleich zu allen anderen Kolonien der nationalen Minderheiten ist die deutsche Kolonie die ideologisch konservativste", hieß es 1924 in einem der Berichte des ZK des LKSMU über die Arbeit im deutschen Dorf[2]. Das Kollegium für Nationale Minderheiten des ZK des RKSM kam nach Anhörung eines Berichts des Zentralbüros der Deutschen Sektionen über dessen Tätigkeit im Jahr 1924 zu dem Schluss, dass gerade religiöse Sekten und kulturell orientierte parteilose Zirkel als Hauptkonkurrenten des Komsomol in den deutschen Kolonien anzusehen seien, und instruierte das Zentralbüro der Deutschen Sektionen, umgehend praktische Maßnahmen für den Kampf gegen diese Organisationen auszuarbeiten. Im Einzelnen nannte das ZK des RLKSM die folgenden Wege, um dies zu erreichen: 1. Aufspaltung der betreffenden Organisationen nach Klassenkriterien; 2. massenhafte politaufklärerische und kulturelle Arbeit des Komsomol als Gegengewicht zu den betreffenden Organisationen; 3. Anpassung aller Formen der antireligiösen Propaganda an den Kampf gegen das Sektentum[3]. Das Mitglied des Zentralbüros der Deutschen Komsomolsektionen Menka bemerkte in diesem Zusammenhang:

> Wir müssen die deutsche Kolonie politisch erobern, durch Organisation von Komsomolzellen, die der Partei den Boden bereiten. Erreichen können wir die Jugend durch abendliche Freizeitveranstaltungen. Wir müssen sie komsomolisieren[4].

Gerade die Tatsache, dass der Komsomol angesichts seines geringen Einflusses in den deutschen Siedlungen nicht in der Lage war, das zur Zeit der NĖP generell gestiegene Interesse der Jugend an sinnvoller Freizeitbeschäftigung zu befriedigen, hatte zur Folge, dass unter dem Dach der Kirche eine ganze Reihe von Zirkeln und Gruppen entstanden, deren Hauptziel nicht politische Tätigkeit, sondern die Befriedigung der kulturellen und gesellschaftlichen Interessen der deutschen Jugend war. „Der Wunsch, sich in politisch neutralen Kultur- oder Sportvereinen zu organisieren, ist wesentlich häufiger zu beobachten als der Wunsch, unmittelbar dem Komsomol beizutreten", bemerkte das Zentralbüro der Deutschen Sektionen[5]. Wie die Führung der VKP(B) selbst konstatierte, ließ die NĖP bei der Jugend Bedürfnisse entstehen, denen der Komsomol gerecht werden musste, wenn er den Kampf um die Jugend gewinnen wollte. „An erster Stelle muss festgestellt werden", so der XIV. Parteitag, „dass Methoden, Formen und Inhalt der Komsomolarbeit den im Zuge des wirtschaftli-

---

2 Bericht des ZK des LKSMU über die Arbeit unter den nationalen Minderheiten für Juli–Dezember 1924. RGASPI, f. 1-M, op. 23, d. 227, l. 27.
3 Resolution des Kollegiums für Nationale Minderheiten des ZK des RLKSM zum Tätigkeitsbericht des Zentralbüros der Deutschen Komsomolsektionen [April 1925]. RGASPI, f. 1-M, op. 23, d. 366, l. 7–8. Vgl. Resolution des ZK des RLKSM zum Bericht des Zentralbüros der Deutschen Komsomolsektionen, 8.12.1925. Ebd., d. 569, l. 22–23.
4 Protokoll des Erweiterten Plenums des Zentralbüros der Deutschen Sektionen, 22.1.1926. RGASPI, f. 1-M, op. 23, d. 569, l. 42. Vgl. auch Resolution zum Referat über die Untersuchung der Arbeit unter der deutschen Jugend in der Ukraine, 14.12.1925. Ebd., d. 850, l. 27.
5 Thesen zur Arbeit unter der deutschen Jugend der UdSSR, 30.11.1924. RGASPI, f. 1-M, op. 23, d. 366, l. 9–10.

chen Aufschwungs entstandenen neuen Ansprüchen der Massen nicht mehr entsprechen. Die Anpassung der Arbeit an diese Interessen ist [...] das zentrale Problem der Komsomolbewegung in der aktuellen Phase des Umbruchs."[6] Die Nachkriegsjugend entfernte sich im Vergleich zur erwachsenen Bevölkerung wesentlich schneller von den asketischen Ideen des „Kriegskommunismus", war bestrebt, die eigene materielle Situation zu verbessern, und nutzte ihre Freizeit für Muße und Unterhaltung. Der Komsomol sollte diesen Ansprüchen entgegenkommen, gleichzeitig aber die Entstehung eines „kleinbürgerlichen Individualismus" verhindern. Entscheidend war, wie der XIV. Parteitag in diesem Zusammenhang konstatierte, individuellen und kollektiven Interessen der Jugend gleichermaßen gerecht zu werden[7].

Besonders intensiv wurde der Kampf um die Seelen der jungen Generation von Seiten der mennonitischen Bevölkerung der Ukraine geführt, in deren Reihen es zahlreiche religiöse Jugendorganisationen („Mensomol"[8]) gab, denen vor allem Mittelbauern und wohlhabende Kolonisten angehörten[9]. Dank umfassender Unterstützung von Seiten des „Verbandes der Holländischen Auswanderer in der Ukraine"[10] waren diese Organisationen finanziell stark genug, um mit den Zellen des Komsomol einen zielgerichteten Kampf um den Einfluss auf die Jugend führen zu können[11]. Sie organisierten Veranstaltungen für die gesamte Dorfjugend, die mit Teetrinken und Spielen einhergingen, richteten Sportzirkel ein und halfen Tagelöhnern und Armbauern bei der Arbeitssuche. „Oft ist es so, dass ihre Aktivitäten attraktiver sind als die Arbeit in der Lesehütte oder in der Komsomolzelle", so eine vielfach geäußerte Einschätzung von Komsomolfunktionären[12]. Der Erste Sekretär des ZK des VLKSM Nikolaj Čaplin kommentierte die Formen und Methoden der von

---

6 KPSS v rezoljucijach i rešenijach s-ezdov, konferencij i plenumov CK [Die KPdSU in Resolutionen und Beschlüssen der Parteitage, Parteikonferenzen und Plenartagungen des ZK]. Bd. 3. Moskva 1983, S. 463.
7 Ebd., S. 284.
8 „Mensomol" – Mennonitischer Jugendverband.
9 Bericht des Sekretärs des Zentralbüros der Deutschen Komsomolsektionen Schmidt, 14.10.1925. RGASPI, f. 1–M, op. 23, d. 570, l. 8. Vgl. auch Schlussfolgerungen des deutschen Instruktors des ZK des VLKSM Schönfeld zur Überprüfung der Arbeit unter der deutschen Jugend des Bezirks Slavgorod, 22.7.1926. Ebd., d. 560, l. 155.
10 Die Tätigkeit des „Verbands der holländischen Auswanderer in der Ukraine" erfasste praktisch alle mennonitischen Kolonien der Ukraine in den Gouvernements Ekaterinoslav, Char'kov, Odessa, Doneck und Cherson und war in insgesamt 173 Ortschaften und 13 Rayons vertreten. Anfang 1925 gehörten dem „Verband der holländischen Auswanderer" 14.511 mennonitische Wirtschaften an. Siehe N. V. Ostaševa: Na perelome ėpoch ... Mennonitskoe soobščestvo Ukrainy v 1914–1931 gg. [An der Epochenwende ... Die Mennonitische Vereinigung der Ukraine 1914–1931]. Moskva 1998, S. 96.
11 Bericht der Deutschen Sektion beim ZK des RLKSM für die Zeit vom 15.8. bis zum 15.11.1925. RGASPI, f. 1–M, op. 23, d. 366, l. 33–34. Vgl. dazu Detlef Brandes / Andrej Savin: Die Sibiriendeutschen im Sowjetstaat 1919–1938 (Veröffentlichungen zur Kultur und Geschichte im östlichen Europa 19). Essen 2001, S. 176–178.
12 Aktennotiz des Instruktors des ZK des VLKSM Chvatov über die Überprüfung der Komsomolorganisation der ASSR der Wolgadeutschen, [1.1.1928]. RGASPI, f. 1–M, op. 23, d. 841, l. 26.

den Kirchenvertretern geleisteten Jugendarbeit folgendermaßen: „Wenn die Prediger sonntags die Jugend versammeln, wechseln sich trockene biblische Märchen mit Krocket- und Kegelspiel ab."[13] Der „Bapsomol" (Baptistischer Jugendverband) wiederum agitierte offen gegen die Mitgliedschaft junger Kolonisten im Komsomol[14]. Eingeschränkt wurde die Effektivität seiner Arbeit allerdings dadurch, dass der Bapsomol im Unterschied zum Mensomol rein lokalen Charakter hatte, was den Komsomolzen entgegenkam. „Eine zentralisierte Organisation des Bapsomol besteht bislang nicht, aber aus der Korrespondenz der Aktivisten des Bapsomol geht hervor, dass sie die Gründung einer zentralisierten Organisation und Ausarbeitung eines einheitlichen Programms vorbereiten", ist Quellen des Zentralbüros der Deutschen Komsomolsektionen zu entnehmen[15].

In jedem Fall war das Spektrum der „Dienstleistungen", die Bapsomol und Mensomol der deutschen Jugend boten, wesentlich bunter als die rein ideologische Arbeit des Komsomol. Die Informationsabteilung des ZK des RLKSM reagierte darauf mit der Forderung, schnellstmöglich neue, den Bedingungen in den Kolonien angemessene Methoden der Komsomolarbeit auszuarbeiten, da sich viele Komsomolkomitees angesichts fehlender Instruktionen rundheraus weigerten, unter den Mennoniten zu arbeiten, „statt die Arbeit dieses Verbands zu studieren und darum zu kämpfen, Einfluss auf die dort organisierte Jugend zu gewinnen"[16]. Der Leiter der Unterabteilung für Nationale Minderheiten des ZK des RLKSM Fajnberg erklärte den ‚Allrussischen Mennonitischen Landwirtschaftsverband' ausdrücklich zum Konkurrenten und folglich zum Feind des Komsomol:

> Auf die deutsche Jugend hat die nationalistische Organisation ‚Mennonitenverband' erheblichen Einfluss [...]. Die Organisation leitet die gesamte kulturelle Arbeit der Kolonie, verbietet ihren Mitgliedern, anderen Organisationen als Mitglied beizutreten. [...] Die Organisation hat einen isoliert nationalen Charakter und lässt den Komsomol, der in diesen Kolonien über keinerlei Einfluss verfügt, in keiner Weise seine Arbeit machen[17].

Allerdings blieben die Appelle und Aufrufe der Führung des VLKSM, dem religiösen Einfluss auf die Jugend in den deutschen Kolonien ein Ende zu bereiten, weitgehend unrealisiert. So musste das ZK des LKSMU auch 1925 ein „geringes Klassenbewusstsein" der Klein- und Mittelbauern, Passivität des gesellschaftlichen Lebens in den Kolonien und einen starken Einfluss der Geistlichkeit feststellen, die „ver-

---

13 Redigiertes Stenogramm über den Auftritt des Sekretärs des ZK des VLKSM N. Čaplin, 30.5.1927. RGASPI, f. 1–M, op. 23, d. 713, l. 43.
14 Siehe auch Bericht an den VII. Allukrainischen Kongress des LKSMU über die Arbeit unter der deutschen Jugend, 15.12.1925. RGASPI, f. 1–M, op. 23, d. 366, l. 86.
15 Bericht des Sekretärs (wie Anm. 9), l. 8.
16 Referat des Leiters der Unterabteilung für Nationale Minderheiten des ZK des RLKSM Fajnberg, [Mai 1925]. RGASPI, f. 1–M, op. 23, d. 351, l. 7. Siehe auch Resolution zum Bericht (wie Anm. 4), l. 27.
17 Referat des Leiters (wie Anm. 16), l. 7.

stärkt zur Verhüllung von Klassengegensätzen in den deutschen Kolonien und gegen die Sowjetisierung letzterer" vorging[18]. Die starke Zunahme der kulturellen und politischen Aktivität der deutschen Jugend, die außerhalb des Einflusses des Komsomol verlief und in einem beständigen Anwachsen der Mitgliederzahlen der religiösen Jugendorganisationen (insbesondere des Bapsomol und des Mensomol) Ausdruck fand, zwang den Komsomol, seine Arbeitsformen immer wieder neu auszurichten[19]. So wurde zum Beispiel die plumpe Propaganda gegen die Geistlichkeit in den deutschen Dörfern durch die Verbreitung eines wissenschaftlich-antireligiösen Weltbilds unter Verwendung technischer Hilfsmittel (Kino und Radio) ersetzt[20]. Zusätzlich zu den unsystematischen, lediglich an einzelnen Feiertagen wie Weihnachten oder Ostern durchgeführten antireligiösen Kampagnen sollte parallel zur Tätigkeit des Priesters täglich gearbeitet werden. Jedes kirchliche Ereignis sollte darüber hinaus zeitgleich durch ein antikirchliches beantwortet werden. Besondere Aufmerksamkeit galt dabei „roten" Taufen, Hochzeiten und Totenmessen[21]. Ferner sollten verstärkt Vorträge zu landwirtschaftlichen und medizinischen Fragen sowie kulturelle Freizeitangebote organisiert werden[22]. Die antireligiöse Propaganda sollte nach den Vorstellungen der Führung des ZK des VLKSM darauf konzentriert werden, die Jugend mit einem „tiefgehenden" naturwissenschaftlichen Wissen zu rüsten[23].

Trotz aller Bemühungen wurde jedoch im Februar 1926 auf einer Tagung zur Arbeit unter der deutschen Jugend im ZK festgestellt, dass die „antikommunistischen" Aktivitäten im deutschen Dorf weiter zunehmen, während der Einfluss des Komsomol auf die deutsche Jugend verschwindend gering sei[24]. Gleichzeitig waren die Aktivitäten der deutschen Jugend nach Einschätzung regionaler Komsomolfunktionäre größtenteils unpolitisch:

> Diese Aktivität kann als unpolitisch eingestuft werden. Die Jugend möchte sich lediglich irgendwie betätigen [...]. Es gibt keinerlei Drang in den Komsomol; die Jugend fürchtet

---

18 Bericht an den VII. Allukrainischen Kongress (wie Anm. 14), l. 84. Vgl. N. S. Rubleva: Osobennosti suščestvovanija nemeckoj katoličeskoj obščnosti v U[krainskoj] SSR (1920–1930-e gg.) [Besonderheiten der deutschen katholischen Gemeinschaften in der Ukrainischen Sozialistischen Sowjetrepublik (1920er–1930er Jahre)]. In: Nemcy Rossii i SSSR: 1901–1941 gg. [Die Deutschen in Russland und der UdSSR]. Moskva 2000, S. 343–351, hier S. 347 f.

19 Resolution zum Referat (wie Anm. 4), l. 26. Siehe auch Bericht an den VII. Allukrainischen Kongress (wie Anm. 14), l. 88–89.

20 Bericht an den VII. Allukrainischen Kongress (wie Anm. 14), l. 86. Siehe auch Schlussfolgerungen und Vorschläge zur Überprüfung der Arbeit des LKSMU im Karl-Liebknecht-Rayon, 1.1.1929. Ebd., d. 914, l. 83a.

21 Protokoll der 7. Bundesberatung deutscher Sektionen und Parteiarbeiter, 10.6.1929. GANO, f. p–2, op. 1, d. 3996, l. 89.

22 Schlussfolgerungen und Vorschläge [der Deutschen Sektion beim ZK des LKSMU] zur Untersuchung des Petrovskij-Rayons, [September 1926]. RGASPI, f. 1-M, op. 23, d. 722, l. 19.

23 Redigiertes Stenogramm (wie Anm. 13), l. 45.

24 Resolution „Über den Zustand und die bevorstehenden Aufgaben der Komsomolarbeit unter der deutschen Jugend", 27.2.1926. RGASPI, f. 1-M, op. 23, d. 569, l. 32. Allein in der Siedlung

die Bezeichnung ‚Kommunist' und ist weit davon entfernt, sich unmittelbar in einer Zelle des Komsomol organisieren zu wollen. Sie hat den stark ausgeprägten Wunsch, sich in Sport-, Theater-, Gesangs- oder sonstigen Zirkeln einzurichten, eine Lesehütte [...] aufzubauen. Aber all dies mit nur einem einzigen Ziel: das eigene Bedürfnis nach Kultur und Geselligkeit zu befriedigen [...]"[25].

Aber gerade diese unpolitische Grundeinstellung der deutschen Kolonisten barg nach Ansicht der Komsomolführung die Gefahr in sich, dass das Engagement der jungen Leute der Kontrolle des Komsomol entzogen und von „nationalistischen Elementen" missbraucht werden konnte[26]. Ein wesentliches Element des Kampfes gegen die nichtkommunistischen deutschen Jugendorganisationen sollte nach Ansicht des ZK des VLKSM darin bestehen, „die politische Erziehungsarbeit mit kultureller und unterhaltender Arbeit unter der Masse der Dorfjugend einhergehen zu lassen"[27]. Wenn es darum ging, die Jugend auf die Seite des Komsomol zu ziehen, waren sämtliche Mittel recht, weswegen alle „kulturpädagogischen Kräfte" des deutschen Dorfes eingebunden wurden: Lehrer, Mitarbeiter der Lesehütten, Agronomen usw.[28] Besonderes Gewicht wurde auf die Lehrer gelegt, vor allem wenn es darum ging, die Jugend nach dem Vorbild der religiösen und nichtkommunistischen Organisationen auf unterhaltsame Weise zu ködern[29]. Nach Plänen des Zentralbüros der Deutschen Komsomolsektionen sollte das gestiegene Engagement der deutschen Jugend auf dreierlei Art kanalisiert werden: 1. durch die Organisation von Parteilosen-Konferenzen und allgemeinen Dorfversammlungen; 2. durch die Gründung von Sport-, Musik- und Theaterzirkeln sowie durch die Organisation von Theateraufführungen, Spielen und sonstigen kulturellen oder unterhaltenden Veranstaltungen; 3. durch die Ermunterung der Jugendlichen, sich an politerzieherischen und kulturpädagogischen Zirkeln im Umfeld der Lesehütten, in mobilen Schulen usw. zu beteiligen[30].

Im April 1926 verschickte das Zentralbüro der Deutschen Sektionen eine Instruktion in die Provinz, derzufolge alle Formen und Methoden der Arbeit der nichtkommunistischen bzw. antikommunistischen Jugendorganisationen gründlich studiert

---

Gnadenfeld (Rayon Moločansk) und Umgebung gab es im Frühjahr 1926 acht religiöse Jugendzirkel. Religiöse Sonntagsschulen und Zirkel arbeiteten sehr aktiv in den Bezirken Odessa, Mariupol' und Artemovsk. Siehe Abrechnungsbericht der Deutschen Sektion beim ZK des LKSMU über die Arbeit unter der deutschen Jugend, 27.4.1926. Ebd., d. 570, l. 60.

25 Bericht des Gebietskomsomolkomitees zur Untersuchung der Lage und Stimmung der deutschen Jugend auf der Krim, 2.9.1925. RGASPI, f. 1–M, op. 23, d. 570, l. 107–108.
26 Resolution „Über den Zustand" (wie Anm. 24), l. 32.
27 Ebd., l. 34. Siehe auch Arbeitsplan des Zentralbüros der Deutschen Komsomolsektionen für die Zeit von Dezember 1926 bis April 1927. RGASPI, f. 1–M, op. 23, d. 569, l. 93.
28 Resolution „Über den Zustand" (wie Anm. 24), l. 34.
29 Resolution zum Referat Schönfeld über die Überprüfung der Komsomolarbeit unter der deutschen Jugend der Bezirke Slavgorod und Omsk, [November 1926]. RGASPI, f. 1–M, op. 23, d. 560, l. 142. Siehe auch Resolution zum Referat (wie Anm. 4), l. 27.
30 Resolution „Über den Zustand (wie Anm. 24), l. 34–35. Siehe auch Bericht an den VII. Allukrainischen Kongress (wie Anm. 14), l. 86.

und die gesammelten Informationen regelmäßig nach Moskau übermittelt werden sollten³¹. Ferner wurde beschlossen, dass die Mitarbeiter des Zentralbüros der Deutschen Sektionen regelmäßig in die Regionen reisen sollten, um einerseits die kulturelle Massenarbeit besser zu lenken und andererseits den Charakter und die Methoden der Arbeit der „Konkurrenten" kennenzulernen³².

Bereits im Dezember 1926 stellten die Zentralkomitees von Partei und Komsomol in einer gemeinsamen Resolution zu Berichten der Zentralbüros der Deutschen Sektionen erste Erfolge der unter der mennonitischen und sektiererischen Jugend geleisteten Arbeit fest: Kolonisten leisteten der Einberufung in die Rote Armee freiwillig Folge, einige religiöse Jugendorganisationen verlören Mitglieder oder würden an einigen Orten sogar aufgelöst, und die deutschen Komsomolzellen wüchsen schneller³³. Aber diese Erfolge waren alles andere als flächendeckend und eher die Ausnahme als die Regel.

Berichten der Deutschen Sektion beim ZK des LKSMU zufolge blieb der Einfluss der „antikommunistischen Gruppierungen der Baptisten und Mennoniten" auf die deutsche Jugend trotz intensivierter kultureller Massenarbeit von Seiten des Komsomol auch in der zweiten Hälfte der 20er Jahre ungebrochen. Das war vor allem auf die Attraktivität der von diesen geleisteten Arbeit zurückzuführen: Chöre, Sport, Orchester, Ausflüge, Tanzabende, Wettbewerbe auf Ebene der Rayons oder auch zwischen Rayons usw.³⁴ „Der Kampf gegen sie wird nur sehr schwach geführt, da die Komsomolorganisationen nicht über Mittel und Kräfte verfügen, um die gleiche Arbeit zu leisten wie sie", bemerkte dazu die Führung des ZK³⁵. Hinzu kam, dass Bapsomol und Mensomol, anders als z.B. die Organisationen der katholischen Jugend (Marien- und Josephs-Kinder), die fast alle ihre Tätigkeit in den Sommermonaten einstellten, ausgebildete und bezahlte Instruktoren beschäftigten und das ganze Jahr über aktiv waren, was entsprechende Früchte trug. So standen z.B. 1926 im Rayon Moločansk (Ukraine) 500 Mitgliedern des Mensomol gerade einmal zwölf mennonitische Mitglieder des Komsomol gegenüber³⁶. Zusätzlich erschwert wurde

---

31 Arbeitsplan des Zentralbüros der Deutschen Komsomolsektionen (April–August 1926). RGASPI, f. 1–M, op. 23, d. 569, l. 91.
32 Resolution zum Referat Schönfeld über die Tätigkeit des Zentralbüros der Deutschen Sektionen, 18.5.1926. RGASPI, f. 1–M, op. 23, d. 569, l. 27ob.
33 Resolution zum Referat des Zentralbüros der Deutschen Parteisektionen und zum Koreferat des Zentralbüros der Deutschen Komsomolsektionen, Dezember 1926. RGASPI, f. 1–M, op. 23, d. 569, l. 79; Aktennotiz an das Sekretariat des ZK der VKP(B) über die Ergebnisse der Überprüfung deutscher Kolonien der Ukraine, der Krim, des Nordkaukasus und Sibiriens, [April 1929]. Ebd., f. 17, op. 113, d. 717, l. 66ob.
34 Siehe z.B. Bericht der Deutschen Sektion des ZK des LKSMU für Mai–Dezember 1926. RGASPI, f. 1–M, op. 23, d. 570, l. 15b.
35 Die Arbeit unter der deutschen Jugend. Zum Bericht der Deutschen Sektion des ZK des LKSMU für Mai–Dezember 1926. RGASPI, f. 1–M, op. 23, d. 570, l. 20.
36 Arbeit unter der Jugend [aus einem Bericht des Zentralbüros der Deutschen Komsomolsektionen], 1.4.1927. RGASPI, f. 1–M, op. 23, d. 850, l. 29. Siehe auch Abrechnungsbericht (wie Anm. 24), l. 60.

die Arbeit unter den Mennoniten nach Aussage lokaler Komsomolfunktionäre noch dadurch, dass die mennonitischen Prediger durchgängig über ein wesentlich höheres Bildungsniveau verfügten als das Komsomolaktiv, das deren geistlicher „Propaganda" schon aus diesem Grund nichts entgegensetzen konnte.

Besonders deutlich trat der Einfluss der mennonitischen und baptistischen Prediger zutage, wenn die jungen Männer in die Armee einberufen oder Schulabgänger zum Studium in die Stadt geschickt werden sollten[37]. „Wenn der Bapsomol und andere antikommunistische Organisationen an anderen Orten genauso stark sind wie im [...] Rayon Moločansk, dann ist die Lage äußerst kritisch, weil dann die kommunistische Jugendbewegung in den deutschen Kolonien bedroht ist (das ist jetzt schon zu spüren)", bemerkte der Instruktor des Bezirkskomsomolkomitees Melitopol' (Ukraine) Efa[38]. Und weiter:

> Der Bapsomol weitet seine Arbeit unter der deutschen Jugend beständig aus. Das hat zur Folge, dass sich die parteilose Jugend in immer geringerem Maße für die gesellschaftlich-politische Arbeit interessiert und sich zunehmend an der national-religiösen Bewegung beteiligt. Dies wiederum kommt darin zum Ausdruck, dass die Jugend aktiv die sogenannten Sonntagskirchen besucht, dass Antisemitismus und Ukrainophobie zunehmen und dass ein großes Interesse an Fragen zur Emigration nach Amerika besteht[39].

Der Versuch, die Formen und Methoden der religiösen Jugendorganisationen zu übernehmen, ging vor Ort nur recht langsam voran. Nach Angaben der Deutschen Sektion beim ZK des LKSMU wurden zwar bereits im Sommer 1926 unter dem Dach des Komsomol Sportzirkel für Leichtathletik, Fußball, Turnen, Krocket usw. organisiert; in der gesamten Ukraine konnten jedoch nicht mehr als 500 junge Deutsche dafür gewonnen werden. Außerdem wurde eine Reihe von Zirkeln für Massenkultur gegründet, die unter der unmittelbaren Führung von Komsomolzellen standen. Erfolg hatten vor allem Theaterzirkel, die in fast allen deutschen Siedlungen bestanden, in denen es Komsomolzellen gab, sowie Streich- oder Blasorchester und Gesangsgruppen[40]. „Wir müssen ein umfassendes Netz politaufklärerischer Einrichtungen aufbauen", schärfte die Führung des ZK des RLKSM den regionalen Komsomolführern ein, und „wir müssen genauso eine Organisation aufbauen wie sie [die religiösen Jugendverbände – V. D.]. Sie organisieren einen Zirkel für junge Frauen; warum tun wir das nicht auch? Sport-, Theater-, Literaturzirkel usw. sind wirksame Gegenmaßnahmen."[41]

---

37 Arbeit unter der Jugend (wie Anm. 36), l. 33.
38 Redigiertes Stenogramm (wie Anm. 13), l. 43.
39 Ebd.
40 Bericht der Deutschen Sektion (wie Anm. 34), l. 15. Siehe auch Arbeit unter der Jugend (wie Anm. 36), l. 29. Ein ähnliches Bild ließ sich auch für den Bezirk Slavgorod (Sibirien) zeichnen. Vgl. Über die Arbeit unter der deutschen Jugend im Bezirk Slavgorod, [November 1926]. Ebd., d. 560, l. 146.
41 Protokoll des Erweiterten Plenums (wie Anm. 4), l. 42.

Die Methoden, mit denen der Komsomol den Einfluss der religiösen Vereinigungen zurückzudrängen versuchte, waren – wie sich in der Praxis zeigte – sehr vielfältig, aber nur wenig effektiv[42]. So ließ sich z. B. die Komsomolarbeit im deutschen Petrovskij-Rayon (Bezirk Cherson, Ukraine), in dem der Bapsomol sehr aktiv war, trotz aller List nicht intensivieren: „Auf die von der Zelle einberufenen Versammlungen der gesamten Jugend des Dorfes ist niemand gekommen", berichtete das örtliche Komsomolkomitee, „also versuchten wir es mit einer List und haben einen Tanzabend angekündigt, um in der Pause eine [politische] Diskussion zu führen; aber als die Diskussion anfangen sollte, haben alle den Saal verlassen und sind erst wieder zurückgekommen, als die Tanzveranstaltung fortgesetzt wurde. Die Jugend ist größtenteils vollkommen abgestumpft und besucht an Sonn- und Feiertagen entweder religiöse Versammlungen oder frönt der Geselligkeit [...]."[43]

Im Herbst 1926 fasste das Sekretariat des ZK den Beschluss, unverzüglich eine gemeinsame Tagung von Vertretern aller nationalen Sektionen der Minderheiten des Westens einzuberufen, da die Arbeitsbedingungen in den Dörfern der westlichen nationalen Minderheiten (Deutschen, Polen, Letten, Esten, Finnen), wie der Sekretär des ZK des VLKSM Aleksandr Mil'čakov feststellte, im Wesentlichen überall gleich seien und die die Arbeit in diesen Dörfern betreffenden Entscheidungen deshalb für alle gemeinsam zu treffen seien[44]. Damit wurde erstmalig anerkannt, dass die nationalen Besonderheiten der angesprochenen Minderheiten eine von der allgemeinen Linie abweichende Herangehensweise erforderlich machten. Im Einzelnen zeichneten sich alle nationalen Minderheiten des Westens durch die folgenden Merkmale aus:

1. eine weite Verbreitung antisowjetischer, antikommunistischer und religiös-sektiererischer Organisationen und Zirkel jeglicher Art („Marienkinder", Mensomol, Bapsomol, „Rożańcy" u. a.),
2. eine ausgeprägte Neigung zur Emigration und
3. eine erhebliche Beeinflussung der ländlichen Bevölkerung aus dem Ausland und insbesondere aus den angrenzenden Staaten (Polen, Lettland, Estland usw.)[45].

Dass das ZK des VLKSM seine Arbeit unter den Jugendlichen der nationalen Minderheiten des Westens intensivierte, war nicht nur der allgemeinen Linie des Komsomol geschuldet, die sowjetische Jugend insgesamt zu politisieren, sondern auch strategischen Aufgaben der Landesverteidigung bzw. konkret der Verteidigung

---

42 Vgl. dazu Informationsschreiben Nr. 2 des Zentralbüros der Deutschen Komsomolsektionen, 26.10.1926. RGASPI, f. 1–M, op. 23, d. 569, l. 73–74.
43 Schlussfolgerungen und Vorschläge (wie Anm. 22), l. 17.
44 Aktennotiz des Sekretärs des ZK des VLKSM A. Mil'čakov an das Sekretariat des ZK der VKP(B), [Oktober 1926]. RGASPI, f. 1–M, op. 23, d. 713, l. 1.
45 Ebd. Vgl. dazu A. I. Beznosov: Religioznaja žizn' nemeckogo naselenija juga Ukrainy i politika sovetskoj vlasti (1920–1928 gg.) [Das religiöse Leben der deutschen Bevölkerung der südlichen Ukraine und die Politik der Sowjetmacht (1920–1928)]. In: Nemcy Rossii (wie Anm. 18), S. 329–342, hier S. 337–339.

der besonders verletzbaren Westgrenze der UdSSR. Erstmals explizit ausgesprochen wurde diese Befürchtung auf der Bundestagung zur Komsomolarbeit unter den nationalen Minderheiten des Westens, auf der der Erste Sekretär des ZK des VLKSM Nikolaj Čaplin selbst die Delegierten ausdrücklich davor warnte, dass die betreffenden nationalen Gruppen im Kriegsfall mit dem Feind kollaborieren könnten und die „antikommunistischen und antisowjetischen" Jugendorganisationen von Seiten der an die UdSSR angrenzenden feindlichen bourgeoisen Staaten gelenkt würden:

> ‚Ihr habt euren eigenen freien Staat, [...] dem ihr aktiv helfen und auf dessen Seite ihr im Falle eines Krieges stehen müsst' – flüstern die Agenten dieser Staaten dem ungebildeten Tagelöhner und Kleinbauern ein, der sich seiner Klasseninteressen noch nicht bewusst ist. Und in der Rolle dieses Agenten treten nicht selten der Kulak, der Schlachtschitz, der Ksiądz und der Pastor auf, deren Einfluss auf einen erheblichen Teil der westlichen nationalen Minderheiten immer noch groß ist. [...] Der Bedeutung dieser Propaganda können wir uns in vollem Umfang bewusst werden, wenn wir uns vergegenwärtigen, dass die westlichen nationalen Minderheiten überwiegend in grenznahen Regionen leben, in Rayons, in denen die Kriegshandlungen ihren Anfang nehmen werden, wenn die kapitalistische Welt uns angreifen wird[46].

Deshalb war es seines Erachtens dringend geboten, nicht nur die in den Dörfern der nationalen Minderheiten des Westens bestehenden „antikommunistischen" Jugendorganisationen, sondern die Religion selbst und ihre unmittelbaren Träger zu bekämpfen. Das war jedoch leichter gesagt als getan.

Auch Ende der 20er Jahre änderte sich die Situation in den deutschen Dörfern nicht wesentlich. Die Kirche bremste weiterhin „die Klassenaufspaltung des Dorfes und Aktivierung der Kleinbauern und Tagelöhner", während die Komsomolkomitees die antireligiöse Arbeit in den deutschen Siedlungsgebieten nicht entscheidend forcieren konnten. Dem Klassenkampf gegen das Kulakentum setzte die Kirche „die Predigt von Frieden und Eintracht" entgegen[47]. Wenig tröstlich war ferner, was eine Kommission des ZK der KP(B)U 1928 über den Einfluss der Kirche auf die deutsche Jugend in Wolhynien (Ukraine) berichtete: die „Anpassung" der Kirche an die Bedürfnisse des deutschen Dorfes sei trotz aller Anstrengungen der Partei und

---

46 Redigiertes Stenogramm (wie Anm. 13), l. 40. Nach Aussagen des Vorsitzenden eines polnischen Dorfsowjets in der Ukraine, den Nikolaj Čaplin zitierte, verbreiteten die Vertreter der katholischen Kirche „feindliche" Gerüchte und antisowjetische Agitation: „In unserem von Polen bevölkerten Dorf besteht ein Zirkel der Rożańcy, dem Erwachsene und Jugendliche angehören. Neben Gebeten praktizieren sie Agitation gegen die Sowjetmacht und alle Maßnahmen unseres Dorfsowjets. [...] Der Zirkel verbreitet das Gerücht, dass es bald Krieg geben werde und die Polen [...] das gesamte Land, das von den Gutsherren genommen und unter den Kleinbauern aufgeteilt wurde, wieder zurücknehmen und den Gutsherren zurückgeben würden". Nach seinen Worten war die Maschinen-Traktoren-Genossenschaft des Dorfes zusammengebrochen, weil sich unter dem Einfluss der Propaganda der „Rożańcy" zu wenige Bauern an dieser beteiligten. Ebd., l. 43.
47 Schlussfolgerungen und Vorschläge (wie Anm. 20), l. 82. Vgl. dazu Jörg Baberowski: Stalinismus und Religion. In: Jahrbücher für Geschichte Osteuropas 52 (2004), H. 4, S. 482–493.

des Komsomol immer noch konkurrenzlos. Alle Kirchen und Bethäuser (Lutheraner, „Freie Kirche", Baptisten) verfügten über Blas- oder Streichorchester und Chöre[48]. Wenn man bedenkt, dass keine Feierlichkeit, keine Hochzeit und kein Dorffest ohne Orchester oder Chor auskam, wird nachvollziehbar, dass eine solche Situation die Partei- und Komsomolbehörden beunruhigen musste, zumal die Orchester nicht nur geistliche Musik, sondern auch weltliche Stücke spielten, die für die Jugend besonders anziehend waren. In der Siedlung Berezovaja Gat' („Freie Kirche") – so die Kommission – spiele das Orchester vor dem Gottesdienst Walzer und Polka und im Dorf Heimtal Märsche[49]. Vielfach legten die Pastoren und Prediger kirchliche Feierlichkeiten (Hochzeiten, Taufen usw.) speziell auf revolutionäre Feiertage und durchkreuzten damit die Pläne der Komsomol- und Parteimitglieder. Aus dem Dorf Heimtal z. B. wurde berichtet, dass Hochzeiten „mit Musik, Chor und feierlichem Rahmen" organisiert würden, „um die Jugend von Demonstration und Versammlung abzulenken"[50].

Aus einem Vergleich der Aktivitäten der religiösen Gemeinden mit denen des Komsomol zog die Kommission den folgenden Schluss:

> Es ist festzuhalten, dass die Kirche und die Sekten nur dank dieser künstlerischen Formen ihrer Arbeit die Jugend (aller sozialen Schichten) anziehen. Dort, wo von unserer Seite entsprechende Arbeit geleistet wird und wir den Orchestern und Chören der Kirche eigene Zirkel und die Arbeit des Dorfklubs entgegenstellen, kehren die jungen Tagelöhner und Kleinbauern und zum Teil auch die Mittelbauern der Kirche den Rücken[51].

Dabei war den Komsomolzen jedes Mittel recht, wenn es darum ging, ihren eigenen Einfluss zu steigern. So gründete die Komsomolzelle in Heimtal z. B. nicht nur ein eigenes Blasorchester, sondern versuchte auch, das bei der Kirche bestehende Orchester zu zersetzen. Durch den gezielten „Aufkauf von Instrumenten bei einzelnen Mitgliedern des Kirchenorchesters und deren Abwerbung in das Orchester des Komsomol" gelang dies im November 1928 tatsächlich[52]. Dank dieser Kampagne kehrte ein Teil der Jugend der Kirche den Rücken, organisierte einen eigenen Theaterzirkel, und die Zahl der Besucher der „Gottlosen"-Zelle stieg auf 55 (!) Personen. „Die Jugend selbst will eine andere Form der Unterhaltung als die, die ihr die Kirche bietet", hieß es dazu in einem Bericht[53]. In den Dörfern entbrannte ein regelrechter

---

48 Die deutschen Baptisten des Dorfes Solodyri (Rayon Volodarsk, Wolhynien) hätten sogar sowohl ein Blas- als auch ein Streichorchester.
49 Der Einfluss von Kirche und Sekten auf die Jugend, Formen und Methoden der Arbeit (nach Materialien der Kommission des ZK der KP(B)U), 28.11.1928. RGASPI, f. 1-M, op. 23, d. 914, l. 81.
50 Ebd.
51 Ebd.
52 Der Komsomol in den deutschen Dörfern Wolhyniens (nach Materialien der Kommission des ZK der KP(B)U), 28.11.1928. RGASPI, f. 1-M, op. 23, d. 914, l. 78.
53 Der Einfluss von Kirche und Sekten (wie Anm. 49), l. 81.

Wettstreit zwischen Komsomolzelle und Kirchenführung um jedes einzelne Mitglied der Dorfgemeinschaft:

> Wenn wir unsere Arbeit unter der Jugend intensivieren, tun das die Kirche und die Sekten ebenfalls. Als [...] im Dorf Heimtal [unter Leitung des Komsomol] ein Handarbeitszirkel organisiert wurde, [...] hat Pastor Ule einen Schneiderkurs eingerichtet; die Frau eines der Mitglieder des Kirchenrats hat einen Handarbeitszirkel organisiert und unter den Teilnehmerinnen des vom Dorfklub angebotenen Zirkels dafür agitiert, in ihren Zirkel zu kommen. Die Komsomolzelle hat diese beiden vom Pastor geführten Zirkel dem Finanzinspektor gemeldet, der die beiden Kurse zunächst geschlossen und aufgefordert hat, eine Lizenz zu beantragen[54].

Dort, wo der Komsomol inaktiv blieb, gelang es den kirchlichen Gemeindevorstehern ohne jegliche Anstrengungen, die Jugend um sich zu scharen und – nach Aussagen der Kommission – gegen die Politik der Sowjetmacht zu agitieren[55]. Ähnliches wurde aus anderen Regionen der Ukraine berichtet[56]. So nahm die Autorität der Kirche allgemein und insbesondere der katholischen Kirche im deutschen Karl-Liebknecht-Rayon, wie eine Untersuchung des ZK des LKSMU im Jahr 1928 ergab, immer weiter zu. In einigen Dörfern nahmen die Prediger sogar offen gegen „Maßnahmen" der Sowjetmacht Stellung. In einer Reihe von Dörfern erhöhten die katholischen Geistlichen die Zahl der täglichen Gottesdienste. Dies brachte den katholischen Gemeinden noch größeren Zulauf. Die Komsomolorganisation des Rayons wiederum hatte dieser Intensivierung der kirchlichen Aktivitäten kaum etwas entgegenzusetzen. Die gesamte antireligiöse Propaganda beschränkte sich auf gelegentliche Vorträge über Ostern und Weihnachten. Die in einigen deutschen Kolonien des Rayons unter Führung des Komsomol organisierten Zellen des Gottlosenbunds wurden kaum besucht und stellten ihre Arbeit oft bald wieder ein[57]. Der Sekretär des Zentralbüros der Deutschen Komsomolsektionen Waldemar Frischbutter war zu dem Eingeständnis gezwungen, dass der Komsomol den Kampf um die Köpfe der deutschen Kolonisten – und vor allem der Jugend – verloren hatte[58]. Mit Blick auf die deutsche Jugend der Region Nordkaukasus erklärte er:

> In diesen beiden Bezirken [Terek und Armavir] stehen die Dinge, was den Einfluss der unterschiedlichen Sekten betrifft, besonders schlecht. Die Jugend ist zu 60–80% in der religiösen Bewegung aktiv. Es wird so gut wie gar keine Komsomolarbeit geleistet. In diesen Bezirken leben ebenfalls viele Mennoniten, unter denen es nur vereinzelte Komsomolzen gibt [...][59].

---

54 Ebd.
55 Ebd.
56 Protokoll der 7. Bundesberatung (wie Anm. 21), l. 75, 78.
57 Schlussfolgerungen und Vorschläge (wie Anm. 20), l. 82.
58 Aktennotiz des Sekretärs des Zentralbüros der Deutschen Komsomolsektionen Waldemar Frischbutter, [1929]. RGASPI, f. 1–M, op. 23, d. 720, l. 70.
59 Ebd., l. 71. Siehe auch Protokoll der 7. Bundesberatung (wie Anm. 21), l. 72.

Im Dorfsowjet Ebental (Bezirk Terek) gab es 1929 z. B. in sechs deutschen Kolonien gerade einmal drei Abonnenten sowjetischer Zeitungen, aber 25 Abonnenten der deutschen baptistischen Zeitung, nur eine einzige aktive Zelle des Komsomol und eine „Rote Ecke" (in russischer Sprache). Dafür gab es aber sieben Bethäuser und sieben hochgebildete deutsche Prediger[60]. Im Dorf Danilovka (Bezirk Kuban') gehörten 50 % der Bevölkerung der Sekte der Stundisten an, die trotz aller antireligiösen Propaganda fast täglich organisierte Gebete abhielt[61]. In fünf deutschen Dorfsowjets der Ukraine gab es zwar jeweils einen Klub und insgesamt neun Lesehütten mit sieben unterschiedlichen Zirkeln und 167 Mitgliedern, aber auch zwölf Bethäuser, 39 (!) Prediger und 534 Mitglieder religiöser Gemeinden, die Jugendzirkeln und -organisationen angehörten[62]. Nach Angaben der Deutschen Sektion beim ZK der KP(B)U wurden Ende der 20er Jahre bis zu 60 % der Erziehungsarbeit unter der Jugend von der Kirche geleistet, während die meisten Partei- und Komsomolarbeiter vor Ort „partisanenmäßig" arbeiteten[63]. Der deutsche Funktionär Grossman (Ukraine) bemerkte dazu: „Was wird in den deutschen Dörfern gemacht? Gar nichts. [...] Das deutsche Dorf ist tot, für die Jugend ist nichts vorhanden, kein Kino, keine Lesehalle."[64] Ein ähnliches Bild ließ sich in den deutschen Siedlungsgebieten in Sibirien und Kasachstan zeichnen[65]. „Im Kulturfeldzug hat unsere Jugend versagt", zog der Sekretär des Zentralbüros der Deutschen Parteisektionen Ignaz Gebhardt 1929 auf der 7. Bundestagung der Deutschen Sektionen ein Fazit aus der unter der Jugend geleisteten antireligiösen Arbeit[66].

In einem totalitären Staat konnte es jedoch keinen Raum für unabhängige Formen des öffentlichen Bewusstseins oder irgendeinen Glauben außer dem kommunistischen geben. Und so kam der Staat den gesellschaftlichen Organisationen „zu Hilfe", indem er auf breiter Front die „Offensive des Sozialismus" gegen die Religion einleitete. Der Beginn des „Kreuzzuges" gegen die Kirche fiel zeitlich mit anderen kommunistischen Kampagnen zusammen – der Zerschlagung der Opposition, der Errichtung der Alleinherrschaft Stalins sowie der Forcierung der Industrialisierung und der Zwangskollektivierung. Nach Annahme der Regierungsverordnung „Über Maßnahmen zur Verstärkung der antireligiösen Arbeit" am 24. Januar 1929 rollte eine Welle der Repressionen über das Land, die sich ausnahmslos gegen alle Konfessionen und Geistlichen richtete. Im April bestätigte das Präsidium des VCIK die

---

60 Aktennotiz an das Sekretariat (wie Anm. 33), l. 65–65ob.
61 Aktennotiz an das Präsidium des VCIK über die Wirtschafts- und Kulturarbeit für die Deutschen der Region Nordkaukasus, [Sommer 1930]. GARF, f. R–3316, op. 23, d. 1324, l. 19.
62 Referat über den wirtschaftlichen und kulturellen Aufbau in den deutschen Kolonien der UdSSR. GARF, f. R–3316, op. 42, d. 95, l. 130ob.–131.
63 Protokoll der 7. Bundesberatung (wie Anm. 21), l. 84.
64 Ebd., l. 91.
65 Aktennotiz des Sekretärs des Zentralbüros (wie Anm. 58), l. 70. Vgl. Brandes/Savin: Die Sibiriendeutschen (wie Anm. 11), S. 259.
66 Protokoll der 7. Bundesberatung (wie Anm. 21), l. 75–76, 78.

neue Verordnung „Über religiöse Gemeinschaften", die die Verdrängung der Religion aus allen Bereichen des öffentlichen Lebens gesetzgeberisch festigte und die Tätigkeit aller Religionsgemeinschaften und Gruppen einschließlich der Jugendorganisationen weitgehend einschränkte[67]. Hinzu kommt, dass der „Verband der Gottlosen" just im Jahr 1929 in den „Verband der kämpferischen Gottlosen" umbenannt wurde, was den Zielen und dem Charakter dieser Organisation in weit größerem Maße entsprach. Von diesem Zeitpunkt an begann die Zahl der Zellen des Gottlosenbunds, dem alle Komsomolzen und Kommunisten beitreten mussten, im ganzen Land rapide zu steigen[68]. Bis 1929 wurden in den grenznahen Regionen der Ukraine (Wolhynien) zehn Zellen des Gottlosenbunds mit 220 Mitgliedern gegründet, unter denen 80 % deutsche Kolonisten waren[69]. Im Rayonzentrum Halbstadt (Ukraine) entstanden zur gleichen Zeit sieben Zellen des Gottlosenbunds, darunter auch eine Vertretung in der 7-Klassen-Schule[70]. Im März 1929 wurde an alle Volkskommissariate der Republik der Wolgadeutschen eine geheime Instruktion verschickt, in der es hieß:

> Da der Gottlosenverband noch keine Massenorganisation ist, sind Partei und Komsomol verpflichtet, die Werbung von Mitgliedern für den Verband der kämpferischen Gottlosen der ASSR der Wolgadeutschen zu intensivieren[71].

Im Mai 1929 zählte die lokale Sektion des Gottlosenverbands in der Republik der Wolgadeutschen bereits 119 Zellen und 3.458 Mitglieder[72]. Terror und Repressionen wirkten wesentlich schneller als antireligiöse Propaganda. Einigen Quellen zufolge traten dem Gottlosenverband bis Anfang 1930 bereits etwa 20.000 Deutsche aus unterschiedlichen Regionen der UdSSR bei[73]. Aber wie die Geschichte zeigen sollte, war die „Abkehr" von der Religion bei weitem kein Massenphänomen und nicht durch die Annahme der kommunistischen Ideologie, sondern durch die Angst vor Repressionen von Seiten der Staatsmacht bedingt[74].

---

67 Licenberger: Rimsko-katoličeskaja cerkov' v Rossii (wie Anm. 1), S. 255–257.
68 Siehe z. B. Protokoll der 7. Bundesberatung (wie Anm. 21), l. 89.
69 Ebd., l. 83.
70 Ebd., l. 85.
71 Zit. nach Licenberger: Rimsko-katoličeskaja cerkov' v Rossii (wie Anm. 1), S. 267 f.
72 Ebd., S. 268.
73 Nacional'naja politika VKP(B) v cifrach [Die Nationalpolitik der Kommunistischen Partei in Zahlen]. Moskva 1930, S. 325. Bis 1932 stieg die Zahl der Mitglieder des Gottlosenbunds in der UdSSR auf 5.673.000. Vgl. Licenberger: Rimsko-katoličeskaja cerkov' v Rossii (wie Anm. 1), S. 267.
74 Siehe ausführlicher z. B. Wilhelm Kahle: Beharrung und Bewahrung. Über das kirchlich-religiöse Element in der Prägung der Rußlanddeutschen. In: Referate der Kulturtagung der Deutschen aus Rußland/UdSSR vom 20.–22. Oktober 1989 in Bad Herrenalb. Stuttgart 1990, S. 75–88; Ottokar Basse / Gerd Stricker (Hg.): Religion in der UdSSR. Zollikon 1989; Hans-Christian Diedrich / Gerd Stricker / Helmut Tschoerner (Hg.): Das Gute behaltet. Kirchen und religiöse Gemeinschaften in der Sowjetunion und ihren Nachfolgestaaten. Erlangen 1996; Gerd Stricker: Rußlanddeutsche Kirchen nach der Deportation. In: Ders. (Hg.): Deutsche Geschichte im Osten

Abkürzungen

ASSR	Autonome Sowjetische Sozialistische Republik
Bapsomol	Baptistischer Jugendverband
d.	delo (Akte)
f.	fond (Fonds, Archivbestandsgruppe)
GANO	Staatsarchiv des Gebiets Novosibirsk
GARF	Staatsarchiv der Russischen Föderation
KP(B)U	Kommunistische Partei (der Bolschewiki) der Ukraine
l.	list (Blatt)
LKSMU	Leninistischer Kommunistischer Jugendverband der Ukraine
Mensomol	Mennonitischer Jugendverband
NĖP	Neue Ökonomische Politik
ob.	oborot (Rückseite)
op.	opis' (Findbuch)
RGASPI	Russisches Staatsarchiv der gesellschaftspolitischen Geschichte
RKP(B)	Russische Kommunistische Partei (der Bolschewiki)
RKSM	Russischer Kommunistischer Jugendverband
RLKSM	Russischer Leninistischer Kommunistischer Jugendverband
VCIK	Allrussisches Zentrales Exekutivkomitee
VKP(B)	Allsowjetische Kommunistische Partei (der Bolschewiki)
VLKSM	Leninistischer Kommunistischer Jugendverband der UdSSR
ZB	Zentralbüro
ZK	Zentralkomitee

Europas. Rußland. Berlin 1997, S. 392–418; O. A. Licenberger: Vozroždenie Rimsko-katoličeskoj i Evangeličesko-ljuteranskoj cerkvej: religioznaja žizn' rossijskich nemcev posle likvidacii režima specposelenij (1956–2002 gg.) [Die Wiedergeburt der römisch-katholischen und der evangelisch-lutherischen Kirche: Das religiöse Leben der Russlanddeutschen nach der Auflösung der Sondersiedlungen (1956–2002)]. In: Nemeckoe naselenie v poststalinskom SSSR, v stranach SNG i Baltii (1956–2000) [Die deutsche Bevölkerung in der poststalinistischen UdSSR, in den GUS-Ländern und im Baltikum (1956–2000)]. Moskva 2003, S. 264–277.

Julia Cartarius

Schutz und Verfolgung

Die oberschlesischen Juden in den Jahren 1933–1938

1. Einleitung

„It is obvious that international conventions concluded by Germany cannot be affected by internal German legislation. Should the provisions of the Geneva Convention have been violated in German Upper Silesia, this can only be due to mistakes on the part of subordinate organs acting under a mistaken interpretation of the laws."[1] Diese Aussage des deutschen Gesandten von Keller vor dem Völkerbund in Genf am 26. Mai 1933 war eine Reaktion auf die Eingabe der sogenannten Bernheim-Petition, die von jüdischen Aktivisten[2] initiiert worden war, um die Lage der Juden in Oberschlesien nach dem Machtantritt der Nationalsozialisten zu verbessern, indem sie den Status einer Minderheit forderten. Die Möglichkeit dazu erwuchs aus einem nach der oberschlesischen Teilung im Jahr 1922 geschlossenen, international überwachten deutsch-polnischen Abkommen. Widerstrebend akzeptierte die nationalsozialistische Regierung die Genfer Entscheidung, die oberschlesischen Juden als Minderheit anzuerkennen und sie damit unter den Schutz des Völkerbundes zu stellen; sie sagte zu, der Verfolgung Einhalt zu gebieten und die in den ersten Monaten der nationalsozialistischen Herrschaft erfolgten antijüdischen Maßnahmen und Gesetze für das Gebiet Oberschlesien zurückzunehmen. Während die jüdische Bevölkerung überall in Deutschland Schritt für Schritt ausgegrenzt und entrechtet wurde, waren die Juden in der kleinen Grenzregion am östlichen Rand des Reiches bis zum Ablauf des Genfer Abkommens im Juli 1937 zumindest vor dem Gesetz gleichberechtigt und so durch den Völkerbund vor der Entrechtung geschützt.

Die besondere Lage der Juden Oberschlesiens und ihre Auswirkungen auf die nationalsozialistische ‚Judenpolitik' sind bislang in der Holocaust-Forschung nur wenig berücksichtigt worden. Auch der weitere Verlauf der Verfolgung dieses kleinen, aber vitalen Teils des deutschen Judentums durch die Nationalsozialisten nach 1937 liegt noch

---

1 Public Records Office, Kew, Foreign Office Papers: FO 371/16725, C 5302, S. 33.
2 An der Entstehung der Bernheim-Petition waren sowohl jüdische Persönlichkeiten aus Oberschlesien, wie zum Beispiel der Beuthener Rechtsanwalt Dr. Georg Weissmann, als auch Mitglieder des im internationalen Rahmen tätigen Comité des Délégations Juives in Paris beteiligt, darunter der Vorsitzende Leo Motzkin, der Rechtsberater des Comités in Genf, Nathan Feinberg, sowie vor allem der Vorsitzende der jüdischen Partei der ČSR, Emil Margulies. Die fast ausschließlich dem Lager der Zionisten zuzurechnenden Aktivisten knüpften mit ihrem Plan an Initiativen zur Etablierung eines völkerrechtlich gesicherten Minderheitenschutzes für die jüdische Bevölkerung Ostmittel- und Südosteuropas an, die nach dem Ersten Weltkrieg ins Leben gerufen worden waren.

weitgehend im Dunkeln. Es existieren einige Arbeiten, die Teilaspekte des Themas behandeln³, aber eine Monographie, die die Geschichte der deutsch-oberschlesischen Juden unter dem Nationalsozialismus zusammenhängend beschreibt und in den Kontext der bisherigen Forschung einordnet, fehlt bisher. Das zögerliche Aufgreifen der Thematik ist verwunderlich, da umfangreiches Quellenmaterial vorhanden ist⁴. Die

---

3   Eine der ersten Arbeiten über die Bernheim-Petition ist ein 1957 in Jerusalem erschienenes Buch von Nathan Feinberg, das aber nie aus dem Hebräischen übersetzt wurde. Nathan Feinberg: Ha-maarehet ha-yehudit neged Hitler al bimat hever ha-leumim (Ha-petitia shel Bernheim). Yerushalayim 1957. In der polnischen Forschung ist vor allem eine im Jahr 1970 veröffentlichte Arbeit von Karol Jonca zu erwähnen, die sich der Minderheitspolitik der Nationalsozialisten im Oppelner Schlesien von 1933 bis 1940 annimmt. Jonca beschäftigt sich allerdings schwerpunktmäßig mit der polnischen Minderheit. Karol Jonca: Polityka narodowościowa Trzeciej Rzeszy na Śląsku Opolskim (1933–1940). Opole 1970. Vom gleichen Autor wurde ein Aufsatz über die Juden Oberschlesiens verfasst, in dem er auch einen kurzen Überblick über die Jahre 1938–1943 gibt. Karol Jonca: Jewish Resistance to Nazi Racial Legislation in Silesia, 1933–1937. In: Francis R. Nicosia / Lawrence D. Stokes (Hg.): Germans against Nazism. Oxford, Providence 1990, S. 77–86. Anfang der 1990er Jahre wurde von der Stiftung Haus Oberschlesien ein Forschungsprojekt zum oberschlesischen Judentum initiiert. Die geplante Schriftenreihe wurde nach Erscheinen des ersten Bandes nicht fortgesetzt. Der erste Band gibt einen knappen Gesamtüberblick über die Geschichte der Juden in Oberschlesien bis 1945. Peter Maser / Adelheid Weiser: Juden in Oberschlesien. Teil 1: Historischer Überblick. Jüdische Gemeinden (Schriften der Stiftung Haus Oberschlesien. Landeskundliche Reihe 3/1). Berlin 1992. Eine 2000 erschienene Dissertation von Sybille Steinbacher befasst sich detailliert mit der Vernichtung der ostoberschlesischen Juden, erwähnt aber die deutschen Juden der Region nur am Rande. Sybille Steinbacher: „Musterstadt" Auschwitz. Germanisierungspolitik und Judenmord in Ostoberschlesien (Darstellungen und Quellen zur Geschichte von Auschwitz 2). München 2000. Philipp Graf verfasst momentan eine Dissertation über die Bernheim-Petition als Beispiel jüdischer Diplomatiegeschichte in der Zwischenkriegszeit. Philipp Graf: Die „Bernheim-Petition" 1933 – Ein Fall jüdischer Diplomatiegeschichte. In: Dan Diner (Hg.): Leipziger Beiträge zur jüdischen Geschichte und Kultur. Bd. II. Leipzig 2004, S. 283–306.

4   Den aussagekräftigsten Bestand bilden die Akten der jüdischen Gemeinde und Bezirksstelle der „Reichsvereinigung der Juden in Deutschland" in Gleiwitz, die im Jüdischen Historischen Institut in Warschau liegen. Mit seinem zeitlichen Schwerpunkt 1933–1943 erlaubt er einen tiefen Einblick in die Selbstverwaltung der oberschlesisch-jüdischen Gemeinden während der NS-Zeit sowie auch in das Schicksal einzelner Juden unter dem zunehmenden Druck der politischen Ereignisse (hier zitiert als: AŻIH, Gmina Gliwice). Ergänzt wird der Bestand durch Zeitzeugenberichte aus der umfangreichen Sammlung des Jüdischen Historischen Instituts und der Wiener Library in London sowie Interviews mit jüdischen Emigranten aus Oberschlesien aus dem Bestand B.2/16: Materialsammlung Ernst Lustig zur Geschichte der Juden Oberschlesiens im Zentralarchiv zur Erforschung der Geschichte der Juden in Deutschland in Heidelberg (hier zitiert als: ZA, B.2/16 [Lustig]). Wichtig ist auch eine von Dr. Georg Weissmann (vgl. Anm. 2) nach seiner Emigration von Oberschlesien nach Palästina im Jahr 1940 verfasste Denkschrift, in der er die Vorgänge in Oberschlesien bis zum Jahr 1937 darstellt (veröffentlicht als: Georg Weissmann: Die Durchsetzung des jüdischen Minderheitsrechtes in Oberschlesien 1933–1937. Mit einer Einleitung von Dr. Franz Meyer. In: Bulletin des Leo Baeck Institutes 22 [1963], S. 148–198). Relevante ‚Täterquellen' finden sich in den polnischen Staatsarchiven in Opole, Wrocław und Katowice und ihren Zweigstellen, darunter die Akten des Oberpräsidenten der Provinz Oberschlesien zu Oppeln, der sich mit jüdischen Beschwerden über Verstöße gegen den Minderheitenschutz befasste (hier zitiert als: Archiwum Państwowe w Opolu, Bestand Oberpräsidi-

folgenden Ausführungen sind Teil eines Dissertationsprojektes, dessen Ziel es ist, diese Forschungslücke zu schließen[5]. Dabei liegt der Schwerpunkt nicht alleine auf den Handlungen und Motivationen der deutschen Täter vor Ort, sondern es wird auch die Perspektive der Opfer berücksichtigt, indem anhand von Akten und Zeitzeugenaussagen dargestellt wird, wie sich die jüdische Lebenswelt unter dem nationalsozialistischen Terror gestaltete und veränderte.

Die geplante Arbeit wird die Geschichte der Juden Oberschlesiens von 1933 bis 1945 darstellen; hier wird nur ein Teilaspekt des Themas herausgegriffen. Ausgehend von einer Beschreibung der Lage in Oberschlesien nach der Machtübernahme 1933 wird die Sonderstellung der oberschlesischen Juden, ihre Erlangung und Aufrechterhaltung bis zum Ablauf des Mandates behandelt. Für die Zeit nach Mitte 1937 wird herausgearbeitet, wie die Nationalsozialisten vorgingen, um möglichst schnell und effizient eine Nivellierung der Unterschiede zwischen den Juden Oberschlesiens und der jüdischen Bevölkerung im übrigen Reich herbeizuführen. Die Darstellung endet 1938, als eindeutig gelungen war, die letzten Spuren des Sonderstatus in Oberschlesien zu beseitigen. Das Augenmerk in diesem Artikel liegt, dem derzeitigen Stand der im letzten Jahr unternommenen Quellenstudien entsprechend, vor allem auf der Reaktion der örtlichen nationalsozialistischen Funktionäre auf den geschützten Status der jüdischen Bevölkerung und ihre Rolle bei der Implementierung der nationalsozialistischen ‚Judenpolitik' in Oberschlesien.

2. Vorgeschichte

Nach dem Ersten Weltkrieg erhob der neu erstandene polnische Staat im Zuge der Versailler Verhandlungen Anspruch auf Oberschlesien, eine Region, der durch ihre Bodenschätze und Schwerindustrie besondere wirtschaftliche Bedeutung zukam.

Der deutsche Bevölkerungsteil des ethnisch gemischten Grenzgebietes legte jedoch Widerspruch gegen eine Abtrennung vom Deutschen Reich ein. Um Klarheit zu gewinnen, wem die Region zugeschlagen werden sollte, führte der Völkerbund ein Plebiszit durch und besetzte das Gebiet in dieser Übergangszeit. Die interalliierten Truppen konnten allerdings nicht verhindern, dass der sogenannte Abstimmungskampf nicht nur mit Worten, sondern zum Teil auch mit Waffengewalt ge-

---

um), sowie Akten der Stadt Gleiwitz im Stadtarchiv Gliwice (hier zitiert als: Archiwum Państwowe w Katowicach, Oddział w Gliwicach, Bestand M. Gl.). Weitere Akten deutscher Verwaltungsbehörden werden im Bundesarchiv, im Politischen Archiv des Auswärtigen Amtes, im Archiv der Gedenkstätte Auschwitz und im United States Holocaust Memorial Museum in Washington verwahrt. Eine dritte Perspektive gewähren die Akten des Foreign Office im Public Records Office in Kew (London), die unter anderem Berichte der britischen Vizekonsuln in Breslau und Kattowitz aus den Jahren 1933, 1937 und 1938 enthalten (hier zitiert als: FO, 371/xxx).

5   Die Dissertation ist am Department of Hebrew and Jewish Studies, University College London, angesiedelt und wird von Prof. Michael Berkowitz betreut.

führt wurde. Der überwiegende Teil der Juden Oberschlesiens verhielt sich deutschpatriotisch. Viele waren im Abstimmungskampf aktiv und kämpften vehement für den Verbleib der Region beim Deutschen Reich[6]. Das Plebiszit erbrachte nur ein knappes Abstimmungsergebnis, das der Völkerbund jedoch zum Anlass nahm, eine Teilung Oberschlesiens herbeizuführen. Die Region um Kattowitz wurde Teil Polens, während das Oppelner Schlesien weiterhin beim Deutschen Reich verblieb. Im Zuge dieser Teilung wurde ein deutsch-polnisches Abkommen geschlossen, das neben der Kontinuität der wirtschaftlichen Zusammenarbeit der nun geteilten Region auch die Minderheitenproblematik im Grenzgebiet Oberschlesien regelte. Das 1922 unterzeichnete Genfer Abkommen galt für eine Übergangszeit von 15 Jahren, seine Einhaltung wurde in dieser Zeit vom Völkerbund überwacht. Der Minderheitenschutz wurde praktisch umgesetzt durch die Einrichtung von verschiedenen Instanzen, die sich mit Verletzungen der Rechte von Minderheitsangehörigen befassten und diese zu bereinigen suchten[7]. Viele Beschwerden konnten allerdings schon in der Verhandlung mit staatlichen Behörden, vor allem mit dem Oberpräsidenten der Provinz Oberschlesien, im Sinne der Beschwerdeführer beigelegt werden. Für den Fall, dass vor Ort keine Einigung erzielt werden konnte, räumte das Genfer Abkommen die Möglichkeit ein, sich als Einzelperson oder Organisation direkt an den Völkerbund in Genf zu wenden, um sich über Verstöße gegen den Minderheitenschutz zu beschweren[8].

3. Die oberschlesischen Juden 1933–1938

Die Machtübernahme der Nationalsozialisten am 30. Januar 1933 hatte auch in Oberschlesien unübersehbare Folgen. In den ersten Februarwochen fanden in den Städten und Dörfern der Region Umzüge von SA und Stahlhelmverbänden statt, der Kampf gegen ‚Staatsfeinde' wurde verstärkt aufgenommen, und Mitglieder der NSDAP übernahmen die Stadtverwaltungen und Magistrate[9]. Wie in den anderen Teilen des Reiches wurde versucht, das öffentliche Leben ‚gleichzuschalten'. Sehr

---

6 Maser/Weiser: Juden in Oberschlesien (wie Anm. 2), S. 45–47.
7 Es waren dies das „Minderheitsamt" in Oppeln, das „Schiedsgericht für Oberschlesien" in Beuthen und die „Gemischte Kommission" in Katowice, in der zwei Vertreter der deutschen Regierung, zwei polnische Vertreter und ein vom Völkerbund bestimmter Präsident über Minderheitsbeschwerden berieten.
8 Eine detaillierte Darstellung der Geschichte der Teilung Oberschlesiens, des Genfer Abkommens und seiner Umsetzung bietet Georges Kaeckenbeeck: The International Experiment of Upper Silesia. A Study in the Working of the Upper Silesian Settlement, 1922–1937. London 1942.
9 Der Oberschlesische Wanderer [o. Pag.], Nr. 26, 31. Januar 1933 (Beuthen); ebd., Nr. 27, 1. Februar 1933 (Gleiwitz, Oppeln, Ratibor); ebd., Nr. 29, 3. Februar 1933 (Oberglogau, Hindenburg); ebd., Nr. 32, 7. Februar 1933 (Tworog, Tworkau); ebd., Nr. 53, 3. März 1933 (Verhaftung von über 200 KPD-Funktionären im oberschlesischen Industriegebiet); ebd., Nr. 54, 4./5. März 1933 (Verhaftung von 19 KPD-Funktionären in Ratibor); ebd. (Besetzung des sozialdemokratischen Volksbildungshauses in Gleiwitz); ebd. (Verhaftung von Kommunisten durch SA-Hilfspolizei in Ujest

bald sollten die rund 10.000 Juden Oberschlesiens die Konsequenzen zu spüren bekommen.

Eine systematische Analyse der Januar-, Februar- und März-Ausgaben der regionalen Tageszeitung „Der Oberschlesische Wanderer" zeigt verschiedene Phasen des antijüdischen Vorgehens nach dem nationalsozialistischen Regierungsantritt auf: Der Fokus der Berichterstattung in dieser Phase liegt auf der Machtkonsolidierung und dem Kampf gegen Deutschlands linke Parteien. Dennoch finden sich von Mitte Februar an kleinere Mitteilungen über Feindseligkeiten gegen jüdische Mitbürger oder Übergriffe auf jüdischen Besitz auf dem Gebiet Oberschlesiens. Zwischen Mitte Februar und Mitte März wird über sieben Angriffe auf jüdische Betriebe oder Wohnungen, eine physische Attacke und vier Einbrüche in von Juden geführte Geschäfte berichtet. Besonders hervorzuheben ist das Bombenattentat auf die Schnapsbrennerei Reichmann in Gleiwitz, bei dem auch sämtliche Fensterscheiben der umliegenden Häuser zu Bruch gingen[10]. Auch über die Ermordung des Altwarenhändlers Josef Steiner in Beuthen erscheint ein ausführlicher Artikel. Steiner wurde nachts aus dem Bett geholt und in seiner Wohnung erschossen. Der „Wanderer" berichtet über die der Mordtat vorausgehende Auseinandersetzung vor Steiners Haus, bei der einige Männer laut Zeugenaussagen gegrölt hatten: „Schlagt doch den Juden tot, morgen werden wir abrechnen!"[11]

Ab Mitte März scheint die Judenverfolgung auch in Oberschlesien in eine neue Phase eingetreten zu sein, in der die Akteure begannen, die wirtschaftlichen sowie öffentlichen Positionen der Juden systematisch zu untergraben. Am 15. März schreibt der „Wanderer", dass SA-Männer jüdische Standbesitzer auf dem Gleiwitzer Jahrmarkt zum Schließen ihrer Stände aufforderten und eine Boykottsperre vor zwei örtlichen Warenhäusern durchführten[12]. Am 23. März erschien ein Artikel un-

---

und Jarischau); ebd., Nr. 75, 29. März 1933 (Bekräftigung des Verbots der sozialdemokratischen Presse in Oberschlesien); ebd., Nr. 61, 13. März 1933 (Ergebnisse der Stadt- und Kreistagswahlen).

10 Nur bei einigen dieser Zeitungsnotizen wird ausdrücklich auf die jüdische Herkunft der Opfer hingewiesen. Die Familiennamen lassen jedoch solche Rückschlüsse zu. Ebd., Nr. 42, 18./19. Februar 1933 (Neustädter Umkreis: eingeschlagene Schaufensterscheibe Kaufmann Danziger); ebd., Nr. 48, 25./26. Februar 1933 (Steine durch die Fensterscheiben der Wohnungen Rechtsanwalt Böhm, Kaufmann Leubuscher, Gastwirt Angress in Peiskretscham); ebd., Nr. 52, 2. März 1933 (Einschlagen der Schaufensterscheibe Kaufhaus Lippmann in Cosel); ebd., Nr. 53, 3. März 1933 (Schaufensterscheiben Geschäft Rosenthal eingeschlagen, Schaufenster des Geschäfts Wolffsohn mit Pistolenschüssen zertrümmert); ebd., Nr. 49, 27. Februar 1933 (Kreuzburg und Umgebung: Auflösung der Gerhart-Hauptmann-Bühne nach einem tätlichen Angriff auf den Leiter Weinlaub); ebd., Nr. 50, 28. Februar 1933 (Einbruch bei Eisenwarenkaufmann Moritz Lewin in Hindenburg); ebd., Nr. 59, 10. März 1933 (Zwei Einbrüche Tuchhaus Baron, Gleiwitz, Schaukasten des Photogeschäfts Heimann, Oppeln, erbrochen); ebd., Nr. 62, 14. März 1933 (Einbruch ins Bekleidungshaus Emmanuel Neisser, Ratibor); ebd., Nr. 60, 11./12. März 1933 (Bombenattentat auf Destillation Reichmann).
11 Ebd., Nr. 54, 4./5. März 1933; ebd., Nr. 59, 10. März 1933.
12 Ebd., Nr. 63, 15. März 1933.

ter der Überschrift „Keine jüdischen Strafrichter in Oberschlesien", der vermerkte, dass die Landesgerichtspräsidenten der Provinz eine Verfügung des Oberlandesgerichtspräsidenten in Breslau erhalten hätten, die eine Neuverteilung der Ämter in der Strafrechtspflege zuungunsten jüdischer Richter forderte[13]. Noch am selben Tag wurde der jüdische Staatsanwalt Dr. Sänger aus Beuthen seines Postens enthoben[14]. Einen Tag später besetzten Männer in Naziuniform das Gleiwitzer Amtsgericht und misshandelten jüdische Anwälte, Notare und Richter, darunter den Vorsteher der Gleiwitzer Synagogengemeinde, Justizrat Arthur Kochmann, mit Fäusten und Gummiknüppeln[15]. In einem ausführlicheren Bericht, der am nächsten Tag erschien und unter anderem auch eine Dementierung der Kreisleitung der NSDAP in Gleiwitz enthielt, in welcher sie jegliche Involvierung in den Überfall verneint, werden die Täter nicht mehr als „Leute [...] in nationalsozialistischer Uniform", sondern als „junge [...] Leute [...] in Zivilkleidung" bezeichnet[16].

Bereits am 28. März wurden auf lokale Initiative hin in Beuthen, Gleiwitz und Hindenburg jüdische Geschäfte boykottiert[17]. Der Boykott wurde nach zwei Tagen beendet, da die Handelskammer Oppeln nach Beschwerden jüdischer Ladenbesitzer von Berlin instruiert worden war, dass eine solche „Verzerrung der Aktion"[18] momentan nicht gewünscht sei. Erst einige Tage später postierten sich wieder SA-Männer vor den jüdischen Unternehmen, diesmal im Rahmen der reichsweit durchgeführten Boykottaktion vom 1. April[19]. Trotz dieses Beispiels für das Einschreiten der nationalsozialistischen Regierung gegen die sogenannten Einzelaktionen spielten antijüdische Maßnahmen, die lokaler Initiative entsprangen, schon in der Frühphase der Judenverfolgung eine wichtige Rolle. In Hindenburg wurden Anfang April sieben Verträge mit jüdischen Ladenbesitzern, die ihre Geschäfte von der Stadt gepachtet hatten, fristlos gekündigt[20]. Darüber hinaus wurde „auf dringliche Wünsche [...] aus Kreisen des Fleischerhandwerks"[21] das rituelle Schlachten am Schlacht-

---

13 Ebd., Nr. 70, 23. März 1933.
14 Ebd.
15 Ebd., Nr. 71, 24. März 1933.
16 Ebd., Nr. 72, 25./26. März 1933. Der Vorfall wird auch in einem vom Comité des Délégations Juives herausgegebenen Bericht über die Lage der deutschen Juden im Jahr 1933 erwähnt. Dort wird die „Vossische Zeitung" zitiert, die die Täter als „größere Anzahl junger Burschen" bezeichnet. Vgl. Die Lage der Juden in Deutschland 1933. Das Schwarzbuch – Tatsachen und Dokumente. Hg. vom Comité des Délégations Juives, Paris. Leitung: Leo Motzkin. Frankfurt a. M. 1983, S. 105 f.
17 Der Oberschlesische Wanderer, Nr. 75, 29. März 1933.
18 Der Oberschlesische Wanderer, Nr. 76, 30. März 1933.
19 Der Oberschlesische Wanderer, Nr. 79, 3. April 1933. Avraham Barkai: Vom Boykott zur „Entjudung". Der wirtschaftliche Existenzkampf der Juden im Dritten Reich 1933–1943. Frankfurt a. M. 1988, S. 27: „Der Boykott sollte ‚schlagartig' am Samstag, den 1. April um 10 Uhr überall in Deutschland beginnen und so lange fortgesetzt werden, ‚bis nicht eine Anordnung der Parteileitung die Aufhebung befiehlt'."
20 Der Oberschlesische Wanderer, Nr. 81, 5. April 1933.

haus Hindenburg von der Direktion eingestellt[22]. Die Durchsetzung solcher gegen die jüdische Bevölkerung gerichteten Maßnahmen fiel zeitlich mit der Eröffnung des nationalsozialistisch dominierten Hindenburger Stadtparlaments am 30. März und der Ernennung des Reichstagsabgeordneten Max Fillusch, eines ‚alten Kämpfers' und fanatischen Antisemiten[23], zum kommissarischen Oberbürgermeister der Stadt am 1. April zusammen[24]. Der Vergleich mit der Berichterstattung über die Einführungssitzungen der Stadtparlamente in Hindenburg, Gleiwitz, Beuthen, Groß-Strehlitz und Neisse lässt den Schluss zu, dass der Antisemitismus der nationalsozialistischen Stadtverordneten in Hindenburg besonders ausgeprägt war[25]. Denn während in den anderen Städten die sogenannte Judenfrage vorerst keine besondere Beachtung fand, stellten die Hindenburger Nationalsozialisten bereits in der ersten Sitzung einen Dringlichkeitsantrag, der die Nichtberücksichtigung jüdischer Firmen bei öffentlichen Aufträgen, das Zurückziehen der Genehmigung für von jüdischen Händlern geführte Verkaufsstände, die Abschaffung von Steuervergünstigungen für jüdische Firmen sowie das Ausscheiden von Juden aus öffentlichen Ämtern, Ehrenämtern und Verwaltungspositionen forderte. Zur Durchsetzung wurde eine Kommission aus nationalsozialistischen Stadtverordneten, unter ihnen Max Fillusch, eingesetzt. Die Abläufe in Hindenburg verdeutlichen, dass die Umsetzung nationalsozialistischer Politik gegen die Juden nicht an allen Orten parallel und zeitgleich verlief.

In den ersten Monaten des Jahres 1933 lassen sich keine Unterschiede der nationalsozialistischen ‚Judenpolitik' in Oberschlesien im Vergleich zu anderen Gebieten des Reiches feststellen. Die weitere Entwicklung weicht jedoch deutlich von den Mustern der Judenverfolgung im restlichen Deutschland ab, da sich nun Mitarbeiter des „Comité des Délégations Juives" sowie einige oberschlesische Aktivisten[26] dazu entschlossen, angesichts des nationalsozialistischen Terrors auf den in der Genfer Konvention festgeschriebenen Minderheitenschutz zurückzugreifen, um die Lage der oberschlesischen Juden zu verbessern, indem sie das Vorgehen der nationalsozialistischen Regierung gegen die deutschen Juden vor einem internationalen Publikum zur Sprache brachten. Obwohl im Genfer Abkommen hauptsächlich an den Schutz

---

21 Der Oberschlesische Wanderer, Nr. 78, 1./2. April 1933.
22 Am 5. April wurde die ‚Schechita' im gesamten oberschlesischen Industriegebiet vom Staatskommissar für die Magistrate der Städte Beuthen, Gleiwitz und Hindenburg untersagt (Der Oberschlesische Wanderer, Nr. 81, 5. April 1933), was dem reichsweiten Schächtverbot fast einen ganzen Monat zuvorkam.
23 Schriftliche Mitteilung von Matthias Lempart an die Autorin, 23. 02. 2006.
24 Der Oberschlesische Wanderer, Nr. 78, 1./2. April 1933. Die Ernennung Filluschs fand am Samstag, dem 1. April, statt. Am Montag, dem 3. April, wurde er zum Staatskommissar für die Stadt Hindenburg ernannt und der alte Bürgermeister Franz damit endgültig seines Amtes enthoben. Der Oberschlesische Wanderer, Nr. 80, 4. April 1933.
25 Der Oberschlesische Wanderer, Nr. 76, 30. März 1933 (Hindenburg); Der Oberschlesische Wanderer, Nr. 77, 31. März 1933 (Gleiwitz); Der Oberschlesische Wanderer, Nr. 79, 3. April 1933 (Beuthen, Groß-Strehlitz); Der Oberschlesische Wanderer, Nr. 78, 1./2. April 1933 (Neisse).
26 Vgl. Anm. 2.

der deutschen und polnischen Minderheit in den beiden Teilen Oberschlesiens gedacht worden war und sich zudem ein Großteil der deutschen Juden Oberschlesiens auch nicht als Teil einer Minderheit betrachtete, erkannten die (vor allem zionistischen Kreisen zuzurechnenden) Aktivisten die Chance, die das Genfer Abkommen bot, und waren entschlossen, sie zu ergreifen. Zu diesem Zweck suchten sie einen oberschlesischen Juden, der bereit war, eine Eingabe in Genf vorzubringen. Sie fanden ihn in Franz Bernheim, einem ehemaligen Angestellten des Kaufhauses Defaka in Gleiwitz, der auf Grund seiner jüdischen Herkunft entlassen worden und daraufhin nach Prag geflüchtet war. Bernheim, der durch seine Emigration dem unmittelbaren Zugriff der Nationalsozialisten entzogen war und auch keine Angehörigen im Deutschen Reich hatte, die durch seine Entscheidung gefährdet werden konnten, erklärte sich bereit, die vorbereitete Petition zu unterschreiben und im Namen der jüdischen Minderheit in Oberschlesien gegen das Vorgehen der Nationalsozialisten zu protestieren. Die sogenannte Bernheim-Petition erreichte den Völkerbund Mitte Mai 1933. Die nationalsozialistische Regierung versuchte, gegen die Anerkennung der Petition vorzugehen, indem sie darauf hinwies, dass Bernheim kein gebürtiger Oberschlesier war, sondern nur einige Jahre in Gleiwitz gewohnt hatte. Dennoch erkannte der Völkerbund die Petition als rechtsgültig an und setzte sie auf die Tagesordnung des Völkerbundsrats. Um eine eingehende Diskussion der Diskriminierung der deutschen Juden zu verhindern, instruierte die nationalsozialistische Regierung ihren Vertreter in Genf, zu kooperieren und darüber hinaus zu versichern, dass das Deutsche Reich seinen internationalen Verpflichtungen nachkommen sowie eventuell von lokalen Behörden begangene Verstöße gegen den Minderheitenschutz wiedergutmachen würde[27]. Der Fall Bernheim wurde mit einer Resolution zum Abschluss gebracht, die Deutschland verpflichtete, Rechenschaft abzulegen über die Schritte, die zur Verbesserung der Lage der Juden in Oberschlesien unternommen würden. Damit waren die oberschlesischen Juden als Minderheit unter dem Schutz des Völkerbundes anerkannt und bis zum Ablauf des Mandates im Jahr 1937 dem direkten Zugriff der nationalsozialistischen Regierung entzogen[28].

Der Erfolg der Bernheim-Petition führte in Oberschlesien zur Bildung eines überparteilichen Ausschusses, zusammengesetzt aus sieben jüdischen Persönlichkeiten,

---

27 Vgl. Eingangszitat. – Die Bereitschaft der nationalsozialistischen Führung, ihre ‚Judenpolitik' in Oberschlesien dem Willen des Völkerbundes zu unterwerfen, war einzig auf außenpolitische Beweggründe zurückzuführen. Konzentriert auf die Machtkonsolidierung im Innern, verfolgte die Regierung eine eher zurückhaltende Linie in der Außenpolitik. Beispiel dafür ist die nationalsozialistische Polenpolitik, die zum 1934 geschlossenen Nichtangriffspakt führte. Zu Hitlers Polenpolitik vgl. Christian Leitz: Nazi Foreign Policy 1933–1941. The Road to Global War. London, New York 2004, S. 62–74. Ein Bruch des Genfer Abkommens hätte die guten Beziehungen zum polnischen Staat gefährden können. Darüber hinaus wurde befürchtet, dass man Polen einen Vorwand liefern könne, seine Politik gegenüber der deutschen Minderheit im östlichen Teil Oberschlesiens zu verschärfen.
28 Die Darstellung der Bernheim-Petition und ihrer Folgen beruft sich auf Weissmann: Durchsetzung (wie Anm. 3) und Graf: Bernheim-Petition (wie Anm. 2).

der die Belange der oberschlesischen Juden gegenüber dem Völkerbund und der deutschen Regierung vertreten sollte. Leiter dieses Aktionsausschusses war der prominente Gleiwitzer Gemeindevorsteher und Vorsitzende des „Synagogengemeinden-Verbandes der Provinz Oberschlesien" Justizrat Arthur Kochmann. Kochmann, geboren 1864, war bis 1933 bei Juden und Christen gleichermaßen hoch angesehen. Er hatte nicht nur seit 1915 das Amt des Vorsitzenden der Synagogengemeinde Gleiwitz inne und stand dem Synagogengemeinden-Verband vor, sondern war auch preußischer Landtagsabgeordneter, Mitglied des Stadtältestenrats und Ehrenbürger der Stadt Gleiwitz[29]. So verkörperte Kochmann in vielerlei Hinsicht einen typischen Vertreter des assimilierten deutschen Judentums. Seine Familienbeziehungen waren allerdings außergewöhnlich. Kochmanns Tochter Susanne war mit dem italienischen Faschisten Giuseppe Renzetti verheiratet, der schon vor 1933 engen Umgang mit der Führungsspitze der NSDAP pflegte und später als Verbindungsmann zwischen Mussolini und Hitler fungierte. Susanne Renzetti bewegte sich, ihrer jüdischen Herkunft zum Trotz, in den höchsten Kreisen der nationalsozialistischen Elite[30].

Nach dem Regierungsantritt der Nationalsozialisten wandte sich Kochmann zusammen mit Georg Weissmann und anderen Mitstreitern mit aller Kraft der Durchsetzung der jüdischen Minderheitsrechte zu. Wie das Quellenmaterial zeigt, beschränkte sich sein Engagement für die oberschlesischen Juden nicht alleine auf die Zeit des Minderheitenschutzes. Immer wieder finden sich Beispiele dafür, dass Kochmann sich bis zuletzt für die jüdische Gemeinde einsetzte, um die Last der nationalsozialistischen Verordnungen und Schikanen zumindest zu erleichtern[31]. Am Beispiel der deutschen Juden Oberschlesiens, besonders aber Arthur Kochmanns, kann gezeigt werden, dass sich die jüdische Bevölkerung keineswegs nur passiv dem Nationalsozialismus ergab, sondern auch versuchte, aktiv gegen die ‚Judenpolitik' vorzugehen. Dabei muss im Falle Arthur Kochmanns berücksichtigt werden, dass seine familiäre Beziehung zu Renzetti es ihm erleichterte, besonders couragiert für die Juden Oberschlesiens einzutreten.

Der oberschlesische Aktionsausschuss mit Arthur Kochmann an der Spitze sah sich vor eine wichtige Aufgabe gestellt. Es lag in seiner Hand, dafür Sorge zu tragen, dass das vage Zugeständnis der Reichsregierung, legale Diskriminierung und gewaltsame Übergriffe in Oberschlesien zu unterbinden, tatsächlich in die Tat umgesetzt wurde. Denn das nationalsozialistische Regime zeigte keine übermäßige Eile, seine internationalen Verpflichtungen zu erfüllen. In nun folgenden langwierigen

---

29 Handbuch für den Preußischen Landtag. Ausgabe für die 1. Wahlperiode (von 1921 ab). Berlin 1921, S. 59.
30 Wolfgang Schieder: Faschismus im politischen Transfer. Giuseppe Renzetti als faschistischer Propagandist und Geheimagent in Berlin 1922–1941. In: Sven Reichardt / Armin Nolzen (Hg.): Faschismus in Italien und Deutschland. Studien zu Transfer und Vergleich (Beiträge zur Geschichte des Nationalsozialismus 21). Göttingen 2005, S. 42 f.
31 Julia Cartarius: Jewish Persecution in Western Upper Silesia, 1933–1943. M. A. Diss. University College London. London 2003.

Verhandlungen mit der Reichsregierung, die sich bis August 1934 hinzogen, und mithilfe der Instanzen des Minderheitenschutzes gelang es dem Ausschuss, wichtige Rechte durchzusetzen: Nicht nur wurde die bis dahin durchgeführte Entrechtung der Juden im deutschen Teil Oberschlesiens rückgängig gemacht und die Einführung von in den folgenden Jahren erlassenen antijüdischen Gesetzen und Verordnungen für Oberschlesien ausgesetzt. Darüber hinaus durfte in Oberschlesien unter anderem weiterhin für den Bedarf der nach den Regeln der Kaschrut lebenden Gläubigen geschächtet werden, die jüdischen Gemeinden wurden aus staatlichen Mitteln subventioniert, und der Verkauf und die Verbreitung von antisemitischer Propaganda, wie zum Beispiel dem „Stürmer", war offiziell verboten.

Bis zum Ablauf des Völkerbundmandats am 15. Juli 1937 fanden also weder das „Gesetz zur Wiederherstellung des Berufsbeamtentums" noch die sogenannten Nürnberger Gesetze, noch die zahlreichen anderen Maßnahmen, die darauf abzielten, die jüdischen Bürger Deutschlands zu diffamieren und auszugrenzen, auf die Juden des oberschlesischen Abstimmungsgebietes Anwendung.

Während sich die antijüdische Politik der Nationalsozialisten im restlichen Reich mit den Jahren weiter verschärfte, war es in Oberschlesien gelungen, diese Entwicklung nicht nur aufzuhalten, sondern sogar rückgängig zu machen, sodass die jüdischen Bewohner Oberschlesiens bis zum Ablauf des Genfer Abkommens vor dem Gesetz gleichberechtigte Staatsbürger blieben[32].

Hiermit endete die Arbeit des Aktionsausschusses jedoch nicht. Nach August 1934 war es seine Hauptaufgabe, die errungenen Rechte gegen trotzdem vorkommende Übergriffe lokaler NS-Funktionäre zu verteidigen. Denn die Repräsentanten der lokalen staatlichen Behörden sorgten dafür, dass trotz des Sonderstatus der jüdische Alltag in Oberschlesien nicht frei von Diffamierung und Übergriffen blieb[33]. Die Beschwerden vor dem Oberpräsidium Oppeln illustrieren, wie die Betroffenen durch diese Diskriminierungen zweifach leiden mussten: einerseits durch Maßnahmen, die unmittelbare Auswirkungen auf die wirtschaftliche Situation der Betroffenen hatten, andererseits durch die niederdrückende Erfahrung antijüdischer Hetze. Mehr als einmal planten örtliche NS-Organisationen ‚Aktionen', die sich geschäftsschädigend auf die ‚jüdische Konkurrenz' auswirkten. Ein Beispiel ist die im August 1935 durchgeführte Verteilung von Gutscheinen für Haushaltswaren an arbeitslose Bergleute, die nur in ‚arischen' Geschäften eingelöst werden konnten. In einer Beschwerde im Namen des Aktionsausschusses schrieb Georg Weissmann:

> Eine Reihe jüdischer Kaufleute haben sich heute an die N.S.V. Beuthen mit dem Antrage gewandt, bei der oben bezeichneten Aktion berücksichtigt zu werden. Es wurde ihnen daraufhin geantwortet, daß diese Aktion nur für arische Kaufleute in Frage komme. Ein

---

32 Weissmann: Durchsetzung (wie Anm. 3), S. 162–178.
33 Karol Jonca: Jewish Resistance (wie Anm. 2), S. 82: „It is true that day after day there were cases of violations of the 1922 Convention's provisions for minority protection."

großer Teil der arischen Geschäfte hat bereits die betreffenden Plakate erhalten und ausgehängt. Die restlichen Plakate sollen bereits im Laufe des morgigen Tages an die arischen Kaufleute verteilt werden. Bei dieser Sachlage und bei der materiellen Bedeutung der vorliegenden Notstandsaktion droht den jüdischen Kaufleuten ein ganz außerordentlicher Schaden schon in dem Augenblick, in welchem die jüdischen Kaufleute nicht in gleicher Weise wie die arischen die Plakate zum Aushange erhalten[34].

Es ist anzunehmen, dass mit der Verteilung der Plakate nicht nur bezweckt wurde, die jüdischen Geschäftsleute finanziell zu schädigen, sondern sie vielmehr auch als ‚nichtarisch' zu stigmatisieren.

Obwohl die „Nürnberger Gesetze" in Oberschlesien keine Gültigkeit besaßen, fand ihre Einführung im Reich ein Echo im ehemaligen Abstimmungsgebiet. Es gab Fälle, in denen übereifrige Nationalsozialisten versuchten, die Gesetze schlicht auf eigene Faust durchzusetzen. Die Leiterin der weiblichen Arbeitsvermittlung beim Arbeitsamt Kreuzburg erklärte christlichen weiblichen Hausangestellten, dass sie ihren Dienst in jüdischen Haushalten quittieren müssten. Auf eine Mahnung des Oberschlesischen Synagogengemeinden-Verbandes erwiderte sie:

Solange sie bzw. der Vorsteher des Arbeitsamtes in Kreuzburg nicht eine direkte Anweisung erhalte, dass das Hausgehilfinnengesetz für Oberschlesien keine Gültigkeit habe, gelte für sie das Gesetz des Führers, wonach christliche Hausangestellte am 1. Januar 1936 ihre Stellungen in jüdischen Haushalten verlassen müssten[35].

Ähnlich verhielt es sich mit einem Standesbeamten in Woinowitz, der sich weigerte, das Aufgebot für die Ehe zwischen Alfred Julius aus Gregorsdorf und der zum Judentum konvertierten Lotte Knabei zu übernehmen, da Ehen zwischen ‚Ariern' und ‚Nichtariern' gesetzlich verboten seien[36]. Auch in Schulen wurde nicht immer im Sinne des Genfer Abkommens gehandelt. Jüdische Schüler mussten Diskriminierungen durch das Lehrpersonal aushalten. In der kaufmännischen Berufsschule in Gleiwitz zwang die Lehrerin ihre Klasse, in der auch jüdische Schülerinnen anwesend waren, das Lied „Volk ans Gewehr" zu singen, inklusive der Zeile „Juda den Tod". Als sie darauf hingewiesen wurde, dass ein solches Lied gegen den Minderheitenschutz verstoße, rechtfertigte sie sich folgendermaßen:

In den Unterrichtsstunden für Volks- und Staatskunde habe ich auch durch die schönen, nationalsozialistischen Kampflieder in meinen Schülerinnen die Begeisterung für das nationalsozialistische Gedankengut und für unseren Führer Adolf Hitler wecken wollen. [...] Ich bin [...] der Überzeugung, dass die nationalsozialistische Schulung von 38 deutschen Mädeln in einer deutschen Schule nicht durch die Anwesenheit zweier Schülerinnen jüdischer Rasse gehemmt werden kann[37].

---

34 Archiwum Państwowe w Opolu, Bestand Oberpräsidium, Nr. 341, S. 279 f.
35 Archiwum Państwowe w Opolu, Bestand Oberpräsidium, Nr. 342, S. 3.
36 Ebd., S. 488.
37 Archiwum Państwowe w Opolu, Bestand Oberpräsidium, Nr. 341, S. 296 f.

Die Beispiele zeigen, dass an der Basis oftmals versucht wurde, sich über die von oben verordnete und immer wieder bekräftigte Wahrung der jüdischen Minderheitsrechte hinwegzusetzen, sie zu ignorieren und zu sabotieren. Hierbei waren es vor allem die örtlichen NS-Funktionäre, die aktiv die Initiative zur Umsetzung der nationalsozialistischen ‚Judenpolitik' ergriffen und dafür sorgten, dass Juden trotz ihrer gesetzlichen Gleichstellung auch in Oberschlesien nicht unbehelligt blieben.

Bisher lässt sich noch nicht genau einschätzen, wie erfolgreich die jüdischen Proteste gegen Verletzungen des Minderheitenschutzes waren. Es zeichnet sich aber ab, dass der Oberpräsident und das Minderheitenamt generell darauf achteten, im Sinne der Genfer Konvention zu handeln. Die Verzögerungen, die sich bei der Bearbeitung der Beschwerdefälle ergaben, und die wenig schwerwiegenden Konsequenzen, die Verfehlungen gegen die Rechte der Minderheit nach sich zogen, zeigen allerdings deutlich, dass die deutschen Behörden eher darauf bedacht waren, das Einreichen von Beschwerden bei den internationalen Instanzen zu verhindern als vor Ort der Diskriminierung tatsächlich entgegenzuwirken.

Das Ende des Genfer Abkommens am 15. Juli 1937 wurde von den Nationalsozialisten, nicht nur im Hinblick auf die sogenannte Judenfrage, sorgfältig geplant. Bereits Mitte 1935 wurden in deutschen Regierungskreisen Überlegungen angestellt, ob eine Verlängerung des Abkommens mit Polen sinnvoll sei. Schon hier wurde die Meinung vertreten, dass eine Fortsetzung des Abkommens nur die polnische Minderheit betreffen dürfe und der Schutz der jüdischen Minderheit in jedem Falle aufgehoben werden müsse[38].

Im Gegensatz dazu arbeiteten Juden inner- und außerhalb Oberschlesiens auf eine Weiterführung des Abkommens hin. Persönlichkeiten wie Nahum Goldmann und W. L. Perlzweig vom World Jewish Congress versuchten, durch Vorsprache bei Vertretern europäischer Regierungen in diesem Sinne Einfluss zu nehmen. Ihre Bemühungen waren jedoch vergebens. Das britische Außenministerium zum Beispiel bezeugte zwar Englands Sympathie mit dem Schicksal der oberschlesischen Juden, zeigte aber keinerlei Bereitschaft zu intervenieren[39].

Bereits im Mai 1937 wurde Adolf Eichmann in seiner Funktion als Mitarbeiter des „Juden-Referates" II/112 des SD-Hauptamtes damit beauftragt, ein „Sofortpro-

---

38 Archiwum Państwowe w Opolu, Bestand Oberpräsidium, Nr. 320, S. 231 ff. – Tatsächlich kam es am 5. November 1937 zum Abschluss eines neuen Minderheitenvertrages zwischen Polen und Deutschland, in dem die oberschlesischen Juden nun nicht mehr berücksichtigt waren. Vgl. Carole Fink: Defending the Rights of Others. The Great Powers, the Jews and international Minority Protection, 1878–1938. Cambridge 2004, S. 353; Yfaat Weiss: Deutsche und polnische Juden vor dem Holocaust. Jüdische Identität zwischen Staatsbürgerschaft und Ethnizität, 1933–1940 (Vierteljahreshefte für Zeitgeschichte 81). München 2000, S. 111.

39 Ein Brief von Mr. Strang im Foreign Office an den Vertreter der britischen Regierung in Genf in Reaktion auf ein Memorandum des World Jewish Congress über die Lage der Juden in Oberschlesien nach dem 15. Juli 1937 illustriert die Haltung der britischen Regierung: „It is not the case (so far as I know) […] that we have said that we are prepared to approach the German and

gramm"⁴⁰ für die Durchführung der antijüdischen Gesetze und Maßnahmen im oberschlesischen Abstimmungsgebiet zu verfassen. Eichmann schlug vor, jüdische Organisationen zu verbieten, ihre Anführer zu verhaften und alle oberschlesischen Juden zu registrieren⁴¹. Ob diese Vorschläge tatsächlich in die Tat umgesetzt wurden, kann bisher nicht am konkreten Beispiel belegt werden. Dass eine Radikalisierung der ‚Judenpolitik' stattgefunden hat, beweist aber allein schon das am 30. Juni 1937 erlassene „Gesetz über die Maßnahmen im oberschlesischen Abstimmungsgebiet", das zum Teil schärfer formuliert war als die im Rest des Reiches geltenden Bestimmungen, indem es Ausnahmen, zum Beispiel für sogenannte Halbjuden und Juden mit christlichen Ehepartnern, stärker einschränkte als im restlichen Reich⁴².

Der Schutz, den die jüdische Minderheit in Oberschlesien viereinhalb Jahre lang gefunden hatte, wurde nicht aufrechterhalten, sondern am 15. Juli 1937 tatsächlich beendet. Unter der Genfer Konvention war es den oberschlesischen Juden trotz der Übergriffe antisemitischer Funktionäre möglich gewesen, ihre Rechte zu verteidigen und sich gegen alltägliche Diskriminierung zur Wehr zu setzen. Mit dem Ablauf des Abkommens wurden sie dieser Möglichkeiten beraubt. Rechtlos wie die übrigen deutschen Juden, waren sie nun der vehement einsetzenden Verfolgung durch die Nationalsozialisten ausgesetzt.

Der 15. Juli 1937 selbst verlief ruhig, vermutlich im Hinblick auf die Tatsache, dass die Weltöffentlichkeit nach Oberschlesien schaute⁴³. Wie von den Nationalsozialisten geplant, setzten aber einige Tage darauf sowohl massive antijüdische Propaganda als auch antijüdische Boykotte ein sowie Übergriffe auf jüdische Bürger und vereinzelt auch auf Synagogen⁴⁴.

Ein Briefwechsel zwischen Arthur Kochmann und dem Vorsteher der jüdischen Gemeinde Ratibor Dr. Leo Brauer verdeutlicht den direkten Zusammenhang zwi-

---

Polish governments on behalf of the Jewish minorities in Upper Silesia. As you will no doubt be seeing Dr. Goldmann, it would be as well, I think, if you put him right on this point. You could add that we have given a good deal of thought to this question, and that much as we sympathize with the situation of the Jewish population, we still remain doubtful whether any approach by us to the two Governments would be likely to effect any improvement." (FO 371/20744, C 6305, S. 265).

40 Michael Wildt: Before the „Final Solution". The ‚Judenpolitik' of the SD, 1935–1938. In: David Ceserani (Hg.): Holocaust. Critical Concepts in Historical Studies. Vol. I: Hitler, Nazism and the ‚Racial State'. London, New York 2004, S. 217.

41 Ebd.

42 Uwe Dietrich Adam: Judenpolitik im Dritten Reich (Tübinger Schriften zur Sozial- und Zeitgeschichte 1). Düsseldorf 1972, S. 167.

43 Maser/Weiser: Juden in Oberschlesien (wie Anm. 2), S. 59.

44 FO 371/20744, C6305, S. 262–264: Memorandum des World Jewish Congress an das britische Außenministerium vom 2. September 1937. In den Dokumenten der Gemeinde Gleiwitz sind folgende Vorkommnisse vermerkt: Belästigungen jüdischer Kaufleute in Gleiwitz, Beuthen und Hindenburg sowie Beschädigung der Fenster der Synagoge in Beuthen (AŻIH, Gmina Gliwice, Nr. 119: Arthur Kochmann an Dr. Leo Brauer, 29. Juli 1937); Einwurf von Fensterscheiben der Synagoge in Langendorf (Kochmann an Polizeipräsident Gleiwitz, 1. September 1937, Koch-

schen dem Ende des Mandats und der rapiden Verschlechterung der Lage der oberschlesischen Juden aufgrund der gezielten Maßnahmen der Nationalsozialisten. Am 29. Juli fragte Kochmann an, ob es in Ratibor zu Ausschreitungen im Zusammenhang mit dem Ende des Mandats gekommen sei. In seinem Brief erwähnte er, dass man wegen Belästigungen jüdischer Kaufleute in den Städten des Industriegebiets sowie der Beschädigung der Fenster der Beuthener Synagoge beim Polizeipräsidenten vorsprechen musste[45]. Dr. Brauer antwortete am 30. Juli:

> In der letzten Nacht sind Schilder von Anwälten und Ärzten mit schwarzer und grüner Farbe beschmiert und die Aufschriften unkenntlich gemacht worden. Es sind ferner die Schaufenster jüdischer Geschäftsleute mit Farbe beschmiert oder es ist das Wort „Jude" angeschrieben worden. In einer ländlichen Gastwirtschaft sind vor einigen Tagen drei jüdische Personen belästigt worden (tätlich angegriffen worden sind sie nicht). In der Synagoge ist ein größeres Fenster eingeworfen worden[46].

Die Beschwerden, mit denen sich Arthur Kochmann und andere Gemeindevorsitzende an den Polizeipräsidenten oder an Landräte wandten, wurden nicht angehört. Stattdessen wurde die jüdische Bevölkerung selbst für die Übergriffe verantwortlich gemacht, wie folgendes Schreiben des Polizeipräsidenten in Gleiwitz an Justizrat Kochmann beweist:

> Obwohl bereits in der Presse auf die Notwendigkeit eines zurückhaltenden Auftretens des jüdischen Volksteils im Industriegebiet hingewiesen worden ist, zeigen wiederholte Vorfälle, dass ein großer Teil der jüdischen Bevölkerung glaubt, auch noch nach dem 15. 7. 1937 Sonderrechte für sich in Anspruch nehmen zu dürfen. Auf das häufig festgestellte provokatorische Verhalten eines nicht unerheblichen Teiles der jüdischen Bevölkerung ist die teilweise zu Tage getretene Erregung der deutschen Bevölkerung allein zurückzuführen. [...] Solange sich nicht in Ihren Kreisen die Überzeugung gebildet hat, dass von Ihrer Seite jede Provokation der deutschen Bevölkerung unter allen Umständen vermieden werden muss, können Ansammlungen und Äußerungen des Unmuts über das dreiste Auftreten des jüdischen Volksteiles nicht mit Sicherheit unterbunden werden[47].

Stadtverwaltungen und Polizei nahmen das Ende des Genfer Abkommens zum Anlass, nun auch in Oberschlesien systematisch gegen die jüdische Bevölkerung vorzugehen. So begann Mitte August 1937, einen Monat nach Ablauf des Mandats, der Polizeipräsident für das oberschlesische Industriegebiet in Gleiwitz eine Kampagne gegen jüdische Gaststättenbesitzer in seinem Zuständigkeitsbereich[48]. Die Akten im

---

mann an Landrat des Kreises Tost-Gleiwitz, 1. September 1937, AŻIH, Gmina Gliwice, Nr. 112); Beschädigung der Kreuzburger Synagoge (Anzeige des Kreuzburger Synagogenvorstandes an den Landrat des Kreises Kreuzburg am 24. September 1937, AŻIH, Gmina Gliwice, Nr. 133).

45 AŻIH, Gmina Gliwice, Nr. 119: Arthur Kochmann an Dr. Leo Brauer in Ratibor, 29. Juli 1937.
46 AŻIH, Gmina Gliwice, Nr. 119: Dr. Leo Brauer an Arthur Kochmann, 30. Juli 1937.
47 Polizeipräsident für das oberschlesische Industriegebiet an Arthur Kochmann, 10. August 1937, AŻIH, Gmina Gliwice, Nr. 161.
48 Der Polizeipräsident erwähnt in einem Schreiben im Zusammenhang mit der Schließung der Gaststätte von A. Bujakowski, „daß im Herbst 1937 innerhalb [seines] Zuständigkeitsbezirks

Stadtarchiv Gleiwitz zeigen, dass in der Woche nach dem 14. August von Polizeibeamten eine gründliche Inspektion jüdischer Schankwirtschaften durchgeführt wurde. Im Anschluss daran erhielten die betroffenen Betriebe vorläufige Schließungsanweisungen und den Hinweis, dass der Polizeipräsident den Entzug der Schanklizenz beim Stadtgericht beantragt hatte. Die Behörden beriefen sich auf Vorstrafen, kleine rechtliche Vergehen sowie Mängel in der Betriebsführung. Im Fall Smoliansky führte der Polizeipräsident unter anderem einen Verstoß gegen das Branntweinmonopolgesetz aus dem Jahr 1925 an, um das Gasthaus zu schließen[49]. Fritz Haendler wurde der Verkauf unmarkierter Eier vorgeworfen[50]. Kleinere Mängel bei der Inspektion wurden zu „Vergehen gegen die Volksgesundheit" aufgebauscht, wie bei Georg Reichmann, bei dem angeblich eine Flasche Alkohol verschmutzt mit „kleinen Fliegen" und (in einem Abstellraum) eine verschimmelte Korkmaschine gefunden worden war[51]. Häufig lieferte auch die Gestapo ein ‚Gutachten', welches beweisen sollte, dass der Betroffene kommunistische Sympathien hegte[52]. Die angeführten Gründe wurden zum Vorwand genommen, den jüdischen Gastwirten die Zuverlässigkeit zur Führung eines Betriebs abzusprechen. Den wirklichen Grund benennt der Polizeipräsident, als er im Fall Kurt Haendler am 17. August 1937 an das Gleiwitzer Amtsgericht schrieb: „Der Antragsteller ist Jude. Er erscheint daher als nicht zuverlässig."[53]

In den Begründungen für das Vorgehen gegen die jüdischen Unternehmer greift der Polizeipräsident auf bekannte Stereotype antisemitischer Propaganda zurück. Die Betroffenen werden als profitgierige Ausbeuter dargestellt, als ‚Vergifter der Volksgesundheit und Volksmoral' und als Staatsfeinde und Kriminelle. Auch christliche Bürger verstanden es, sich die nationalsozialistischen Propagandaklischees zunutze zu machen, um ihre Interessen durchzusetzen. Im Falle des Gastwirts Wendriner wird das besonders deutlich. Im Zuge des Prozesses gegen Wendriner wegen angebli-

---

etwa 40 Destillen geschlossen wurden", Archiwum Państwowe w Katowicach, Oddział w Gliwicach, Bestand M. Gl. Nr. 2215, S. 185.
49 Archiwum Państwowe w Katowicach, Oddział w Gliwicach, Bestand M. Gl. Nr. 2187, S. 23.
50 Archiwum Państwowe w Katowicach, Oddział w Gliwicach, Bestand M. Gl. Nr. 2203: Polizeipräsident Gleiwitz an Amtsgericht Gleiwitz, 3. September 1937.
51 Archiwum Państwowe w Katowicach, Oddział w Gliwicach, Bestand M. Gl. Nr. 2208: Bericht über die polizeiliche Überprüfung, 13. August 1937.
52 Am 24. August 1937 schrieb die Gestapostelle Oppeln an den Polizeipräsidenten: „Die Beobachtungen haben ergeben, daß die Destille R e i c h m a n n noch heute von kommunistischen Elementen besucht wird. Es besteht kein Zweifel darüber, daß R e i c h m a n n staatsfeindliche Elemente in seiner Destille stillschweigend duldet. Die von kommunistischen Elementen noch heute bevorzugte jüdische Destille würde aus Sicherheitsgründen zu schließen sein. Ebenso sind die jüdischen Destillen B u j a k o w s k i , Gleiwitz, Ratiborerstraße 1 und G l o g a u e r , Gleiwitz, Bahnhofsstraße 15, als kommunistische Brutstätten bekannt." Archiwum Państwowe w Katowicach, Oddział w Gliwicach, Bestand M. Gl. Nr. 2208, S. 49 f.
53 Archiwum Państwowe w Katowicach, Oddział w Gliwicach, Bestand M. Gl. Nr. 2203: Polizeipräsident Gleiwitz an Amtsgericht Gleiwitz, 17. August 1937.

chen Alkoholausschanks an Betrunkene wurden Anwohner vernommen, die vernichtende Zeugenaussagen abgaben. Ein Herr Puff, der einen Frisörladen in derselben Straße betrieb, sagte aus, die ganze Gegend habe unter dem Wendriner'schen Gasthaus zu leiden, weil dort nur der „Abschaum der Menschheit", Trinker und Kommunisten, verkehren würde. Wendriner und seine Frau würden aus Gewinnsucht gezielt den Alkoholismus fördern. Es komme täglich zu Schlägereien, Frauen müssten ihre betrunkenen Männer nach Hause schleppen, die ihren Lohn verzecht hätten, und würden nicht nur auf Wendriner, sondern auch auf den Staat schimpfen, der der Ausbeutung durch die Destillen nichts entgegensetze[54]. Wendriner und seine Frau seien „verbissene Kommunisten", und die Kneipe werde von Kommunisten und Juden zu konspirativen Zusammenkünften genutzt[55]. Der Anwalt Wendriners wies in seiner Erwiderung auf die persönlichen Motive der Aussagenden hin. Er enthüllte den Plan Puffs, seinen Laden in den Fahrradladen Swonke zu verlegen, der wiederum auf die Geschäftsräume Wendriners spekulierte[56]. Die Falschaussage gegen den jüdischen Nachbarn zahlte sich aus. Die Akten ergeben, dass Wendriner tatsächlich am 19. Dezember 1938 sein Grundstück an Swonke verkaufte, nicht ohne, wie im Vertrag vermerkt ist, die in der Nacht vom 9. auf den 10. November 1938 entstandenen Schäden auf seine Kosten zu beheben[57].

Die Verleumdung traf die oberschlesischen Juden doppelt. Sie verloren die Grundlage ihres Lebensunterhaltes und wurden darüber hinaus auch in ihrer Persönlichkeit und ihrem Selbstverständnis als achtbare Mitglieder der Gesellschaft angegriffen. Die erhaltenen Akten vermitteln den Eindruck, dass die aus den Vorfällen resultierenden Prozesse von den Betroffenen nicht nur zum Erhalt ihrer Schanklizenzen, sondern auch zur Rettung ihres Ansehens geführt wurden. Die Anwälte, darunter Justizrat Arthur Kochmann, widerlegten in ihren Verteidigungsschriften schlagkräftig alle gegen ihre Klienten erhobenen Vorwürfe. Dagegen verwiesen sie auf loyales Deutschtum, bürgerliche Wertvorstellungen und Leistungen im Abstimmungskampf und im Ersten Weltkrieg[58]. Aber sowohl das Amtsgericht in Gleiwitz als auch das Bezirksgericht in Oppeln, bei dem viele Betroffene Berufung einlegten, bestä-

---

54 Puff verwendet hier ein antisemitisches Stereotyp, das traditionell eigentlich eher mit dem polnisch-jüdischen Verhältnis assoziiert wird. Vgl. John Weiss: The Politics of Antisemitism. History and the Holocaust in Modern Europe. Chicago 2003, S. 153: „Drunkenness was a widespread vice among the [Polish] peasants […] and although distilling was a noble monopoly, Jews leased or managed the inns were drink was sold. […] it became a popular charge in fiction and folklore, that villainous Jews corrupted and bankrupted the Polish people with drink […]." Es muss noch festgestellt werden, ob dieses Vorurteil allgemein zum Kanon der nationalsozialistischen antijüdischen Propaganda gehört oder ob sich hier die Überschneidung mit dem polnischen Kulturkreis in Oberschlesien abzeichnet.
55 Archiwum Państwowe w Katowicach, Oddział w Gliwicach, Bestand M. Gl. Nr. 2193, S. 75.
56 Ebd., S. 89 ff.
57 Ebd., S. 120.
58 Am 20. Oktober 1937 schreibt der Anwalt Paul Wolff im Fall Reichmann an das Gleiwitzer Verwaltungsgericht: „Der Beklagte hat sich stets als loyaler Staatsbürger bewiesen. […] Er hat kom-

tigten in allen Fällen den Entzug der Schanklizenzen. Manche Gaststättenbesitzer gaben schon Anfang 1938 auf und verpachteten oder verkauften ihre Grundstücke, andere hielten ein paar Monate länger durch. Es kann jedoch kein Zweifel bestehen, dass die Kampagne in den Augen der Initiatoren ein voller Erfolg war: Sie zerstörte jüdische Existenzen, forcierte die ‚Arisierung' jüdischer Betriebe und trug zur Stigmatisierung und Ausgrenzung der jüdischen Bevölkerung bei.

Der englische Vizekonsul in Breslau kommentierte die Lage der Juden in einem Bericht vom 6. Mai 1938 nach London:

> The purge continues, and even the most tenacious, optimistic and stubborn among the Jews, of whom there have been quite a few in this district, have come to realise that only the complete and total destruction of Jewish life and enterprise will satisfy the National Socialist Programme[59].

Trotz der späten Einführung der antijüdischen Maßnahmen und Gesetze war Oberschlesien von der Radikalisierung der ‚Judenpolitik', die 1938 stattfand, nicht weniger betroffen als das übrige Reich. Der Druck zur ‚Arisierung' wurde beträchtlich verstärkt, und eine Flut antijüdischer Bestimmungen schränkte das Leben der jüdischen Bevölkerung weiter ein. Eine Aussage von Ilse Chayes, die in einem Zeitzeugeninterview beschreibt, wie sie zum letzten Mal vor ihrer Auswanderung im Jahr 1938 Freunde in Gleiwitz besuchte, zeigt deutlich die bedrückende Atmosphäre des jüdischen Alltags:

> Wir wollten irgendwo hingehen. Aber wohin konnte man denn schon gehen? Bloß ins jüdische Vereinshaus. Das war das trübste Erlebnis, das ich hatte. Da saßen die verängstigten Juden zusammen und wollten sich irgendwie ein bißchen aufheitern; aber es war nicht möglich. Wir saßen zusammen mit Dr. Hugo Schlesinger. Da fragte ich den Dr. Schlesinger: „Wie ist es mit der Praxis?" Da sagte er: „Praxis? Ach ja, ich erinnere mich."[60]

Weniger als ein Jahr nach Ablauf des Mandates war von der Sonderstellung, die die oberschlesischen Juden mehr als vier Jahre innegehabt hatten, keine Spur mehr geblieben. Die jüdischen Bürger Oberschlesiens waren zu Bürgern zweiter Klas-

---

munistischen Anschauungen und Bestrebungen stets schärfstens ablehnend gegenübergestanden. Der Beklagte bittet, alle Polizeibeamten des 4. Polizeireviers, die ihn jahrelang kennen, hierüber zu hören, dass er sich nie politisch betätigt hat." Archiwum Państwowe w Katowicach, Oddział w Gliwicach, Bestand M. Gl. Nr. 2208, S. 82. Am 27. September 1937 wendet sich Georg Wendriners Rechtsanwalt Wilhelm Lustig an den Gleiwitzer Oberbürgermeister, Dienststelle Stadtverwaltungsgericht, und teilt mit: „[Wendriner] ist […] in den bürgerlichen Ideengängen erzogen worden. Er hat stets einen ordentlichen Lebenswandel geführt. Er ist Kriegsteilnehmer […]. Nach dem Kriege […] trat er in den Kameraden-Verein der 42. ein und gehörte ihm bis zur Machtübernahme an. […] Die Gaststätte des Antragsgegners ist Vereinslokal des Kameraden-Vereins ehemaliger Feld-Art.Rgt.32er in Gleiwitz gewesen." Archiwum Państwowe w Katowicach, Oddział w Gliwicach, Bestand M. Gl. Nr. 2193, S. 8 f.

59 FO 371/21635, C 4628, S. 57.
60 ZA, B. 2/16 (Lustig), Nr. 30, S. 165.

se degradiert, ihres Lebensunterhaltes beraubt und sozial isoliert. Mit der ihnen eigenen Gründlichkeit war es den Nationalsozialisten gelungen, innerhalb kürzester Zeit eine Vereinheitlichung ihrer ‚Judenpolitik' durchzuführen. Eine entscheidende Rolle in diesem Prozess spielten die örtlichen Funktionäre, deren Antisemitismus, der schon vorher zutage getreten war, nach 1937 seine Schlagkraft voll entfalten konnte. Gleichfalls beteiligt war die Bevölkerung, die sich, wenn sie nicht aktiv an der Judenverfolgung teilnahm, der buchstäblich über Nacht eingeführten Entrechtung ihrer jüdischen Mitbürger gegenüber zumindest gleichgültig zeigte. Am 6. Mai 1938 schrieb der englische Vizekonsul nach London:

> [...] I have the honour to report that all traces of the exceptional position the Jews enjoyed in Upper Silesia before the expiry of the Geneva Convention [...] have been effectively effaced, and that the treatment of the Jews throughout the province has now become entirely uniform. Unfortunately, this does not mean that they are all treated equally well. It means, on the contrary, that they are all being treated equally badly[61].

4. Schluss

Angesichts der ab dem 30. Januar 1933 einsetzenden Verfolgung beriefen sich die Juden im ehemaligen oberschlesischen Abstimmungsgebiet auf das 1922 geschlossene Genfer Abkommen und erreichten, als Minderheit unter dem Schutz des Völkerbundes anerkannt zu werden und sich so dem direkten Zugriff der nationalsozialistischen Regierung zu entziehen. Bis zum Ablauf des Völkerbundmandats im Juli 1937 hatten sie den Status von vor dem Gesetz gleichberechtigten Staatsbürgern, während die Juden im übrigen Reich schrittweise entrechtet wurden. Trotz des Minderheitenschutzes war der jüdische Alltag in Oberschlesien jedoch nicht völlig frei von Diskriminierungen und Übergriffen, da sich örtliche Funktionäre und Parteiaktivisten über die expliziten Anordnungen der nationalsozialistischen Regierung hinwegsetzten und ihrem Antisemitismus freien Lauf ließen. Schon lange vor Ende des Mandats und damit der Sonderstellung der oberschlesischen Juden wurde die Einführung der nationalsozialistischen ‚Judenpolitik' in Oberschlesien detailliert geplant. Auch die direkt im Anschluss an den Ablauf des Genfer Abkommens entfesselte vehemente antijüdische Propaganda und Gewalt gegen die jüdische Bevölkerung lässt erkennen, wie widerwillig sich die Nationalsozialisten ihren internationalen Verpflichtungen gebeugt hatten. Nicht nur ‚spontane Aktionen' wie Boykotte und Überfälle auf Synagogen kamen vor, sondern es wurde auch von den Behörden systematisch die Zerstörung jüdischer Lebensgrundlagen betrieben, wie das Beispiel der Kampagne des Polizeipräsidenten gegen die jüdischen Gaststättenbesitzer im Industriegebiet zeigt. Die lokal gesteuerten Maßnahmen der NS-Funktionäre scheinen in der Regel einem tief sitzenden Antisemitismus entsprungen zu sein.

---

61 FO 371/21635, C 4628, S. 57.

Bisher ist noch offen, wie die Rolle der gesamten oberschlesischen Bevölkerung bei der Judenverfolgung zu beurteilen ist. Da das Genfer Abkommen die Juden nur gegen Übergriffe von staatlicher Seite und vonseiten der NS-Parteiinstitutionen schützen konnte, geben die im Staatsarchiv Oppeln liegenden Minderheitsbeschwerden wenig Einblick in die Haltung der Deutschen, die nicht der NSDAP und ihren Nebenorganisationen angehörten. Es scheint jedoch, dass die Entrechtung der oberschlesischen Juden nach 1937 insgesamt von der Bevölkerung ohne Protest hingenommen wurde. Die Gründe hierfür müssen im Weiteren noch erforscht werden. Insbesondere muss geklärt werden, welche Rolle der Antisemitismus in Oberschlesien gespielt hat. Ebenso müssen wirtschaftliche Beweggründe beleuchtet werden. Oder standen die Deutschen der Verfolgung der Juden schlicht gleichgültig gegenüber?[62] Zu fragen wäre zudem nach möglichen Unterschieden in der Haltung der Bevölkerung der Judenverfolgung gegenüber zwischen Oberschlesien und den übrigen Teilen des Deutschen Reiches, waren doch in Oberschlesien die Juden bis 1937 von der mutwilligen Diskriminierung und Entrechtung ausgenommen. Während im restlichen Reich die Ausgrenzung der Juden ein schleichender Prozess war, im Laufe dessen die deutsche Bevölkerung an den neuen Status der deutschen Juden ‚gewöhnt' wurde, wurde die oberschlesische Bevölkerung nach Ablauf des Genfer Abkommens damit konfrontiert, dass bis dahin gleichberechtigte Mitbürger von einem auf den anderen Tag entrechtet und einer massiv einsetzenden Verfolgung ausgesetzt wurden. Welcher Art war also die Haltung der Bevölkerung gegenüber der Judenverfolgung? Wirkte sie aktiv daran mit, und welche Motivation trieb sie an? Welche Schlussfolgerungen lassen sich aus der besonderen Lage der Juden Oberschlesiens ziehen? Dies herauszufinden und in den Kontext der Holocaust-Forschung einzuordnen soll ein Schwerpunkt der Dissertation sein.

Mitte 1938 wird klar, dass der Sonderstatus der oberschlesischen Juden keinen Einfluss auf ihre Verfolgung und Vernichtung haben würde. Tatsächlich verlief der Leidensweg der oberschlesischen Juden in den nachfolgenden Jahren nicht anders als im Rest des Reiches. Die Juden in Oberschlesien hatten Demütigungen und Repressionen zu ertragen; ihre Arbeitskraft wurde ausgebeutet; sie wurden mit dem ‚Juden-

---

62 Die Holocaust-Forschung hat mehrere Erklärungsansätze für die Rolle der deutschen Bevölkerung bei der Durchführung der nationalsozialistischen ‚Judenpolitik' hervorgebracht. Daniel Goldhagen, dessen These des „eliminatorischen Antisemitismus" allerdings von der Forschung verworfen wurde, stellt den Antisemitismus als primären Beweggrund für die Mitwirkung der Deutschen an der Verfolgung und schließlichen Vernichtung der deutschen Juden dar (Daniel Goldhagen: Hitler's Willing Executioners. Ordinary Germans and the Holocaust. London 1996). Götz Aly hebt wirtschaftliche Motivationen hervor, wenn er von einer „Gefälligkeitsdiktatur" spricht, die die Deutschen sprichwörtlich ‚bestach', mit der ‚Judenpolitik' des Dritten Reiches konform zu gehen (Götz Aly: Hitlers Volksstaat. Raub, Rassenkrieg und Nationaler Sozialismus. Berlin 2005). Ian Kershaw betont die „apathy and widespread indifference" der deutschen Bevölkerung gegenüber der Verfolgung ihrer jüdischen Mitbürger als eine Grundvoraussetzung für die Ausführung der ‚Endlösung' (Ian Kershaw: Popular Opinion and Political Dissent in the Third Reich: Bavaria 1933–1945. Oxford 1983, S. 371 f.).

stern' gekennzeichnet, in sogenannten Judenhäusern zusammengetrieben und ihrer letzten Habe beraubt. Bis auf eine winzige Anzahl jüdischer Menschen, die wegen ihrer christlichen Ehepartner oder aufgrund ihres Status als sogenannte Halbjuden bis zur Befreiung durch die Rote Armee im Januar 1945 überlebten, wurde die gesamte deutsch-jüdische Gemeinde Oberschlesiens, soweit sie es nicht geschafft hatte, sich durch Emigration dem Zugriff der Nationalsozialisten zu entziehen, in den Gaskammern von Auschwitz ermordet[63].

---

63 Vgl. Cartarius: Jewish Persecution (wie Anm. 28).

Per Brodersen

Utopia Kaliningrad

Aneignungsstrategien und Repräsentationen in einer sowjetischen Stadt
1945–1968[1]

Am Neujahrstag 1948 lud die „Kaliningradskaja Pravda" ihre Leser zu einer Traumreise ein: Unter der Überschrift „Reise ins Morgen" ging die imaginäre Reise in ein Kaliningrad des kommenden Jahrzehnts, wo es sich im Bahnhof von Černjachovsk, dem früheren Insterburg, gut frühstücken ließe und vom Zugfenster aus „keine Ruinen zu sehen" seien[2]. Auf dem Spaziergang durch „unsere morgige Stadt" erblicke das Auge „schöne, mehrstöckige Gebäude", ein Zentralhotel, ein Pressehaus, die Gebietsbibliothek und das Theater[3]. „Überall" sei „die neue sowjetische Stadt" zu sehen[4]. Zwar sei all dies „noch ein Traum", so der Artikel, doch seien auch Magnitogorsk, Vorkuta und Komsomol'sk am Amur „ein Traum für uns gewesen"[5]. In der Sowjetunion würden Träume wahr und Kaliningrad „wächst vor unseren Augen nicht täglich, sondern stündlich"[6].

Die Eroberung, Einnahme und Besetzung Königsbergs war eine Art Neuformatierung jenes Raumes, in dessen Koordinaten sich die fast 700-jährige Geschichte der ostpreußischen Hauptstadt vollzogen hatte. Hier wurden nach 1945 Sowjetbürger vor allem aus Zentralrussland angesiedelt, die Königsberg nur aus Gerüchten und vom Hörensagen kannten und sich kein eigenes Bild von dieser Region an der Ostsee machen konnten. Das Aufeinandertreffen von russisch-sowjetischer und deutscher Kultur machte viele der Neusiedler ratlos: Vieles, was sie hier antrafen, kannten sie nicht aus ihrer Heimat und hatten sie nie zuvor gesehen. Die Region wirkte fremd auf sie. Der vorliegende Beitrag setzt sich mit den sich entwickelnden Formierungen und Artikulierungen Kaliningrader Identitäten zwischen 1945 und 1968 auseinander: Welche Bilder, Vorstellungen und Repräsentationen der sowjetischen Stadt entstanden im ersten Vierteljahrhundert Kaliningrads an der westlichen Peripherie der UdSSR?[7]

---

1 Der Autor dankt der ZEIT-Stiftung Ebelin und Gerd Bucerius (Hamburg) für die nachhaltige Unterstützung seiner Arbeit.
2 A. Andreev: Putešestvie v savtra [Reise ins Morgen]. In: Kaliningradskaja Pravda (im Folgenden: KgP) v. 1. Januar 1948, S. 1.
3 Ebd.
4 Ebd.
5 Ebd.
6 Ebd.
7 Ausführlich wird dieser Frage in der im April 2006 an der Philosophischen Fakultät der Heinrich-Heine-Universität Düsseldorf verteidigten Dissertation des Autors „Am weitesten im Westen. Leben und Sein einer sowjetischen Stadt: Kaliningrad 1945–1971" nachgegangen.

Der Eindruck Königsbergs nach dem Krieg war der einer toten Stadt: Hausskelette, Ziegelsteinberge und Brandspuren[8]. Überall gab es Schutt und Barrikaden, auf den Straßen lagen Leichen und Tierkadaver, man war ohne Licht und ohne Wasser[9].

Im Jahre 1939 hatten noch 1.249.396 Personen auf dem Territorium der späteren sowjetischen Region gelebt[10] (Königsberg zählte zu dieser Zeit 372.164 Einwohner[11]); aufgrund von Bombardierung, Vertreibung und Krankheit war deren Zahl nach Kriegsende auf 129.614 (davon 68.014 in Königsberg; Stand 1. September 1945) und damit auf nur noch rund zehn Prozent der ursprünglichen Bevölkerung zusammengeschmolzen[12]. Die Gesamtzahl der Bewohner gab die Gebietsstatistikverwaltung für den 1. Juni 1946 mit 170.019 an; gut zwei Drittel von ihnen stellten die im Gebiet verbliebenen Deutschen[13].

Deutlich änderte sich die Zusammensetzung der Gebietsbevölkerung ab dem Sommer 1946: Im Rahmen einer großen Besiedlungskampagne kamen verstärkt Zivilisten in das Gebiet, die dazu beitragen sollten, die brachliegende Landwirtschaft im nördlichen Ostpreußen neu aufzubauen und zu strukturieren. Bis Ende 1953 zogen allein auf diese Weise insgesamt 42.376 Familien (entsprechend 186.662 Personen) in das Gebiet Kaliningrad[14]; sie kamen vorrangig aus dem zentralrussischen Schwarzerdegebiet um Voronež, Kursk, Orël, Rjazan' und Brjansk[15].

Das Leben in Kaliningrad hinterließ unter den Übersiedlern vor allem einen Eindruck: Hier stand die Zeit still. Zu langsam schritt der Aufbau des Gebietes voran – kein Fortschritt, nirgends. „Progress" war nur ein Name für Kolchosen. Umso wichtiger war es für die Gebietsführung, die Bevölkerung mit konkreten Vorstellungen von ihrer zukünftigen Umgebung zu versorgen und die bislang geleistete Arbeit deut-

---

8 Eckhard Matthes (Hg.): Als Russe in Ostpreußen. Sowjetische Umsiedler über ihren Neubeginn in Königsberg/Kaliningrad. Ostfildern 1999, S. 159.
9 Ebd., S. 214.
10 Diese Angabe findet sich in einer „Auskunft über administrative Gliederung und Wirtschaft Ostpreußens" des sowjetischen Innenministeriums von Dezember 1945. In: Elena Tichonova: Iz dokumentov archiva UVD Kaliningradskoj oblasti [Aus Dokumenten des Archivs der Verwaltung für Innere Angelegenheiten des Gebiets Kaliningrad]. In: G. Ščeglova (Hg.): Kaliningradskie archivy: Materialy i issledovanija [Kaliningrader Archive. Materialien und Untersuchungen]. Vol. 1. Kaliningrad 1998, S. 7–89, hier S. 80.
11 Statistisches Jahrbuch für das Deutsche Reich. Hg. vom Statistischen Reichsamt (58. Jahrgang 1939/40). Berlin 1940, S. 19. Diese Zahl wird auch in der „Auskunft über administrative Gliederung und Wirtschaft Ostpreußens" genannt (Tichonova [wie Anm. 10], S. 80).
12 Jurij Kostjašov: Vyselenie nemcev iz Kaliningradskoj oblasti v poslevoennye gody [Die Aussiedlung der Deutschen aus dem Gebiet Kaliningrad in den Nachkriegsjahren]. In: Voprosy istorii 1994, H. 6, S. 186–188, hier S. 186.
13 Gosudarstvennyj Archiv Kaliningradskoj oblasti (Staatsarchiv des Gebietes Kaliningrad; GAKO) f. R-181, o. 1, d. 10, l. 1–139, „Wirtschaftsdaten des Gebietes Kaliningrad, zusammengestellt auf Grundlage deutscher Archive durch die Zentrale Statistikverwaltung sowie Wirtschaftsdaten des Gebietes per 1. Januar 1947" v. 1947.
14 Matthes (Hg.): Als Russe (wie Anm. 8), S. 388.
15 Ebd., S. 499.

licher herauszustellen. Dabei wurde der Ausnahmestellung Kaliningrads als neues sowjetisches Gebiet mit ungewollter siebenhundertjähriger fremder Vergangenheit mittels eines Standardprogramms begegnet, das sich auf jede Region der Sowjetunion hätte beziehen lassen. Dezidiert sollte die Gegenwart in einem gesamtsowjetischen Kontext verankert sein – vor allem als Legitimations- und Aneignungsstrategie für Partei und Bewohner und nicht zuletzt, um Befürchtungen der Neusiedler über eine Rückkehr des Gebietes an Deutschland zu zerstreuen. Die dringende Notwendigkeit für die Gebietsbewohner, ihren Alltag zu meistern und erträgliche Lebensbedingungen für sich zu schaffen, wurde offiziell mit Pathos als altruistisch zum Wohle der gesamten Sowjetunion kodiert. Der Alltag in Kaliningrad erforderte einen Rekurs auf den Aufbau des Gebiets und eine Fokussierung auf dessen Funktion als Teil der Sowjetunion. An dieser Stelle erwies sich gerade ein Technikkult als dazu geeignet, „ein verdichtetes Bezugsfeld von symbolischen, metaphorischen und allegorischen Logiken" für Kaliningrad zu schaffen[16].

Auf lange Zeit herrschte in Kaliningrad die Vorstellung von einer feindlichen deutschen Vergangenheit der Region, der kein Blick zurück zu gelten habe und der nur durch Aufbauleistung als Schritt in eine strahlende Zukunft zu entgehen sei. Unter solchen Bedingungen konnte Kaliningrad nur in geringem Maße eine eigene Spezifik entwickeln, die es einzigartig unter den Regionen der Sowjetunion machte. Wenn es eine herausragende eigene Position einnehmen sollte, konnte dies nur innerhalb eines sowjetischen Bezugsrahmens geschehen: als neues Mitglied der Sowjetfamilie, das sich der neuen Zugehörigkeit erst als würdig erweisen musste, nun unter Profilierungszwang stand und dessen Position nur als *primus inter pares* möglich war – Kaliningrad war zum sozialistischen Musterland vorbestimmt, zum „Beispiel für das gesamte demokratische Europa"[17].

Innerhalb des ersten Nachkriegsjahrzehnts fanden die Zerstörungen des Krieges eine Antwort im Aufbaupathos der Propaganda mit einem Wertekanon jenseits regionaler Spezifika. Hinzu kam ein nationales, russisches Moment, indem Kaliningrad dezidiert der Russischen Sowjetrepublik zugeschlagen worden war und lange als „russische Erde" propagiert wurde.

Mit den 1950er Jahren wichen die utopischen Vorstellungen für Kaliningrad zunächst einer gemäßigteren Lesart der Zukunft des Gebietes. Nun stand kein überzogen ideologisiertes Bild von Gebiet und Stadt mehr im Vordergrund; vielmehr überwogen moderat gewandelte Vorstellungen im Geiste einer „Technik als Kultur der Zukunft" (K. Gestwa), die auch für Kaliningrad positive Veränderungen in Form

---

16 Klaus Gestwa: Technik als Kultur der Zukunft. Der Kult um die „Stalinschen Großbauten des Kommunismus". In: Geschichte und Gesellschaft 30 (2004), H. 1, S. 37–73, hier S. 70.
17 Vladimir Ščerbakov: Stalinskaja Programma chozjajstvennogo i kul'turnogo stroitel'stva Kaliningradskoj oblasti (V pomošč' agitatoru) [Das Stalin-Programm des wirtschaftlichen und kulturellen Aufbaus des Gebiets Kaliningrad (Zur Unterstützung des Agitators)]. Kaliningrad 1947, S. 5.

konkreten Wiederaufbaus bringen mochten. Eine Radikalisierung erhielten diese Vorstellungen erst wieder im Rahmen der programmatischen Erklärung des Aufbaus des Kommunismus in der UdSSR zu Beginn der 1960er Jahre. Dabei hatte der durch den Stalinismus geprägte Technikstil auch nach dem Tode Stalins 1953 keineswegs an Wirkungskraft verloren, und der Hang zur Gigantomanie erwies sich in bestimmten Aspekten von langer Dauer, sodass auch Kaliningrad eine jener betonierten Formen bildete, in denen der Fortschritt zum Fest werden und die kommunistische Mustergesellschaft zuerst Gestalt annehmen sollte[18].

Utopia Kaliningrad: Variante 1

In Kaliningrad gingen von Anfang an Zukunftsvision und Alltagsleben eine Symbiose der Zukunftssehnsucht ein: Nebst der Kodierung jedweder Alltagshandlung als fester Schritt in Richtung Zukunft waren dies Vorstellungen von Kaliningrad als Gebiet des Idealen. In Relation zu einem Trümmerfeld und einer geächteten Vergangenheit ließ sich Fortschritt besonders gut verzeichnen.

Im Jahre Zwei Kaliningrader Zeitrechnung war „alles Erreichte – erst der Anfang"[19]. Nicht umsonst fand jetzt eine TASS-Meldung Eingang in die „Kaliningradskaja Pravda", die sich ausgiebig „den neuen sowjetischen Städten" widmete[20]. Architekt D. Tjan hatte zuvor verheißen, dass „eine ganze Kohorte von Spezialisten das sowjetische Kaliningrad bauen" werde, das als „Zierde" des neuen Gebietes dienen werde[21]. Überhaupt würden im Gebiet Städte nicht wiedererrichtet, sondern „neu geboren"; die Neugeborenen seien „Ureinwohner"[22]. In Kaliningrad werde nun zur Zukunft: „das, wovon die Sowjetmenschen gestern träumten, das, wonach sie heute streben"[23]. „Der Morgen Kaliningrads", wie ihn eine Kaliningrader Künstlerin mit bewaldeten Alleen, Fahrradfahrern, spielenden Kindern und einem Erfrischungsstand entworfen hatte, sollte möglichst bald heraufziehen[24]. Und um den Erwartungen der Gebietsbevölkerung gerecht zu werden, titelte die „Kaliningradskaja Pravda" über der Veröffentlichung erster Entwürfe für ein neues Stadtzentrum: „Die allernächste Zukunft"[25] – die so oft beschworene leuchtende Zukunft sollte eher heute als morgen beginnen.

---

18 Klaus Gestwa: Technik (wie Anm. 16), S. 40 ff.
19 Michail Kirillov: Ėto tol'ko načalo [Das ist erst der Anfang]. In: KgP v. 25. September 1947, S. 3.
20 Novye sovetskie goroda [Neue Sowjetstädte]. In: KgP v. 22. November 1947, S. 4.
21 D. Tjan: Sovetskij gorod Kaliningrad [Die sowjetische Stadt Kaliningrad]. In: KgP v. 7. November 1947, S. 2.
22 N. Žmylev: Reportaž: Černjachovsk [Reportage: Černjachovsk]. In: KgP v. 9. Oktober 1947, S. 4.
23 M. Markišev: O tech, kto zdes'. Pis'mo drugu [Über jene, die hier leben. Brief an einen Freund]. In: KgP v. 7. April 1948, S. 3.
24 A. Klimentovskaja: Utro Kaliningrada [Der Morgen Kaliningrads]. In: KgP v. 16. Oktober 1949, S. 3.
25 Bližajščee buduščee [Die allernächste Zukunft]. In: KgP v. 3. Februar 1954, S. 2.

"Du gehst die grünen Straßen der Stadt entlang und nimmst heute mit Freude wahr, was es gestern noch nicht gab. Mit jedem Tag verändert sich das Gesicht Kaliningrads, der Anblick des Gebietes, das dir heimatlich, nah geworden ist", schrieb 1947 die „Kaliningradskaja Pravda" suggestiv[26]. Mit diesem Appell an die Gebietsbevölkerung, Fortschritte doch anzuerkennen und selbst einen Teil dazu beizutragen, versuchte die Gebietsführung, den Blick nach vorn zu richten. Der Aufbau des Gebietes schien unaufhaltsam, wenn regelmäßig konstatiert wurde, dass „mit jedem Jahr Städte und Dörfer unseres Gebietes wachsen und schöner werden"[27], „von Jahr zu Jahr das Gebiet sein Aussehen verändert"[28].

Gerade mit den wachsenden technischen Möglichkeiten bot sich der „Kaliningradskaja Pravda" als größter Zeitung im Gebiet Kaliningrad die Gelegenheit, Veränderung vermehrt zu visualisieren und die Berichterstattung von der mentalen Front Kaliningrads mit zahlreichen Abbildungen zu untermalen. Lächelnde Städter vor einer Häuserzeile befanden sich in einem „heimatlichen Kaliningrad"[29]. Mit der wiederkehrenden Bildrubrik „Kaliningrad heute" führte die „Kaliningradskaja Pravda" eine Art Chronik des Wiederaufbaus – beim Leser stellte sich der Eindruck ein, der Stand der Stadt müsse angesichts der tiefgreifenden Veränderungen ringsum laufend dokumentiert werden: Winterlich vermummte Passanten vor dem Zentralkaufhaus[30] oder auf der ulica Karla Marksa[31] und der Blick auf mehr oder minder belebte Straßenzüge[32] sollten das Bild der neuen Stadt vermitteln. Bis 1970 waren Kräne offenbar ein selbstverständlicher Bestandteil Kaliningrads: Ein Kran fügte sich fast typografisch in die Titelzeile des Zeitungsbeitrags „Meine Stadt" ein; er sollte damit nicht nur einen Teil der Grafik, sondern der Stadt selbst bilden (Abb. 1).

---

26 A. Lichačëv: Ėtogo ne bylo včera [Das gab es gestern nicht]. In: KgP v. 1. Mai 1947, S. 4.
27 M. Kudikin: Vysokimi tempami. Trudovye dela Kaliningradcev (V pomošč' propagandistu i agitatoru) [Mit hohen Geschwindigkeiten. Die arbeitsreichen Taten der Kaliningrader (Zur Unterstützung des Propagandisten und Agitators)]. Kaliningrad 1958, S. 17; Svetlana Butovskaja: Kaliningrad. Illjustrirovannyj očerk [Kaliningrad. Illustrierter Abriss]. Kaliningrad 1959, S. 6.
28 Ivan Kolganov / Ėnergija Kolganova: Samaja Zapadnaja. Kratkij očerk o Kaliningradskoj oblasti [Am weitesten im Westen. Kurzer Abriss des Gebiets Kaliningrad]. Kaliningrad 1959, S. 61.
29 S. Jakubovič: S každym dnëm ... [Mit jedem Tag ...]. In: KgP v. 9. Mai 1954, S. 1.
30 N. Čemeris: Kaliningrad segodnja. U central'nogo univermaga [Kaliningrad heute. Beim Zentralkaufhaus]. In: KgP v. 19. Februar 1955, S. 4.
31 F. Ivanov: Kaliningrad segodnja. Vid na ulicu Karla Marksa [Kaliningrad heute. Blick auf die Karl-Marx-Straße]. In: KgP v. 10. Januar 1958, S. 2.
32 Ju. Apanasovič: Kaliningrad segodnja [Kaliningrad heute]. In: KgP v. 8. Juli 1955, S. 3; F. Ivanov / N. Čemeris: Kaliningrad segodnja [Kaliningrad heute]. In: KgP v. 7. April 1957, S. 1; A. Tiguncov: Kaliningrad segodnja. Stalingradskij prospekt [Kaliningrad heute. Der Stalingrad-Prospekt]. In: KgP v. 16. Oktober 1960, S. 4; Boris Štern: Kaliningrad segodnja. Leninskij prospekt [Kaliningrad heute. Der Lenin-Prospekt]. In: KgP v. 30. August 1964, S. 3; N. Petuchov: Kaliningrad segodnja. Vid na Leninskij prospekt [Kaliningrad heute. Blick auf den Lenin-Prospekt]. In: KgP v. 30. September 1966, S. 4.

Doch auch wenn vereinzelt Reparaturarbeiten an Straßenbahnschienen[33] oder die Errichtung von Mehrfamilienhäusern[34] zur Illus(trat)ion des Fortschritts herhielten, waren die Motive für den Wiederaufbau im Gebiet begrenzt: Die „Kaliningradskaja Pravda" bildete immer wieder denselben Straßenzug entlang des Stalingradskij Prospekt ab – allein zwischen 1958 und 1963 elfmal[35]. Dass sich darunter zwei Fotografien glichen wie ein Ei dem anderen[36], musste den Fortschrittsgedanken ad absurdum führen. Die Propaganda formulierte zwar 1958, „die Kaliningrader" wüssten, „dass in den bevorstehenden Jahren gemeinsam mit dem ganzen Land der industrielle, wohnungsbauliche und kulturelle Aufbau unserer Stadt sich in großer Geschwindigkeit fortsetzen"[37] werde, dass sie „ihre Stadt lieben, Sorge für die Entwicklungsperspektiven ihrer Industrie, des Transportwesens und der Kommunalwirtschaft tragen" würden und dass „die Umsetzung der großen, auf die Zukunft ausgerichteten Pläne vor allem von den Anstrengungen der Werktätigen selbst abhängen"[38] würden – überzeugt waren sie indes noch nicht.

Die Propaganda holte weit aus, um die Bevölkerung neu für den Aufbau des Gebietes zu motivieren, indem sie „die Teilnahme am Auf- und Ausbau der eigenen Stadt, des eigenen Dorfes, der eigenen Straße und des eigenen Hauses" als „patriotische Pflicht eines jeden Sowjetmenschen" begriff – „denn Patriotismus, Liebe zur Heimat beginnt mit der Liebe zur eigenen Stadt"[39]. Dreizehn Jahre nach der Ankunft der allerersten Neusiedler musste die „Kaliningradskaja Pravda" immer noch Appelle ausgeben, als habe sich kaum etwas zum Besseren verändert: „Lasst uns Patrioten unserer Stadt sein und keinerlei Mühe und Kräfte scheuen, um sie noch besser und schöner zu machen."[40] „Das haben wir selbst geschafft" wurde zur plakativen Durchhalteparole dieser Zeit[41], denn „wir alteingesessenen Kaliningrader kön-

---

33 Kudikin: Vysokimi tempami (wie Anm. 27), S. 16.
34 Ebd., S. 18.
35 Vgl. dazu F. Ivanov: Kaliningrad segodnja [Kaliningrad heute]. In: KgP v. 17. August 1958, S. 2; V. Ivanov: Kakim my chotim videt' Kaliningrad [Als was wir Kaliningrad sehen möchten]. In: KgP v. 14. April 1959, S. 3; V. Kirjaev: Blagoustrojstvo goroda – naše obščee delo [Der Ausbau der Stadt ist unsere gemeinsame Angelegenheit]. In: KgP v. 5. April 1960, S. 3; A. Ėventov: Vstreča s drugom [Begegnung mit einem Freund]. In: KgP v. 24. Juli 1960, S. 1 f., hier S. 1; F. Ivanov / V. Voronin: Kak uže soobščalos' ... [Wie bereits berichtet ...]. In: KgP v. 16. August 1960, S. 4; Ėto sdelali my sami: Central'naja magistral' goroda [Das haben wir selbst geschafft: Die zentrale Magistrale der Stadt]. In: KgP v. 2. September 1960, S. 2; Tiguncov: Kaliningrad segodnja. Stalingradskij prospekt (wie Anm. 32); Z. Slajkovskij: Rascvetaet oblast' na krajnem Zapade strany [Es erblüht das Gebiet im äußersten Westen des Landes]. In: KgP v. 27. Oktober 1960, S. 2; M. Rodionova: Ėto sdelali my sami: Na Stalingradskom Prospekte [Das haben wir selbst geschafft: Auf dem Stalingrad-Prospekt]. In: KgP v. 16. Februar 1961, S. 3; God ot goda ... [Von Jahr zu Jahr ...]. In: KgP v. 15. Februar 1963, S. 2.
36 Vgl. dazu die Abbildungen in: F. Ivanov: Kaliningrad segodnja [Kaliningrad heute]. In: KgP v. 20. Juli 1959, S. 3, und Z. Slajkovskij: Rascvetaet oblast' (wie Anm. 35).
37 Kudikin: Vysokimi tempami (wie Anm. 27), S. 6.
38 Ebd., S. 22.
39 Ljubit' i blagoustraivat' svoj gorod [Seine Stadt lieben und ausbauen]. In: KgP v. 27. April 1958, S. 1.
40 Ebd.

nen zu Recht stolz auf die Tat unserer Hände sein – auf eine hervorragende Stadt, auferstanden aus Asche und Ruinen"[42]. Fast schien es, als gerännen Veränderungen auch zwanzig Jahre nach Kriegsende zum Selbstzweck, wenn in großen Lettern dieses Wort dem Leser der Gebietszeitung noch 1966 entgegensprang[43].

Utopia Kaliningrad: Variante 2

Gleichzeitig erlebten zu Beginn der 1960er Jahre die utopieähnlichen Vorstellungen von der Kaliningrader Zukunft eine Renaissance ihrer Blütezeit unter Stalin. Auf dem 21. Parteitag der KPdSU Anfang 1959 in Moskau wurde der beginnende Aufbau des Kommunismus erklärt, auf dem 22. Parteitag im Oktober 1961 schließlich „die Errichtung der kommunistischen Gesellschaft [...] als unmittelbare praktische Aufgabe für das Sowjetvolk"[44]. In dem Maße, wie den Durchhalteparolen immer auch ein weinerlicher Grundton innewohnte und die Fortschrittsmeldungen in all ihrer Plakativität im Kaliningrader Alltag zerschellten, trieben jetzt jene Schilderungen Kaliningrads Blüten, die die Stadt als zukünftige Inkarnation des Kommunismus präsentierten. Der offiziell verordnete Optimismus wurde grenzenlos, der Blick in die Zukunft zum Programm. Hatten Fotografien den Jetzt-Zustand markiert und als offizielle Chronik der laufenden Ereignisse den Aufbau Kaliningrads dokumentieren wollen, fanden sich nun zunehmend Zeichnungen und Entwürfe der zukünftigen Kaliningrader Silhouette in der Gebietszeitung. Auch wenn sich die Zukunft nicht ablichten ließ, sollte sie erneut zum Greifen nahe sein – so konkret wie möglich.

Jetzt wichen die Planziffern des heutigen und morgigen Kaliningrad von 1958[45] den Visionen einer Wirklichkeit, die die Bevölkerung stärker ansprachen, als dies etwa Fischfangquoten vermochten: Die Aufforderung 1959 an den Leser der ersten Monografie über Kaliningrad, „in die Zukunft [zu] schauen", umriss die Wunschwelten für das zukünftige Aussehen des Gebietes: ein Haus der Sowjets, breite Magistralen, ein Pregel in steinernem Flussbett, wo „schneeweiße Straßenbahnen, Schnellboote und Ruderboote fahren werden"[46]. Planungsskizzen zeigten mehrstö-

---

41 So etwa: Ėto sdelali my sami: Central'naja magistral' goroda (wie Anm. 35); M. Rodionova: Ėto sdelali my sami: Odna iz mnogich – ulica Narvskaja [Das haben wir selbst geschafft: eine von vielen – die Narvskaja-Straße]. In: KgP v. 3. Dezember 1960, S. 3; K. Paškovskij: Ėto sdelali my sami: Tam, gde dobyvajut solnečnyj kamen' [Das haben wir selbst geschafft: Dort, wo sie den Sonnenstein schürfen]. In: KgP v. 19. Januar 1961, S. 4, und M. Rodionova: Ėto sdelali my sami: Na Stalingradskom Prospekte (wie Anm. 35).
42 E. Ragoza: Gorod menjaet lico [Die Stadt verändert das Gesicht]. In: KgP v. 7. April 1961, S. 3.
43 Ja. Zarachovič: Peremeny [Veränderungen]. In: KgP v. 12. Juni 1966, S. 3.
44 Jurij Aksjutin: Chruščëvskaja „ottepel'" i obščestvennye nastroenija v SSSR v 1953–1964 gg. (Social'naja istorija Rossii XX veka) [Das „Tauwetter" Chruščëvs und gesellschaftliche Stimmungen in der UdSSR 1953–1964 (Sozialgeschichte Russlands des 20. Jahrhunderts)]. Moskva 2004, S. 329 f.
45 So etwa Zachar Slajkovskij: Segodnja i zavtra Kaliningradskoj oblasti [Heute und Morgen des Gebiets Kaliningrad]. In: KgP v. 30. Mai 1958, S. 2.
46 Butovskaja: Kaliningrad (wie Anm. 27), S. 54.

ckige Wohnhäuser entlang breiten und mit Bäumen bestandenen Boulevards bis zum Horizont, an dem Zirruswolken entlang zogen[47]. Vollkommen futuristische Entwürfe für das Stadtzentrum mit Hochhäusern und Schnellstraßen folgten schon 1961[48]. Der Kaliningrader Chefarchitekt V. Chodakovskij wünschte sich 1962 für Kaliningrad großzügige Wohnhäuser an breiten Freitreppen[49], 1963 eine Skyline mit weitläufigen Straßen und Hochhausensembles[50].

Auswärtigen Gästen gegenüber wollte sich Kaliningrad als Stadt schlanker Wohnblocks und strenger Linien präsentieren, wie eine entsprechende Rubriksvignette der „Kaliningradskaja Pravda" nahelegte[51]. Utopisch umwölkt gaben sich 1965 Planungsvarianten für die Bebauung des Stadtzentrums[52]; den zukünftigen Bahnhofsvorplatz sollten im selben Jahr Glas und Beton unter einem kubistisch anmutenden Himmel zieren[53]. Einer ganzen Zeitungsseite ließen sich 1967 alle Details des geplanten Wiederaufbaus der Stadt entnehmen, illustriert durch Abbildungen geradliniger Hochhäuser und Magistralen – bereits der Anblick dieser Entwürfe sollte zu einer neuen Sicht auf die jetzige Stadt verhelfen, wie der Artikel mit seiner Titelzeile „Der neue Anblick Kaliningrads" vorgab[54]. Schulen sollten 1968 leicht und transparent im Südteil der Stadt entstehen[55]. Und für das „Morgen unserer Stadt" brachte die „Kaliningradskaja Pravda" Abbildungen neuester Modelle von Großbauten wie des Hauses der Sowjets passend zu Silvester desselben Jahres[56]. Die Sprengungsarbeiten am Königsberger Schloss hatten damals längst begonnen.

Kaliningrader Infrastruktur als *signum sovieticum*

Wie die Erzählung Kaliningrads als wachsender sozialistischer Stadtkörper stand auch die praktische Präsentation von Stadt und Gebiet im Zeichen gesteigerter Technikbegeisterung in der Sowjetunion.

---

47 V. Osipov: Takim budet Kaliningrad [So wird das Gebiet Kaliningrad werden]. In: KgP v. 11. März 1959, S. 2.
48 V. Matveev / V. Osipov: Zavtra našego goroda [Das Morgen unserer Stadt]. In: KgP v. 20. April 1961, S. 3.
49 V. Chodakovskij: Čtoby chorošel rodnoj gorod [Auf dass die Heimatstadt besser werde]. In: KgP v. 17. Juli 1962, S. 3.
50 E. Zelenova: Kollektivnaja letopis' „Ulica – moja, doma – moi": Gorod, gde my živëm [Kollektivchronik „Die Straße ist mein, die Häuser sind mein": Die Stadt, in der wir leben]. In: KgP v. 31. Oktober 1970, S. 3.
51 Gosti našego goroda rasskazyvajut: Vengerskie dizel'-poezda v Kaliningrade [Gäste unserer Stadt erzählen: Ungarische Diesellok in Kaliningrad]. In: KgP v. 4. Dezember 1964, S. 4.
52 Ju. Pokrovskij: Novyj oblik Kaliningrada [Der neue Anblick Kaliningrads]. In: KgP v. 23. März 1967, S. 3.
53 Ebd.
54 Ebd.
55 Ju. Pokrovskij / V. Šmyrov: Novyj rajon Kaliningrada [Ein neuer Bezirk Kaliningrads]. In: KgP v. 24. März 1968, S. 2.
56 Zavtra našego goroda [Das Morgen unserer Stadt]. In: KgP v. 31. Dezember 1968, S. 2.

Indem die Gebietsführung eine fast vollständige Ausblendung der präsowjetischen Geschichte der Region betrieb, musste sie sich auf die Gegenwart als Quelle für Repräsentationen Kaliningrads konzentrieren. Die Erzählung vom Aufbau einer sozialistischen Infrastruktur in Kaliningrad diente angesichts der wenigen offiziell sanktionierten Anknüpfungspunkte an die Geschichte vor 1945 als Geschichtssurrogat. Gleichzeitig war sie Vehikel für die zentrale Botschaft an die Bewohner des Gebietes – dass Kaliningrad fester Bestandteil der Sowjetunion sei.

Geboren war auch diese Erzählung Kaliningrads aus dem technisch kodierten Fortschrittsglauben, der in den 1950er Jahren seinen Höhepunkt erreichte. Gerade angesichts der Schwierigkeiten des Wiederaufbaus von Stadt und Gebiet konnte eine „gepflegte Kultur technologischer Superlative [...] als Instrument trotzig-polemischer Selbstbehauptung, als trügerisches Ablenkungsmanöver und Projektionsfläche realitätsblinder Träumerei" verstanden werden[57]. Die Aneignungsstrategie der Gebietsführung, Kaliningrad als vorderste Front beim Aufbau des Kommunismus darzustellen, war einmal mehr eine Form politischer Ersatzlegitimation[58]. Die lang ersehnte leuchtende Zukunft wurde jetzt in Tonnen, Hektar, Hektolitern und Stückzahlen gemessen – und Kaliningrad bildete keine Ausnahme[59]. Wo Kaliningrad nur begrenzt mit Geschichte und revolutionärer Geschichte glänzen konnte, bemühte es nun seine Infrastruktur, um dazuzugehören.

Das von Kaliningrad für Moskau entworfene Idealbild übernahm die „Kaliningradskaja Pravda" in einer Vielzahl von Beiträgen, die das Bild eines vollkommen in der Sowjetunion aufgegangenen Kaliningrad präsentierten, dessen Infrastruktur Beleg für eine sowjetische Zukunft sei; als Auftakt hatte die Zeitung im Januar 1954 erst einmal den Kaliningrad-Artikel der gerade neu erschienenen „Großen Sowjetenzyklopädie" abgedruckt[60]. Eine solche Marschrichtung hatte Gebietsparteichef Vasilij Černyšëv mit seiner eigenen Vorstellung von Kaliningrad vorgegeben: In seiner Rede auf dem Vierten Gebietsparteitag 1954 begnügte er sich demonstrativ nicht mit dem Hinweis, die „Werktätigen des Gebietes Kaliningrad [...] entfesselten den sozialistischen Wettbewerb auf noch breiterer Front" – sie sollten dies „wie auch das gesamte sowjetische Volk" tun. Damit propagierte und postulierte Černyšëv die enge Verbindung zwischen dem Gebiet und der Union[61]. In dieses Bild passte 1954 der Beitrag über den

---

57 Klaus Gestwa: Herrschaft und Technik in der spät- und poststalinistischen Sowjetunion. In: Osteuropa 51 (2001), H. 2, S. 171–197, hier S. 192.
58 Vgl. dazu ebd., S. 192 f.
59 Pëtr Vajl' / Aleksandr Genis: 60-e. Mir sovetskogo čeloveka [Die sechziger Jahre. Die Welt des sowjetischen Menschen]. Moskva 2001, S. 278.
60 Kaliningrad i Kaliningradskaja oblast' [Kaliningrad und das Gebiet Kaliningrad]. In: KgP v. 6. Januar 1954, S. 2 f.
61 Otčët o rabote bjuro obkoma KPSS. Doklad sekretarja obkoma KPSS tov. Černyšëva V. E. na IV Kaliningradskoj oblastnoj partijnoj konferencii 12 fevralja 1954 g. [Bilanz zur Arbeit des Büros des Gebietskomitees der KPdSU. Vortrag des Genossen V. E. Černyšëv auf dem Vierten Kaliningrader Gebietsparteitag vom 12. Februar 1954]. In: KgP v. 13. Februar 1954, S. 2–5, hier S. 2.

winterlichen Kaliningrader Hafen mit dem Hinweis, dass „immer öfter" Schiffe aus Leningrad, Tallinn, Riga und Archangel'sk hier festmachten, von denen „die einen im Atlantik und in den Ländern Südamerikas, die anderen Fahrten in die Häfen Rumäniens und Bulgariens absolviert" hätten: „Denn mit jedem Jahr erweitert die Sowjetunion den internationalen Handel, was den Interessen einer Friedenssicherung in der ganzen Welt dient."[62] So sicherte Kaliningrad im Verbund der Sowjetunion den Frieden der gesamten Welt, da „wohin auch immer [...] [ein Dampfer] aufbricht, Seeleute mit einem warmen Wort an die Kaliningrader Hafenarbeiter [...] denken"[63].

Insbesondere durch das Hauptpostamt schien Kaliningrad mit der Sowjetunion verbunden, woher „Briefe, Zeitungen, Päckchen und Pakete" kamen und wohin Post „Richtung Kaukasus, Donbass usw." versandt wurde: „Nach Vladivostok, Ašchabad, Murom, Krasnodar, Ulan-Udė und in andere Städte unseres Landes werden Briefe und Paketsendungen mit dem Stempel ,Kaliningrad' verschickt" – aus einer „Stempelmaschine, die die Briefmarken entwertet und den Stempel der Kaliningrader Post aufdrückt"[64]. Hier wie auch in der zentralen Telefonstelle lasse sich „ein Telefongespräch mit einer beliebigen Stadt der Sowjetunion bestellen"[65] – „unzerreißbare Fäden verbinden unsere Stadt mit dem ganzen Land. Kaliningrad spricht mit Moskau und mit Vladivostok, Baku und Archangel'sk, mit Omsk und Ašchabad ..."[66]. Gerade – aber keineswegs nur – „heute, am Tag der Volkswahlen, haben die Telefonisten eine besonders verantwortungsvolle Aufgabe. Sie müssen für ununterbrochenen Kontakt zwischen Kaliningrad und der Hauptstadt unserer Heimat sorgen, mit den Völkern und Dörfern unseres Landes"[67], schrieb die „Kaliningradskaja Pravda" 1955.

Im Gebietstelegraf „wachsen von Jahr zu Jahr die Telegrafenverbindungen mit ausländischen Staaten – [...] mit Peking und Prag, Ulan-Bator und Warschau, Helsinki und Sofia, Bukarest und Dal'nyj, Łódź und New York, Hamburg und Tirana, Belgrad und Rotterdam, London und Constanța, Duisburg und Kiel, Poznań und Antwerpen und vielen anderen". Hier „summen die Telegrafenleitungen, die von Kaliningrad aus nach Ost und West, nach Nord und Süd verlaufen. Sie verbinden unsere Stadt zuverlässig mit den entlegensten Ecken sowjetischer Erde und vielen ausländischen Städten", betonte die „Kaliningradskaja Pravda" 1957 und unterstrich die Bindung des Gebietes an die Sowjetunion mit technischen Mitteln[68]. Hier erfüllten Postamt, Telefonstelle und Telegraf nicht einfach ihre kommunikationstechnische Aufgabe, sondern wurden zum Symbol der Einheit von Gebiet und Union.

---

62 V. Vajnberg: Zima v Kaliningradskom portu [Winter im Kaliningrader Hafen]. In: KgP v. 21. Februar 1954, S. 3.
63 Ebd.
64 T. Chomjakova: Kaliningradskaja počta [Die Kaliningrader Post]. In: KgP v. 16. Mai 1954, S. 3.
65 Ebd.
66 Vas vyzivaet Kaliningrad ... [Es ruft Sie Kaliningrad ...]. In: KgP v. 27. Februar 1955, S. 4.
67 Ebd.
68 E. Zalesskij: Telegrafistki Kaliningrada [Die Telegrafistinnen Kaliningrads]. In: KgP v. 8. März 1957, S. 4.

Gleiches galt für die Verkehrsanbindungen des Gebietes: Die „Tore unserer Stadt" waren wiederholt Thema in der Gebietszeitung, wo über den Hafen, den Flughafen, das Straßennetz und den Bahnhof berichtet wurde. Beleg für die Integration in die Sowjetunion schienen 1963 vor allem „moderne, mehrstöckige Schiffe mit den Heimathäfen Riga, Leningrad, Tallinn, Murmansk, Odessa usw." am Kaliningrader Kai und die Flugverbindungen Richtung Klaipėda, Liēpaja, Odessa, Minsk und Leningrad – kurz: „Kaliningrad ist durch unsichtbare Luftbrücken mit vielen Städten der Sowjetunion verbunden."[69] Zu Lande verstumme „vom frühen Morgen bis in die späte Nacht" nie „das Rauschen der Autos, die in ununterbrochenem Strom die asphaltierten Straßen entlangfahren, die unterschiedlichste Waren transportieren. Über Autotrassen ist Kaliningrad mit Minsk, Vilnius, Riga, Tallinn, Kaunas, Brest, Klaipėda, Liēpaja und vielen anderen Städten unserer Heimat verbunden", beschrieb die „Kaliningradskaja Pravda" das Gebiet als festen Bestandteil des sowjetischen Verkehrswegenetzes[70].

Hatte die Darstellung des Gebiets und seiner Infrastruktur bewusst demonstrieren wollen, wie stark die Bande zwischen dem Gebiet und der übrigen Sowjetunion waren, so fand die Vorstellung von Kaliningrad als produzierendem und damit unverzichtbarem Teil der UdSSR fast zwangsläufig Eingang in den Kanon der Gebietsrepräsentationen.

In den Variationen „Hergestellt in Kaliningrad", „Marke Kaliningrad" oder auch „Hergestellt von Kaliningradern" entwickelte sich eine offiziell sanktionierte, ökonomische Variante Kaliningrader Regionalbewusstseins, die sowohl nach innen als auch nach außen positive Effekte versprach. Da der Weg zu historischen Identifikationsangeboten größtenteils versperrt war, musste Tradition in wirtschaftlicher Hinsicht simuliert und die Herstellung verschiedener Industriegüter als „traditionelle Produktion von Betrieben Kaliningrads und des Gebietes" begriffen werden[71]. Kaliningrads Traditionen speisten sich aus der Gegenwart – Vergangenheit besaß es noch nicht.

Es war „unsere Marke", die „als zusätzliche Bestätigung dessen diente, dass die Sowjetunion nicht in Worten, sondern in Taten die friedliche wirtschaftliche Zusammenarbeit mit allen Ländern erweitern will"[72]. Genau „an dieser wichtigen Sache haben auch die Kaliningrader ihren Anteil. Und wir sind stolz darauf, dass auf den akkurat verpackten Kisten aus dieser [friedlichen] Produktion die lakonische, aber stolze Aufschrift steht: ‚Hergestellt in der UdSSR. Kaliningrad'"[73], schrieb die Gebietszeitung 1961. Kaliningrad schien in den Aktivitäten der UdSSR weltweit präsent – es musste dazugehören.

---

69 V. Sukač: Vorota našego goroda [Die Tore unserer Stadt]. In: KgP v. 22. September 1963, S. 4.
70 Ebd.
71 Na krajnem Zapade: Sdelano v Kaliningrade [Hergestellt in Kaliningrad]. In: KgP v. 22. Februar 1955, S. 2.
72 Naša marka [Unsere Marke]. In: KgP v. 14. September 1957, S. 4.
73 B. Michajlov: Izgotovleno v SSSR ... [Hergestellt in der UdSSR ...]. In: KgP v. 19. Oktober 1963, S. 2.

Daher ließ sich der Kaliningrad-Begriff der sowjetischen Moderne kaum prägnanter auf den Punkt bringen, als es der „Kaliningradskaja Pravda" im Oktober 1961 gelungen war: „Das weltgrößte Vorkommen von Bernstein – das ist Kaliningrad. Mehrtonnige Selbstentlader-Waggons – das ist Kaliningrad. Unser Kaliningrad – das sind hochwertige Zellulose und Papier erster Güte, auf denen die besten Ausgaben gedruckt werden. [...] Milch, Fleisch und Getreide, Waggons und Verkaufsautomaten – das ist unser Kaliningrad."[74]

Mit dem Rückgriff auf eine ökonomisch gewandte Aneignungsstrategie für Kaliningrad ließ sich schließlich die von vielen Einwohnern gefühlte Lesart Kaliningrader Anbindung wirkungsvoll umdrehen: Nun erschien nicht mehr das Gebiet als die Seite, die um eine Anbindung an die übrige Sowjetunion bemüht war. Vielmehr galt nun die übrige UdSSR als angewiesen auf die Produktion Kaliningrads. Hier ging es nicht mehr um Kaliningrads Potential an sich, sondern um dessen Nutzung. Dieses Bild Kaliningrads zeigte das Gebiet als unabkömmlich und unentbehrlich – Kaliningrad wollte gebraucht und geliebt sein.

Und dennoch musste auch über zwanzig Jahre nach Kriegsende die Verleihung des Lenin-Ordens an das Gebiet 1966 noch als Versicherung dafür herhalten, „dass das Gebiet Kaliningrad wie jedes andere beliebige Gebiet ein untrennbarer Bestandteil unseres Landes" und „allen Sowjetmenschen so nah und teuer" sei, wie das Moskauer Politbüromitglied Aleksandr Šelepin auf dem Festakt im Kaliningrader Theater verkündete[75]. Vor allem diese Botschaft sollte „auf immer nicht nur im Gedächtnis derer bleiben, die hier auf der Festveranstaltung anwesend sind, sondern auch aller Kaliningrader, die die Übertragung aus diesem Saale hören und sehen", betonte Gebietsparteichef Nikolaj Konovalov angesichts der medialen Aufmerksamkeit programmatisch[76]: Die Stadt lebe inzwischen „ein erwachsenes Leben voller Kraft", sei – „im Feuer des Vaterländischen Krieges geboren" – ein untrennbarer Bestandteil des großartigen Sowjetlandes geworden"[77]. Aber dies musste ständig neu bestätigt und bekräftigt werden; die Unsicherheit begleitete das Leben in Kaliningrad noch lange Jahre[78].

---

74 V. Novikov: Samaja Zapadnaja [Am weitesten im Westen]. In: KgP v. 17. Oktober 1961, S. 2 f.
75 Za doblestnyj trud. Orden Lenina – na znameni Kaliningradskoj oblasti [Für hervorragende Arbeit. Der Lenin-Orden am Banner des Gebiets Kaliningrad]. In: Pravda v. 14. Mai 1966, S. 3; ebenso: Toržestva na beregach Baltiki [Feierliche Stimmung an den Ufern der Ostsee]. In: Izvestija v. 14. Mai 1966, S. 3.
76 Centr Chranenija i Izučenija dokumentov Novejšej Istorii Kaliningradskoj Oblasti (Zentrum zur Aufbewahrung und Erforschung von Dokumenten der Zeitgeschichte des Gebietes Kaliningrad; CChIDNIKO) f. 1, o. 45, d. 32, l. 2–15: Rede von Gebietsparteichef Nikolaj Konovalov anlässlich der Verleihung des Lenin-Ordens an das Gebiet Kaliningrad v. 13. Mai 1966, hier l. 7.
77 Ja. Levit / M. Smech (Hg.): Kaliningrad. Illustrirovannyj al'bom [Kaliningrad. Illustriertes Album]. Kaliningrad 1966, S. 8.
78 Vgl. dazu zusammenfassend auch mit Blick auf die postsowjetische Zeit Bert Hoppe: Auf den Trümmern von Königsberg. Kaliningrad 1946–1970 (Schriftenreihe der Vierteljahreshefte für Zeitgeschichte 80). München 2000, S. 85.

Abb. 1: Logo zum Artikel „Moj gorod" [Meine Stadt]. In: „Kaliningradskaja Pravda"
v. 8. März 1970, S. 3.

Abb. 2: „Kaliningrad – strane" [Kaliningrad für das Land].
In: „Kaliningradskaja Pravda" v. 8. Dezember 1950, S. 3.

Brigitte Bönisch-Brednich

Im Westen nicht angekommen

Autobiographie und Emigration

Während meiner Feldforschung[1] zur Auswanderung von Deutschen nach Neuseeland wurde sehr schnell deutlich, dass zwei Drittel meiner Interviewpartner aus der Nachkriegsperiode (bis 1970) ehemalige Flüchtlingskinder und -jugendliche waren. Dieser Befund spielte aus verschiedenen Gründen in meinen Publikationen über die Neuseelandauswanderung keine Rolle und erschien in Hinblick auf die Ausmaße der deutschen Nachkriegsmigration definitiv anekdotisch zu sein. Doch bei näherem Hinsehen erscheint es als völlig logisch, dass viele Vertriebene durch die Kriegsereignisse den Boden unter den Füßen verloren hatten und es nach der Flucht häufig mehrere weitere Migrationsstufen[2] brauchte, ehe eine mehr sesshafte Ansiedlung möglich war. Viele der jungen Menschen kamen nie wirklich im Westen an[3]. Die offensichtlichen Gründe dafür sind wohl bekannt: der Verlust von Eigentum und Status, die Probleme, eine geeignete Anstellung und Unterkunft zu finden, der allgemein herrschende politische Pessimismus. Das Wirtschaftswunder begann für die Flüchtlinge viel später als offiziell historisch angesetzt, die Verhältnisse waren bedrückend und eng, und die Angst vor neuen Kriegen (Korea, Kalter Krieg) war weit verbreitet. Viele der jungen Männer empfanden die Wiedereinführung der Wehrpflicht als unerträglich.

Diese privaten Realitäten und damit die unterschwelligen Gründe für Weiter- und Auswanderung wurden in den von mir geführten Interviews und in geschriebenen Lebensgeschichten auf eher indirekte Weise deutlich: Die jungen Menschen, besonders diejenigen, die am Kriegsende in ihren Teenagerjahren waren (zwischen 14 und 18 Jahre alt), erlebten den Verlust der Heimat, aber vor allem der großfamiliären Beziehungen oft als eine so tief greifende Entwurzelung, dass sie den neuen Alltag im Westen weder emotional noch organisatorisch verarbeiten konnten. Die Versuche, allein zu leben, den Alltag als junge Erwachsene zu organisieren, Geld zu verdienen und vielleicht auch noch Verantwortung für andere Familienmitglieder zu tragen, waren – so scheint es in den Quellen auf – oft zum Scheitern verurteilt. Das

---

1 Vgl. Brigitte Bönisch-Brednich: Auswandern; dies.: Keeping a Low Profile – vgl. Literaturverzeichnis.
2 Der Begriff Migrationsstufen umfasst mehr als nur Migration; er schließt Flucht, Vertreibung, Exil (und dessen emotionale Auswirkungen) und auch Auswanderung ein.
3 Ich bin Dr. Heike Müns zu herzlichem Dank verpflichtet. Sie hat nicht nur den Titel für diesen Beitrag vorgeschlagen, sondern auch dessen Entstehungsprozess mit vielen außerordentlich kompetenten Anregungen und Hilfen begleitet.

Ergebnis waren eine tiefe Verunsicherung und die wachsende Überzeugung, dass es ein Leben nach der Flucht und jenseits der Bundesrepublik Deutschland geben müsse. Abenteuerlust, gekoppelt mit emotionaler und geographischer Bindungslosigkeit (*mental re-mapping*), führte häufig dazu, dass der Sprung ins Ausland – oft mit einem Freund / einer Freundin – gewagt wurde. Neuseeland bot den doppelten Anreiz, dass es auf zwei Jahre befristete Auswanderungsverträge anbot, in denen Arbeit, Unterkunft und Schiffspassage eingeschlossen waren. Die Rückkehr war demnach eine Option unter anderen und finanziell abgesichert.

Für die Volkskundlerin und Erzählforscherin ist es nun besonders interessant zu analysieren, wie diese Lebensgeschichten erzählt werden. Wie beschreiben Auswanderer ihr Leben, und wie organisieren sie ihre Geschichte narrativ? Wie wird die Auswanderung ‚normaler (junger) Menschen' schließlich zu Texten, und für wen sind diese Texte geschrieben?

Dieser Beitrag ist Teil eines Projektes, das sich mit Autobiographien von Auswanderern beschäftigt, von Menschen, die von Europa nach Neuseeland ausgewandert sind, und zwar besonders nach dem Zweiten Weltkrieg[4]. Das Ziel dieses mehrjährigen Forschungsvorhabens ist es, *displacement,* und zwar als europäisches Phänomen, in das die deutsche Flüchtlingsproblematik eingebettet ist, als autobiographisches Thema und damit als das Zentrum von Lebensgeschichten zu betrachten. Eines der Hauptziele ist es herauszufinden, in welcher Form diese Bücher und Manuskripte verfasst worden sind, welche Entscheidungen die Autoren getroffen haben, wie sie auf ihr Herkunftsland und die neue Heimat rekurrieren. Gleichzeitig soll untersucht werden, wie Entwurzelung und Flucht als Erzählthema aufgefasst und verarbeitet werden und welche Gründe letztlich entscheidend für die Emigration waren.

Aus der Fülle des vorliegenden Materials habe ich einen Text ausgewählt, der für die angesprochenen Fragen in vieler Hinsicht exemplarisch ist. Die Autorin war bei Kriegsende 14 Jahre alt, hatte ihren Vater auf der Flucht verloren, wurde schließlich in der Tschechoslowakei von dem Rest ihrer Familie getrennt und war für lan-

---

4   In dem hier vorliegenden Aufsatz soll versucht werden, über die notwendige Quellenkritik bei der Analyse solcher schriftlichen Lebensberichte zu reflektieren und einige Überlegungen zu den Inhalten anzustellen. Diese Überlegungen stellen ein erstes Fazit eines von der National Library of New Zealand geförderten Projektes dar, das sich der Auswertung und Analyse von Immigrantenautobiographien widmet. Das dem Projekt zugrunde liegende Sample bezieht etwa 100 solcher Texte ein, von denen etwa 20 einer sorgfältigen Analyse unterzogen werden. Für den weiteren Verlauf des Projektes sind Interviews mit etwa zehn Autoren geplant, in denen versucht werden soll, die Lebensgeschichte erneut in mündlicher Form zu erheben, aber auch Fragen zur Herstellung des Buches, zum Schreibprozess und zur Rückschau auf Buch und Leben zu beantworten. Die ausgewählten Autobiographien weisen eine breite nationale, regionale und ethnische Varietät auf. Neben zahlreichen Autoren mit deutscher, niederländischer, belgischer und anderer kontinentaleuropäischer Herkunft gibt es eine Vielzahl von englischen, walisischen, schottischen und irischen Texten. An dieser Stelle sollen einige grundlegende Gedanken diskutiert werden, die als Vorarbeit für eine wissenschaftliche Ausstellung und eine Begleitpublikation zu sehen sind und die auf der intensiven Auswertung der 20 ausgewählten Texte beruhen.

ge Zeiträume auf sich selbst gestellt. Die überlebenden Familienmitglieder fanden letztlich wieder zusammen, konnten aber nie mehr wirklich die Fäden ihres vorherigen Lebens in Schlesien aufnehmen. Die Folge waren eine Atomisierung der einst eng geknüpften Verwandtschaftsbeziehungen und die Vereinzelung von Geschwistern und Mutter. Die Autorin war das jüngste Kind und fand sich auf unsicherem Boden. Es wird an etlichen Stellen deutlich, dass die Zeit in Westdeutschland zunächst als Übergangsphase, als Exil erlebt und gedeutet wurde. Erst langsam wurde der Autorin und ihrer Familie bewusst, dass es keine Rückkehr geben würde. Das Ende dieses emotionalen Zustandes „Exil" erfolgte mit dem Kennenlernen ihres späteren Ehemannes, dem Akzeptieren des Heimatverlustes und schließlich der Entscheidung für die Auswanderung. Westdeutschland war nie das freiwillige Ziel von Migration gewesen, war lediglich ein geographischer Bereich, der Sicherheit garantierte. Es folgte eine über zwanzigjährige Suche nach „Heimat", die schließlich in einer erfolgreichen und andauernden Ansiedlung in Neuseeland einen befriedigenden Abschluss fand. Diese Geschichte klingt in vieler Hinsicht ungewöhnlich, ordnet sich aber in die Vielzahl sehr ähnlich lautender autobiographischer Texte ein, die in diesem Projekt untersucht werden. Doch ich möchte die Autorin sich selbst vorstellen lassen:

> I was born in February 1931 in Breslau, the capital of the province of Silesia. After World War II (1939–1945) my home town was, as were many other towns in the Eastern Provinces, handed over to Poland. The new Eastern border of Germany is demarcated by the rivers Oder and Neisse.
> In these pages I relate what I experienced during these fateful years. It is a story of not only betrayal, destruction and death, but also of human resourcefulness, hope, survival and ultimately of triumph[5].

So beginnt die Autobiographie von Erika Kohler, und wir sehen auf den ersten Blick, dass diese Eingangsinformationen nicht an eine deutschsprachige oder auch nur deutsche Leserschaft gerichtet sind. Sie schreibt in Neuseeland, dem Land, in dem sie heute lebt, für Neuseeländer. Sie schreibt im Ruhestand, nachdem ihr Leben sich gerundet hat, die Kinder erwachsen sind. Erika Kohler sagt an keiner Stelle wirklich explizit, warum sie dieses Buch geschrieben hat, aber es ist dennoch deutlich, dass sie – indem sie ihre Geschichte erzählt – viele der Fragen beantwortet, die ihr während ihres Lebens im Ausland gestellt worden sind. Sie kennt diese Fragen und Gespräche; deutsche Auswanderer ihrer Altersgruppe, und besonders diejenigen im englischsprachigen Ausland, sehen sich immer mit der Frage konfrontiert: Wie hast du dich persönlich, wie hat sich deine Familie gegenüber dem Nationalsozialismus verhalten? In gewisser Weise drückt die Autorin allen neuseeländischen Fragern ihr Buch „Lost Years" in die Hand und versucht, ihnen Erklärungen zu geben, Erklärungen geschrieben aus der Sicht eines kleinen Mädchens und später einer Ju-

---

5 Kohler: Lost Years, S. 5.

gendlichen, die Geschichte einer ganz ‚normalen' schlesischen Familie – wie sie die Machtergreifung, die Vorkriegszeit, den Krieg und schließlich die Flucht und deren Folgen erlebt hat. „Lost Years" ist ein Versuch, in eine Kommunikation mit der neuseeländischen Öffentlichkeit darüber einzutreten, dass der Krieg auch ein anderes Gesicht hat als das von den alliierten Siegermächten vermittelte und dass neben dem Stereotyp des marschierenden, hitlergrüßenden nationalsozialistischen monströsen Deutschen eine ‚Normalität' existierte, deren sich die Menschen im englischsprachigen Ausland (immer noch) nicht bewusst sind und vielleicht auch nicht bewusst sein wollen.

Autobiographisches Erzählen und Schreiben erfolgt notwendigerweise in der Rückschau und oft im Alter oder nach einer als abgeschlossen und als verarbeitet betrachteten Lebensphase. Dieses retrospektiv ausgerichtete Erzählen und Resümieren gilt in der Literaturgeschichte als eigenes Genre, das hohe künstlerische, intellektuelle oder auch politische Anforderungen an die jeweiligen Verfasser stellt. Besonders das eng verwandte Genre der Biographie war und ist immer noch hauptsächlich den Berühmtheiten in Kunst und Geschichte vorbehalten, während autobiographisches Schreiben im Verlauf des 20. Jahrhunderts eine Demokratisierung erfahren hat. Und diese Demokratisierung hat weite Teile der sogenannten westlichen Welt erfasst. Besonders seit Ende des Zweiten Weltkrieges haben die sogenannten kleinen Leute zunehmend die Initiative ergriffen und ihr Leben mitgeteilt oder aufgeschrieben. Die Quellen, in denen uns diese Lebensgeschichten vorliegen, gehören entweder in den Bereich der Autotexte oder der *oral history* und des biographischen Interviews. Die Human- und die Sozialwissenschaften haben somit eine Vielzahl von Quellen zur Verfügung, die die Ereignisse des 20. Jahrhunderts aus der Erzählperspektive ‚normaler', eigentlich anonymer Menschen dokumentieren.

Erzählte Lebensgeschichten von Auswanderern scheinen unter einem besonders hohen Druck der „erfolgreichen Rückschau" zu stehen; steht doch nicht nur einfach das Leben, sondern die durch die Emigration zweigeteilte Biographie auf dem Prüfstand. Lebensberichte von Auswanderern müssen sich in dreifacher Hinsicht absichern: gegen die Warnungen der im Herkunftsland zurückgelassenen Familie, gegen die eigenen Ängste und Zweifel, Enttäuschungen, Heimwehattacken und Rückschläge, und ganz besonders in Hinblick auf die Leser, die Kinder und Enkelkinder und die Freunde im neuen Land. Bei Flüchtlingen und *displaced persons* ist die Biographie sogar mindestens dreigeteilt und der tragische Effekt von *displacement* verdoppelt oder vervielfacht. Die Biographie wird dann oft mit einer harmonischen Kindheit begonnen (wie könnte Kindheit im Vergleich mit den späteren Ereignissen nicht als friedvoll, glücklich und problemlos erinnert und beschrieben werden?). Der Kontrast kann kaum stärker sein: Die Kindheit wird abrupt unterbrochen, Krieg, Besatzung, Flucht, Vertreibung, Hunger und Tragik wechseln sich in der Lebenserinnerung ab und dauern meist viele Jahre an. Danach erfolgt oft eine instabile Konsolidierung, ein Leben im Widerspruch mit sich selbst. Bei deutschen Flüchtlingen tritt diese Phase oft in Westdeutschland auf, sie kann aber auch von einer Phase in der DDR (mit anschließender Flucht über die neue Grenze) eingeleitet sein. Für jüdische Flüchtlinge bedeutete Flucht Rettung und Verlust der Heimat gleichermaßen; die unsicheren rechtlichen Verhältnisse für deutsche Juden im europäischen Ausland erforderten nach Kriegsende oft eine Weiterwanderung, die letztendlich dann oft in Übersee endete.

In ihrem Buch „Lost Years" erfahren wir viel über das Leben Erika Kohlers (geb. Tepel), obwohl sie sich in ihrer Erzählung auf die erste Hälfte ihres Lebens konzentriert. Sie verbrachte die ersten 14 Jahre in Breslau als jüngstes von fünf Kindern; die Tepels waren eine siebenköpfige Familie, eingebunden in einen großen Verwandtschaftskreis: Erika Kohler zeichnet das Bild einer armen, aber glücklichen Familie, die durch festen Zusammenhalt, Solidarität sowie durch herausragende Familienfeste und durch Hausmusik ein besonders harmonisches Verwandtschaftsnetzwerk genoss. Die schweren Krankheiten von Vater und beiden Brüdern sind immer wieder Markteine und Wendepunkte ihrer Erinnerungen; die Mutter wird als ungemein positive, tapfere und liebevolle Frau beschrieben, die die Familie in emotionaler und finanzieller Hinsicht führte:

> The poverty we lived in was strictly monetary, as we were a happy, well-adjusted family, supported by relatives and friends. Mum always denied being poor. „No", she would say, „no we are not poor, we just have no money"[6].

Den neuseeländischen Lesern und den Kindern der Kohlers wird das Leben in einer europäischen Großstadt plastisch vor Augen geführt: Wie ist es, in einer Mietwohnung zu leben, kein Badezimmer zu haben, die Treppenhaustoilette mit den Nachbarn zu teilen? Welche Bedeutung hatten die Ausflüge auf das Land, die Familienfeste und der schlesische Mohnkuchen? Wir sehen besonders an diesen Erzählungen, dass die Autorin für die Menschen in ihrem heutigen Umfeld schreibt. Neuseeländer leben in Einfamilienhäusern und kennen diese räumliche Enge nicht (auch die Sozialwohnungen sind Einfamilienhäuser), Neuseeland war in den 1940er und 1950er Jahren an der Spitze der Wohlfahrts- und Reichtumsstatistiken, und die Mehrzahl seiner Einwohner lebt auch heute noch außerhalb der größeren Städte.

Besonders eindrucksvoll wird diese Erzählperspektive in Hinblick auf die Schilderungen der Hitlerzeit. Diese sind speziell an ihre neuseeländische Leserschaft gerichtet, ist dieses Thema doch auch heute noch ständig in den Medien und in öffentlichen und privaten Diskussionen, in Konversationen und auch Witzen präsent. Die Autorin schildert in eindringlichen Bildern den Alltag in Hitlerdeutschland, die Begeisterung, mit der sie selbst und ihre Geschwister der Hitlerjugend angehörten, die damit verbundenen kleinen Abenteuer und Missgeschicke. Es gelingt ihr aber auch, darzustellen, wie sehr die Erwachsenen der Familie – von ihr als Kind weitgehend unbemerkt – unter dieser inneren Besatzung Deutschlands gelitten haben müssen. Die Tepels waren polnischer Herkunft und erst nach dem Ersten Weltkrieg

---

6   Ebd., S. 32.

nach Breslau gezogen; die Familie besaß die polnische Staatsangehörigkeit, obwohl sich Erika als Deutsche fühlte. Aus diesen, aber auch aus anderen Gründen, die nur vage angedeutet werden, traten ihre Eltern nie der NSDAP bei. Die kleine Episode, in der die Autorin die Konfrontation zwischen der Partei und ihrem Vater schildert, ist sehr typisch für die narrativen Strategien, mit denen Auswanderer über Nazideutschland argumentieren und erzählen[7]:

> Our family owned neither a Hitler picture nor a flag, a fact which did not go unnoticed by our house warden who lived in the flat below us. Being an enthusiastic member of the Nazi party (short for National Socialistic Workers Party) he used a chance meeting to slyly investigate Dad's lack of enthusiasm for the new era, „I have noticed Herr Tepel, that you aren't displaying our flag on national holidays, nor have I seen a picture of our great leader in your home." „My good man," Papa answered, „You know I've enough trouble feeding my family, being sick as I am with chronic asthma". „You wouldn't object if I would organise these items for you?" „Of course not. I would be honoured, as a matter of fact, I've already looked around in second-hand shops but had no luck." „Mr Tepel", cried the indignant house warden, „do not joke about our fine flag. There's no possibility that you could find one in such a place"[8].

Im Folgenden soll versucht werden, die grundlegenden Strukturen, Schreib- und Illustrationsstrategien von Autobiographien, insbesondere Migrantenautobiographien, zu diskutieren und sie in den Kontext wissenschaftlicher Bewusstseinsanalyse einzuordnen. Wo möglich und sinnvoll, werde ich die diskutierten Punkte anhand ausgewählter Beispiele belegen oder illustrieren. Erika Kohlers Autobiographie „Lost Years" soll im Mittelpunkt stehen. Zunächst einmal stellt dieses Buch ein sehr erfolgreiches Beispiel autobiographischen Schreibens dar; es ist aber in vieler Hinsicht auch ein sehr typischer Text, in dem sich viele der im Folgenden angesprochenen Merkmale wiederfinden. Das Beispiel einer deutschen Immigrantin zu wählen, erscheint außerdem als sinnvoll, weil Autobiographien deutscher Provenienz einen ausgesprochen hohen Prozentsatz vom Gesamtbestand dieser Texte in Neuseeland ausmachen. Warum dies so ist, kann derzeit noch nicht schlüssig beantwortet werden. Ein Anhaltspunkt ist aber sicherlich, dass die unmittelbare deutsche Vergangenheit immer ein Thema in den neuseeländischen Medien, aber auch in privaten Gesprächen war. Deutsche Neuankömmlinge mussten sich damit auseinandersetzen, und diese Auseinandersetzung war niemals einfach. Ob es sich um jüdische Flüchtlinge, um ‚normale deutsche Familien' oder gar um Nachkommen prominenter Nationalsozialisten handelte, die deutsche Geschichte und die persönlichen Erlebnisse mussten narrativ be- und verarbeitet werden. Auswanderer müssen Geschichten und Argumentationslinien entwickeln, um sozial angemessene Konversationen bestreiten zu können. Dies ist einer der interessantesten Teile in Erika Kohlers Buch. Sie ver-

---

7 Vgl. Bönisch-Brednich: Auswandern, S. 245–264.
8 Kohler: Lost Years, S. 37 f.

steht es gut, ihre eigene kindliche Begeisterung zu schildern, aber auch den Zwang, dazuzugehören, sich der Bewegung anzuschließen:

> For us children it was different. All five of us in time became members of the Hitler Youth Organisation. One either volunteered or was drafted. I volunteered on my 10th birthday. I couldn't wait to belong, to be part of that movement, to join the fun and mass rallies. I felt immensely proud when I wore the Hitler Youth uniform for the first time. Now I looked how a proper „German" girl was supposed to look! I had all the qualifications, blue eyes, my blond hair in braids and no adornments. To wear jewellery with the uniform was declared decadent. In uniform I no longer looked poorly clothed or different. Successfully cloned I became one of them. I belonged[9].

Und zum Ende des Buches hin reflektiert sie noch einmal über ihre Jugend und die tiefen Spuren, die Indoktrinierung, Flucht, Vertreibung, Enttäuschung und politische Verwirrung in ihr hinterlassen haben:

> It didn't take me long to pack my bags and say goodbye to family and friends, and indeed Germany and Europe. I would start my life anew and I was ready for it. Of course, I was aware that I could not totally shed my past. My conscience was forever burdened with my upbringing in a totalitarian state. […] Everybody knows how the politics of this megalomaniac leader and his „yes-man" ended. The price for our political blindness was horrendously high. This part of recent history should be a lesson for all. It certainly was for me![10]

Zum Umgang mit Autobiographien

Während bei den ersten großen Erhebungen zu den Lebensläufen, Lebenserinnerungen und den Erzählstrukturen von Biographien ‚normaler Menschen' in den 1970er und 1980er Jahren Autobiographien noch selten waren, ergibt sich heute, nach gut 30 Jahren *oral history*, Geschichte von unten, Popularisierung und journalistischer Veralltäglichung des Populären ein ganz anderes Bild. Die Demokratisierung der Geschichte und vor allem der *everyday*- und *„what do you feel about this?"-approach* von Journalisten hat dazu geführt, dass viele ‚normale' Menschen glauben, dass ihre Geschichte für andere Menschen interessant sein könnte; in der Regel nehmen sie ihr Leben ernst, sind medientrainiert und durchaus bereit und willens, sich mitzuteilen. Die Folge ist nicht nur eine erhöhte Bereitschaft, sich fragen zu lassen, sondern auch ein internationaler Trend, Lebensgeschichte zu schreiben. Das 20. Jahrhundert mit den beiden Weltkriegen, mit Nationalsozialismus, Holocaust, Vertreibung, Grenzverschiebungen, neuen und alten Regimen bietet viel Stoff für abenteuerliche Biographien. Und das Interesse der Leserschaft an der Frage, wie ‚ganz normale' Menschen diese nicht normalen Zeiten überstanden haben, ist groß.

---

9 Ebd., S. 38.
10 Ebd., S. 180 f.

Viele solcher Autotexte sind heute im Buchhandel erhältlich, und der Wunsch vieler Menschen, ihr Leben schriftlich und mündlich zu erzählen, spiegelt sich weltweit in Biographiewerkstätten[11], Erzählcafés, Autobiographieschreibkursen und gedruckten Schreibanleitungen für interessierte Anfänger wider.

In Neuseeland haben Einwandererautotexte deutliche Marktanteile, wenn nicht gar eine führende Position im Angebot der Memoiren. Obwohl sich längst nicht jeder Autor / jede Autorin des Zwangs zur Pflichtabgabe eines Exemplars für die Nationalbibliothek bewusst ist, lassen sich doch Hunderte dieser Autobiographien dort finden. Autobiographien werden in der Tages- und Wochenpresse besprochen, im Buchhandel vertrieben, und Bücher wie „Lost Years" können durchaus über Monate hinaus ein Thema in den Medien sein. Es besteht ein großes Interesse an den Geschichten der Einwanderer, ihren Erfahrungen in den Herkunftsländern, aber auch ein Bedürfnis, mehr über die Ansichten dieser Neuankömmlinge über Neuseeland zu erfahren. Die stereotype Frage „How do you like New Zealand?", die jedem Besucher und Immigranten ständig gestellt wurde und noch wird, findet auch hier ihren Niederschlag. Neuseeländer sind unglaublich begierig, Geschichten über sich selbst zu hören, besonders wenn sie ihrem Sinn für Humor entsprechen oder natürlich, wenn sie positiv sind.

Kulturanthropologen, aber vor allem auch Literaturwissenschaftler sind sich darin einig, dass das Genre der *auto-narratives* hochgradig konstruierte und stilisierte Textformen hervorbringt, die einen hohen Reflexionsgrad bei der Analyse dieser Texte erfordern. Es ist nötig, sich – unter anderem – bewusst zu machen,

- dass der Erzähler / die Erzählerin immer gleichzeitig präsent ist: in der erzählten Geschichte und als Erzähler(in) bzw. Konstrukteur(in) dieser Geschichte;
- dass der Erzähler / die Erzählerin im Text eine herausgehobene Stellung einnimmt, die er/sie im normalen Leben nie gehabt hat und die ihm/ihr von den Mitmenschen auch nie eingeräumt werden würde[12];
- dass das beschriebene Leben in eine geordnete, vorgezeichnete Chronologie eingepasst wird, die normalen, mehr assoziativen Mnemotechniken zuwiderläuft, aber den Vorstellungen und Konventionen entspricht, wie ein Curriculum Vitae zu verfassen ist;
- dass es sich sowohl bei der dargestellten Vergangenheit als auch der beschriebenen Gegenwart um miteinander konkurrierende Wahrheiten handelt, die sorgfältig und unter ‚Schmerzen' ausgehandelt worden sind, um zu erklären, was geschehen ist, warum dies geschehen ist und welche Konsequenzen dies hatte. Um diese ‚Tatsachen' stimmig beschreiben zu können, sind Auslassungen, Erklärungen und Rechtfertigungsgeschichten vonnöten;

---

11 Ein gutes Beispiel findet sich in www.biografie-werkstatt.info.
12 Diese Schreibtechnik oder Schreibperspektive wird von Liz Stanley zutreffend als Gulliver-Liliputaner-Syndrom bezeichnet (Stanley: The Auto/biographical I, S. 9).

– dass autobiographische Texte ‚normaler' Menschen oft Schwierigkeiten haben, den inneren und äußeren Dialog in Einklang mit der chronologisch erzählten Lebensgeschichte zu bringen, weshalb ganze Passagen oft hölzern anmuten, obwohl man ahnen kann, dass es sich keineswegs um einfache Lebensabschnitte gehandelt hat;
– dass die oft in reichem Maße verwendeten Fotografien in solchen Publikationen dazu dienen, die erzählende Person in mehrfacher Hinsicht positiv zu konstruieren: als Person innerhalb einer funktionierenden Familie, als glückliche Person in Sonntagskleidern, während der Kindheit, Jugend, Hochzeit, mit eigenen Kindern, in gelebter Harmonie, die trotz allem aufrechterhalten und illustriert wird. Fotografien, die bereits im Album als hochgradig konstruierte Wahrheiten analysiert werden müssen, dienen in der Autobiographie einem doppelten Zweck: als Illustration und als Wahrheitsgarant für das beschriebene Leben.

Diesen allgemein gültigen Beobachtungen und Warnposten, die der Gattung der populären Autobiographie zuzuordnen sind, sind bei der Auswandererautobiographie noch einige andere Punkte hinzuzufügen:

Fragen müssen gestellt werden, die die Perspektive und die anvisierte Leserschaft betreffen: Für wen, in welcher Sprache, in welchem Land schreibt der Autor / die Autorin? Und was bedeutet die anvisierte Leserschaft für die Perspektive und die Ausrichtung der Biographie? Wie wird die Lebensgeschichte strukturiert? Welches der vielen möglichen zentralen Erlebnisse im Leben (Krieg, Vertreibung, Verlust der Familie, Auswanderung) wird als Gliederungshilfe, Gliederungsmittelpunkt gewählt? Im Falle der für dieses Projekt untersuchten Texte schreiben fast alle Autor(inn)en in englischer Sprache und für eine neuseeländische Leserschaft. Sie schreiben für ihre Kinder, für die Familie, für Freunde, Enkelkinder, Kollegen. Sie schreiben innerhalb eines Netzwerkes von ihnen persönlich bekannten Leser(inne)n, denen sie ihre geglückte Emigration beweisen wollen, denen sie aber auch ihre Herkunft aus einem fremden Kontinent, einer anderen (nationalen) Geschichte und oft auch aus einem fundamental anderen Lebenszusammenhang dokumentieren und nahebringen wollen.

Autobiographie ist fast immer ein Altersprojekt, das Zeit, Muße, finanzielle Unabhängigkeit (auch für *vanity publishing*) erfordert. Es ist aber auch deswegen ein Altersprojekt, weil der Autor / die Autorin in die Rolle des Familienhistorikers / der Familienhistorikerin tritt und Verantwortung für das kollektive Gedächtnis der Familie übernimmt. Geschrieben wird oft zu einem Zeitpunkt, zu dem die Kinder der Autor(inn)en die Schwelle der Vierziger überschreiten und selbst an Geschichte und Vergangenheit interessiert sind. Kinder drängen, fragen, inspirieren und wollen die Erinnerung für ihre eigenen Kinder bewahren. In einem Einwanderungsland erscheint es als ungleich wichtiger, die Herkunft und die kulturellen Wurzeln der Familie zu dokumentieren. Gerade im offiziell bikulturellen Neuseeland ist das Wissen um das eigene *Whakapapa* (die genealogische Standortbestimmung) fast eine Selbstverständlichkeit[13]. Zumindest

---

13 Vgl. Metge: New Growth, S. 90 f.

die zweite Generation der Einwanderer wächst als ‚Kiwis' auf, und es erscheint als unaufschiebbar, jene Dokumentationsleistung von den Großeltern einzufordern. In vielen Fällen erfordert dies auch die Hinwendung des Blickes auf ungeliebte, schwierige und schmerzvolle Erinnerungen, auf persönliche Verluste, Demütigungen, Traumata, aber auch auf die mit Krieg und *displacement* einhergehenden Statusverluste, den Rückblick auf eine vergangene, als glorreich und wohlhabend erinnerte Familiengeschichte. Es verlangt aber auch ein klares Bekenntnis zum neuen Land, in welcher Form dies auch immer formuliert wird.

Wir wissen, dass US-Amerikaner von den Autobiographien der Einwanderer begeisterte Anpassung erwarten, die für die Immigranten oft schwer aufzubringen ist, auch wenn sie es verzweifelt versuchen. *Freedom, democracy*, freie Entfaltungsmöglichkeiten usw. gehören zur nationalen Selbstwahrnehmung der Vereinigten Staaten, die möglichst von allen Neuankömmlingen aufgesogen werden sollen[14]. An diesen klaren Stereotypen scheiden sich die Geister und haben die Immigranten sich abzuarbeiten, zu reiben. In Neuseeland müssen sich Einwanderer in ein komplizierteres und komplexeres Netz von neuseeländischer Selbstreflexion und Selbstbeschreibung einpassen.

Autobiographisches Schreiben für ein neuseeländisches Publikum

‚Kiwis' haben aufgrund der geographischen Lage ihres Landes am ‚Ende der Welt' eine durchaus kritische Selbstwahrnehmung, gekoppelt mit einem immer wieder aufscheinenden Minderwertigkeitskomplex. Sie gestatten Einwanderern, speziell denen der 1940er bis 1960er Jahre, ein Bild zu zeichnen, das ein sicheres, aber ungeheuer langweiliges Land zeigt: ein Land, das zwar schnelle Anpassung und Eingewöhnung in die damals (bis in die 1970er Jahre) praktisch monokulturelle Gesellschaft forderte, das aber selbst mitten in einer Periode der Re-Kolonialisierung, der Rückbindung an das Mutterland Großbritannien war[15]. Kritik an Neuseeland ist erlaubt, solange die Bereitschaft zu erkennen gegeben wird, sich einzuleben, sich einzurichten und schließlich die Errungenschaften des heutigen, kosmopolitischen Lebens anzuerkennen. Nicht nur erwarten Immigranten von sich selbst eine positive Rückschau, das Aufnahmeland erwartet es auch, und einige sehr amüsante Passagen über diese Erwartungen sind oft in den „Ankunfts"-Kapiteln zu finden, in der Rückschau auf eine Periode, in der Einwanderer eben noch nicht mit diesen Anforderungen vertraut waren oder sie zumindest noch nicht mit Humor betrachten konnten:

---

14 Vgl. Julia Klimek: Anzia Yezierska's Immigrant Autobiographies as Failed Conversation Narratives (www.cwru.edu/affil/sce/Texts.2001/Klimek.doc), Zugriffsdatum: 23.8.2003, oder Ihab Hassans Bemerkungen („Out of Egypt. Scenes and Arguments of an Autobiography") im Interview mit Jerzy Durzak (www.ihabhassan.com/durzak_interview_ihab_hassan_htm), Zugriffsdatum: 23.8.2003.
15 Vgl. Belich: Paradise Reforged, passim; in seiner Geschichte Neuseelands im 20. Jahrhundert ist das Thema der Rekolonialisierung ein roter Faden, der sich durch den gesamten Text zieht.

"What do you think about New Zealand?" we were asked a thousand times by people who longed to hear the words of praise. We knew what we thought about New Zealand allright, and we had a pretty shrewd idea of what New Zealand thought about us[16].

The only alternative to cooking was to get fish 'n' chips. "You must enjoy having all that wonderful food here in New Zealand", I was told on numerous occasions. I always smiled a polite affirmative, but wondered secretly what people's perception of European cuisine was[17].

Diese unausgesprochenen Erwartungen und viele der angedeuteten Probleme beim Schreiben einer Lebensgeschichte werden, grob gesprochen, mit sehr verschiedenen Schreibstrategien (ein)gelöst: Viele Autobiographien – und hier passt sich Erika Kohler ein – enden mehr oder weniger mit der Ankunft in Neuseeland und konzentrieren sich völlig auf die tragischen, turbulenten Ereignisse, die letztlich zur Auswanderung führten. Neuseeland steht für eine Befriedung des Lebens, für ersehnte und erfüllte Ereignislosigkeit, für die Ankunft im ‚gelobten Land'. Mögliche Konflikte, die dieses Bild stören könnten, werden durch das abrupte Abbrechen der Erzählung im Ankunftshafen unterbunden. Erika Kohler widmet ihrem fast dreißigjährigen Leben in Neuseeland nur etwas mehr als eine Seite, und obwohl das Ankommen und Einleben für Auswanderer, die nicht ihre Jugend während des Zweiten Weltkrieges erlebt hatten, oft die schwierigste und am intensivsten erinnerte Zeit ist, war es für „Kriegskinder" schlicht die Ankunft im Paradies. Das Leben in dieser neuen Umgebung wird oft, besonders im Nachhinein und im Vergleich mit den Ereignissen vor der Auswanderung, als konflikt- und erlebnisarm erinnert, es ist für die Erzähler(innen) eine narrativ flache Zeit und würde wohl in ihren Augen die Dramatik der Erzählung des Vorhergehenden stören. Für diese Variante des plötzlichen Endes der Autobiographie und des Aussparens der Familienphase – die oft mit dem Leben im neuen Land einherging – ist Erika Kohlers Buch ein gutes Beispiel. Nach zwei kurzen Abschnitten, in denen sie ihre Ankunft in Wellington und ihr neues Haus an einem der Vorortstrände beschreibt, endet das Buch wie folgt:

In the evening when the children slept, we sat outside on the deck to watch the spectacular sunset. We could not hold our tears back that were washing away the stress and worries about the last few months. We knew in our hearts that our decision to come to New Zealand was the right one. Here our children would be able to grow up without fear. They would experience a healthy outdoor life and be in touch with nature. In this place life would flow in a much slower pace for all of us. After a period of adjustment, trial and error, we never looked back[18].

Andere Autoren konzentrieren sich jedoch völlig auf die Ankunfts- und Integrationsphase. Die Auswanderung ist die zentrale, abenteuerliche Erfahrung in ihrem Leben (sie sind in der Regel zu spät geboren, um den Zweiten Weltkrieg als tiefen

---

16 Hascombe: Down and Almost Under, S. 29.
17 Tiscenko: Strawberries, S. 159.
18 Kohler: Lost Years, S. 186.

Einschnitt erlebt zu haben). Sie wollen anderen ihre Erlebnisse mitteilen, eventuell Ratschläge geben („Thinking of emigrating? Think carefully!! What are the real implications?"[19]), aber auch die Transformation in ihre neue ‚Auswandererpersönlichkeit' schildern, die die Annahme von neuseeländischem Lebensstil, Weltbild etc. (‚Kiwisierung') beinhaltet – zumindest bis zu einem gewissen Grad. Andere, wenige, wollen durchaus auch ihr Scheitern und die Gründe für die Remigration darlegen, die immer mit einer gewissen Sehnsucht einhergeht; man wünschte, man hätte es geschafft, die Dinge hätten sich anders entwickelt:

> Our lack of knowledge over building a house cost us nearly 69.000 pound, the declining New Zealand Dollar would cost us a further 28.000 pound, totalling 97.000 pound. If this book can save anyone else the loss of nearly 100.000 pound, it has to be an excellent investment for under 11 pound[20].

Die dritte – vielleicht häufigste – Variante ist die Strukturierung der Autobiographie in eine Zwei-Drittel- oder Drei-Viertel-Teilung von alter Welt versus neuer Welt. Dies bedeutet eine Schwerpunktlegung des Textes auf das Leben als Kind und Jugendliche(r) und dann die Periode der Umwälzungen als junge(r) Erwachsene(r), in der sich die schwerwiegenden, wichtigen Dinge abspielten. Aber ein Drittel oder ein Viertel des Textes für das Leben im neuen Land zu nutzen bedeutet auch, dass genug Raum gelassen wird, um über Auswanderung, Ankunft, Integration und das Leben nach der Familienphase zu erzählen. Das Leben vor Neuseeland steht im Mittelpunkt der Erinnerungen, Erfahrungen, oft auch negativer, aufrührender Erlebnisse. Dies ist eine Grundwahrheit für alle Biographien. Von der Phase des Berufseintritts und spätestens der Familiengründung an tritt das Leben in eine oft Jahrzehnte dauernde Stabilität ein, die als Block erinnert wird. Aber die Ankunftszeit in Neuseeland stellt oft auch eine neue Herausforderung im Leben dar, die in Erzählungen gekleidet werden muss. In fast allen Fällen ging die Auswanderung mit Statusverlust und finanziellen Schwierigkeiten einher. Vor allem Frauen beschreiben in ihren Autobiographien häufig eine sehr behütete Kindheit in wohlhabenden Verhältnissen, umsorgt von Hausangestellten, mit guter Schulausbildung etc. Durch den Krieg wurden die Familien auseinandergerissen, zerstört, entwurzelt. Dies endete oft mit der Auswanderung von Teilen der Familie oder auch mit einer nicht standesgemäßen Heirat. Nicht standesgemäße Heiraten sind ein häufig genannter Grund dafür, warum junge Ehepaare das traditions- und religionsgeprägte Europa verließen. Neuseeland war nicht wirklich progressiv, aber ein Einwanderungsland, in dem Religion und Herkunft nur eine sehr geringe Rolle spielten; und gerade dieser Punkt machte einen Neuanfang sehr viel leichter.

Nach dem Krieg fanden sich die einst wohlbehüteten Töchter in der alten Welt in Arbeitsstellen wieder, um die Familie zu unterstützen oder auch um der Heimat zu

---

19 Butler: Emigrate with caution, S. 4.
20 Ebd., S. 151.

dienen, beim Wiederaufbau zu helfen. Dies waren neue, unbekannte Entdeckungsräume, die ein bisher nicht gekanntes Maß an persönlicher Freiheit erlaubten, und dort trafen sie die ‚unplanmäßigen' Bräutigame: Soldaten aus anderen Ländern, *displaced persons*, Ex-Soldaten ohne Berufsausbildung, aber mit viel Energie und Zukunftsplänen, Bauernsöhne, Angehörige anderer Religionen; all dies waren Gründe, warum oft auch unbewusst der Weg in ein neues Land gesucht wurde. Im Europa der Nachkriegszeit waren solche Turbulenzen zwar an der Tagesordnung, dies bedeutete aber nicht, dass das Alltagsleben für junge Paare mit disparater Herkunft leicht gewesen wäre. Die neue Welt schien der geeignete Platz für neue Ehekonstellationen; eine Entscheidung, die in fast allen Fällen von den Männern getroffen wurde. Und falls die Entscheidung eine gemeinsame war, so ging doch meist der Mann voraus, und die Partnerin kam nach. Die Texte stehen oft in einer seltsamen Spannung zwischen Männern als Entscheidungsträgern – in ihrer Rolle als Väter, Ehemänner, aber auch als Verwaltungsbeamte und Chefs – und den Frauen als kompetenten Biographinnen und Historikerinnen des eigenen Lebens und des Lebens der Familie. Das hier gewählte Beispiel ist in dieser Hinsicht ungewöhnlich, denn der Leser fühlt die starke familiäre Bindung und erlebt die gemeinsamen Entscheidungen der Protagonisten Peter und Erika Kohler. Deren offenbar ideale Ehe vermittelt sowohl Fragen als auch zwiespältige Gefühle: Peter ist ganz offensichtlich der ideale Mann und Ehepartner für unsere Heldin, aber darüber hinaus erfahren wir nichts über ihn. Er hat in diesem Buch keinerlei Vergangenheit, keine Eltern oder Geschwister, wir wissen nicht, was Erikas Familie über ihn gedacht hat und ob die Entscheidung auszuwandern vielleicht auch damit zu tun hatte, dass die Familien über die Wahl des Partners nicht ganz glücklich waren. Ungewöhnlich ist auch, dass mit dem Abschied aus Deutschland dieses Land völlig aus der Geschichte herausfällt. Wir erfahren nicht, ob noch Bindungen bestanden, wir hören nichts über Heimweh, über gegenseitige Besuche oder das weitere Schicksal der zahlreichen und einst so geliebten Geschwister.

Mary Evans hat sich in ihrer Untersuchung zum Genre der Autobiographie umfassend dazu geäußert, warum die Leser niemals die ganze Persönlichkeit und das ganze Leben des jeweiligen Autors / der jeweiligen Autorin erfahren können[21]. Die Autoren treffen Entscheidungen, bestimmte Aspekte ihres Lebens hervorzuheben und andere – oft problematische oder langweilige – herunterzuspielen oder sogar auszulassen. Das Ziel ist, eine kohärente Persönlichkeit zu zeichnen, die durch eine schwierige, aber nachvollziehbare Entwicklung gegangen ist und deren Biographie einen runden, erfolgreichen und problemarmen Ausklang hat:

> What goes on with this view is an equally powerful tacit understanding of human lives as lived according to a narrative model, in which our hero or heroine sets out on a journey, is educated through the events of his or her life, and reaches a point of reconciliation with circumstance[22].

---

21 Vgl. Evans: Missing Persons.
22 Ebd., S. 24.

Stilistische Probleme / Lesbarkeit von Autobiographien / literarische Qualität

Obwohl auch Männer oft Autobiographien verfassen, lösen Frauen die den Hobbyautobiographen inhärenten Schreibprobleme meist in besserer Art und Weise. Autobiographien von Frauen überschreiten fast immer die Linie zwischen starrer Berichterstattung und lebendiger Erzählung. Es ist keine Überraschung, dass Hobbyautoren sich in der literarischen Qualität ihrer Texte nicht mit den Memoiren berühmter Autoren messen können. Dort stellen die Fakten des Lebens den äußeren Rahmen dar für die innere Entwicklung der Erzähler und ihrer Bezugspersonen; der innere Dialog antwortet auf die äußeren Rahmenbedingungen, während Hobbyautoren oft auf der informativen Ebene verharren.

Die in diesem Projekt behandelten Autobiographien stellen von der emotionalen Dichte her keine Konkurrenz zu den oft sehr viel reicheren Transkripten lebensgeschichtlicher Interviews dar. Das Interview hat durch die mündliche Form, den Einfluss der Interviewer, durch Überraschungsfragen, aber auch durch virtuos präsentierte *ready mades*[23] oft eine eindrucksvolle emotionale Dichte und überzeugende narrative Passagen. Diese narrative Dichte, aber vor allem die emotionale Tiefe versuchen viele Autobiographen zu vermeiden, oder sie sind außerstande, diese im ungeübten Prozess des Schreibens zu erreichen. Das Leben selbst zu beschreiben bedeutet auch, permanente Entscheidungen über Inhalte zu treffen. Die Finalität eines ausgedruckten oder sogar veröffentlichten Textes scheint viele Autoren davon abzuhalten, schwierige Themen, die entsprechend schwierig zu behandeln und zu formulieren sind, anzugehen. Über Ergreifendes, Tragisches, persönliche Fehlentscheidungen wird oft hinweg geschrieben. Das Schweigen über bestimmte Vorkommnisse, das in Familien so oft immanent ist, wird in der Autobiographie noch verdichtet: Einzelne Personen werden zwar geboren, werden geheiratet; sie verschwinden jedoch kommentarlos aus der Chronik des Lebens. Das Eingestehen von Schuldgefühlen, das Beschreiben lang andauernder, vielleicht unlösbarer Konflikte, die beruflichen Desaster, die lebenslangen Enttäuschungen, die Fehlentwicklung eines Kindes, eine Scheidung, dies sind schwierige Themen, die sogar mündlich schwer anzugehen sind. So ist das Aufspüren der Zwischenräume, der Leerstellen in den Lebensläufen eine permanente Aufgabe bei der Analyse dieser Texte. Andererseits liefert die chronologisch verfasste ‚wahrheitsgetreue', faktenreiche Gestaltung des schriftlichen Lebensberichtes oft sehr genaue, willkommene Angaben zu Familienstand, Familiengröße, Geburtsort und -datum, Ausbildung, Zugehörigkeit zu einer sozialen Schicht etc. Diese Themen und Angaben kommen wiederum im Interview oft nicht zur Sprache oder werden gerne umschrieben oder verschwiegen, weil dort häufig Peinlichkeitsgefühle gegenüber der interviewenden Person eine Rolle spielen oder auch solche ‚trockenen' Informationen als langweilig angesehen werden.

---

23 Vgl. Keupp et al.: Identitätskonstruktionen, S. 217 ff.; Bönisch-Brednich: Auswandern, S. 412–418.

Generell gilt, je besser der Mix aus emotionaler Dichte und statistischen Informationen, desto lesenswerter die Lebensgeschichte. Im schlechtesten Falle erscheint die Auswandererautobiographie als ein leerer Text, in dem es um nichts weiter als Fakten geht, im besten Fall erinnert sie an den Bildungsroman als Archetyp der Autobiographie:

> The tale of the progressive travelling of a life from troubled or stifled beginnings, in which obstacles are overcome and the true self actualised or revealed; and the tale might prototypically end, or it may go on to document yet further troubles turned to triumphs[24].

Worin liegt der Wert der (Auswanderer-)Autobiographien von Hobbyautoren?

Es handelt sich um sorgfältig ausgehandelte Lebensläufe, erzählte, strukturierte Narrative, die anstreben, das jeweilige Leben so darzustellen, „wie es gewesen ist". Diese Texte sollten immer als „so wie es gewesen sein soll" und „so wie es gelesen werden soll" interpretiert werden. Autobiographien sind – in viel stärkerem Maße noch als lebensgeschichtliche Interviews – mit großer Umsicht und Sorgfalt erstellte Erzählungen, die das individuelle Leben zurechtrücken, in Ordnung bringen, ihm Sinn und Struktur geben. Kurz: Sie bringen Sicherheit, Gliederung und eine abschließende (positive) Beurteilung für den Autor / die Autorin.

Die als natürlich angesehene und durchweg gewählte Darstellungsweise des eigenen Curriculum Vitae ist chronologisch. Das Ziel der Geschichte, oft auch deren Endpunkt – die Ankunft in Neuseeland – gibt den Rahmen vor. Die sorgfältig linear strukturierte Familiengeschichte führt den Leser hin zu einer schlüssigen Erklärung der Auswanderung: *Why New Zealand?* Deshalb sind typische Titel für solche Bücher auch „How I came to New Zealand", „The Story of a New New Zealander".

Migration ist ein deutlicher Einschnitt in der Biographie, der in der Retrospektive auf mehreren Ebenen Erklärungen erfordert. Diese Notwendigkeit der Erklärungen wird oft in Titeln – wie oben – angedeutet und akzeptiert. Doch in Einleitung und Schluss der Manuskripte und Bücher ist oft der starke Wunsch ausgedrückt, die Lebensgeschichte zu erläutern, zu rechtfertigen, zu einem positiven, optimistischen Abschluss zu bringen[25]. Dieser Abschluss wird häufig auch durch die Veröffentlichung in Form einer durch Titel, Autorennachweis, Schutzumschlag, Datum und ISBN ausgewiesenen Buchpublikation zu einem Höhepunkt gebracht. Die Plausibilität der Geschichte, ihr Wahrheitsanspruch, wird durch die Weihen des Buchhandelspreises unterstrichen; die Publikation bildet ein Vermächtnis für Kinder und Enkelkinder, für Freunde und Bekannte, aber auch ein Geschenk an das Aufnahmeland, nicht zuletzt wieder und wieder durch den Satz ausgedrückt: ‚Neuseeland war gut zu mir'.

---

24 Stanley: The Auto/biographical I, S. 9.
25 Zur Notwendigkeit der positiven Retrospektive in Migrationserzählungen siehe auch Bönisch-Brednich: Auswandern, S. 410–418.

Die Publikation ist aber auch ein Beweis für die eigene Stärke, die Durchhaltekraft und das Vermögen, immer wieder neue Projekte angehen zu können. Autobiographie ist – von wenigen Ausnahmen abgesehen – ein retrospektives Projekt, verbunden mit einem Überschuss an freier Zeit. Der lange Atem, der vor allem von ungeübten Schreibern benötigt wird, ist ein Luxus, den sich nur Menschen leisten können, die über finanzielle Absicherung, Ruhe, einen Platz zum Schreiben und Geduld verfügen. Von diesen Grundbedingungen abgesehen, wird in den Einleitungen deutlich, dass viele dieser in perfekter Form vorliegenden Bücher ohne die ständige Unterstützung, die tatkräftige Hilfe und das Interesse der Kinder oder Freunde der Autoren nicht zum Abschluss gebracht worden wären. Deshalb haben *Preface*, *Postscripts* und *Acknowledgements* einen festen Platz in diesen Publikationen.

Erika Kohlers Geschichte „Lost Years" passt in vielerlei Hinsicht in diese Analyse, sie weist aber auch einige erstaunliche Unterschiede auf. In stilistischer Hinsicht ist sie im Vergleich zu den übrigen von mir untersuchten Autobiographien außerordentlich gut geschrieben. Das Buch besitzt emotionale Dichte, nur das Ende flacht in dieser Hinsicht ab und klammert einiges aus, was durchaus für den Leser von Interesse gewesen wäre. Im Gegensatz zu den meisten anderen Amateur-Autobiograph(inn)en vermeidet die Autorin eine strenge chronologische Erzählung. Sie konzentriert sich auf markante Erinnerungen, auf Anekdoten und Höhepunkte. Und obwohl die Autorin letztlich nicht wirklich preisgibt, was die Gründe für ihre Auswanderung waren, ob und wie sich die Auflösung der Familienbande auf ihre Entscheidung ausgewirkt hat, so lässt sie uns doch an der zunehmenden Entfremdung von ihrer Mutter und den Schwestern teilhaben. Zum Zeitpunkt der Auswanderung ließ sie nicht nur Deutschland, die Kriegs- und Nachkriegszeit zurück, sondern hatte auch mit dem Kapitel Familienleben abgeschlossen. Die Identifikationsfigur in ihrem neuen Leben war ihr Verlobter und späterer Ehemann. Sie war mit der Entscheidung, zu gehen, auch endgültig erwachsen geworden und streifte die Beziehung zu Mutter und Geschwistern, die so lange ein Teil ihres Lebens gewesen war, ab. Wie anfangs bereits in einem anderen Zusammenhang zitiert wurde: „it did not take her long to pack her bags and say goodbye"[26]. Das Leben ist für die Autorin tatsächlich dreigeteilt, und sie musste sich den ersten Teil von der Seele schreiben. Die Schilderung von Schlesien, der sicheren Heimat, ist eindringlich, nimmt aber nur 25 Seiten ein. Die Intensität der Erzählung konzentriert sich auf den Beginn des Krieges, die persönlichen Verluste von geliebten Verwandten, die Zerstörung Breslaus, den traumatischen Tod des Vaters auf der Flucht und nicht zuletzt die vergeblichen Versuche, im Westen anzukommen. Und gerade diese Schilderung der Nachkriegszeit, der Rückblick auf Hunger, Heimweh, Einsamkeit und schließlich das Eingeständnis, dass dies verlorene Jahre waren, macht die Autobiographie zu einem außerordentlich wichtigen Text. Das Erforschen der Weiterwanderung dieser im Westen nicht Angekommenen ist eine wissenschaftliche Aufgabe, der sich die Migrationsforschung wird stellen müssen.

---

26 Vgl. Kohler: Lost Years, S. 180.

Literatur

Belich, James: Paradise Reforged. A History of the New Zealanders. From the 1880s to the year 2000. Auckland 2001.

Bönisch-Brednich, Brigitte: Auswandern – Destination Neuseeland. Eine ethnographische Migrationsstudie. Berlin 2002.

Bönisch-Brednich, Brigitte: Keeping a Low Profile. An Oral History of German Immigration to New Zealand. Wellington 2002.

Butler, Nicola: Emigrate with caution. Dartmouth 1999.

Evans, Mary: Missing Persons. The Impossibility of Auto/biography. London, New York 1999.

Hascombe, Jane: Down and Almost Under. How not to be an Immigrant. Christchurch 1969.

Hooton, Joy: Autobiography and Gender. In: Susan Magarey / Caroline Guerin / Paula Hamilton (Hg.): Writing Lives: Feminist Biography and Autobiography (Australian Feminist Studies). Adelaide 1994, S. 25–40.

Keupp, Heiner u. a.: Identitätskonstruktionen. Das Patchwork der Identitäten in der Spätmoderne. Reinbek bei Hamburg 1999.

Kohler, Erika: Lost Years. Raumati South / New Zealand 2000.

Lehmann, Albrecht: Bewusstseinsanalyse. In: Silke Göttsch / Albrecht Lehmann (Hg.): Methoden der Volkskunde. Positionen, Quellen, Arbeitsweisen der Europäischen Ethnologie. Berlin 2001, S. 233–249.

Lehmann, Albrecht: Erzählstruktur und Lebenslauf. Autobiographische Untersuchungen. Frankfurt a. M. u. a. 1983.

Lehmann, Albrecht: Leitlinien des lebensgeschichtlichen Erzählens. In: Rolf Wilh[elm] Brednich u. a. (Hg.): Lebenslauf und Lebenszusammenhang. Autobiographische Materialien in der volkskundlichen Forschung. Freiburg i. Br. 1982, S. 71–87.

Metge, Joan: New Growth from Old. The Whanau in the Modern World. Wellington 1995.

Ringer, Marcelle: From Belgium to New Zealand: An Escape from War. Auckland 2001.

Stanley, Liz: The Auto/biographical I. The Theory and Practice of Feminist Auto/biography. Manchester, New York 1992.

Tabori, Paul: The Anatomy of Exile. A Semantic and Historical Study. London 1972.

Tiscenko, Helga: Strawberries with the Führer. A Journey from the Third Reich to New Zealand. Christchurch 2000.

Elisabeth Fendl

Kolonisatoren, Pioniere, ‚Helden der Arbeit'

Aufbaugeschichten in der Vertriebenengemeinde Neutraubling

Am Beispiel der nach 1945 auf einem ehemaligen Wehrmachtflughafen entstandenen Vertriebenengemeinde Neutraubling bei Regensburg geht meine Untersuchung[1] dem subjektiven Verarbeiten des Erlebens der ersten Nachkriegsjahre nach. Dabei gilt das Interesse nicht den konkreten Aufbauleistungen und den tradierten Erfolgsdaten, es gilt in erster Linie den Erzählungen, die diese Zeit behandeln. Der „neue Start auf der alten Landebahn" – um ein in und für Neutraubling häufig gebrauchtes Bild zu zitieren –, wie er in den immer wieder gleichen Geschichten erinnert und anderen vermittelt wird, soll als geschehene Wirklichkeit gesehen werden. Es wird gezeigt, wie die entstandenen Mythen um die ersten Jahre sich inner- und außerhalb der Gemeinde verfestigt haben, welche Bedeutung das Erzählen vom Anfang für die Neutraublinger auch heute noch besitzt und wie und warum immer noch und immer wieder versucht wird, die eigene Andersartigkeit auch topographisch zu begründen. Wenn ich der „persönlichen Deutungslogik" meiner Gesprächspartner folge und sie ernst nehme, wenn ich – nach Heinrich Böll – dem „‚feste[n] Boden' des ‚Wirklich-Erlebten'" das „schlüpfrige Gelände" des Erzählens[2] gegenüberstelle, dann nicht, um zu erfahren, wie die Aufbauzeit war, sondern wie man sich an sie erinnert und was dies über die, die sich erinnern, aussagt[3].

Die Hauptquelle der Arbeit stellen themenzentrierte Interviews mit 45 Angehörigen der ersten und zweiten Generation von Neutraublingern dar[4]. Zusätzlich zu

---

1 Elisabeth Fendl: Aufbaugeschichten. Eine Biographie der Vertriebenengemeinde Neutraubling. Diss. Wien 2005.
2 Heinrich Böll: Brief an meine Söhne oder: Vier Fahrräder [1985]. Zit. nach DIE ZEIT Geschichte, Nr. 1, Teil 2 (April 2005): Die Stunde Null. 8. Mai 1945. Lehren aus der Katastrophe, S. 6–22, hier S. 21.
3 Vgl. dazu Johannes Fried: Gehirn macht Geschichte. In: Gehirn & Geist. Das Magazin für Psychologie und Hirnforschung, Heft 5/2005, S. 52–57, hier S. 53. – Der Diskussion um die Authentizität von Zeitzeugenberichten und die „Enthistorisierung von Geschichte" bin ich mir bewusst. Vgl. dazu vor allem die Veröffentlichungen Hans-Ulrich Wehlers zur Repräsentativität der Mikrohistorie. Zum Beispiel: Hans-Ulrich Wehler: Aus der Geschichte lernen? Essays. München 1988. – Norbert Frei spricht von einer fortschreitenden „Enthistorisierung von Geschichte": „Das gilt zumal dort, wo sie sich mit jener Hypostasierung der Figur des Zeitzeugen verbindet, der seit einiger Zeit vor allem in Hörfunk und Fernsehen, aber auch in der (auto)biographischen Literatur zu beobachten ist." (Norbert Frei: 1945 und wir. Das Dritte Reich im Bewußtsein der Deutschen. München 2005, S. 10).
4 Unter den Interviewten waren acht Ehepaare und 29 Einzelpersonen (18 Männer und 11 Frauen). Die Geburtsjahrgänge der Befragten liegen zwischen 1902 und 1944, mit einem deutlichen

den Einzelgesprächen wurden die Ergebnisse eines im Mai 1989 in Neutraubling ins Leben gerufenen Erzählkreises verarbeitet, in dem sich Neutraublinger ein Jahr lang monatlich über ein Thema der ‚Gründerjahre' ihres Ortes austauschten. Als weitere Quelle wurden die lokalen und die regionalen Zeitungen im Zeitraum von 1951 bis 1980 systematisch ausgewertet.

Im rückerinnernden Erzählen über die ersten Jahre Neutraublings werden immer wieder die gleichen Bilder dieser Zeit gezeichnet. Nach einer Analyse und Deutung dieser Bilder wird auch gefragt, welche Instanzen diese Bilder schaffen und wie sich diese Deutungsinstanzen von anderen Deutern und Deutungen abgrenzen.

Abenteuergeschichten

Viele der befragten Neutraublinger schildern die Zeit des Aufbaus als Zeit der Abenteuer[5]. Die heutige Normalität wird durch das Akzentuieren eines unnormalen Anfangs geadelt. Durch die Beschreibung der anfänglichen Abenteuer, durch die Schilderung des zunächst erlebten Mangels wird der spätere ‚Wohlstand' gerechtfertigt und als eigene ‚Leistung' beschrieben. Die Schilderung atavistischer Erlebnisse, das Reden von der „Stunde Null"[6], beinhaltet das Beschwören einer Situation, in der man, entlastet durch das Zurücklassen alles Alten, die Chance zum Neubeginn hatte. Die Ruine, von Simmel als „äußerste Steigerung und Erfüllung der Gegenwartsform der Vergangenheit"[7] beschrieben, wird zum Symbol dieser Zeit und damit auch der Geburtsstunde Neutraublings[8]. Sie sollte sogar in das Wappen der Industriegemeinde übernommen werden, wie ein Vorschlag aus dem Jahre 1951 zeigt[9].

Schwerpunkt in der ersten Hälfte der 1920er Jahre. 38 der Befragten sind Vertriebene, sechs stammen aus Bayern, ein Gesprächspartner ist in Württemberg geboren.

5   Vgl. dazu auch Elisabeth Fendl: Die Rückschau der Zufriedenen. Das Erzählen vom Anfang. In: Kurt Dröge (Hg.): Alltagskulturen zwischen Erinnerung und Geschichte. Beiträge zur Volkskunde der Deutschen in und aus dem östlichen Europa (Schriften des Bundesinstituts für ostdeutsche Kultur und Geschichte 6). München 1995, S. 31–41.

6   Von den zahlreichen Veröffentlichungen zur Erinnerungskultur zum Jahr 1945 seien als einige der neueren genannt: Bernd-A. Rusinek: Kriegsende 1945. Verbrechen, Katastrophen, Befreiungen in nationaler und internationaler Perspektive (Dachauer Symposien zur Zeitgeschichte 4). Göttingen 2004; Christoph Kleßmann: Konturen einer integrierten Nachkriegsgeschichte. In: Aus Politik und Zeitgeschichte, 18–19/2005 (2.5.2005), S. 3–11; Frei: 1945 (wie Anm. 3). – Zur Konstruktion des Mythos der „Stunde Null" vgl. Hans Günter Hockerts: Gab es eine Stunde Null? Die politische, gesellschaftliche und wirtschaftliche Situation in Deutschland nach der bedingungslosen Kapitulation. In: Stefan Krimm / Wieland Zirbs (Hg.): Nachkriegszeiten. Die Stunde Null als Realität und Mythos in der deutschen Geschichte (Dialog Schule – Wissenschaft. Deutsch und Geschichte). München 1996, S. 119–156.

7   Georg Simmel: Die Ruine. In: ders.: Philosophische Kultur. 2. Aufl. Leipzig 1919, S. 125–133, hier S. 132.

8   Alfred Karasek-Langer bezeichnet die oft in Ruinen eingerichteten Notunterkünfte der Nachkriegsjahre gar als „Archetypen unserer Tage" (Alfred Karasek-Langer: Neusiedlung in Bayern nach 1945. In: Jahrbuch für Volkskunde der Heimatvertriebenen 2 [1956], S. 24–102, hier S. 44).

9   Eine Hand krallt sich in Ruinen. In: Sudetendeutsche Zeitung, 1. Jg., Folge 16 (21.7.1951), S. 4.

Man ist versucht, für Neutraubling von ätiologischen Mythen, von Schöpfungsmythen auch, zu sprechen[10]. „Wenn einmal die Chronik von Neutraubling geschrieben wird, dann wird sie mit den Worten beginnen: ‚Am Anfang waren Trümmer, Schutt und Ruinen'", heißt es in einem Bericht über die ‚Geburt' der Gemeinde im September 1951[11]. Und das ist nicht die einzige Anspielung auf die biblische Schöpfungsgeschichte, die im Diskurs um die Gründerjahre des Ortes zu finden ist. „Wie die ersten Menschen" seien sich die ersten Siedler vorgekommen[12], sie hätten eine Wüstenei vorgefunden, hätten alles aus dem Nichts „geschaffen". Man konnte neu anfangen, so kann man solche Äußerungen interpretieren, bekam also nach all dem Zurückliegenden, nach aller eventueller Mitschuld auch, eine zweite Chance.

Robinsonaden

Um die Situation der ersten Neutraublinger deutlich und auch für Außenstehende nachvollziehbar zu machen, werden diese in zeitgenössischen Berichten und in den Erzählungen immer wieder mit zwei Romanfiguren verglichen, mit Knut Hamsuns Isak aus „Der Segen der Erde" und häufiger noch mit Daniel Defoes Robinson Crusoe. Man bedient sich dabei Zuschreibungen, die weit verbreitet waren und auch im wissenschaftlichen Blick auf die Heimatvertriebenen ihren Platz hatten, wenn es etwa heißt, die „Neusiedler" müssten sich „gleich modernen Robinson Crusoes im technischen Zeitalter betätigen"[13]. Mit dem „Strandgut des Krieges" hätten – so liest man an anderer Stelle – Heimatvertriebene den Aufbau geleistet. Diese Voraussetzungen, die scheinbar trostlose Ausgangssituation verbänden sie mit Robinson Crusoe[14]. Durch den Vergleich mit diesen beiden Figuren werden den Pionieren die Fä-

---

10 Ähnliches hat Heinz Bude für die von ihm untersuchte „Flakhelfergeneration" konstatiert. Er spricht von deren „schöpfungsmythischer Beschreibung der Stunde Null" (Heinz Bude: Deutsche Karrieren. Lebenskonstruktionen sozialer Aufsteiger aus der Flakhelfer-Generation. Frankfurt a. M. 1987, vor allem S. 68).
11 Hermann Otto Bolesch: Am Anfang waren Trümmer und Trichter. In: Die Stimme, Jg. 1951, Nr. 35 (2.9.1951), S. 4.
12 Frieda P., Jg. 1903, aus Alt-Kossewen (Kosewo), Kreis Sensburg (Mrągowo), Ostpreußen, Gespräch am 14.8.1988, S. 11. – Der Rückgriff auf die biblische Geschichte stellt einen für die Charakterisierung der „Stunde Null" weit verbreiteten Topos dar. Vgl. z. B. die Darstellung von Arnulf Barning: 8. Mai 1945. In: Merkur 27 (1975), S. 449–459, hier S. 458: „Es war ein neuer Anfang, war wie am Anbeginn der Welt, als die Erde wüst und leer gewesen war [...]. Wir alle waren neue Menschen, wie neu geboren."
13 Karasek-Langer: Neusiedlung (wie Anm. 8), S. 30.
14 Kurt Trampler: Kolonisatoren des 20. Jahrhunderts. Flüchtlingsindustrien auf zerstörtem Wehrmachtsgelände. In: Schlesische Rundschau, Oktober 1949, S. 4. – Der Vergleich mit Robinson Crusoe wurde für die Nachkriegszeit allerdings auch in einem anderen Zusammenhang gezogen. Frank Deppe führt aus, die Alliierten hätten bei den Deutschen eine „ihnen zumeist unverständliche Selbstbezogenheit (self-centeredness)" festgestellt. „Als Folge des Verlustes eines verbindlichen gesellschaftlichen Zusammenhangs machte sich eine Art Robinson-Mentalität breit." Diese wirkte am Zusammenbruch alter Solidarstrukturen mit. Vgl. Frank Deppe: Das Bewußtsein der Arbeiter. Studien zur politischen Soziologie des Arbeiterbewußtseins. Köln 1971, S. 279.

higkeit zur Improvisation und Tugenden wie Durchhaltevermögen, Bescheidenheit und schließlich auch Gottvertrauen zugeschrieben.

Pioniere

Wenn in Neutraubling von den Pionieren die Rede ist, dann wird meist von Männern gesprochen[15]. Ungeachtet der Tatsache, dass die erste Nachkriegszeit ebenso wie Flucht und Vertreibung weitgehend von Frauen allein durchgestanden werden mussten und diese ‚Epoche' deshalb auch häufig als „Stunde der Frauen" apostrophiert wird[16], werden Frauen nur in den seltensten Fällen in die Riege der Pioniere aufgenommen. Immer wieder gedenkt man der „Väter Neutraublings", dieser „Männer der ersten Stunde". Sie werden geehrt und ausgezeichnet, Reden werden auf sie gehalten. Für sie gilt, was Hermann Hesse in seiner Erzählung „Die Stadt" formuliert hat: „Männer, die an der Gründung [...] teilgehabt hatten, genossen Achtung und Beliebtheit, ein kleiner Adel strahlte von ihnen aus."[17] Die Erinnerung gilt „retrospektiv dem Gedächtnis ihrer beispiellosen Taten", die man auf ihre vorwärtsgewandten Tugenden zurückführt[18]. Diese seien, so heißt es, von Vätern und Vorvätern übernommen: „Arbeitsfreude, Pflichtgefühl, Ausdauer und fachliches Können" hätten jene in der alten Heimat befähigt, „blühende Dörfer und Städte erstehen zu lassen". Die Söhne würden nun mit Hilfe derselben Tugenden „ein gemeinsames Werk von Unternehmern, Arbeitern, Angestellten und Landwirten" schaffen[19]. Dieser Bezug auf die „Pionierleistungen längst vergangener Kolonisationsepochen"[20] ist in der Literatur über Neutraubling ebenso verbreitet wie im örtlichen Diskurs.

Es scheint genau festgelegt, wer zu den Pionieren gezählt wird und wer nicht. Pioniere als Personen, „die den ersten Schritt in ein – geographisch oder gedanklich – noch nicht erschlossenes Gebiet" unternommen haben, werden unter anderem definiert über das Datum ihrer Ankunft in Neutraubling. Sie sind die, die als erstes das

---

15 Eine Ausnahme stellen die Reden bei den Muttertagsfeiern der Landsmannschaften dar.
16 Christian Graf von Krockow: Die Stunde der Frauen. Bericht aus Pommern 1944–1947. Stuttgart 1988; vgl. auch Anna-Elisabeth Freier / Anette Kuhn: „Das Schicksal Deutschlands liegt in der Hand seiner Frauen" – Frauen in der deutschen Nachkriegsgeschichte (Frauen in der Geschichte 5). Düsseldorf 1984; Dietmar Sauermann: Flüchtlingsgeschichten sind vor allem Frauengeschichten. Zur Rolle der Frauen bei Flucht oder Vertreibung und ihre ersten Kontakte in einer fremden Umgebung. In: Rheinisch-Westfälische Zeitschrift für Volkskunde 46 (2001), S. 355–370; Albrecht Lehmann: Im Fremden ungewollt zuhaus. Flüchtlinge und Vertriebene in Westdeutschland 1945–1990. München 1991, vor allem S. 151–170.
17 Hermann Hesse: Die Stadt. Ein Märchen. Hg. von Hermann Schmögner. Frankfurt a. M. 1976, unpag. [S. 10].
18 Nicolas Pethes: Artikel „Pionier". In: ders. / Jens Ruchatz (Hg.): Gedächtnis und Erinnerung. Ein interdisziplinäres Lexikon. Hamburg 2001, S. 442–444, hier S. 443.
19 Rede von Bürgermeister Scholz bei der Maibaumaufstellung am 1.5.1966 (Stadtarchiv Neutraubling, Reden).
20 Trampler: Kolonisatoren (wie Anm. 14).

unwegsame Gelände betreten haben. Sie sind für die Nachwelt „Wegbereiter oder Vorkämpfer", weil sie Zerstörtes wiederaufgebaut, Unstrukturiertes strukturiert und Neues geschaffen haben. Die Folgen ihrer Pionierleistungen ermöglichen den nachkommenden Generationen Zufriedenheit und Erfolg. Die Leistungen, deren Erstmaligkeit den Ruhm der Pioniere ausmacht, können nicht wiederholt werden[21].

Für Neutraubling kann man als zeitliche Grenze, bis zu der man in den Ort gekommen sein muss, um Pionierehren erlangen zu können, die Gemeindegründung im Jahre 1951 ausmachen. Daraus ergibt sich fast zwangsläufig, dass in der Hauptsache heimatvertriebene Fabrikanten in die Reihen der Gründerväter aufgenommen sind, da sie als erste eine Zuzugsgenehmigung für das zerbombte Gelände des ehemaligen Wehrmachtflughafens Obertraubling erhielten. Gegen diese „Bevorzugung" wird immer wieder einmal protestiert. Karl von'n Horst, die Kunstfigur einer Lokalzeitungs-Kolumne, meint dazu 1968:

> In den Tageszeitungen stand zu lesen, / wer Neutraubling das Gepräge gegeben / Von ‚Geschichtsschreibern' wird da geschrieben [Aufbaugemeinschaft der Industriellen, E. F.] / das kann man drehen – ganz nach Belieben! / Geschichte schreibt man vom Schreibtisch aus, / aber Geschichte machen sieht ganz anders aus. / Das ‚Erstere' liegt in guter Hand, / das ist ja allgemein bekannt. / Dazu läßt sich kaum etwas sagen, / aber beim ‚Zweiten' darf man fragen: / Wer hat vor zwanzig und mehr Jahren / den Karren aus dem Dreck gefahren? / Wer tat mit den wenigen Kalorien / sich mit Hacke und Schaufel abmühen? / Wer machte Überstunden / bis die größten Trümmer verschwunden? / Drum: Wenn man jetzt Geschichte macht, / sei auch dieser Männer gedacht![22]

In Brecht'scher Manier wird hier an die ‚wahren', aber vergessenen Gründer erinnert. Und wenn in einer Faschingszeitung des Jahres 1965 gefordert wird, in Neutraubling eine „Neuhalla" zu errichten – das Vorbild Walhalla steht nur wenige Kilometer entfernt –, in der Büsten verdienter Bürger ihren Platz finden sollten[23], dann ist dieser Vorschlag nicht nur spaßig gemeint, es steckt auch Kritik gegenüber den allmächtigen und übermächtigen „Vätern" dahinter, die man mit der hier vorgeschlagenen Ehrung vornehm ‚entsorgt' hätte.

Die allerdings, die zum erwählten Kreis der Pioniere gehören, haben keinen Zweifel an der Richtigkeit der „öffentlichen" Zuschreibung. Sie wachen sorgsam darüber, dass die einmal festgelegte Zusammensetzung der Gruppe der „verdienten Gründungsväter" nicht geändert wird.

Die Ersten

Die erste Generation der Neutraublinger wird je nach dem Zeitpunkt ihrer Ankunft auf dem Gelände des ehemaligen „Fliegerhorstes" in Gruppen eingeteilt. Die

---

21 Pethes: „Pionier" (wie Anm. 18), S. 442 f.
22 Karl von'n Horst (Folge 114). In: Neutraublinger Anzeiger [NA], 11. Jg., Nr. 20 (24.10.1968).
23 NA, 8. Jg., Nr. 4, Faschingsteil, S. 1.

meisten der Befragten verorten sich im Erzählen immer wieder in einer dieser „Einheiten". Sie legen damit ihre Position innerhalb der Erfolgsgeschichte des Ortes fest. Dabei fällt auf, dass die Zusammensetzung der Gruppen nicht konstant ist, sondern dass diese stets neu konstruiert und umgebildet werden. Im Erzählen kommen auch immer wieder neue Gruppen dazu.

Die Zugehörigkeit zu einer Gruppe dient der Abgrenzung und der Wahrung der Ansprüche auf einen bestimmten Status innerhalb der Gemeinde. Sie begründet den Ruhm der Pioniere, die – so Aleida Assmann – „säkulare Form der Unsterblichkeit" ihrer Namen. Dass Ruhm ein „hierarchisches, elitäres und in vielen Kulturen männliches Privileg"[24] ist, wurde am Beispiel der Neutraublinger Pioniere deutlich. Wie Manfred Schneider es mit der überzeugenden Formulierung der „Liturgien der Erinnerung" (im Kontrast und in Ergänzung zu den „Techniken des Vergessens") für religiöse Gemeinschaften beschrieben hat, stellt die ständige Bezeugung „ursprünglicher Stiftungsakte" eine Hauptaufgabe dieser Gruppen der „Ersten" dar[25].

Wird von den Anfängen der Stadt Neutraubling gesprochen, dann findet sich häufig ein Hinweis auf „die ersten Sieben". Wie der synonym gebrauchte Begriff des „Neutraublinger Urgesteins" mythisiert dieser Ausdruck den Anfang und verklärt die „Stunde Null" zu einem symbolischen Zeitabschnitt. Mit der Zahl Sieben bedient man sich dabei einer nicht nur im biblischen Schöpfungsmythos bedeutsamen Zahl. Die Sieben besitzt in fast allen Kulturkreisen einen hohen Stellenwert. Neben ihrer wichtigen Rolle als kosmisch-astronomische Ordnungszahl ist die Sieben nach der Drei die religionsgeschichtlich bedeutsamste Zahl[26].

Mit den Neutraublinger „ersten Sieben" sind sieben damals junge Männer gemeint, die, aus Krieg und Gefangenschaft gekommen, nicht mehr in ihre alte Heimat zurück konnten und auf unterschiedlichen Wegen in Neutraubling gelandet sind[27]. Wie sich die Gruppe exakt zusammensetzte, wird nirgends eindeutig nachgewiesen. In den Erzählungen und Zeitungsnotizen über die „ersten Sieben" werden entweder keine oder jeweils unterschiedliche Namen genannt, es kursieren deshalb mehr als sieben Namen für die Mitglieder dieser Gruppe. Immer wird jedoch ausschließlich von Männern gesprochen. Alle waren sie von den Amerikanern, den „Negern", die bis Ende 1946 das zerbombte Flughafengelände verwalteten, angestellt. Dass die genaue Geschichte dieser ersten Bewohner des ehemaligen „Fliegerhorstes" ungeklärt bleibt, macht sie noch interessanter, erhöht das sagenhafte Element in den Erzählungen.

---

24 Aleida Assmann: Artikel „Ruhm". In: Pethes/Ruchatz (Hg.): Gedächtnis und Erinnerung (wie Anm. 18), S. 508 f., hier S. 508.
25 Manfred Schneider: Liturgien der Erinnerung – Techniken des Vergessens. In: Merkur, 41. Jg., Heft 8 (August 1987), S. 676–686, hier S. 676.
26 Vgl. dazu u. a. Erika Dinkler-von Schubert: Artikel „Sieben". In: Lexikon der christlichen Ikonographie. Bd. 4. Freiburg 1994, Sp. 154–156.
27 Vgl. dazu: Erste Besiedlung. Erste Bewohner. In: Edith Frank / Cäcilie Vilsmeier: In Trümmern anfangen, aufbauen, leben. Neutraubling. Dokumentation der Ausstellung über die Anfangsjahre 1945–1961. Neutraubling 1996, S. 26.

Im Diskurs über die Aufbaujahre werden also – gestaffelt nach den Daten der Ankunft auf dem Flugplatzgelände – die verschiedensten Gruppen von „Ureinwohnern" konstruiert. Neben den „ersten Sieben" tauchen in der Berichterstattung über die Vertriebenengemeinde zum Beispiel „jene dreiundzwanzig Sudetendeutsche" auf, „die Anno 47 mit ihren Handkarren in die Wildnis an der Donau zogen"[28]. Fernab aller realen Zahlen – innerhalb des Jahres 1947 kamen 367 Personen auf das Gelände – wird hier ein Bild der „Kolonisation" gezeichnet, das nur wenig mit der Wirklichkeit zu tun hat.

Noch 1983 kommt es zu Versuchen, festzulegen, wer zu den „alten" Bewohnern gerechnet werden darf und wer nicht:

> Es gibt ein Alt-Neutraubling, es gibt Alt-Neutraublinger. Letztere sind Heimatvertriebene und Einheimische, die in den Gründerjahren 1947–1950, nach Vertreibung oder Rückkehr aus der Gefangenschaft – im zerbombten Fliegerhorst – eine erste Bleibe fanden. In ihrem Kämmerlein oder Kellergeschoß – ob im Schlangenbau, O-Bau oder Klosterbau – fühlten sie sich zuerst einmal wohl.

In dem Text, der vor allem Geschäftsleute und Fabrikanten nennt, werden auch Handlungsanweisungen mitgegeben: „Noch leben einige dieser Pioniere Neutraublings. Ihnen sollte man in Dankbarkeit begegnen und der Verstorbenen in Dankbarkeit gedenken."[29]

Die Versicherung eines „guten" Platzes ist auch heute noch wichtig. Denn: Je eher man da war, desto schwerer hatte man es, desto mehr musste man leisten, desto gerechtfertigter ist der heutige Ruhm – so wird vermittelt. Um die eigene Rolle etwas aufzuwerten, werden dann auch schon einmal Positionen verschoben. So berichtet Herr P. völlig überzeugt und andere überzeugen wollend: „No ja, [...], die Bauern wurden dann später angesiedelt". Erst auf Nachfrage räumt er ein: „Ja, einer von denen war auch früher da schon, nicht wahr, und noch ein paar mehr. [...] Aber wir waren eigentlich so mit die ersten da."[30]

Es gibt also nicht nur einen „ersten Platz", den man für sich in Anspruch nehmen kann, man kann „eigentlich so mit die erste" gewesen sein oder kann, wenn man als erster nach der Erhebung Neutraublings zur selbstständigen Gemeinde als Bürger eingetragen wurde, der erste Gemeindebürger sein[31]. „Mir warn praktisch die ers-

---

28 Pioniere in einer Wüste aus totem Stein. Aus Schweiß und Ruinen wächst: Neutraubling, die 4. Vertriebenengemeinde Bayerns. In: Ostdeutsche Zeitung / Die Stimme der Vertriebenen, Jg. 1951, Nr. 18 (6.5.1951), S. 6.
29 Dies und das vorherige Zitat: Walter Tippmann: Alt-Neutraubling – Erinnerungen. In: NA, 26. Jg., Nr. 7 (8.4.1983).
30 Georg P., Jg. 1903, aus Lötzen (Giżycko), Ostpreußen, Gespräch am 14.8.1988, S. 5 f.
31 Beim zweiten Treffen des Erzählkreises „Neutraublinger über Neutraubling" (am 12.6.1989, Thema „Neutraublinger Originale") wurde gar fast darüber gestritten, wer als erster auf dem Neutraublinger Friedhof beerdigt worden ist.

ten Bürger, die was in der Gemeinde Neutraubling –"[32], „da warn noch Wahlplakate rumghängt"[33], erzählt ein Ehepaar. Wenn man nicht den ersten Neutraublinger Betrieb besitzt, dann den ersten Steuer zahlenden[34], wenn der Sohn nicht der erste Neutraublinger Gemeindebürger ist, gilt der dritte Platz auch noch[35]. Bei diesem Konkurrieren um eine herausgehobene Position kommt es zu den seltsamsten Wortbildungen. Man zählt zu den „ersten Pionieren"[36], man ist „einer der zeitlichst ersten Bürger von Neutraubling"[37].

Beim Erzählen ist die Nummer, mit der man ins Meldebuch der Betreuergemeinde Barbing (war man einer der allerersten, in das des vorher zuständigen Harting) eingetragen worden war, von hoher Bedeutung. Sie ermöglicht ‚Insidern' eine sofortige Einordnung des Gegenübers. „Nr. 27 in Barbing"[38] reicht dann zum Beispiel als Beweis einer frühen Ankunft auf dem Flughafengelände aus. Agenturen der Erinnerung, wie das in den letzten Jahren eingerichtete Stadtarchiv, das mit seinen Ausstellungen und Veröffentlichungen das Stadtgedächtnis mitbestimmt, können bei der richtigen Positionierung Unterstützung geben. So erinnert sich ein Befragter:

> No ja, und da war, im April 47, aufgrund dieser Ausstellung, die jetzt war, diese Fotoausstellung ‚Neutraubling von Anfang an', war ich im April der 45., 48. oder auch 44. Arbeiter. [...] und endgültig herzogen dann nach Neutraubling 47, ja, da gehörten wir noch zu Barbing, und da war ich, in Neutraubling war ich dann, aufgrund dieser Fotoausstellung hab ich festgestellt, war ich der 93. Bürger, der in Neutraubling also karteimäßig erfasst wurde[39].

Es fällt auf, dass die schriftliche Fixierung der Erfolgsdaten zunächst keine große Rolle spielt. In der 1961 herausgegebenen „Ortsbroschüre Neutraubling" weisen nur wenige der aufgenommenen Fabrikanten, Handwerker und Geschäftsleute auf ihr frühes „Erscheinen" in Neutraubling hin[40]. Im mündlichen Diskurs jedoch kommt der Betonung solcher zeitlicher Markierungen eine wichtige Rolle zu.

---

32 Ernst T., Jg. 1921, aus Lindig (Lípa), Kreis St. Joachimsthal (Jáchymov), Erzgebirge, Gespräch am 12.3.1987, S. 1.

33 Hedwig T., Jg. 1922, aus Pumperle (Řasnice), Kreis Prachatitz (Prachatice), Böhmerwald, Gespräch am 12.3.1987, S. 1. – Das Ehepaar kam also kurz nach der ersten Gemeindewahl in Neutraubling an.

34 Deininger würdigt Verdienste von Ernst Müller um Neutraubling. In: Mittelbayerische Zeitung [MZ] vom 26.10.1976.

35 „Der Volker, mein ältester Sohn, ist der dritte Bürger von Neutraubling." Hermann K., Jg. 1924, aus Gailsbach, Landkreis Regensburg, Gespräch am 29.5.1987, S. 13.

36 Aus dem Geschäftsleben. In: Tages Anzeiger (TA) vom 16./17.2.1957.

37 NA, 11. Jg., Nr. 10 (30.5.1968).

38 Franz R., aus Chodau (Chodov), Kreis Elbogen (Loket), Egerland, Gespräch am 12.9.1988, Gesprächsnotiz, S. 1.

39 Adolf W., Jg. 1905, aus Eger (Cheb), Egerland, Gespräch am 11.3.1987, S. 4 f.

40 Der Schlossermeister Franz Fischer zum Beispiel fügt seiner Adresse den Zusatz „seit August 1947 in Neutraubling" an, und der Metzgermeister Michael Wild wirbt mit dem Zusatz „Ältestes Geschäft in Neutraubling". Willy Roloff (Hg.): Ortsbroschüre Neutraubling. Neutraubling 1961, unpag.

Helden der Arbeit[41]

Wie folgender Kommentar des Jahres 1948 aus der „Mittelbayerischen Zeitung" deutlich macht, fokussiert sich das Reden in und das Reden über Neutraubling häufig auf das Reden über Arbeit und Fleiß:

> In Obertraubling [gemeint ist die Industriesiedlung Obertraubling und somit das spätere Neutraubling, E. F.] streitet man sich nicht darum, wer für den Schutt verantwortlich ist, sondern man räumt ihn fort. Man wartet auch nicht auf eine äußere Hilfe, sondern man packt zu. [...] Man hat in den letzten 15 Jahren viele Reden gehört, viel versprochen und meistens wenig gehalten. In Obertraubling hat man weniger geredet und mehr gearbeitet. Wir wären heute in Deutschland weiter, wenn man überall genauso gehandelt hätte. Obertraubling ist eine eindringliche Ermahnung zur Selbstbesinnung auf das einzige, was uns geblieben ist: Die deutsche Arbeitskraft[42].

Auch in den von mir geführten Gesprächen mit Neutraublingern stellt die geleistete Arbeit ein sehr wichtiges Thema dar. Dabei ist es nur in zweiter Linie die Erwerbsarbeit, über die man berichtet. Viel häufiger wird über die im privaten Bereich geleistete Aufbauarbeit und über die Leistungen für Gemeinschaftsprojekte gesprochen. Der freiwillige Einsatz beim Bau der beiden Kirchen und der Schule etwa wird schon zur Entstehungszeit dieser Gebäude zum Gemeinschaftswerk der Pioniere mythisiert.

Erzählen und kein Ende

Bei der Einweihung ihrer erweiterten Gemeinderäume im Oktober 1989 lud die evangelische Kirchengemeinde Neutraubling ins „Café anno dazumal". Die Interview-Situation imitierend, unterhielten sich dort zwei interviewgeübte, auch von mir befragte Neutraublingerinnen – eine Ostpreußin und eine Sudetendeutsche – mit zwei jungen Frauen. Die Geschichten, die vorgetragen wurden, waren bereits oft erzählt, man wusste, dass sie „ankommen", und sie kamen an – auch diesmal wieder[43].

Die in Neutraubling geführten Interviews – auch von der Ortsheimatpflegerin wurde in den frühen 1990er Jahren für das Archiv des im Entstehen begriffenen Stadtmuseums eine große Zahl von Neutraublingern befragt – und die 1989/90 veranstalteten Erzählkreise hatten „Folgen", die berücksichtigt und thematisiert werden

---

41 Mit der Bezeichnung „Helden der Arbeit" wird hier nur gespielt, ohne inhaltliche Parallelen zum Ehrentitel „Held der Arbeit" ziehen zu wollen, der in der DDR seit 1950 jeweils am 13. Oktober an verdiente Einzelpersonen vergeben wurde. Die Auszeichnung, die vom Vorsitzenden des Staatsrates der DDR verliehen wurde, war mit einem Geldbetrag verbunden. Vgl. dazu: A bis Z. Ein Taschen- und Nachschlagebuch über den anderen Teil Deutschlands. Hg. vom Bundesministerium für gesamtdeutsche Fragen. 11. Aufl. Bonn 1969, S. 272.
42 Wirtschaft im Aufbau. Die Industriesiedlung Obertraubling. In: MZ vom 25.11.1948. Die letzten drei Worte sind im Original hervorgehoben.
43 Vgl. dazu: Aus Diasporagemeinde wurde große Kirchengemeinde. Neue evangelische Gemeinderäume feierlich eingeweiht. In: MZ vom 16.10.1989.

müssen⁴⁴. So führten das öffentliche Erzählen in den Erzählkreisen und eine daraus erwachsende Artikelserie in der lokalen Tageszeitung dazu, dass subjektive Erinnerungen einem größeren Personenkreis verfügbar gemacht und nicht selten in kollektive Erfahrungen umerzählt wurden. Das Neutraublinger Erzählrepertoire hat sich so in den letzten Jahren erheblich erweitert; selbst Leute, die nicht direkt am Aufbau beteiligt waren, ihn nicht erlebt haben, erzählen heute „Aufbaugeschichten".

Torsten Koch und Harald Welzer haben – am Beispiel von Erzählungen aus der NS-Zeit – gezeigt, wie Episoden aus der Lebensgeschichte einer Person durch das Weitererzählen durch Zweite und Dritte „umfiguriert und vor allem hinsichtlich ihrer Plots, ihrer politischen und moralischen Botschaften, Gegenwartsdeutungen und erinnerungskulturellen Normen angepasst werden"⁴⁵. Auch in dem von mir zusammengestellten und untersuchten Sample von Erinnerungserzählungen gibt es viele, die immer wieder weiter- und umerzählt werden. Durch das im Erzählkreis kurzzeitig institutionalisierte öffentliche Erzählen haben sich also Geschichten gebildet, die quasi zum Allgemeingut wurden. Das geschilderte Erlebnis gewann „seine erzählerische Ausprägung durch wiederholtes Nachgestalten, an dem in der Regel mehrere Erzähler beteiligt" waren⁴⁶.

Nach John Berger konstruieren die Bewohner kleiner Gemeinden ihr Selbstbild in einem fortlaufenden Prozess:

> Das Selbstporträt eines jeden Dorfes ist jedoch nicht aus Stein zusammengesetzt, sondern aus Worten, gesprochenen und erinnerten: aus Meinungen, Geschichten, Augenzeugenberichten, Legenden, Kommentaren und Hörensagen. Und es ist ein kontinuierliches Porträt; die Arbeit daran hört niemals auf⁴⁷.

Es gibt für Neutraubling – so kann festgestellt werden – eine „lokal organisierte und fixierte Biographie"⁴⁸, an der von verschiedenen Produzenten sehr bewusst gearbeitet wurde und weiterhin gearbeitet wird. Die Neutraublinger Pioniere, die selbst den größten Anteil am Aufbau dieser von Mythen bestimmten Biographie haben, achten darauf, dass an ihr nicht gerüttelt wird. Sie müssen sich schon deshalb für diese einsetzen, weil sie durch sie und in ihr definiert sind. Sie ist „für die eigene Weltsicht wichtig geworden", sie stellt den „erklärenden Formelvorrat"⁴⁹.

---

44 Vgl. dazu auch Fendl: Rückschau (wie Anm. 5).
45 Torsten Koch / Harald Welzer: Weitererzählforschung. Zur seriellen Reproduktion erzählter Geschichten. In: Thomas Hengartner / Brigitta Schmidt-Lauber (Hg.): Leben-Erzählen. Beiträge zur Erzähl- und Biographieforschung. Festschrift für Albrecht Lehmann (Lebensformen. Veröffentlichungen des Instituts für Volkskunde der Universität Hamburg 17). Berlin, Hamburg 2005, S. 165–182, hier S. 165 f.
46 Paul Nedo: Grundriß der sorbischen Volksdichtung (Schriftenreihe des Instituts für sorbische Volksforschung in Bautzen 32). Bautzen 1966, S. 220.
47 John Berger: Eine Erinnerung. In: ders.: Sau-Erde. Geschichten vom Lande. München 1992 [Originalausgabe London 1979], S. 12–23, hier S. 19.
48 Konrad Köstlin: Folklore in der Biographie: Lügengeschichten? In: Zeitschrift für Volkskunde 76 (1980), H. 1, S. 58–73, hier S. 69.
49 Ebd., S. 64.

Živilė Vagonytė

Mittelalterliche deutsche Handschriften in St. Petersburg

Bericht über eine Bibliotheksreise

Im Rahmen meines Forschungsvorhabens, das sich mit der Erfassung und Erschließung mittelalterlicher deutscher Handschriftenbestände in den Bibliotheken der baltischen Staaten, Litauen, Lettland und Estland, sowie von St. Petersburg befasst[1], habe ich vom 19. August bis zum 15. September 2005 eine Bibliotheksreise nach St. Petersburg unternommen, mit dem Ziel, die mittelalterlichen deutschen Handschriften in den dortigen Bibliotheken zu eruieren.

Die beiden großen Bibliotheken St. Petersburgs, die Russische Nationalbibliothek und die Bibliothek der Russischen Akademie der Wissenschaften, verfügen beide über bedeutende Bestände an abendländischen Handschriften. Im Besitz von kleineren Sammlungen sind die Wissenschaftliche Bibliothek der Universität St. Petersburg und das Archiv des St. Petersburger Instituts für Geschichte Russlands; die letztgenannte Einrichtung gehört zur Russischen Akademie der Wissenschaften. Wegen der auf knapp vier Wochen bemessenen Zeit, der Öffnungszeiten der Bibliotheken und der Bestellprozeduren musste ich meine Nachforschungen auf die Russische Nationalbibliothek[2] beschränken. Trotz dieser Einschränkungen konnte ich fast den gesamten Bestand der Nationalbibliothek an mittelalterlichen deutschen Handschriften – immerhin den größten in St. Petersburg – durchsehen sowie vor Ort einige Ermittlungen über die Handschriftensammlungen anderer bibliothekarischer Einrichtungen St. Petersburgs anstellen. Der folgende Beitrag will einen Überblick über die Handschriften im Bestand der Russischen Nationalbibliothek geben. Mein Hauptaugenmerk gilt dabei den mittelalterlichen deutschen Handschriften, insbesondere denen, die literarische Texte überliefern.

Die Russische Nationalbibliothek wurde im Jahr 1795 durch einen Erlass Katharinas II. als Kaiserliche Öffentliche Bibliothek gegründet[3]. Damals gab es in Russland

---

1 Das Promotionsprojekt „Mittelalterliche deutsche Handschriften im Baltikum und in St. Petersburg" wird gegenwärtig mit einem Immanuel-Kant-Stipendium gefördert.
2 Rossijskaja Nacional'naja Biblioteka (vormals im Deutschen bekannt als ‚Kaiserliche Öffentliche Bibliothek' oder ‚Saltykov-Ščedrin-Bibliothek'). Dies ist der Name, den die Bibliothek im Zuge der Auflösung der Sowjetunion und der Unabhängigkeit der Russischen Föderation erhielt.
3 Zur Geschichte und zu den Beständen der Bibliothek allgemein vgl. Werner von Grimm: Studien zur Geschichte der Kaiserlichen Öffentlichen Bibliothek in St. Petersburg (Leningrad). Gräfenhainichen 1933; Irina F. Grigorjewa: Die Staatliche Öffentliche Bibliothek M. J. Saltykov-Schtschedrin und der Aufbau ihrer Bestände. In: Zentralblatt für Bibliothekswesen 78 (1964), S. 257–266; Galina R. Rieder: Rossijskaja nacional'naja biblioteka (Russische Nationalbibliothek). In: Bernhard Fabian (Hg.): Handbuch deutscher historischer Buchbestände in Europa.

außer der Bibliothek der Kaiserlichen Akademie der Wissenschaften keine Sammlung, auf deren Grundlage eine Nationalbibliothek hätte aufgebaut werden können. So traf man die Entscheidung, die neu zu schaffende Nationalbibliothek mit Hilfe von Sammlungen zu generieren, die sich nicht nur außerhalb von St. Petersburg, sondern auch außerhalb Russlands befanden: Ins Blickfeld gerieten Bestände der großen Bibliotheken Polens, insbesondere die Bibliothek der polnischen Grafen Załuski, die von 1774 bis 1794 als Nationalbibliothek des polnischen Staates fungierte. Nach der Einnahme Warschaus durch die Russen 1794 wurde die Bibliothek als polnisches Staatsgut zum Eigentum der russischen Regierung erklärt und nach St. Petersburg verbracht. Mit den Beständen der polnischen Bibliotheken gelangten neben etwa 250.000 Druckbänden etwa 11.000 Handschriften nach St. Petersburg. Nach dem Ersten Weltkrieg (zwischen 1924 und 1934) wurde aufgrund des 1921 abgeschlossenen Friedensvertrags von Riga der Großteil der Handschriften aus dieser Sammlung an Polen zurückerstattet[4]. Die Rückgabe der Handschriften ist in einer von der polnischen Kommission eigens erstellten Signaturenliste dokumentiert[5].

Den Grundstock der heutigen Handschriftenbestände der Nationalbibliothek bildet die Handschriftensammlung von Pëtr Dubrovskij[6], einem Bibliophilen, der im 18. Jahrhundert als Beamter der russischen Gesandtschaft in Paris tätig war und dort eine einzigartige Handschriftensammlung zusammengetragen hatte. Seine Sammlung wurde von Zar Alexander I. gekauft und gelangte 1805 in die damalige Kaiserliche Öffentliche Bibliothek. Später kamen die mittelalterlichen Handschriften aus der Sammlung des Grafen Suchtelen, der Anfang des 19. Jahrhunderts als russischer Botschafter in Stockholm tätig war, sowie Handschriften aus der kaiserlichen Privatbibliothek, der sogenannten Eremitagesammlung, hinzu.

Die Russische Nationalbibliothek verfügt heute über die größten und bedeutendsten Bestände an abendländischen Handschriften in Russland. In der Handschriften- und Rara-Abteilung der Bibliothek werden etwa 6.000 abendländische Handschriften verwahrt, davon ca. 1.000 mittelalterliche[7]. Etwa die Hälfte des Bestan-

---

Eine Übersicht über Sammlungen in ausgewählten Bibliotheken. Bd. 8.1: Rußland, Teil 1: St. Petersburg. Hildesheim, Zürich, New York 2001, S. 47–155.

4 Von den entführten 13.300 Handschriften erhielt Polen 11.334 Handschriften wieder. Es handelt sich dabei vor allem um die Handschriften der Bibliotheken Załuski, der Universität Warschau, der „Gesellschaft der Liebhaber von Wissenschaft und Literatur"; vgl. Grimm: Studien (wie Anm. 3), S. 55. Die Handschriften wurden zunächst in der Bibliothek der Universität Warschau untergebracht. Später übergab man sie an die Nationalbibliothek Warschau, wo sie während des Zweiten Weltkrieges größtenteils zerstört wurden.

5 Sigla codicum manuscriptorum qui olim in Bibliotheca Publica Leninopolitana extantes nunc in Bibliotheca universitatis Varsoviensis asservantur. Cracow 1928.

6 Zur Sammlung von Dubrovskij vgl. T[amara] P. Voronova: P. P. Dubrovskij 1754–1816 and the Saint-Germain manuscripts. In: The Book Collector 27 (1978), S. 469–478.

7 Zu den Beständen an abendländischen Handschriften in der Russischen Nationalbibliothek allgemein vgl. T[amara] P. Voronova: Western Manuscripts in the Saltykov-Shchedrin Library, Leningrad. In: The Book Collector 5 (1956), S. 12–18. In der russischen Literatur werden Handschriften vom 5. bis einschließlich 17. Jahrhundert als mittelalterliche gerechnet, vgl. T[amara]

des bilden lateinischsprachige Handschriften französischer, italienischer, englischer, deutscher, spanischer und anderer Provenienzen. Der Großteil der anderssprachigen Handschriften ist französisch.

Vergleichsweise spät, erst in den 1840er Jahren, begann man in der damaligen Kaiserlichen Öffentlichen Bibliothek unter der Leitung des damaligen Bibliotheksdirektors Dmitrij P. Buturlin die Handschriften zu verzeichnen. Das Resultat war ein 21 Bände umfassender systematischer Katalog aller Handschriften und Autographen, der bis Anfang des 20. Jahrhunderts, vermutlich auch später noch, benutzt wurde[8]. Im Katalog waren die Handschriften nach Sprachen und Formaten geordnet, wobei jede Sprachrubrik in thematische Abteilungen zerfiel[9]. Diese Einteilung herrschte auch bei der Aufstellung der Handschriften und bei der Signaturvergabe.

Die Signaturen der Handschriften sind in der Regel fünfstellig: Sprache (z. B. „Lat.", „Nem." [russische Abkürzung für ‚deutsch'], „Raznojaz." [russische Abkürzung für ‚verschiedensprachig']), Format („F." [Folio], „Q."[Quart], „O." [Oktav]), gegebenenfalls Beschreibstoff (die Abkürzung „v." [vellum bzw. vélin] kommt nur in den Signaturen der auf Pergament geschriebenen Handschriften vor[10]), thematische Abteilung (mit römischen Ziffern von I bis XIX gekennzeichnet[11]) und laufende Nummer im Katalog (mit arabischen Ziffern gekennzeichnet), z. B. „Nem.F.v.I.1.".

Der Katalog der Handschriftenabteilung ist vor der Rückgabe eines großen Teils der Handschriften an Polen entstanden. Die zurückgegebenen Handschriften wurden darin später mit roter Tinte gekennzeichnet.

P. Voronova: O predvaritel'nom spiske rukopisej latinskogo alfavita V–XV vv., chranjaščichsja v Gosudarstvennoj Publičnoj Biblioteke im. M. E. Saltykova-Ščedrina (Dlja Svodnogo kataloga rukopisej, chranjaščichsja v SSSR) [Über die vorläufige Katalogisierung der Handschriften in lateinischer Schrift des 5.–15. Jahrhunderts, die in der Staatlichen Öffentlichen Saltykov-Ščedrin-Bibliothek verwahrt werden (Für den Gesamtkatalog der Handschriften, die in der UdSSR verwahrt werden)]. In: Archeografičeskij ežegodnik za 1975 god [Archäographisches Jahrbuch für das Jahr 1975]. Moskau 1976, S. 18–23, hier S. 19.

8 Vgl. Grimm: Studien (wie Anm. 3), S. 24–26.
9 Auszüge aus einigen Bänden des handschriftlichen Katalogs, der wegen der knapp gehaltenen Angaben zu einzelnen Handschriften genau genommen als Verzeichnis oder Inventar bezeichnet werden sollte, sind bei Kristeller veröffentlicht; vgl. Paul Oscar Kristeller: Iter Italicum. Accendunt alia itinera. A Finding List of uncatalogued or incompletely catalogued humanistic manuscripts of the Renaissance in Italian and other libraries. Vol. V (Alia itinera III and Italy III): Sweden to Yugoslavia, Utopia, Supplement to Italy (A–F). London, Leiden 1990, S. 178–196.
10 Auf Pergament geschriebene Handschriften wurden in den Inventaren zuerst angeführt. Falls der Buchstabe v in der Signatur einer Handschrift fehlt, bedeutet das, dass die Handschrift auf Papier geschrieben ist.
11 Das System der thematischen Abteilungen wurde Anfang des 19. Jahrhunderts von Aleksej N. Olenin, dem ersten Direktor der damaligen Kaiserlichen Öffentlichen Bibliothek, eingeführt. Nach seinem System wurde die Bibliothek – sowohl die Druckwerke als auch Handschriften – in folgende Abteilungen eingeteilt: I – Theologia, II – Jurisprudentia, III – Philosophia, IV – Historia et Geographia, V – Historia naturalis, VI – Medicina, VII – Physica, VIII – Chimia, IX – Mathesis, X – Artes mechanicae, XI – Artes liberales, XII – Musica, XIII – Ars delineandi (Calligraphia), XIV – Poesis, XV – Eloquentia, XVI – Linguistica, XVII – Polygraphia, XVIII – Historia literaria, XIX – Classici latini (cl.lat.).

Die deutschsprachigen Handschriften sind in einem eigenen Katalogband verzeichnet, der auch als „Alter Katalog der deutschen Handschriften" bekannt ist[12]. Dieser handschriftliche Katalog ist bislang das vollständigste Verzeichnis der deutschen Handschriften und somit ein unverzichtbares Hilfsmittel bei der Erschließung der mittelalterlichen deutschen Handschriftenbestände der Bibliothek. Anhand des Katalogs werden bis heute alle an die Handschriften- und Rara-Abteilung gerichteten Anfragen zu den deutschen Handschriften überprüft und wird darüber Auskunft erteilt, ob diese noch in der Bibliothek vorhanden sind. Die Benutzung des Katalogs wird dem Leser gegenwärtig untersagt, mit der Begründung, er befinde sich in einem schlechten Zustand und sei deswegen ausschließlich für den internen Gebrauch bestimmt. Bei meiner Arbeit in der Handschriften- und Rara-Abteilung musste ich bedauerlicherweise auf dieses Hilfsmittel verzichten. Nach Auskunft der Bibliothekare wird der handschriftliche Katalog derzeit neu bearbeitet. Die Bearbeitung kann sich jedoch aus verschiedenen Gründen noch einige Jahre hinziehen.

Ein weiteres Hilfsmittel für die Ermittlung deutscher Handschriften ist der Zettelkatalog der Handschriftenabteilung. Der Zettelkatalog wurde vermutlich zu Anfang des 20. Jahrhunderts angelegt, als man unter der Leitung der russischen Mediävistin und Paläografin Olga Dobiaš-Roždestvenskaja mit der systematischen Erfassung und Erschließung der abendländischen Handschriftensammlungen begann[13]. Die Benutzung dieses Hilfsmittels wird dem Leser ebenfalls untersagt. Es gelang mir lediglich, in Erfahrung zu bringen, dass es sich heute dabei um eine kleine Schachtel mit Katalogkarten handelt[14]. Ob es ursprünglich mehr Katalogkarten waren, die dann z. B. nach der Rückgabe vieler Handschriften an Polen entfernt wurden, konnte nicht geklärt werden.

Vor dem Zweiten Weltkrieg existierten in der Bibliothek nur einige gedruckte Kataloge, in denen mehr oder weniger große Sammlungen an abendländischen Handschriften verzeichnet und/oder beschrieben waren. Zu erwähnen sind hier insbesondere die Arbeiten von Dobiaš-Roždestvenskaja für Handschriften des 5. bis 8. Jahrhunderts[15] und ein Katalog von Staerk für Handschriften des 9. bis 12. Jahrhun-

---

12 Bei Kristeller sind leider keine Auszüge aus dem Alten Katalog der deutschen Handschriften enthalten; vgl. Kristeller: Iter (wie Anm. 9). Der handschriftliche Katalog wird in den Berichten über Handschriftenfunde von Michael Murjanoff mehrmals erwähnt, einige Angaben werden daraus zitiert; vgl. Michael Murjanoff, Halina Szczerba: Zur Überlieferung von Wolframs Willehalm. In: PBB 84 (Halle 1962), S. 224–235, hier S. 224; dies.: Leningrader Passional-Fragment. In: PBB 84 (Halle 1962), S. 236–246, hier S. 236; Michael Murjanoff: Zur Überlieferung des Seelentrostes. Mit einem Tafelteil im Anhang. In: PBB 89 (Halle 1964), S. 189–224, hier S. 189.
13 Vgl. Voronova: Western Manuscripts (wie Anm. 7), S. 17 f.
14 Der Zettelkatalog der Handschriftenabteilung wird ebenfalls bei Murjanoff in seinen Berichten über Handschriftenfunde in der Bibliothek erwähnt, einige Katalogkarten werden genau beschrieben; vgl. Murjanoff: Willehalm (wie Anm. 12), S. 225; ders.: Passional (wie Anm. 12), S. 237.
15 Olga Dobiaš-Roždestvenskaja: Les anciens manuscrits latins de la Bibliothèque Publique de Leningrad. Fsc. 1: V^e–VIIe siècles. Leningrad 1929; dies.: Drevnejšye latinskie rukopisi. Č. 2: VIII

derts[16], in denen größere Teilbestände beschrieben sind. Selbstverständlich gab es wissenschaftliche Beschreibungen einzelner Handschriften oder sogar ausgewählter Handschriftensammlungen, die sowohl von russischen als auch von westlichen Forschern erstellt und veröffentlicht wurden. So sind z. B. die „wichtigsten" illuminierten Handschriften des 13.–16. Jahrhunderts im Katalog von Laborde[17] und die Weißenauer Codices von Lehmann[18] beschrieben. Bei den älteren Katalogen und Verzeichnissen ist zu berücksichtigen, dass nicht alle Handschriften auch heute noch in der Bibliothek vorhanden sind. Wie bereits erwähnt, wurden viele Handschriften an Polen zurückerstattet. Anhand der von der polnischen Kommission erstellten Signaturenliste der nach Polen verbrachten Handschriften[19] muss deswegen überprüft werden, ob die in den älteren Katalogen beschriebenen Handschriften immer noch in der Bibliothek vorhanden sind. Zudem konnten und können die Einzelbeschreibungen der Handschriften, die zu verschiedenen Zeiten von verschiedenen Wissenschaftlern erstellt und in verschiedenen Publikationen veröffentlicht wurden, kein Gesamtbild der Handschriftenbestände der Russischen Nationalbibliothek vermitteln.

Im Jahr 1973 fand im damaligen Leningrad eine von der Archäographischen Kommission organisierte wissenschaftliche Konferenz statt, auf der die Erstellung eines Gesamtkatalogs für alle in der UdSSR verwahrten abendländischen Handschriften beschlossen wurde[20]. Wegen der großen Zahl der zu erfassenden Handschriften dauern die Katalogarbeiten in der Russischen Nationalbibliothek gegenwärtig noch an. Bereits erschienen sind die Kataloge der Handschriften in lateinischer Schrift des 5.–12. Jahrhunderts von Bernadskaja[21] und der Handschriften des 13. Jahrhunderts

---

    – načalo IX v. [Die ältesten lateinischen Handschriften. Teil 2: 8. – Anfang des 9. Jahrhunderts]. Leningrad 1965. Der letztgenannte Katalog wurde später ebenfalls ins Französische übersetzt: Olga A. Dobiaš-Roždestvenskaja / Wsevolod W. Bakhtine: Les anciens manuscrits latins de la Bibliothèque publique Saltykov-Ščedrin de Leningrad. VIIIe – début IXe siècle. Catalogue. Paris 1991.

16 Antonio Staerk: Les manuscrits latins du Ve au XIIIe siècle conservés à la Bibliothèque impériale de Saint-Pétersbourg. 2 Bde. S-Pétersbourg 1910 (Nachdruck Hildesheim u. a. 1976–1989). Der Katalog ist bedauerlicherweise fehler- und lückenhaft. Von 140 im Katalog beschriebenen Handschriften sind 27 nicht mehr in der Bibliothek vorhanden; vgl. Sigla (wie Anm. 5).

17 A. Comte de Laborde: Les principaux manuscrits à peintures conservés dans l'ancienne Bibliothèque impériale publique de Saint-Pétersbourg. 2 Bde. Paris 1936–1938. Von den 157 im Katalog beschriebenen Handschriften sind noch 121 im Besitz der Bibliothek; vgl. Sigla (wie Anm. 5).

18 Paul Lehmann: Verschollene und wiedergefundene Reste der Klosterbibliothek Weissenau. In: Zentralblatt für Bibliothekswesen 49 (1932), S. 1–11. Vor kurzem sind die Handschriftenbeschreibungen von Elke Wenzel in ihrer Dissertation aktualisiert worden; vgl. Elke Wenzel: Die mittelalterliche Bibliothek der Abtei Weißenau. Frankfurt a. M. u. a. 1998.

19 Vgl. Sigla (wie Anm. 5).

20 Vgl. Voronova: O predvaritel'nom spiske (wie Anm. 7), S. 18.

21 E[lena] V. Bernadskaja u. a.: Latinskie rukopisi V–XII vekov Gosudarstvennoj Publičnoj Biblioteki im. M. E. Saltykova-Ščedrina. Kratkoe opisanie dlja svodnogo kataloga rukopisej, chranjaščichsja v SSSR. Čast' 1 [Handschriften des 5.–12. Jahrhunderts in lateinischer Schrift in der Staatlichen Öffentlichen Saltykov-Ščedrin-Bibliothek. Kurzes beschreibendes Verzeichnis für

von Kiseleva²². Die abendländischen Handschriften des 14.–15. Jahrhunderts, deren Zahl die der älteren Handschriften um einiges übertrifft, darunter auch fast alle mittelalterlichen deutschen, sind bislang vollständig nur in den handschriftlichen Inventaren und Zettelkatalogen der Handschriftenabteilung der Nationalbibliothek verzeichnet.

Für einen Teil der deutschsprachigen Handschriften, die in der Russischen Nationalbibliothek verwahrt werden, existiert ein gedruckter Katalog der „Altdeutsche[n] Handschriften der Kaiserlichen Öffentlichen Bibliothek", der vom damaligen Mitarbeiter der Bibliothek Rudolf I. Minzloff (1811–1883) erstellt wurde und 1853 erschienen ist²³. Im Katalog von Minzloff sind sechs Handschriftenfragmente sowie 14 deutschsprachige Handschriften beschrieben und teilweise abgedruckt²⁴.

Die meisten der von Minzloff beschriebenen Codices stammten aus der Sammlung Załuski und sind nach dem Ersten Weltkrieg an Polen zurückerstattet worden. Der größte Teil der zurückgegebenen Handschriften ist in Warschau während des Zweiten Weltkriegs zerstört worden.

Da in der Forschungsliteratur immer noch Unklarheit über den Verbleib einiger von Minzloff beschriebener Codices herrscht²⁵, scheint mir die Veröffentlichung nachfolgender Konkordanz sinnvoll, um einen Überblick über die zurzeit ermittelten, noch vorhandenen Handschriften zu bieten, langwierige Recherchen abzukürzen oder Doppelarbeit zu vermeiden.

Grundlage dieser Konkordanz sind vor allem Nachforschungen vor Ort in der Handschriften- und Rara-Abteilung der Nationalbibliothek. Mit Hilfe der Bibliothekare konnte anhand des Alten Katalogs der deutschen Handschriften überprüft werden, ob bzw. welche Handschriften den Zweiten Weltkrieg überdauert haben. Die Codices, deren neue Standorte bereits ermittelt sind, werden in der nachfolgenden Konkordanz mit ihren neuen Signaturen angeführt. Die Handschriften, die

---

den Gesamtkatalog der Handschriften, die in der UdSSR verwahrt werden. Teil 1]. Leningrad 1983.
22 L[udmila] I. Kiseleva: Latinskie rukopisi XIII veka. Opisanie rukopisej Rossijskoj Nacional'noj Biblioteki [Handschriften des 13. Jahrhunderts in lateinischer Schrift. Beschreibendes Verzeichnis der Handschriften der Russischen Nationalbibliothek]. S.-Peterburg 2005.
23 Rudolf Minzloff: Die altdeutschen Handschriften der kaiserlichen öffentlichen Bibliothek zu St. Petersburg. St. Petersburg 1853 (Neudruck Wiesbaden 1966).
24 Unter den insgesamt sieben Beschreibungen von Handschriftenfragmenten findet sich eine Beschreibung von einem Gebetbuch. Die lediglich in der Einleitung erwähnte Handschrift des ‚Schachzabelbuchs' Konrads von Ammenhausen befand sich während der Drucklegung des Katalogs in der Sammlung der Eremitage.
25 So werden beispielsweise von Heiduk zwei schlesische Handschriften aus dem Katalog von Minzloff (Nem.Q.v.I.2 und Nem.Q.I.273) in St. Petersburg vermutet, obgleich sie nach Polen zurückgekehrt sind; vgl. Franz Heiduk: Zu Laurentius von Ratibor und zum „Breslauer Gebetbuch". Hinweise auf alte schlesische Handschriften in Sankt Petersburg. In: Archiv für schlesische Kirchengeschichte 51/52 (1994), S. 257–260. In den Marburger Handschriftenrepertorien wird als Standort des von Minzloff beschriebenen Psalters (Nem.F.v.I.1) immer noch die Russische Nationalbibliothek angegeben.

nach Auskunft der Bibliothekare den Krieg überdauert haben, deren Verbleib heute jedoch noch nicht geklärt ist, sind mit Fragezeichen gekennzeichnet. Es besteht die Hoffnung, dass insgesamt fünf Handschriften in Polen noch wiedergefunden werden können.

Signatur Russ. Nationalbibl.	Angaben aus dem Katalog von Minzloff	Verbleib bzw. neuer Standort und Signatur
Nem.F.v.I.1	S. 91: „Lateinisch-deutscher Psalter"	Warschau, vernichtet
Nem.Q.v.I.1.	S. 92: „Deutscher Psalter"	Warschau?
Nem.Q.v.I.2	S. 92 f.: „Breslauer Gebetbuch" (darin Gebete des Thomas von Aquin)	Warschau, vernichtet
Nem.Q.I.273	S. 94 f.: „Laurentius von Ratibor von den Sacramenten der Taufe und der Busse"	Warschau, vernichtet
Nem.F.I.4	S. 95: „Postille"	Warschau, vernichtet
Nem.Q.I.138	S. 96–98: „Unser Frauen Leben. In Prosa" (Marienlegende)	Warschau, Biblioteka Narodowa, Cod. II 3896
Nem.Q.v.II.1	S. 99–106: „Das Ordensbuch der Brüder vom Deutschen Hause St. Marien zu Jerusalem"	Warschau?
Nem.F.v.II.1	S. 106–108: „Schoeppenbuch der Stadt Thorn"	Warschau, vernichtet
Nem.Q.II.47	S. 108 f.: „Der Alte Kulm oder das kulmische Recht"	Warschau, Biblioteka Narodowa, Cod. II 3070
Nem.F.II.37	S. 109–114: „Das sächsische Weichbild oder das Magdeburgische Recht"	Warschau?
Nem.F.VI.4	S. 114–110: „Ordnung der Gesundheit"	Warschau?
Nem.F.XIV.1	S. 116–121: „Der Renner des Hugo von Trimberg" (,Von der Jugend und dem Alter' [Z])	Warschau, Biblioteka Narodowa, Hpo 4730
Nem.Q.IV.1	S. 122–126: „Johann's von Mandeville Reise zum Heiligen Grabe. Deutsch bearbeitet von Michelfeld" (Michel Velser)	Warschau?

Gegenwärtig sind in der Bibliothek drei im Katalog von Minzloff erfasste mittelalterliche deutsche Handschriften vorhanden: das ‚Schachzabelbuch' Konrads von Ammenhausen (Nem.F.v.XIV.1), der ‚Computus teutonicus' (Nem.Q.IX.48) und ein Gebetbuch aus dem 14. Jahrhundert (Nem.O.I.87).

Während seiner Tätigkeit als Bibliothekar von 1847 bis 1883 legte Minzloff eine Sammlung der Handschriftenfragmente an, die er eigenhändig aus den Bucheinbänden abgelöst hatte. Sechs dieser Fragmente sind in seinem Katalog beschrieben und abgedruckt, weitere vier wurden erst in den 1960er Jahren von dem russischen Wissenschaftler Murjanoff entdeckt und beschrieben[26]. Während die Signaturen der von Minzloff beschriebenen Codices bekannt waren, mussten die Signaturen einiger Handschriftenfragmente von mir in der Bibliothek erst ermittelt werden[27].

Nummer, Titel	Signatur Russische Nationalbibl.
1. Bruder Philipp: ‚Marienleben'	Nem.O.v.XIV.1
2. Heinrich der Teichner: Gedichte	Nem.O.v.XIV.2
3. Rudolf von Ems: ‚Barlaam und Josaphat'	Nem.O.v.XIV.3
4. Predigt	Nem.Q.v.I.3
5. Ostmd. ‚Cato'	Nem.O.v.XIV.6
6. ‚Sächsische Weltchronik'	Nem.F.v.IV.1
7. Wolfram von Eschenbach: ‚Willehalm'	Nem.O.v.XIV.4
8. –	–
9. ‚Weltchronik'	Nem.O.v.XIV.5
10. ‚Passional' (Fr. La)	Nem.Q.v.XIV.2
11. ‚Passional' (Fr. Dt)	Nem.F.v.XIV.2
12. ‚Kleiner Seelentrost'	Nem.F.v.I.3
13. [Birgitta von Schweden:] ‚De engelsche Rede'	Nem.F.v.I.2

An alle von Minzloff entdeckten Fragmente sind grüne Schildchen angenäht, auf denen in einer Umrandung Nummer (arabische Ziffern), Entstehungszeit und Titel der darin enthaltenen Texte notiert sind. Die Fragmente mit den Nummern 1–6 sind in den Katalog von Minzloff aufgenommen. Diejenigen mit den Nummern 7, 10–12 wurden von Murjanoff beschrieben. In diese Reihe fügen sich zwei weitere Fragmente ein, auf deren Schildchen „9. Ms. du XIVe s. Niederdeutsche Übertragung der Weltchronik"[28] und „13. Ms. du XVe s. De engelsche Rede. Sermo angelicus" steht. Sie haben bisher keine Beachtung seitens der Wissenschaft gefunden. Ob

---

26 Vgl. Murjanoff: Willehalm (wie Anm. 12); ders.: Passional (wie Anm. 12); ders.: Seelentrost (wie Anm. 12) und Michael Murjanoff: Zweites Leningrader Passional-Fragment. In: PBB 87 (Halle 1965), S. 465–470.
27 Weil im Titel des Katalogs von Minzloff das Wort „altdeutsche" bereits enthalten ist, werden die Signaturen der Codices ohne Sprachangabe angeführt. Bei der Bestellung der Codices in der Bibliothek ist die Sprachangabe „Nem." für ‚deutsch' vollständigkeitshalber hinzuzufügen. Dieser Umstand ist auch bei anderen alten Katalogen zu berücksichtigen.
28 Die Schreibsprache ist mittelniederländisch.

es noch ein Fragment mit der Nummer 8 gibt und ob die Sammlung ursprünglich aus insgesamt 13 oder mehr Fragmenten bestanden hatte, konnte ich nicht ermitteln. In der obigen Tabelle sind die Fragmente aus der Minzloffschen Sammlung der Reihe nach und mit ihren vollständigen Signaturen angeführt.

Minzloff, der in den fünfziger und sechziger Jahren des 19. Jahrhunderts die Handschriftenbestände der Bibliothek erforschte, gab mehrere Texte aus Handschriften der Bibliothek heraus, nämlich Bruder Hansens ‚Marienlieder' (Raznojaz. O.v.XIV.1[29]) und ‚Die Himmelstraße' (Nem.Q.v.XIV.1). Beide Handschriften sind immer noch im Besitz der Russischen Nationalbibliothek.

Mit den von Minzloff im 19. Jahrhundert entdeckten Handschriftenfragmenten sowie den von ihm erforschten Codices ist der Bestand der mittelalterlichen deutschen Handschriften in der Handschriften- und Rara-Abteilung der Bibliothek noch nicht erschöpft. Bei meiner weiteren Suche musste ich mich jedoch nach anderen Hilfsmitteln umsehen.

Im Jahr 1850 wurde in der damaligen Kaiserlichen Öffentlichen Bibliothek unter der Leitung des Bibliotheksdirektors A. F. Byčkov eine neue Praxis eingeführt, Beschreibungen der wichtigsten Neuerwerbungen an Handschriften und Altdrucken in den Jahresberichten der Bibliothek (sog. Otčety) zu veröffentlichen[30]. Die Jahresberichte sind in diesem Bereich „eine noch ziemlich unbekannte Fundgrube für die europäische Wissenschaft"[31].

Nach Durchsicht mehrerer Jahresberichte der Bibliothek fand ich einige Beschreibungen mittelalterlicher deutscher Handschriften. So sind z. B. in dem Kurzbericht der Bibliothek für die Jahre 1914–1938 zwei deutschsprachige Handschriften erwähnt, die der Forschung noch nicht bekannt zu sein scheinen[32]. Dabei handelt es sich um das ‚Ehebüchlein' Albrechts von Eyb, eine Pergamenthandschrift aus dem Jahr 1472 (Nem.O.v.XV.1), und ein niederdeutsches Gebetbuch mit Kalendarium aus dem 15. Jahrhundert, das heute in der Sammlung der „Obščestvo ljubitelej drevnej pis'mennosti" (Gesellschaft der Freunde der Alten Schriften; russische Abkürzung und zugleich Teil der Signatur OLDP.O.162) verwahrt wird.

Im Bericht für die Jahre 1984–1988 sind zwei Beschreibungen mittelalterlicher deutscher Handschriften enthalten: ‚Theologische Traktate' (Nem.Q.I.310) und ‚Gebetbuch' (Lat.O.I.904)[33]. Bei der Autopsie stellte sich heraus, dass es sich dabei um

---

29 Die Handschrift mit Bruder Hansens ‚Marienliedern' ist in der deutschen Forschungsliteratur unter der Signatur mit falscher Sprachangabe (Nem.O.v.XIV.1) bekannt, die für das Fragment mit Bruder Philipps ‚Marienleben' vergeben ist.
30 Vgl. Grimm: Studien (wie Anm. 3), S. 31 und 39.
31 Ebd., S. 6.
32 Vgl. T[at'jana] K. Uchmylova / V[asilij] G. Gejman (Hg.): Gosudarstvennaja Publičnaja biblioteka im. M. E. Saltykova-Ščedrina. Kratkij otčet Rukopisnogo otdela za 1914–1938 gg. So vstupitel'nym istoričeskim očerkom [Staatliche Öffentliche M. E. Saltykov-Ščedrin-Bibliothek. Kurzer Bericht der Handschriftenabteilung für die Jahre 1914–1938. Mit einem einleitenden historischen Abriss]. Leningrad 1940, S. 242 und 244.
33 Vgl. Gosudarstvennaja Publičnaja biblioteka im. Saltykova-Ščedrina. Novye postuplenija v otdel rukopisej i redkich knig GPB (1984–1988) [Staatliche Öffentliche Saltykov-Ščedrin-Biblio-

zwei Handschriften aus der Stadtbibliothek Lübeck handelt! Beide Codices tragen noch ihre alten Lübecker Signaturen (Ms. theol. germ. 25 und Ms. theol. lat. 4) und ovale Stempel der Stadtbibliothek. Beide sind mit der Büchersammlung von Michail I. Čuvanov (1894–1988), dem russischen Bibliophilen, in die Nationalbibliothek eingegangen. Wann die Büchersammlung von Čuvanov von der Bibliothek erworben wurde und auf welchen Wegen die Lübecker Handschriften in seine Sammlung gelangt sind, konnte ich bisher nicht herausfinden.

Während neue Findmittel für deutsche Handschriften noch in Bearbeitung sind, liegen für andere Sammlungen in der Handschriften- und Rara-Abteilung bereits maschinenschriftliche Findbücher vor. Durchgesehen habe ich die Findbücher für niederländische („Goll.") und verschiedensprachige („Raznojaz.") Handschriften sowie das Findbuch für Handschriften der „Gesellschaft der Freunde der alten Schriften" (OLDP, 3 Bde.). Im Findbuch „Sobranie gollandskich rukopisej" (Sammlung der niederländischen Handschriften) konnte ich vier niederdeutsche Handschriften finden, die irrtümlicherweise den niederländischen zugeordnet waren. Die Signatur Goll.O.I.18 ist für das niederdeutsche Fragment des ‚Büchleins der ewigen Weisheit' von Heinrich Seuse vergeben. Weitere drei Handschriften enthalten theologische Werke und entstammen – wie sich später herausstellte – allesamt der Lübecker Stadtbibliothek.

Signatur Russ. Nationalbibl.	Titel	Alte Signatur (Bibliotheksheimat)
Goll.O.I.18	Heinrich Seuse: ‚Büchlein der ewigen Weisheit', Pergamentfragment, 19 Bll.	–
Goll.O.I.19	Vormanynge de dar theyn to bynnenwendighen dinghen (Admonitiones ad interna trahentes, nd.)	Lübeck, Stadtbibliothek, Ms. theol. germ. 43
Goll.Q.v.I.2	Theologische Sammelhandschrift	Lübeck, Stadtbibliothek, Ms. theol. germ. 46
Goll.Q.I.8	Passio Christi	Lübeck, Stadtbibliothek, Ms. theol. germ. 22

In diesem Zusammenhang sind zwei weitere deutsche Handschriften zu erwähnen, die ich in der Handschriften- und Rara-Abteilung der Bibliothek auffinden konnte:

Signatur Russ. Nationalbibl.	Titel	Alte Signatur (Bibliotheksheimat)
Nem.O.v.I.5	Niederdeutsches Gebetbuch	Lübeck, Stadtbibliothek, Ms. theol. germ. 94
Nem.Q.I.295	Heinrich Seuse: ‚Büchlein der ewigen Weisheit'	–

Die Sammlung der „Gesellschaft der Freunde der alten Schriften" soll nach Angaben in der Forschungsliteratur mehrere abendländische Handschriften enthalten[34]. Die Aufzeichnungen im Findbuch dieser Sammlung erschöpfen sich zumeist in kurzen Inhaltsangaben, sodass erst in Autopsie überprüft werden müsste, ob sich darunter auch deutsche Handschriften befinden.

Die Suche nach lateinischen Handschriften mit deutschsprachigen Textteilen ist ebenfalls problematisch. Bei der Vergabe der Signaturen bekamen solche Handschriften zumeist Signaturen mit der Sprachangabe „Lat." (lateinisch). So wird z. B. das ‚Chronicon' Hugo Spechtsharts von Reutlingen, das deutschsprachige Geißlerlieder enthält, als eine lateinische Handschrift mit der Signatur Lat.O.v.XIV.6 geführt. Die kurzen Aufzeichnungen in den Findbüchern der lateinischen Handschriften beschränken sich zumeist auf Inhaltsangaben. Um feststellen zu können, ob sich unter den lateinischen Handschriften auch solche mit deutschsprachigen Textteilen befinden, müsste der gesamte Bestand daraufhin überprüft werden.

Auf meine Anfrage nach weiteren Findbüchern bekam ich schließlich das Findbuch Nr. 955 „Sobranie latinskich rukopisej" (Sammlung der Handschriften in lateinischer Schrift)[35] ausgehändigt. Bei der Durchsicht der insgesamt 95 Eintragungen stellte sich heraus, dass es sich dabei um ein Verzeichnis der Handschriften handelt, die nach dem Zweiten Weltkrieg aus Deutschland nach Russland verbracht wurden.

Das Findbuch Nr. 955 ist im Jahr 2004 von der Mitarbeiterin der Handschriftenabteilung Margarita G. Logutova erstellt worden. In einer anderthalb Seiten umfassenden Einleitung wird die Sammlung kurz vorgestellt. Dabei sind in der Einleitung lediglich allgemeine Angaben zu Entstehungszeit, Sprache und Inhalt der Handschriften enthalten. Über die Entstehungsumstände der Sammlung wird nicht berichtet.

An die Einleitung schließt sich das Kurzverzeichnis der Manuskripte an, eingeteilt in die Rubriken: laufende Nummer, Kurzbeschreibung, Entstehungszeit und -ort. Die Kurzbeschreibungen der einzelnen Handschriften enthalten die wichtigsten kodikologischen Angaben: Titel bzw. Inhalt, Sprache, Beschreibstoff, Format, Einband, Rubrizierung, Bibliotheksstempel, Schreibernotizen, spätere Vermerke u. a. (soweit vorhanden).

Wegen der kurz bemessenen Zeit und der Bestellprozeduren habe ich lediglich die 16 als deutschsprachig angeführten Codices eingesehen. Von den als lateinisch angegebenen Handschriften konnte ich mir nur die wichtigsten Angaben aus dem Findbuch notieren.

---

 thek. Neuzugänge der Handschriften- und Rara-Abteilung der Russischen Nationalbibliothek]. Katalog. Leningrad 1991, S. 145–147.
34 Vgl. Voronova: O predvaritel'nom spiske (wie Anm. 7), S. 22.
35 Rossijskaja Nacional'naja Biblioteka. Otdel rukopisej. F.955 op.2. Sobranie latinskich rukopisej. Opis' fonda. Op. N 1269 [Russische Nationalbibliothek, Handschriftenabteilung. Fond 955, Verzeichnis 2, Sammlung der Handschriften in lateinischer Schrift. Verzeichnis des Fonds. Verzeichnis Nr. 1269]. Sankt-Peterburg 2004 [zusammengestellt von Margarita G. Logutova].

77 der beschriebenen Handschriften stammen aus der Bibliothek des Königlichen Domgymnasiums zu Halberstadt[36]. Fast alle tragen noch die alten Signaturschildchen mit M (für Manuskript) und einer ein- bis dreistelligen Nummer. Ende des 19. Jahrhunderts wurden sie vom Gymnasialdirektor Gustav Schmidt in einem Katalog[37] beschrieben. Im Findbuch Nr. 955 sind die entsprechenden Katalogseiten bei jeder Kurzbeschreibung angegeben. Acht deutschsprachige Halberstädter Codices wurden im Zuge der Handschriftenkatalogisierung vor dem Zweiten Weltkrieg verzeichnet und beschrieben. Ihre Beschreibungen werden im Handschriftenarchiv der Berlin-Brandenburgischen Akademie der Wissenschaften aufbewahrt. Drei Halberstädter Codices sind zudem in den neuen Katalog der Handschriften- und Rara-Abteilung der Nationalbibliothek aufgenommen[38].

Da die gegenwärtigen Signaturen der Halberstädter Handschriften noch nicht bekannt zu sein scheinen[39], werden sie in der nachfolgenden Konkordanz angeführt[40]:

Alte Signatur Halberstadt, Bibliothek des Domgymnasiums	Neue Signatur St. Petersburg, Russische Nationalbibliothek	Alte Signatur Halberstadt, Bibliothek des Domgymnasiums	Neue Signatur St. Petersburg, Russische Nationalbibliothek
M 5	F.955 op.2 Nr.2	M 92	F.955 op.2 Nr.47
M 10	F.955 op.2 Nr.95	M 93	F.955 op.2 Nr.26
M 12	F.955 op.2 Nr.89	M 99	F.955 op.2 Nr.94

---

36 Die Halberstädter Handschriften wurden von der seit 1992 arbeitenden Restitutionskommission für Bibliotheksgut entdeckt. Zu der Zeit waren sie noch nicht in die Bestände der Bibliothek eingearbeitet und somit unzugänglich. Zur Arbeit der Kommission vgl. Klaus-Dieter Lehmann, Ingo Kolasa (Hg.): Restitution von Bibliotheksgut. Runder Tisch deutscher und russischer Bibliothekare in Moskau am 11. und 12. Dezember 1992. Frankfurt a. M. 1993; Peter Petsch: Protokoll einer Reise nach St. Petersburg. In: Bücher als Beute. Zur Geschichte der Stadtbibliothek Magdeburg zwischen 1925 und 1999. Halle/Saale 2000, S. 208–230; auf S. 221 f. werden die alten Halberstädter Signaturen aufgelistet.
37 Gustav Schmidt: Die Handschriften der Gymnasial-Bibliothek Halberstadt. In: Königliches Dom-Gymnasium zu Halberstadt. Oster-Programm 1878. Halberstadt 1878, S. 1–38; ders.: Die Handschriften der Gymnasialbibliothek Halberstadt. In: Königliches Dom-Gymnasium zu Halberstadt. Oster-Programm 1881. Halberstadt 1881, S. 1–32.
38 Es handelt sich dabei um Codices des 13. Jahrhunderts mit den Signaturen: Fond 955 inv.17, Fond 955 inv.20, Fond 955 inv.28 (alte Signaturen: M 39, M 127 und M 19); vgl. Kiseleva: Latinskie rukopisi XIII veka (wie Anm. 22), S. 269–279.
39 So wird im Handschriftenarchiv der Berlin-Brandenburgischen Akademie der Wissenschaften, wo acht Beschreibungen (M 22, M 36, M 65, M 66, M 76, M 86, M 101, M 133) der Halberstädter Handschriften vorliegen, die Handschrift mit zwei Liedern Frauenlobs (M 76) als verschollen bezeichnet.
40 Die neuen Signaturen der Russischen Nationalbibliothek werden in der Konkordanz so angeführt, wie ich sie bei der Bestellung der Handschriften angeben sollte. Vermutlich ist nach dem Erscheinen des neuen Katalogs der Handschriftenabteilung auch eine gekürzte Signaturangabe möglich; vgl. Anm. 38.

M 13	F.955 op.2 Nr.70	M 101	F.955 op.2 Nr.57
M 15	F.955 op.2 Nr.62	M 102	F.955 op.2 Nr.68
M 16	F.955 op.2 Nr.60	M 108	F.955 op.2 Nr.5
M 18	F.955 op.2 Nr.58	M 109	F.955 op.2 Nr.86
M 19	F.955 op.2 Nr.28	M 110	F.955 op.2 Nr.3
M 20	F.955 op.2 Nr.44	M 112	F.955 op.2 Nr.4
M 21	F.955 op.2 Nr.61	M 120	F.955 op.2 Nr.6
M 22	F.955 op.2 Nr.76	M 122	F.955 op.2 Nr.7
M 25	F.955 op.2 Nr.79	M 125	F.955 op.2 Nr.59
M 29	F.955 op.2 Nr.80	M 126	F.955 op.2 Nr.75
M 30	F.955 op.2 Nr.81	M 127	F.955 op.2 Nr.20
M 36	F.955 op.2 Nr.46	M 128	F.955 op.2 Nr.16
M 39	F.955 op.2 Nr.17	M 129	F.955 op.2 Nr.87
M 41	F.955 op.2 Nr.25	M 133	F.955 op.2 Nr.18
M 42	F.955 op.2 Nr.36	M 134	F.955 op.2 Nr.72
M 45	F.955 op.2 Nr.69	M 136	F.955 op.2 Nr.21
M 49	F.955 op.2 Nr.48	M 137	F.955 op.2 Nr.19
M 50	F.955 op.2 Nr.13	M 138	F.955 op.2 Nr.27
M 51	F.955 op.2 Nr.14	M 139	F.955 op.2 Nr.15
M 52	F.955 op.2 Nr.45	M 140	F.955 op.2 Nr.23
M 53	F.955 op.2 Nr.74	M 141	F.955 op.2 Nr.37
M 58	F.955 op.2 Nr.73	M 142	F.955 op.2 Nr.22
M 63	F.955 op.2 Nr.24	M 143	F.955 op.2 Nr.29
M 65	F.955 op.2 Nr.65	M 151	F.955 op.2 Nr.34
M 66	F.955 op.2 Nr.39	M 152	F.955 op.2 Nr.33
M 71	F.955 op.2 Nr.54	M 154	F.955 op.2 Nr.35
M 72	F.955 op.2 Nr.67	M 157	F.955 op.2 Nr.78
M 76	F.955 op.2 Nr.92	M 160	F.955 op.2 Nr.71
M 78	F.955 op.2 Nr.85	M 162	F.955 op.2 Nr.12
M 79	F.955 op.2 Nr.42	M 164	F.955 op.2 Nr.8
M 80	F.955 op.2 Nr.66	M 165	F.955 op.2 Nr.83
M 83	F.955 op.2 Nr.40	M 166	F.955 op.2 Nr.91
M 85	F.955 op.2 Nr.41	M 167	F.955 op.2 Nr.77

M 86	F.955 op.2 Nr.49	M 187	F.955 op.2 Nr.43
M 87	F.955 op.2 Nr.38	M 197	F.955 op.2 Nr.64
M 88	F.955 op.2 Nr.55		

Die Provenienz der weiteren 18 Handschriften aus dem Fond 955 war noch nicht geklärt. Es ist mir mittlerweile gelungen, die Provenienz einiger dieser Handschriften und ihre alten Signaturen zu ermitteln:

Signatur Russ. Nationalbibl., St. Petersburg	Titel, Entstehungszeit, Sprache, Beschreibstoff, Blätterzahl, spätere Vermerke (soweit vorhanden)	Alte Signatur (Bibliotheks- bzw. Archivheimat)
F.955 op.2 Nr.1	Theolog. Sammelhs., 14. Jh., lat., Perg., 60 Bll.	–
F.955 op.2 Nr.9	Sammelhs., 14.–15. Jh., lat., Perg., 222 Bll.	–
F.955 op.2 Nr.10	Viaticum, 14. Jh., lat., Perg., 356 Bll.	Lübeck, Stadtbibliothek, Signatur?
F.955 op.2 Nr.11	Registrum actorum, 15. Jh., lat. u. nd., Perg., 205 Bll.	–
F.955 op.2 Nr.30	Nowgoroder Schra III, 14. Jh., nd., Perg., 22 Bll.	Lübeck, Staatsarchiv, Ruthenica Nr. 16a
F.955 op.2 Nr.31	Satzungen der Kerzengießer, 14. Jh., nd., Perg., 12 Bll.	Hamburg, Stadtbibliothek, Signatur?
F.955 op.2 Nr.32	Nowgoroder Schra IV, 14. Jh., nd., Perg., 18 Bll.	Lübeck, Staatsarchiv, Ruthenica Nr. 22
F.955 op.2 Nr.50	Stammbuch eines lübeckischen Bürgers, 18. Jh., dt., Papier, 88 Bll.	Lübeck, Stadtbibliothek, Signatur?
F.955 op.2 Nr.51	Gebetbuch, 14. Jh., nd., Papier, 215 Bll.	Lübeck, Stadtbibliothek, Ms. theol. germ. 42
F.955 op.2 Nr.52	Breviarium, 15. Jh., lat., Papier, 301 Bll.	–
F.955 op.2 Nr.53	Gebetbuch, Anfang 16. Jh., nd., Papier, 158 Bll.	Hamburg, Stadtbibliothek, Theol. 2088d
F.955 op.2 Nr.56	Theolog. Sammelhs., 14. Jh., lat., Papier, 150 Bll. Auf dem Buchrücken: „86 / Sermones super ... / cod. chart. / ms. 15"	–
F.955 op.2 Nr.63	Theolog. Sammelhs., 15. Jh., lat., Papier, 276 Bll. Auf dem Buchrücken Schild: „158"	–

F.955 op.2 Nr.82	Busca Gabriel. Kriegsarchitektur. Trans. Johannes Brantzw., nach 17. Jh., dt., Papier, 196 Bll. Schild: „Ex libris bibliothecae C. Zach: Conr: ab Uffenbach M. F." Stempel: „Hamburg. Publ. Bibliotheca"	Hamburg, Stadtbibliothek, Signatur?
F.955 op.2 Nr.84	Rechnungsbuch, 1447, dt., Papier, 51 Bll.	–
F.955 op.2 Nr.88	Bartolomaeus Pisanus. Summa de casibus conscientiae, 15. Jh., lat., Papier, 240 Bll.	–
F.955 op.2 Nr.90	Theol. Sammelhs., 14.–15. Jh., lat., Papier, 79 Bll.	–
F.955 op.2 Nr.93	Theol. Sammelhs., 16. Jh., dt., Papier, 321 Bll.	–

Ausblick

Obgleich mir zu Ende meines Aufenthalts seitens der Bibliothekare versichert wurde, dass ich den gesamten Bestand an mittelalterlichen deutschen Handschriften in der Russischen Nationalbibliothek gesehen habe, möchte ich das aus verschiedenen Gründen bezweifeln. Wie ich bei meiner Arbeit mehrfach feststellen konnte, sind weitere Handschriftenfunde in der Bibliothek durchaus möglich.

Noch nicht aufgesucht habe ich die Bibliothek der Russischen Akademie der Wissenschaften, die Wissenschaftliche Bibliothek der Universität und das Archiv des St. Petersburger Instituts für Geschichte der Akademie der Wissenschaften. Während die Handschriftenbestände der Akademiebibliothek in gedruckten Katalogen der Bibliothek gut erschlossen sind[41] und – wie den Katalogen zu entnehmen – auch mittelalterliche deutsche Handschriften enthalten, liegen für die beiden anderen bibliothekarischen Einrichtungen nur einige wenige Hinweise auf das Vorhandensein deutscher Handschriften vor. Erst weitere Nachforschungen vor Ort werden genaue Aussagen über die Handschriftensammlungen dieser Einrichtungen ermöglichen.

---

41 Für die Handschriftenbestände der Akademiebibliothek liegen zwei gedruckte Kataloge vor: L[udmila] I. Kiseleva: Latinskie rukopisi biblioteki Akademii Nauk SSSR: Opisanie rukopisej latinskogo alfavita X–XV vv. [Handschriften in lateinischer Schrift der Bibliothek der Akademie der Wissenschaften der UdSSR: Beschreibungen der Handschriften des lateinischen Alphabets des 10.–15. Jahrhunderts]. Leningrad 1978; Irina N. Lebedeva: Rukopisi latinskogo alfavita XVI–XVII vv.: Opisanie rukopisnogo otdela biblioteki Akademii Nauk SSSR. Tom 6 [Handschriften des lateinischen Alphabets des 16.–17. Jahrhunderts: Beschreibung der Handschriftenabteilung der Bibliothek der Akademie der Wissenschaften der UdSSR. Bd. 6]. Leningrad 1979.

Katinka Seemann

Wortgeschichte als Sozialgeschichte

Zur Konnotierung des deutschen Lehnworts *gmin* ('gemeines Volk')
im Polnischen

1. Vom 'Volk' zum 'Pöbel' – ein linguistisches Gesetz?

„Das ist gemein!", sagt man heute und meint absichtsvoll zugefügtes Unrecht oder gar Niedertracht. Das sah bekanntlich früher ganz anders aus – die Inhalte des Begriffs oszillierten um die Bedeutungsdominante 'allgemein, was alle angeht, von allen ausgeht', und die Brüder GRIMM[1] konstatieren im einführenden Kommentar geradezu bedauernd:

GEMEIN, communis, ein altes hochwichtiges und edles wort, nun aber übel heruntergekommen.

Deutlich bevor im Neuhochdeutschen (seit 1600) diese „Bedeutungsverschlechterung"[2] einsetzte, wurde das zugehörige Substantiv Anfang des 15. Jahrhunderts als *gmin* wertneutral ins Polnische entlehnt[3]. Es bezeichnete zunächst 'die Gesamtheit der Einwohner einer Ortschaft' sowie 'Menschenmenge', tauchte später mit positiver Bedeutung im polnischen Äquivalent für Demokratie *gminowładztwo* auf und verharrt bis heute im polnischen Wortschatz, inzwischen als 'Pöbel'. Dabei hätte das Wort durchaus auch frühzeitig schwinden können, denn es traten alsbald zwei indigene synonymische Konkurrenten auf den Plan: *lud* 'Volk, Menschenmenge' und *pospólstwo* 'Gemeinschaft, Gesellschaft, gemeines Volk'. Doch sie verdrängten *gmin* nicht nur nicht, sondern die synonymische Nachbarschaft dauert im Gegenteil nunmehr seit Jahrhunderten bis heute fort.

---

1   Jacob und Wilhelm GRIMM: Deutsches Wörterbuch. Hg. von der Akademie der Wissenschaften der DDR in Zusammenarbeit mit der Akademie der Wissenschaften zu Göttingen. Neubearb. Leipzig, Stuttgart 1965, ab Bd. 7 hg. von der Berlin-Brandenburgischen Akademie der Wissenschaften und der Akademie der Wissenschaften zu Göttingen. Nachdruck. München 1991. Um der besseren optischen Erkennbarkeit willen wird dieses wie alle weiteren nach Personen benannten Wörterbücher in Kapitälchen geschrieben.
2   Vgl. Friedrich KLUGE: Etymologisches Wörterbuch der deutschen Sprache. 23., erw. Aufl. Bearb. von Elmar Seebold. Sonderausg. Berlin, New York 1999, S. 311.
3   Nach dem Altpolnischen Wörterbuch (vgl. Anm. 10, wo gesammelt nahezu alle verwendeten polnischen Wörterbücher verzeichnet sind) stammt der Erstbeleg zu *gmin* vom Anfang des 15. Jahrhunderts. Neben *gmin*, einem maskulinen Substantiv, ist im Polnischen mit Erstbeleg von 1570 auch die feminine Form *gmina* vertreten. Während GRIMM von einer Genusvariation ausgeht, die als „äuszerer beweis für ein reiches altes leben des wortes (und begriffes)" im Deutschen gelten

Damit gehört *gmin* zu einer ganzen Reihe deutscher Lehnwörter im Polnischen, die trotz langlebiger Synonymität zu originär polnischen Äquivalenten ihren Platz im Sprachsystem behaupten – in empirischem Widerspruch zur gängigen Lehrmeinung, solche Dubletten stellten lediglich eine „vorübergehende Schwankung des ökologischen Gleichgewichts" dar[4], die der sprachpraktischen Selbstregulierung unterliege. Denn, so formuliert es der Linguist Leonard Bloomfield: „Each linguistic form has a constant and specific meaning. If the forms are phonetically different, we suppose that their meanings also are different."[5] Diesem sprachpsychologischen Mechanismus folgend komme es zu einer „Dublettenablösung", indem entweder eines der Elemente schwinde, eine Differenzierung im denotativen Bereich oder aber Zuwachs an konnotativen Merkmalen stattfinde[6]. Wenn, wie im Falle der Wortgruppe mit *gmin*, eine hohe Konstanz der Bedeutungsähnlichkeit vorliegt, ist von einer konnotativen Differenzierung auszugehen. Mit einer gewissen Regelmäßigkeit, so sagt die Theorie[7], setze sich meist die heimische Variante durch, während die entlehnte sich zu einer sozial wertenden Variante entwickele – ohne jeden sprachpolitischen Eingriff. Einige Autoren sprechen bei derlei Konstellationen gar von einer geradezu universellen Tendenz zur Pejorisierung, also Bedeutungsverschlechterung von Lehnwörtern[8].

Zwar entspricht *gmin* als Einzellexem diesem Bild exakt, denn die Neutralität des Ausdrucks hat sich seit Mitte des 18. Jahrhunderts verloren; aber Gleiches gilt auch für den indigenen Begriff *pospólstwo*. Mit dieser Beobachtung rückt das semantische Verhalten von Statuswörtern, zu denen Bezeichnungen für das 'gemeine Volk' im weiteren Sinne zählen, in den Blick. Gemäß C. S. Lewis' Feststellung einer Tendenz zur „moralization of status words" ist hier mit einem Absinken durchaus zu rechnen[9]. Dies könnte die Entwicklung von *pospólstwo* erklären und hieße für *gmin*, dass

---

 kann, notiert das „Wörterbuch der deutschen Lehnwörter im Polnischen. Von den Anfängen bis ins 20. Jahrhundert" (WDLP; in Vorbereitung von André de Vincenz und Gerd Hentschel) zwei eigene Lemmata: *gmin* mit mittelhochdeutscher und *gmina* 'Gemeinde' mit neuhochdeutscher Etymologie.
4 Vgl. Alicja Nagórko: Die Synonymie und ein polnisches Synonymwörterbuch für Deutsche. In: Zeitschrift für Slavistik 44 (1999), S. 46–60, hier S. 48.
5 Leonard Bloomfield: Language. 9. Aufl. London 1969, S. 145.
6 Vgl. Günter Bellmann: Sprachkontakt und Semantik. In: Wolfgang Meid, Karin Heller (Hg.): Sprachkontakt als Ursache von Veränderungen der Sprach- und Bewußtseinsstruktur. Eine Sammlung von Studien zur sprachlichen Interferenz (Innsbrucker Beiträge zur Sprachwissenschaft 34). Innsbruck 1981, S. 9–18, hier S. 11 ff.
7 Vgl. Nagórko: Synonymie (wie Anm. 4), S. 48.
8 Diese These geht auf einen Aufsatz Günter Bellmanns zurück (Sprachkontakt [wie Anm. 6], S. 14) und wird neuerdings aufgegriffen und bestätigt durch Stefan Michael Newerkla: Sprachkontakte Deutsch-Tschechisch-Slowakisch. Wörterbuch der deutschen Lehnwörter im Tschechischen und Slowakischen. Historische Entwicklung, Beleglage, bisherige und neue Deutungen (Schriften über Sprachen und Texte 7). Frankfurt a. M. u. a. 2004, S. 77. Ohne Bezug auf Bellmann äußert sich auch Nagórko in diesem Sinne (Synonymie [wie Anm. 4], S. 48).
9 Vgl. C. S. Lewis: Studies in Words. 2. Aufl. Cambridge 1967, S. 21. Je nach ursprünglich bezeichnetem Rang referieren die „moralisierten Statuswörter" positiv oder negativ bewertete Ei-

es sich gewissermaßen in einem doppelt negativen Sog befindet: als Lehnwort und aufgrund der Zugehörigkeit zu einer semantischen Ebene mit starker Pejorisierungsneigung.

Soweit die Theorie. Das dritte Glied der Wortgruppe, *lud*, folgt indes dem beschriebenen Weg nicht: Zu Beginn des 21. Jahrhunderts steht es immer noch neutral für 'Gesamtheit der Bauern und Arbeiter, Menschen mit gleicher Kultur und Sprache, aber ohne Nationalbewusstsein oder Staatstradition; große Menschenmenge', letztgenannter Aspekt ist lediglich als umgangssprachlich gekennzeichnet. Dieses 'deviante Verhalten' legt es nahe, die Entwicklung dieser Wortgruppe genauer zu betrachten und zu versuchen, anhand historischer Textbelege synchron und diachron das semantische Verhältnis der Lexeme im Spiegel der Geschichte sowie der gegenseitigen Wahrnehmung von oberen und unteren Schichten zu bestimmen. Hintergrund der Überlegungen ist dabei immer auch das polnisch-deutsche Spannungsfeld, näher: die Frage, ob in Begrifflichkeiten stereotype Einstellungen gegenüber dem Deutschen bzw. den Deutschen nachklingen.

2. *gmin* – *lud* – *pospólstwo*: Konkurrenz ums gemeine Volk

Bevor die drei „Wortgeschichten" im Einzelnen erzählt werden, umreißt die folgende kurzgefasste und übersetzte tabellarische Übersicht (S. 200–202) die semantische Entwicklung von *gmin*, *lud* und *pospólstwo* seit dem Altpolnischen bis heute. Die Angaben sind historischen und zeitgenössischen Wörterbüchern entnommen. Um synonymische Bezüge und konnotative Markierungen optisch hervorzuheben, sind die entsprechenden Angaben fett gedruckt.

Mit dieser Synonymengruppe werden drei alteingesessene Elemente der polnischen Sprache untersucht: *lud* ist das älteste, belegt seit 1387, für *gmin* stammt der Erstbeleg vom Anfang des 15. Jahrhunderts, und *pospólstwo* ist seit 1420 belegt. Es ist zu erkennen, dass die Wörter fast die ganze Zeit ihrer Koexistenz in enger semantischer Nachbarschaft lebten. Lexikographisch gibt zuerst das Wörterbuch des 16. Jahrhunderts einen Hinweis auf ein synonymisches Verhältnis zwischen den Wörtern: Zu *pospólstwo* führt es *gmin* und *lud* als Synonyma an; diese Angabe basiert auf entsprechenden Hinweisen in den untersuchten historischen Texten. Ähnliche Vermerke finden sich in den Wörterbüchern bis Anfang des 20. Jahrhunderts, danach besteht eine Konkurrenz vor allem zwischen *gmin* und *pospólstwo* fort, während bei *lud* der abwertend konnotierte Inhalt 'niedere Gesellschaftsschicht' schwindet.

Den Stand der Synonymität nach über 400 Jahren gemeinsamer Geschichte beschreibt 1885 Adam Stanisław Krasiński in seinem polnischen Synonymenwörter-

---

genschaften: „Those implying superior status can become terms of praise; those implying inferior status, terms of disapproval. *Chivalrous*, *courteous*, *frank*, *generous*, *gentle*, *liberal*, and *noble* are examples of the first; *ignoble*, *villian*, and *vulgar*, of the second" (ebd.).

Quelle[10]	gmin	lud	pospólstwo
Altpoln. Wörterbuch (APWb) (14./15. Jh.)	1. Gesamtheit der Bürger einer Ortschaft, sog. **pospólstwo**; 2. Menschenmenge	1. Menschen, das Menschengeschlecht; 2. Menschenmenge; 3. Untergebene, Bauern, Bedienstete	1. Gütergemeinschaft; 2. Gesellschaft, Gesamtheit der Bevölkerung; 3. Gesellschaft, Reisebegleiter; 4. Umgang mit jemandem; 5. mittlere Schicht des Bürgertums, später: ein Organ der Stadtverwaltung; 6. (in bibl. Zshg.) Volksgericht, Verurteilung auf einer Volksversammlung
Wörterbuch des Polnischen im 16. Jahrhundert (Wb16)	große Menge, Menschenmenge, gesellschaftlich organisierte Gruppe, gesellschaftliche Schicht **pospólstwo**	1. Menschen; a. Stamm, Nation, Gesellschaft, auch Bürger, untergebene Einwohner; b. Militär, Soldaten; c. Leute gleichen Standes, niedere soziale Klassen, Bauern, städtische Plebs; d. Gläubige, Anhänger der christlichen Religion; e. Anhänger anderer Götter (zu biblischen Zeiten); 2. Männer	1. menschliche Gemeinschaft, Menschen; (Stadt-)Bürgerschaft; Menschenmenge, **in biblischen Texten häufig mit verächtlichem Beiklang**: Pöbel; Gemeinschaft der Anhänger einer Religion; 2. Herde, Schar; 3. Zugehörigkeit zu einer Gemeinschaft; 4. Versammlung; 5. Unzucht, Prostitution **gmin, lud**
CNAPIUS (1643)	pospolstwo	pospolstwo, Menschenmenge	gmin, lud pospolity 'das gewöhnliche Volk'
Zu Sprache und Stil (>1750)	> kein Eintrag <	*populus = lud*	*Sanctorum communem = Świętych pospolstwo*

---

10 **APWb** – Stanisław Urbańczyk et al.: Słownik staropolski [Altpolnisches Wörterbuch]. Warszawa 1953 ff.; **Wb16** – Maria Renata Mayenowa et al.: Słownik polszczyzny XVI w. [Wörterbuch des Polnischen im 16. Jahrhundert]. Wrocław etc. 1966 ff.; CNAPIUS – Gregorius Cnapius: Thesaurus polonolatinograecus seu promptuarium linguae latinae et graecae. Ed. 2 – ab auctore recogniti, et cum mendis, quae plurima priori ed. irrepserant sublatis, correcti ac purgati. Cracoviae 1643;

Troc (1779)	1. der Pöbel, das gemeine Volk; 2. Haufen, Menge *gmin biały* das weibl. Geschlecht	1. Volk, Pöbel; 2. Leute, Volk; 3. Kriegs=Volk; Mann; Volk	1. die Gemeine, das insgesammte Volk einer Stadt; 2. der Pöbel, der gemeine Mann
Linde (1807)	1. die unter einerley Gesetzen lebende Gesellschaft, Gemeine; 2. a. der gemeine Bürgersmann in den Städten; b. die Dorfgemeinde, die Gemeinde; 3. a. das gemeine Volk, der gemeine Mann; b. *abfällig* der Pöbel; c. Menge, Gedränge; 4. *gmin biały* = das weibliche Geschlecht	Volk, Leute, das Volk, ein Haufen Leute; Stadtvolk, Städter; Landvolk, Landleute; das Volk, das gemeine Volk; Volk, Nation	a. die Gemeinheit, Gemeinschaft, Gesellschaft, die Versammlung, Zusammenkunft; b. das Volk, das gemeine Volk
Wilnaer Wörterbuch (WilWb 1861)	1. *veraltet* lud, Gesellschaft von Menschen, die nach dem gleichen Recht leben; 2. städtische Unterschicht, einfache Bürger, **lud**; 3. Menge, Gedränge; 4. *abfällig* Pöbel	1. Volk; 2. Landbevölkerung, **gmin**, **pospólstwo**	1. *veraltet* Gesellschaft, Innung; 2. *veraltet* Publikum; 3. Volk, gewöhnliches Volk, einfaches Volk, **lud**; 4. Pöbel, **gmin**

Zu Sprache und Stil – Janina Puzynina: Wypowiedzi o języku i stylu w okresie staropolskim (do połowy XVIII w.). Tom II: Słownik [Aussagen zu Sprache und Stil in altpolnischer Zeit (bis Mitte des 18. Jahrhunderts). Bd. II: Wörterbuch]. Wrocław, Warszawa, Kraków 1963; **Troc** – Michal Abraham Troc: Nowy dykcyonar to jest mownik polsko-niemiecko-francuski [Neuer Diktionär, das ist ein polnisch-deutsch-französisches Wörterbuch]. Lipsk 1779; **Linde** – Samuel Bogumil Linde: Słownik języka polskiego [Wörterbuch der polnischen Sprache]. Warszawa 1807–14; **WilWb** – Aleksander Zdanowicz et al.: Słownik języka polskiego [Wörterbuch der polnischen Sprache]. Wilno 1861–86; **WarWb** – Jan Karłowicz et al.: Słownik języka polskiego [Wörterbuch der polnischen Sprache]. Warszawa 1900–27; **Dor** – Witold Doroszewski: Słownik języka polskiego [Wörterbuch der polnischen Sprache]. Warszawa 1958–69; **AndWb** – Mirosław Bańko: Inny słownik języka polskiego [Das andere Wörterbuch der polnischen Sprache]. Warszawa 2000. – Bei Troc und Linde finden sich auch deutsche Einträge, deren originale Schreibweise beibehalten wurde. Auf die Angabe von Seitenzahlen wird bei sämtlichen Wörterbuchnachweisen verzichtet, da deren alphabetische Ordnung als eindeutig gilt. Belege, die Wörterbüchern entnommen sind, werden unter Hinweis auf das jeweilige Wörterbuch nur mit den jeweils dort benutzten Quellenkürzeln nachgewiesen, allerdings grundsätzlich mit dem Erscheinungsjahr versehen.

Warschauer Wörterbuch (WarWb 1900)	1. *altp.* Gesellschaft, Nation; 2. *altp.* städt., gemeines Volk; 3. *altp.* vgl. *gmina*; 4. *altp.* arme, ungebildete Schicht, **lud**, **pospólstwo**, *verächtlich* Pöbel; 5. *altp.* Masse; 6. *selten* Dummkopf	1. Leute; 2. Volk (insbes. das unzivilisierte); Stamm; 3. *altp.* niedere Gesellschaftsschichten, **pospólstwo**, **gmin**; 4. *altp.* Feinde, feindl. Armee; 5. a. Erwachsener; b. *czarny lud* 'der Schwarze Mann' = Kinderspiel	1. *veraltet* Gesellschaft, Versammlung; Innung; 2. a. *veraltet* Versammlung; b. Öffentlichkeit, Gesellschaft, Allgemeinheit; c. niedere Klassen des Bürgertums, **gmin**, **lud**, Demokratie; d. Pöbel; e. Gemeinde; f. letztes Aufgebot
DOROSZEWSKI (DOR 1958)	1. *veraltet* ärmere Gesellschaftsschichten, Landbevölkerung, **lud**; 2. *nicht mehr gebräuchlich* Menschenmenge, Pöbel	1. arbeitende Gesellschaftsschichten, Arbeiter, Bauern; 2. (Volks-) Stamm; 3. Menschenmenge; 4. *nicht mehr gebräuchlich* Militär, Soldaten	1. *veraltet* in Bezug auf Mittelalter: ärmeres Bürgertum, *selten* – Landvolk; *später verächtlich* Pöbel, **gmin**; 2. *nicht mehr gebräuchlich* Versammlung, Gesellschaft
Das andere Wörterbuch[11] (AndWb 2000)	1. Gesamtheit der ungebildeten und armen Menschen. *Verächtliches Wort;* 2. *nicht mehr gebräuchlich* Schicht der armen Bauern. = **pospólstwo**, plebs	1.1 Gesamtheit der Bauern und Arbeiter; 1.2 Menschen mit gleicher Kultur und Sprache, aber ohne Nationalbewusstsein oder Staatstradition; 2. *ugs.* sehr große Menschenmenge	1. *nicht mehr gebräuchlich* städtische Unterschicht und Landbevölkerung; 2. einfache, unkultivierte Leute. *Verächtliches Wort* = **gmin**, plebs

buch[12], das die Wortgruppe *lud – naród – pospólstwo – ludność – gmin* enthält. Die Ausdrücke *naród* 'Volk, Nation' und *ludność* 'Bevölkerung' können hier vernachlässigt werden, weil sie durch ihre engere Denotation nur eine geringe semantische Schnittmenge mit den drei übrigen Lexemen aufweisen. So ist es kein Zufall, dass Krasiński im Kommentar zu *gmin* nach einer kurzen etymologischen Herleitung das Lehnwort ausschließlich von *lud* und *pospólstwo* abzugrenzen sucht:

---

11 Die Andersartigkeit dieses Wörterbuchs besteht in einer gegenüber allen Vorgängerwörterbüchern völlig veränderten Materialbasis. Die Einträge sind von der bisherigen lexikographischen Tradition dadurch entkoppelt, dass alle Angaben aufgrund des empirischen Erscheinungsbildes getroffen werden, das sich aus den Daten eines Computerkorpus ergibt. Hier hängt die Aussagekraft natürlich von der Repräsentativität des Korpus ab, die subjektive Willkür ist dafür ausgeschaltet.

12 Adam Stanisław Krasiński: Słownik synonimów polskich [Wörterbuch der polnischen Synonyma]. Tom [Bd.] I, II. Kraków 1885, Bd. I, S. 309 ff.

GMIN (dt. *Gemein*) bezeichnete ursprünglich die untere Bevölkerungsschicht in den Städten, in denen sich bei uns zum großen Teil Deutsche ansiedelten, die sich in ihrer eigenen Sprache als *Gemeine* bezeichneten, woraus sich bei uns der Ausdruck *gmin** bildete. Mit der Zeit begann man diesen Ausdruck insgesamt für die Allgemeinheit [*pospólstwo*], also das einfache, grobe, ungebildete Volk zu gebrauchen. *Gmin** unterscheidet sich von *lud* dadurch, dass *lud** der edlere Ausdruck ist und sich auf Menschen aller Stände beziehen kann; *gmin** dagegen bezeichnet allein die niedrigere und ungebildete Schicht. *Pospólstwo** unterscheidet sich von *gmin** dadurch, dass es ein rein polnischer Ausdruck ist; dass *pospólstwo** sich auf Menschen bezieht, die durch nichts miteinander verbunden sind, während sich an den Ausdruck *gmin** die Vorstellung einer gewissen, wenn auch nicht engen Verbindung knüpft, durch die eine Bevölkerung gleichsam zu einem Körper wird[13].

Wie in dieser knappen Charakterisierung deutlich wird, täuschen die tabellarisch dargestellten abstrakten Wörterbuchdefinitionen über durchaus entscheidende Bedeutungsnuancen hinweg, die für die semantische Entwicklung verantwortlich sein können. Näheren Einblick in die Verwendungseigenarten der Wörter gewähren über jene Kurzangaben hinaus jedoch originale Belegstellen, die die durchgesehenen Wörterbücher für ihren Referenzzeitraum bereithalten. Diese wie auch immer schlaglichtartigen Zeugnisse werden im Folgenden für jedes der drei Lexeme auszugsweise vorgestellt und durch etymologische Erklärungen ergänzt, um ein Bild von größerer Tiefenschärfe entstehen zu lassen.

2.1 *gmin*

Etymologie (BAŃ)[14] 'menschliche Gemeinschaft, Gesellschaft, Menschenmenge' XV-XVIII, vgl. *gmin* = *communitas civium*, 1462, in Urteilen des XV. Jh.s häufig *gmin mieśćki* 'Stadtgemeinde' (neben *gromada mieśćka* 'dass.'), von mhd. *gemein* 'gemeinsam, allgemein, öffentlich' [...]. In pejorativer Bedeutung 'Mob, Pöbel' erst seit Ende des XIX. Jh.s; bei den romantischen Dichtern XIX-1 (und den klassischen XVIII-2) in der positiven Bedeutung 'Landvolk' (klug, tätig, kulturschaffend). Daher adj. *gminny* 'Volks-' XVIII-2, XIX, *gmino-władztwo* 'Volksherrschaft' XVIII-2, als Übersetzung von *demo-*

---

13 Ebd., S. 311. Die mit Sternchen versehenen Hervorhebungen stammen von der Verfasserin. Die Originalpassage lautet: „GMIN (niem. *Gemein*) pierwiastkowie oznaczał niższą klasę ludności w miastach, w których u nas po większej części osiadali Niemcy nazywając się swoim językiem *Gemeine*, z czego u nas wyraz gmin się utworzył. Z czasem zaczęto tym wyrazem nazywać w ogólności pospólstwo, czyli prosty lud, gruby, nieukształcony. Gmin od ludu tém się różni, że lud jest wyrazem szlachetniejszym, i może się do ludzi wszelkich stanów stosować; a gmin samą tylko nieukształconą klasę oznacza. Pospólstwo od gminu tém się różni, że jest wyrazem czysto polskim; że pospólstwo oznacza ludzi niczém z sobą nie połączonych; a do wyrazu gmin przywiązuje się pojęcie pewnego choćby nie ścisłego związku, którym połączona ludność niby jedno ciało stanowi."

14 BAŃ ist das Kürzel für folgendes neueres etymologisches Wörterbuch: Andrzej Bańkowski: Etymologiczny słownik języka polskiego [Etymologisches Wörterbuch der polnischen Sprache]. Warszawa 2000.

kracja in seiner neuen (durch die Französische Revolution eingeführten) meliorativen Bedeutung, *gmino-władny* 'demokratisch' XVIII-2.

Das deutsche Lehnwort hat, wie hier noch einmal expliziert, im Polnischen eine bewegte Geschichte hinter sich. Von der neutralen Bezeichnung der Stadtgemeinde, als sogenanntes „Kulturwort"[15] mit dem deutschen Stadtrecht entlehnt, erfährt *gmin* in der Aufklärung eine positive Umdeutung, um schließlich doch semantisch abzusinken. Als „urverwandt" bezeichnet GRIMM die Beziehung zu dem bei BAŃ genannten Lexem *communis*, „dessen nahes verhältnis zu *gemein* schon im 17. jh. beobachtet wurde (s. Wachter 556), beide gehen in ihrer gebrauchsentwicklung wie hand in hand [...], wie denn heute noch die rom. wörter, wie franz. *commun*, auch engl. *common* sich mit *gemein* decken."

Die eingangs von BAŃ angesprochene Verwendung des Lexems in Verbindung mit *myesczky/miejscski* 'Stadt-' findet sich für das Altpolnische in APWb explizit in drei von sechs Belegen als polnische Entsprechung zu lateinisch *communitas*. Schon im 16. Jahrhundert weist indessen weder eines der polnisch-lateinischen Wörterbücher das lateinische Tautonym auf, noch erscheint das Attribut *miejski* in irgendeinem der in Wb16 gesondert angeführten „Ausdrücke" mit *gmin*. Dagegen tritt *gmin* in sechs von achtzehn dieser Wortverbindungen zusammen mit dem Adjektiv *pospolity* 'allgemein, gemeinschaftlich, gemeinsam' auf, in drei weiteren Fällen verbindet es sich mit *podły* 'gering, schlecht, niedrig', zweimal mit *prosty* 'einfach'. Der Verwendungskontext des Wortes hat also bereits allgemeinere Züge angenommen, es ist auf dem Weg zur Bezeichnung einer sozialen Schicht.

Auf ein direktes synonymisches Verhältnis zu *lud* und ein vermitteltes zu *pospólstwo* deutet der in Wb16 genannte Eintrag aus einem lateinisch-polnischen Wörterbuch hin:

Plebs vel plebes, Pofpolity lud/ Gmin [Plebs vel plebes, Gemeines Volk/ Gmin] (1564 *Mącz* 303 c).

Dabei haftet dieser Bezeichnung offenbar keinerlei negative Schattierung an, denn sie wird in Wb16 weiterhin u. a. für religiöse Kontexte belegt:

A ty więc/ AMEN/ zátym mów/ zebrány gminie [Und du also/ AMEN/ hernach sage/ versammelte Gemeinde] (1579 *KochPs* 163)[16]

oder auch in Bezug auf angesehene Bevölkerungsgruppen:

Zewfząd widzę gmin wielki/ zacni ludźie ftoią [zu allen Seiten sehe ich großes Volk/ bedeutende Menschen stehen] (1599 *SapEpit* A3v).

---

15 In der Literatur zur lexikalischen Entlehnung werden standardmäßig folgende Lehnwortgruppen unterschieden: *Kulturwörter*, die der sprachlichen Bedarfsdeckung dienen, *Modewörter* sowie solche Wörter, die stilistische Differenzierung, Vermeidung innersprachlicher Homonymie oder Ersetzung „abgenutzter" affektgeladener Wörter bewirken (vgl. Johannes Bechert / Wolfgang Wildgen: Einführung in die Sprachkontaktforschung. Darmstadt 1991, S. 76).

16 Die Übersetzungen der Belege sind hier und auch im Folgenden bewusst möglichst wörtlich gehalten.

Ein Zitat aus Wb16 lässt allerdings bereits im 16. Jahrhundert eine gewisse Abschätzigkeit erahnen. Es stammt aus „Żale nagrobne" [Epigramme] von Sebastian Fabian Klonowic (um 1545–1602), der das Lehnwort gleich zweimal in enger Nachbarschaft bemüht hat:

Ia kiedy się nád prosty gmin ku niebu ná chwilę Do Phoebusá wychylę. Wnet frásunek/ zazdrościwy iákiś wrog przytoczy [Wenn ich mich über das einfache Volk hin gen Himmel auf eine Weile zu Phoebus hinaufrecke. Alsbald mir Kummer ein eifersüchtiger Feind bereitet] (1585 *KlonŻal* Cv)

„... który mię zaś w gmin tłoczy" [welcher mich wiederum ins Volk drückt] endet der Satz, wie andernorts verraten wird[17]. In diesem Beispielsatz, meint Stefan Hrabec, drücke sich Klonowic' Lebensgefühl aus: „Der Dichter-Bürger, der die Masse des ungeschliffenen Adels an Bildung überflügelt, fühlt den Fluch der niederen Herkunft und die damit verbundenen Sorgen. Daher rührt sein Pessimismus, vermengt mit Bitterkeit"[18]. Vor diesem Hintergrund ist es wohl kein Zufall, wenn die missachtete Schicht, der der Dichter selbst angehört, in den zwei gegebenen Nennungen mit dem deutschen Lehnwort *gmin* belegt wird, in einem Falle adjektivisch verstärkt: *prosty gmin* 'einfaches Volk'. Hinzu kommt, dass Pessimismus und Bitterkeit in einem weiteren deutschen Lehnwort zutage treten: *frasunek* 'Kummer, Harm, nagende Sorge'. Klonowic scheint sich hier einer Art deutschen Registers zu bedienen, dessen wie auch immer regional und/oder sozial begrenzte Existenz zu jener Zeit ganz deutlich wird in seinem mit deutschen Lehnwörtern gespickten Werk „Flis to jest spuszczanie statków Wisłą" [Die Flößerei, das ist: Schiffe die Weichsel und ihre Zuflüsse hinunterschicken][19]. Möglicherweise zeugt jener wiederholte und abwertende Gebrauch von *gmin* auch von einem Wandel der ehemals privilegierten und zu weiten Teilen deutschsprachigen Stadtbürgerschaft, deren soziale Stellung nicht nur relativ schlechter gegenüber dem Adel ist, sondern sich faktisch mit der Zeit immer mehr verschlechtert hat[20].

---

17 Wb16 enthält nur den ersten Teil des Belegs; der Satz im Ganzen ist enthalten im Vorwort zu einem anderen Werk des Autors (Stefan Hrabec: Wstęp [Einführung]. In: Sebastian Fabian Klonowic: Flis to jest spuszczanie statków Wisłą i inszymi rzekami do niej przepadającymi [Die Flößerei, das ist: Schiffe die Weichsel und ihre Zuflüsse hinunterschicken]. Wrocław 1951, S. III–XXXVI, hier S. XIX).

18 Hrabec: Wstęp (wie Anm. 17), S. XIX: „Poeta-mieszczanin, przewyższający wykształceniem ogół nie opolerowanej szlachty, odczuwa przekleństwo niższego pochodzenia i trosk związanych z tym faktem. Stąd płynie jego pesymizm pomieszany z goryczą."

19 Eines von zahlreichen Beispielen lautet: „Ma-li gotowe, naprzód o to pytaj/ Dopieroż z nim przez tłumacze witaj/ Abo wieć, jesli umiesz, sam z nim szprachaj" [Ob er Bares hat, zuvörderst danach frage/ Dann erst begrüße ihn durch einen Übersetzer/ Oder aber, wenn du kannst, sprich (*szprachaj*; Anm. K. S.) selbst mit ihm] (Klonowic: Flis [wie Anm. 17], Z. 1669).

20 Der Grund dafür lag in der spezifischen Gestalt der polnischen Adelsrepublik: „Die Identifizierung von Szlachta und Staat bewirkte allerdings schon im 16. Jahrhundert eine dem städtischen Bürgertum und seinen Rechten abträgliche Tendenz. Die im Mittelalter privilegierten Städte gingen als Medialstädte vielfach in adlige Grundherrschaft über, verwandelten sich in Ackerbürger-

Der Grundstein für Umdeutungen des Ausdrucks in negativer und sekundär in positiver Richtung wird im 17. Jahrhundert in Form einer weiteren Generalisierung gelegt. Darauf weist ein Beleg mit historischem Bezug in LINDE hin, der zugleich ein hyperonymisches Verhältnis von *gmin* zu *pospólstwo* vermuten lässt, wenn, wie die Kommata anzeigen, *pospólstwo* 'der gemeine Mann' und *przednie* 'die Vornehmen' Teilmengen von *gmin* darstellen:

> W Lacedemonii wszyftek gmin, pospólftwo i przednie, chodzili na biesiadę [In Lakedämonien ging alles Volk, der gemeine Mann und die Vornehmen, zum Gastmahl] (1605 *Petr. Pol.* 184).

Wie im genannten findet sich auch in einem weiteren Beleg bei LINDE die diffuse Attribuierung durch *wszystki* 'alle/s', die den generalisierenden Gebrauch unterstreicht und nahelegt, dass *gmin* – in diesem Fall mit dem Inhalt 'die unter einerley Gesetzen lebende Gesellschaft, die Gemeine' – keine sehr homogene Gruppierung bezeichnet; ähnlich werden Arme und Reiche zusammengefasst unter sicher verstärkendem Zusatz von *pospolity* 'allgemein, gemeinschaftlich, gemeinsam':

> Przysięga rayca bogu, królowi, sędziemu i wszyftkiemu gminowi pospolitemu, bogatemu i ubogiemu [Der Ratsherr schwört vor Gott, dem König, dem Richter und dem gesamten gemeinen Volk, dem reichen und dem armen] (o. J. *Szczerb. Sax.* 545).

Mit einer negativen Konnotierung verzeichnet das Lehnwort zuerst TROC (vgl. Tabelle[21]). Seit LINDE Anfang des 19. Jahrhunderts wird mit Unterbrechungen bis heute der Inhalt *verächtlich* 'Pöbel' gebucht. LINDE sowie WilWb und WarWb belegen *gmin* in folgender Attribuierung:

> Gmin głupi, płochy, i pletliwy [Das dumme, flatterhafte und geschwätzige Volk] (1727 *Paft. Fid.* 252).

In diesem Beleg drückt sich aus, wie eng die Bestimmung der sozialen Herkunft mit (Vor-)Urteilen über Bildung und Verhalten verknüpft ist, aus Sicht der jeweils Höherstehenden, die bestrebt sind, ihre eigene Position zu markieren durch arrogante bis verächtliche Distanzierung. Das Absinken des Lehnworts *gmin* von 'Stadtgemeine' über 'einfaches Volk' zu 'Pöbel' ist sicher als Phänomen der seit dem 17. Jahrhundert immer greifbarer werdenden „Verbürgerlichung" zu sehen und verläuft über die Fokussierung auf die unvermögenden Schichten, von denen man im Wesentlichen durch Bildung und Benehmen sich abzuheben bemüht ist. Seit *gmin* eine Menschenmenge – das Volk – bezeichnet, ist es für den Selbstbezug auf die höheren Schich-

---

städte, in denen Handel und Gewerbe, großenteils von Juden oder Deutschen wahrgenommen, an Bedeutung verlor" (Martin Broszat: Zweihundert Jahre deutsche Polenpolitik. Revid. und erw. Ausg. Frankfurt a. M. 1972, S. 35).

21 Der bei TROC erstgenannte Inhalt 'der Pöbel' ist nach KLUGE im heutigen Sinne mit negativer Konnotierung zu verstehen: Die „Bedeutungsverschlechterung [...] beginnt im Mittelhochdeutschen, setzt sich aber erst in neuhochdeutscher Zeit durch", d. h. seit etwa 1600.

ten nicht mehr tauglich (auf die obersten gesellschaftlichen Kreise hat es sich indes nie bezogen). Bedeutete im 16. Jahrhundert *gmin rycerstwa* einfach neutral 'Schicht, Gruppe der Ritter' (Beleg in Wb16), so steht im „Praktischen Wörterbuch"[22] Ende des 20. Jahrhunderts *gmin szlachecki* in greifbar veränderter Denotation für 'Allgemeinheit des armen Adels'.

Mit dem modernen Schwund klarer Standesgrenzen hat sich der heute gültige Bedeutungsgehalt des Lexems weit entfernt von einer definitorischen Größe und im Grunde ganz reduziert auf das wertende Element, das seit über 200 Jahren notiert wird. AndWb illustriert beredt:

> Goście zrazu zadzierają nosa, gardzą ludźmi z gminu [Die Gäste rümpfen plötzlich die Nase, sie verachten Leute aus dem Volk] (ohne Quellenangabe)

oder

> ... jego nienawiść wobec gminu półinteligentów [... sein Hass gegenüber dem Volk der Halbintellektuellen] (ohne Quellenangabe).

Die dauerhafte Abwertung von *gmin*, die, wie festgestellt, bis auf die denotative Ebene durchschlägt, ist Kulisse eines gewissen „Spezialfalls" der semantischen Bedeutungsverschlechterung, nämlich einer ideologisch begründeten Aufwertung des Abgewerteten. Denn abseits der zeitgenössischen Wörterbuchdefinitionen existiert im Zeitalter der bürgerlichen Revolutionen auch eine positiv aufgeladene Komponente des Lehnwortes. Ein manifester Sinneswandel *gmin* gegenüber spricht erstmals aus einem LINDE-Beleg, worin sich ein bedeutender Verfechter des Reformkurses von König Stanisław August Poniatowski, Adam Naruszewicz (1733–1796), in tröstendem Ton an das (erniedrigte) „gemeine" Volk wendet:

> Nie płacz ubogi gminie na ſtan twóy nikczemny,/ Przyidzie wſzyſtkim odwiedzieć wkrótce loch podziemny [Weine nicht, arme Gemeine, über deinen erbärmlichen Stand,/ Es wird an alle kommen, bald aufzusuchen das unterirdische Verlies] (1778 Nar. Dz. 2, 67).

Da Naruszewicz auch in seinem literarischen Werk scharfe Kritik an Magnatentum und Sarmatismus übte, ist davon auszugehen, dass *gmin* bei aller Niedrigkeit wohlwollend-aufmunternd zu verstehen ist. Hier trifft zu, was das „Wörterbuch der deutschen Lehnwörter" beobachtet: „Ende des 18. Jh.s wurde *gmin* in politischen und ideologischen Kontexten als polnische Entsprechung des frz. *peuple* umgedeutet, etwa als positiv markierte Entsprechung zum neutralen *lud* 'Volk'." *Gmin* bezeichnet demnach zu jener Zeit die entscheidende gesellschaftliche Größe in aufklärerischem Kontext.

Eine entsprechende Sichtweise gibt der Gebrauch von *gmin* durch den Historiker Joachim Lelewel (1786–1861) in seinen historischen und politischen Darstellungen wieder. An einer Stelle etwa heißt es dort:

---

22 Praktyczny słownik współczesnej polszczyzny [Praktisches Wörterbuch der modernen polnischen Sprache]. P. red. Haliny Zgółkowej [Red.: Halina Zgółkowa]. Poznań 1994–2005.

Das Volk [gmin] ist unterjocht, daher wird es als dienstbar, unfrei bezeichnet; so heißt sogar sein Aufstand Verschwörung der Unfreiheit. Das Volk [gmin] bewahrte in seinem Unglück besondere Ehrfurcht für den König, der den Bischof tötete; es nährte sich von der Hoffnung auf Rückkehr der alten Zeiten und der alten Sitten, da der Sohn Bolesławs, Mieszko, in Ungarn weilte. Aber dieser wurde, mit acht Jahren nach Polen gebracht, mit seiner ruthenischen Frau durch Gift aus der Welt geschafft. Ganz Polen weinte so um ihn, wie eine Mutter den Tod eines Sohnes beweint. Mit ihm erloschen des Volkes [lud] Hoffnungen[23].

Es fällt auf, dass in diesem kurzen Text, der, so Lelewel ausdrücklich, „potocznym sposobem", also „auf volkstümliche Weise", formuliert ist, eindeutig das gleiche Denotat mit *gmin* bzw. *lud* bezeichnet wird. Allerdings tritt *gmin* in zwei Fällen als markant expressives Element auf, im Zusammenhang mit *unterjocht, unfrei, Aufstand, Verschwörung* und *Unglück*, während *lud* zwar im Kontext von *erlöschen*, aber als Träger von *Hoffnung* beschrieben wird. *Gmin* erscheint so als gemeines Volk, dem Unrecht geschieht allein durch die von Menschen gemachte Gesellschaftsordnung. Das Unglück von *lud* dagegen trägt eher schicksalhaften Charakter. *Gmin* wäre demnach die „Zielgruppe" der Revolutionäre seit Ende des 18. Jahrhunderts. Folgerichtig verleiht Lelewel seiner zentralen Idee der slavischen Demokratie den Namen *gminowładztwo słowiańskie*[24], wörtlich: slavische Gemeinherrschaft, wobei Lelewel diese Wortwahl wohl nicht aus Zugeneigtheit zum Deutschen trifft[25]. Dem Wörterbuch der deutschen Lehnwörter zufolge geht die positiv markierte Verwendung nach 1831 in der Publizistik zurück, hält sich in literarischer Prosa und Dichtung jedoch länger.

In merkwürdigem Kontrast zu diesen Feststellungen steht die lexikographische Dokumentation zu *gmin* in den Wörterbüchern des 19. und 20. Jahrhunderts. Während erstere keinen positiv bewerteten Bedeutungsanteil vermerken, ist letzteren

---

23 Joachim Lelewel: Dzieje Polski potocznym sposobem opowiedziane [Die Geschichte Polens auf volkstümliche Weise erzählt]. Oprac. [Bearb. von] Janina Bieniarzówna. In: ders. Dzieła [Werke]. Tom [Bd.] VII. Warszawa 1961, S. 213. Im Original schreibt Lelewel: „Gmin ujarzmiony, odtąd nazywany służebnym, niewolnym; to nawet jego powstanie nazwane buntem niewolnictwa. Gmin w niedoli swej szczególną cześć zachował dla króla, co biskupa zabił; a karmił się nadzieją powrotu dawnych czasów i starego obyczaju, ponieważ syn Bolesława, Mieszko, w Węgrzech przebywał. A ten w lat ośm sprowadzony do Polski, z Rusinką małżonką swą trucizną ze świata sprzątniony. Cała Polska tak opłakiwała go, jak opłakuje matka jednego syna zgon. Zgasły z nim ludu nadzieje".
24 Lelewel versteht darunter eine neue soziale Ordnung, genauer: eine „primitive form of Slav democracy", die „by revolution and by the Poles' own national strength" zu erreichen sei (vgl. Joan S. Skurnowicz: Romantic Nationalism and Liberalism: Joachim Lelewel and the Polish National Idea [East European Monographs 83]. New York 1981, S. 99).
25 Lelewel scheint allzu großen Einfluss des Deutschen eher meiden zu wollen. Vor die Wahl gestellt, nach Königsberg oder nach Wilna an die Universität zu gehen, entscheidet er sich für Wilna aus folgendem Grund: „I did not want to go to the German university. I was repulsed by the idea that I would involuntarily become Germanized". Zit. n. Skurnowicz: Nationalism (wie Anm. 24), S. 14.

nicht explizit zu entnehmen, dass das Wort inzwischen einen deutlich pejorativen Einschlag angenommen hat[26]. Dieser negative Beiklang, den BAŃ für den gesamten Zeitraum seit Ende des 19. Jahrhunderts registriert, findet auf Wörterbuchebene des 20. Jahrhunderts keinen Widerhall in Form von „Deskriptoren", die Abweichungen vom neutralen und hochsprachlichen Gebrauch markieren. Hier erfährt man lediglich, dass das Wort mehr oder minder im Schwinden begriffen ist. Erst AndWb kennzeichnet den Inhalt 'Gesamtheit der ungebildeten und armen Menschen' als deutlich negativ-expressiv: ein *verächtliches Wort*, und erklärt auch nur den zweiten Bedeutungsaspekt 'Schicht der armen Bauern' für *veraltet*.

Der Grund für die Divergenzen könnte in sozialistischer Idealisierung nach dem Zweiten Weltkrieg liegen. Die Inhaltsdefinition von *gmin* in den 50er Jahren verrät deutlich die *political correctness* von DOR, denn es heißt dort in voller Länge: 'Gesamtheit der Menschen, die zur ärmeren und unaufgeklärten Gesellschaftsschicht gehören, welche früher als niedrigere behandelt wurde; Landbevölkerung, Volk'. Und in der Tat lässt sich diese Behauptung, wenn auch im Grunde achronisch, mit den dort zusammengetragenen historischen Belegen ohne Frage aufrechterhalten, da diese – aus Aufklärung und Romantik stammend – *gmin* noch als positiv besetzte Vokabel verwenden, etwa:

> Potoccy często się posługiwali mową ludową, zapożyczając u gminu rozmaitych sentencyj moralnych ze skarbnicy przysłowiowej, stanowiącej prawdziwe ziarna mądrości [Die Potockis bedienten sich häufig einer volkstümlichen Sprache, indem sie beim gemeinen Volk verschiedene moralische Sentenzen aus dem Sprichwortschatz entlehnten, der wahre Kleinodien der Weisheit beherbergt] (1878 ROL. *Nowe 242*).

Die Sprache des Volkes fungiert in diesem Fall als Register, dessen sich die Herrschaften bedienen. Insofern erscheint *gmin* hier in positivem Licht und steht – vielleicht selbst als fremd markiert – zugleich für das Nicht-Eigene. In gewolltem Kontrast zur *mowa ludowa* 'Volkssprache' steht die Charakterisierung dessen, was entlehnt wird: *rozmaite sentencje moralne* 'verschiedene moralische Sentenzen', die zu generieren sich bis zur Romantik gewöhnlich die Schicht der Gebildeten und Herrschenden selbst vorbehält. Klar formuliert dies ein weiterer Beleg:

> Pokochali wyobrażenie i fantazję gminu dlatego, że w prostocie serca najwięcej poetyckiej prawdy i szczeroty [Sie liebten die Vorstellung und die Phantasie des Volkes (*gmin*) deshalb, weil in der Einfachheit des Herzens die höchste poetische Wahrheit und Ehrlichkeit liegt] (1882 MOCHN. (1804–1834) *Lit. 82*).

Es handelt sich dabei um ein ambivalentes, keinesfalls gleichwertiges Verhältnis, das durch die überlegene Schicht gesteuert wird. Unmissverständlich gibt Stanisław

---

26 LINDE, WilWb und WarWb geben den Sprachstand im 19. Jahrhundert wieder, für das 20. Jahrhundert wurden neben DOR die Angaben in zwei weiteren Wörterbüchern aus dem 20. Jahrhundert geprüft.

Staszic (1755–1826), einer der profiliertesten Vertreter der polnischen Aufklärung, die strategischen Möglichkeiten wieder:

> Natychmiast widząc całą swą potęgę i jednowładztwo na gminie zagruntowane, spostrzegając w tych wzgardzonych niewolnikach potężne narzędzie swojej przyszłej wielkości i dumy, odkrywa im krzywdę, którą od szlachty cierpią [Auf der Stelle seine ganze Macht und Alleinherrschaft als gestützt auf das Volk erkennend, in diesen verachteten Sklaven ein mächtiges Werkzeug seiner künftigen Größe und seines Ruhmes erblickend, entdeckt er ihnen das Unrecht, das sie vom Adel erleiden] (1926 STASZIC *Przestr. 218-219*).

Der sozialhistorische Hintergrund von *gmin* zeigt mithin, dass ohne eine vorherige Degradation keine ideologische Aufwertung hätte eintreten können.

Als Faktoren des beschriebenen Bedeutungswandels lassen sich für *gmin* zusammenfassend festhalten:

– Wandel der außersprachlichen Wirklichkeit, der eine Generalisierung der Bedeutung und damit Dispositionsfreiheit für anderweitigen Gebrauch bewirkt,
– mit dem Fall von Standesgrenzen: Entstehung neuer Distanzierungsmuster mit Selbstaufwertung der Aufsteiger, die sich durch Pejorisierung des Begriffs von der verachteten Masse abzugrenzen suchen,
– zeitweilige ideologische Umdeutung (Aufwertung) im Zuge der Aufklärung, der Romantik und des Sozialismus.

2.2 *lud*

Etymologie (BAŃ) † *ljudъ –a* Kollektivum 'Leute, Gesinde', späte westslav. Rückableitung von † *ljudьje* Pl. m. [...], gebildet nach dem altmhd. *liut* Sg. m. in derselben Bedeutung. Zuerst wohl in einer altmährischen Bibelübersetzung; im Altpoln. früher und häufiger in kleinpoln. Quellen, in Großpolen später auch mit Sekundär-Flexion (Genitiv *ludu* statt *luda*, Lokativ *ludu* statt *ludzie*, Vokativ *ludu*). Im Altpolnischen Singularetantum (Plural *ludy* in der Bedeutung 'Völker, Nationen' vereinzelt seit 1599). In altpoln. Bibelübersetzungen erscheint *lud* Sg. neben *ludzie* Pl. als Wiedergabe für lat. Pluralformen: *gentes, homines, populi*, vereinzelt auch Sg. *plebs, populus*. Aus dem Altpoln. vereinzelt ins Altruss., heute im Ukrain. Seltener im Weißruss. Im Sinne einer Gesellschaftsklasse tritt *lud* erst in der Publizistik XVIII-2 auf (für franz. *peuple*, dt. *Volk*), und das gewöhnlich mit Attributen (*miejski* 'städtisch', *pospolity* 'gewöhnlich', *wiejski* 'ländlich'), ohne diese XIX-1 bei den „Lelewelisten" [...], bei A. Mickiewicz sehr polysemes Wort.

Lud, indoeuropäischen Ursprungs und ältestes Element der Synonymengruppe, ist – im Gegensatz zu *gmin* und *pospólstwo* – bereits im Altpolnischen hoch präsent. Der breite Inhalt 'Menschen im Allgemeinen, Menschengeschlecht' nimmt dabei den größten Raum ein und weist etliche feste Verbindungen mit Adjektiven auf. Zwei der angeführten Attribute, *prosty* und *pospolny*, deuten eine semantische Nähe zu *gmin* und *pospólstwo* an. Etliche Belege für den Inhalt stehen in religiösem Kontext, dem ja überhaupt ein großer Teil der altpolnischen Quellen entstammt:

Przesz trud bog swoy lud odyal dyabley strozey [Mit Mühe entriss Gott sein Volk der teuflischen Macht] (XIV-2[27] (1937) *Bogur.* B-F).

In einem der wenigen nicht-biblischen Belege offenbart sich eine große Ähnlichkeit zu *gmin*, das sich auf nach bestimmten Kriterien zusammengehörige Gemeinschaften bezieht; hier ist es die gemeinsame Rechtsgrundlage:

Moszely poszpolny poszel przed prawem ludzkye rzeczy oprawyacz albo mowycz thako, yako gynny rzecznyk, aczkolwyek gym zawadza gych urzad, gdysz ony maya lud (*OrtVrtel* 118: ludze) przed prawo poszywacz albo gymyenye zapowyadacz? [Kann der gemeine Gesandte vor Gericht menschliche Angelegenheiten verhandeln oder so sprechen wie ein anderer Sachwalter, obgleich ihnen ihr Amt im Weg steht, da sie das Volk (*OrtVrtel* 118: die Menschen) vor Gericht zu rufen oder Gut zu beschlagnahmen haben?] (o. J. [1858] *OrtMac* 25).

Lud besitzt jedoch ferner eine abstraktere Bedeutungskomponente, die es zu jener Zeit von *gmin* und *pospólstwo* unterscheidet, da sie sich auf größere, nicht eindeutig zu umreißende gesellschaftliche Gebilde bezieht (vgl. o. a. Attribuierungen), am ehesten dem deutschen 'Volk' entsprechend.

Eine zweite, wesentlich schwächer belegte Bedeutung von *lud* 'Menschenmenge' stellt eine Generalisierung der ersten dar, indem nur das massenhafte Erscheinen von Menschen referiert wird (sei es aus religiösem Grund wie Gottesdienst oder profanem wie Markttag; vgl. dt. *viel Volks* o. ä.). Diese Abstraktion vollzieht sich im Altpolnischen desgleichen bei *gmin*, nicht aber bei *pospólstwo*, dessen Denotation zu dieser Zeit deutlich konkreter gefasst ist. Aus der Tatsache, dass im 14. und 15. Jahrhundert Untergebene und/oder Bauern die Masse der Menschen darstellen, leitet sich als Konkretisierung gewissermaßen der dritte Inhalt 'Leibeigene, Bauern, Diener' ab, den keiner der Konkurrenten teilt und worin sich eine große Ähnlichkeit zu dt. *jemandes Leute* zeigt:

Jaco my Sandziwog kazał swemu ludu wzøndz dwoye skota y tego vzitek ma [So (schwören) wir: Sandziwog befahl seinen Leuten, zwei Stück Vieh zu nehmen, und dieses nutzt er] (1387 *Pozn* nr 10).

Aufschlussreich sind die statistischen Daten, die Wb16 für das 16. Jahrhundert zur Wortfrequenz bereithält: *gmin* 52 Belege, *lud* 6711 Belege, *pospólstwo* 471 Belege. In dieser Hinsicht kann also von einer Gleichwertigkeit der Lexeme auch für diese Zeit nicht gesprochen werden.

Der Hauptinhalt von *lud*, in Wb16 kurz auf den Nenner 'Menschen' gebracht, ist in sich stark differenziert (vgl. obige Tabelle), wobei die „Subseme" unterschied-

---

27 Der Beleg entstammt dem zweiten Teil des ältesten bekannten religiösen polnischen Liedes „Bogurodzica" 'Gottesgebärerin', dessen erster Teil vermutlich bereits in der ersten Hälfte des 13. Jahrhunderts verfasst wurde (vgl. Wiesław Wydra / Wojciech Ryszard Rzepka: Chrestomatia staropolska. Teksty do roku 1543 [Altpolnische Chrestomatie. Texte bis zum Jahr 1543]. Wydanie II poprawione i uzupełnione [2., verb. u. erg. Aufl.]. Wrocław, Warszawa, Kraków 1995, S. 234 ff.).

liche Frequenz aufweisen. Der hier interessierende Unterpunkt 'Menschen, die sich nicht unterscheiden nach Stand oder Besitz; niedrigere Gesellschaftsklassen, Bauern, Stadtbürgerschaft, *gmin*' besetzt mit 313 Fundstellen im Bedeutungssystem von *lud* relativ eine periphere Position, ist in absoluten Zahlen aber durchaus mit *gmin* und *pospólstwo* zu vergleichen. Die im folgenden dargestellten Belege sind nur diesem Unterpunkt entnommen.

Die Vieldeutigkeit des Ausdrucks tritt in einem Beleg zutage, der *lud* zugleich schichtübergreifend und als Bezeichnung für die unteren Gesellschaftsschichten präsentiert:

> Y zebrał ſie lud wielki/ Ceſarz/ kſiążętá/ y lud poſpolity [Und es versammelte sich viel Volk/ der Kaiser/ die Fürsten/ und das gemeine Volk] (1564 *BielKron* 180, 357, 371, 397v).

Ungleich häufiger liegen indes Originalzitate vor, die mit *lud*, spezifiziert durch Adjektive wie *pospolity* 'allgemein, gemeinschaftlich, gemeinsam' oder *prosty* 'einfach', unverkennbar eine sozial niedrigere Gruppe meinen, etwa:

> Lud poſpolity/ iako rzemieſnicy/ niewiáſty/ wlazſzy ná mury mieyſkie bronili kámieńmi do kilká dni [Das gemeine Volk/ wie Handwerker/ Frauen/ verteidigte, nachdem es die Stadtmauern erklommen hatte, bis zu mehreren Tagen mit Steinen (die Stadt)] (1564 *BielKron* 251v).

Ein anderer Beleg bestimmt die Denotation von *lud* nicht von außen als Gesellschaftsschicht, die sich aus bestimmten Gruppen zusammensetzt, sondern gleichsam intern: lediglich die gleiche Nicht-Verfügbarkeit von Fleisch, die wiederum in Bezug auf die soziale Stellung (Jagdrecht, Viehhaltung etc.) eine klare Sprache spricht, kennzeichnet das gemeine Volk:

> Poſpolity lud iada ryby/ ptaki/ wołow áni krow nie iadáią [Das gemeine Volk isst Fische/ (und) Vögel/ Rinder und Kühe essen sie nicht] (1564 *BielKron* 453v).

Anders als *gmin*, das anfangs vor allem die Stadtbevölkerung denotiert, verhält sich *lud* diesbezüglich indifferent, es bezeichnet Menschengruppen in Stadt und Land. Angesichts der erheblichen Polysemie und Allgemeinheit des Ausdrucks verwundert es nicht, dass Wb16 zu *lud* kein Synonym anbietet. Dagegen findet sich hier bei dem auf *lud* folgenden Lemma *ludek* eine Entsprechung, die in den Rahmen der vorliegenden Synonymengruppe passen würde: Die Verkleinerungsform *ludek* wird als 'gmin, pospólstwo, plebs' erklärt[28]. Dem beigefügten Beleg wird zudem jene negativ-expressive Aufladung attestiert, die in späteren Jahrhunderten *gmin* und *pospólstwo* anhaftet (vgl. Tabelle). Der Satz lautet:

> O Szwedzie o Duńczyku tám nie vmiem mowić/ Bom nie bywał ná morzu niechcę ſledzi łowić. [...] Lecz ſłyſzę też tám ludek nie bárzo ćwiczony/ Nikczemny á plugáwy/ ſłycháć

---

[28] Wb16 zitiert ein Lexicon von 1564: „Plebecula, Poſpólſtwo/ Ludek", d. h., die Zuordnung geschieht nicht aus heutiger Sicht, sondern entspricht dem zeitgenössischen Inhalt.

ná wſze ſtrony [Über den Schweden, über den Dänen, da kann ich nichts sagen/ Weil ich nicht auf dem Meer war, ich will keine Heringe angeln. [...] Aber ich höre, auch dort ist das 'Völkchen' nicht sehr züchtig/ untauglich und dreckig/ kann man von allen Seiten hören] (1568 *RejZwierc* 243).

Die Diminutivform kann ursprünglich einen ironischen Beiklang besessen haben (vgl. dt. *Völkchen*) und lässt zugleich unmissverständlich eine überlegene Position des Sprechers durchklingen, ist insofern als negativ-expressiv zu deuten. Eine Markierung könnte daher in dieses Lemma „ausgelagert" gewesen sein.

Ein semantischer Wandel von *lud* zu positiver Idealisierung vollzieht sich wie bei *gmin* in der Aufklärung, die die Einstellung zum 'gemeinen Volk' in Europa grundlegend ändert. Entsprechend überträgt LINDE *lud* unter anderem klassifikatorisch als *pospólſtwo, trzeci ſtan* 'gemeines Volk, dritter Stand' und übersetzt *lud* als erster Lexikograph mit 'Nation, Volk'. Ein kurzer Abschnitt aus dem polnischen Nationalepos „Pan Tadeusz" [Herr Thaddäus] von Adam Mickiewicz (1798–1856) veranschaulicht den aufklärerischen Impetus, der auch bei *gmin* zu dieser Zeit begegnet:

„Wnoszę Ludu zdrowie!"/ Rzekł Dąbrowski[29]; lud krzyknął: „Niech żyją Wodzowie,/ Wiwat Wojsko, wiwat Lud, wiwat wszystkie Stany!" [„Ich bringe des Volkes Genesung!",/ sagte Dąbrowski; das Volk jubelte: „Die Führer,/ die Armee, das Volk, alle Stände – sie sollen leben!"][30].

Diese Szene ist zu verstehen als freudige Reaktion der Bauern darauf, dass ihr Grundherr, Pan Tadeusz selbst, sie just in die Freiheit entlassen hat; der seinerseits wendet sich an sie mit den Worten:

„Zdrowie Spółobywateli,/ Wolnych, równych Polaków!" [„Heil den Mitbürgern,/ den freien, gleichen Polen!"][31].

Die hier offenbar erfüllten Forderungen der Französischen Revolution nach Freiheit, Gleichheit und Brüderlichkeit sind bei Mickiewicz, wie der vorangegangene Beleg zeigt, an den Ausdruck *lud* geknüpft: Sowohl dem privilegierten Dąbrowski als auch dem Volk selbst wird dieser Begriff in den Mund gelegt.

In der Tat erfahren seit Ausgang des 18. Jahrhunderts die „einfachen Leute" gewaltige Veränderungen ihrer Lebensbedingungen durch Industrialisierung und Urbanisierung; die Umwälzungen in der Gesellschaft schlagen sich auch in der Begriffswelt

---

29 Es handelt sich hier um eine Allusion auf Jan Henryk Dąbrowski (1755–1818), den Begründer der polnischen Legionen in Italien, der durch sein Wirken als Feldherr zu einer der Symbolfiguren des polnischen Freiheitskampfes wurde. Das ihm gewidmete Lied der polnischen Legionen „Mazurek Dąbrowskiego" [Dąbrowski-Mazurka] gilt seit 1831 als polnische Nationalhymne und wurde 1927 zur Staatshymne erhoben. Es beginnt mit den vielzitierten Worten „Jeszcze Polska nie zginęła ..." [„Noch ist Polen nicht verloren ..."].

30 Adam Mickiewicz: Pan Tadeusz czyli ostatni zajazd na Litwie. Historia szlachecka z r. 1811 i 1812 we dwunastu księgach wierszem [Herr Thaddäus oder Der letzte Einritt in Litauen. Eine Adelsgeschichte aus den Jahren 1811 und 1812 in zwölf Büchern in Reimen]. In: ders.: Dzieła [Werke]. Bd. IV. Warszawa 1955, S. 348.

31 Ebd.

nieder. Ein wesentlicher Faktor ist wohl die Politisierung der Massen, in deren Zusammenhang *lud* auch in sozialistischem Sinne ideologisiert wird. So erhält etwa im Deutschen das (einfache) *Volk*, durch die Aufklärung und in emphatischer Überhöhung durch die Romantik als Träger „natürlicher" Werte, unverfälschter Menschlichkeit apostrophiert, durch den Sozialismus die zusätzliche Weihe, aus seiner Erniedrigung zum (Industrie-)Proletariat heraus in die ökonomische und schließlich politische Führungsrolle aufzusteigen. Zwar ist für Marx als „theoretische Zentralinstanz" des Sozialismus der Begriff *Volk* zu undifferenziert und wird von ihm selbst kaum verwendet[32], aber in der politischen Alltagssprache der Arbeiterbewegung gerät er jetzt in der Form des „arbeitenden" Volkes gleichsam zum Adelsprädikat.

Der Einsatz von *lud* im polnischen politischen Diskurs mag zudem an eine Besonderheit geknüpft sein. So schreibt Joachim Lelewel, der schon erwähnte Erfinder des slavischen *gminowładztwo*, dem polnischen Volk eine messianische Rolle bei der Verwirklichung dieser 'Gemeinherrschaft' zu und gebraucht in einer einschlägigen Deklaration gleich dreimal hintereinander *lud*:

> Polska [...] jest dziś ze swego męczeństwa na czele sprawy Ludów. Lud jest ludem wybranym przyszłości. On ma torować drogę Słowiańskim ludnościom do wyzwolenia [Polen steht heute ob seines Leidens an der Spitze der Sache der Völker. (Sein) Volk ist das auserwählte Volk der Zukunft. Es soll den slavischen Völkerschaften den Weg bahnen zur Befreiung][33].

Einerseits scheint hier die polysemiebedingte Mehrdeutigkeit genutzt zu werden: Sowohl 'Volk' als auch 'gemeines Volk' kann gemeint sein. Andererseits ist *lud* ein gemeinslavisch verbreitetes Wort, das, unterstrichen durch diese „Slavizität", hier eine ostwärts gerichtete Solidargemeinschaft denotiert.

Im Kontext der polnischen Arbeiterbewegung scheint sich die Entwicklung von *lud* ähnlich wie die von *Volk* im Deutschen zu vollziehen. Als Beispiel für viele kann ein literarischer Niederschlag bei Bolesław Prus (1847–1912) stehen (in DOR):

> Robotnikom nie wypłacano zasług, a chłopów wprost duszono podatkami, przez co masy ludu były gotowe do buntu [Den Arbeitern wurden die Löhne nicht ausgezahlt, und die Bauern wurden geradezu mit Steuern erdrückt, wodurch die Volksmassen bereit waren zur Revolte] (1949 PRUS *Far. II, 231*).

DOR referiert eine Art Definition von *lud* durch den sozialistischen Literaturkritiker Bronisław Białobłocki (1861–1888), die Prus gegenüber einen begrifflich-theoretischen Fortschritt dokumentiert:

---

32 Vgl. Willi Herferth: Sachregister zu den Werken Karl Marx, Friedrich Engels. Hg. und eingeleitet von Hans Jörg Sandkühler. Köln 1983. Ein Schlagwort „Volk" ist hier gar nicht enthalten, lediglich folgende Komposita sind verzeichnet: *Völkerwanderung, Volksbewaffnung, Volksschulbildung, Volksvertretung*.

33 Joachim Lelewel: Polska. Dzieje i rzeczy jej [Polen. Seine Geschichte und seine Werke]. Poznań 1864, S. 428.

Pojęcie ludu było u Białobłockiego ściśle określone: zaliczał doń proletariat fabryczny, proletariat wiejski oraz podstawowe masy chłopstwa [Der Volksbegriff bei Białobłocki war eng umrissen: Er rechnete das Fabrikproletariat, das Landproletariat sowie die grundlegenden Massen des Bauerntums dazu] (1953 *Twórcz.8, s.140*).

DOR, das in der Volksrepublik Polen maßgebliche Wörterbuch, notiert den Inhalt systemkonform als 'arbeitende Schichten der Gesellschaft, vor allem Arbeiter und Bauern', und der erste Beleg entstammt folgerichtig der Konstitution der Volksrepublik Polen:

> W Polskiej Rzeczypospolitej Ludowej władza należy do ludu pracującego miast i wsi [In der Volksrepublik Polen hat das arbeitende Volk in Stadt und Land die Macht] (1954 *Konst.PRL 257*).

Am Ende des 20. Jahrhunderts gilt *lud* im Gegensatz zu *gmin* und *pospólstwo* als unmarkiertes Wort und hat auch keinen implizit abwertenden Bedeutungsanteil, wie ihn die beiden Konkurrenten mit ihrer Denotation des ungebildeten, unkultivierten Volkes enthalten. Ein weiterer Unterschied besteht darin, dass nur *lud* Teil etlicher Sprichwörter ist, etwa des folgenden[34]: *co rozum rozdwaja, wiara ludu spaja* [was der Verstand entzweit, schweißt der Glaube des Volkes zusammen] 'o specyficznie pojętej mądrości ludu' [über die spezifisch verstandene Volksklugheit]. Diese Eingeflochtenheit in Redensarten bezeugt die Zentralität und Gebrauchsfrequenz des Lexems. Demgegenüber sind sowohl *gmin* als auch *pospólstwo* eher periphere Elemente des Wortschatzes.

Zusammenfassend kann man folgendes für die semantische Entwicklung des indigenen Lexems *lud* festhalten:

- Zu keiner Zeit wird *lud* eine vom hochsprachlichen „Normalgebrauch" abweichende Markierung attestiert.
- Synonymische Bezüge zu *gmin* und *pospólstwo*, die ihrerseits spätestens seit dem 19. Jahrhundert als partiell negativ-expressiv konnotiert gelten können[35], werden wohl hergestellt, *lud* scheint aber bei gleicher Denotation allenfalls ausnahmsweise in negativ-expressivem Sinne gebraucht worden zu sein.
- *Lud* erfährt seit der Aufklärung eine langanhaltende positive Markierung und ist ein Schlüsselwort der Volksrepublik Polen (*Polska Rzeczpospolita Ludowa*).

2.3 *pospólstwo*

Etymologie (BAŃ) *jur.* 'Gütergemeinschaft' XIV-XV (in großpoln. Gerichtsakten 1396–1421, auch im „Kodeks Działyńskich"), 'Gemeinschaft, Gesellschaft, Einwohnerschaft

---

34 Das Sprichwort ist dem „Praktischen Wörterbuch" (wie Anm. 22) entnommen.
35 Vgl. WilWb und WarWb in der Tabelle. Die Markierung wird dabei nicht direkt genannt, sondern ist mittelbar zu erschließen über die für *gmin* und *pospólstwo* genannten Synonyma *motłoch* 'Pöbel' und *gawiedź* 'Gesindel', die als *verächtlich* gekennzeichnet sind.

einer Stadt, eines Landes' XV–XVIII (mit der Zeit immer deutlicher der Macht, der Elite gegenübergestellt; daher:) 'gmin, plebs, motłoch [Pöbel]' XVIII–XIX; *barziej mi się podoba władza jednego człowieka niż władza abo pospólstwa, abo z pospólstwa wybranych* [mir gefällt die Macht eines einzelnen Menschen besser als die des gemeinen Volks oder aus dem gemeinen Volk Gewählter] 1566 (Górnicki), *uchowaj, Boże, takiego rządu, a raczej nierządu, gdzie pospólstwo władnie* [Gott bewahre vor solcher Ordnung oder eher Unordnung, wo das gemeine Volk herrscht] 1597 (P. Skarga), *pospólstwa rozsądkiem abo zdaniem mądry gardzi* [Des gemeinen Volkes Urteil oder Meinung verachtet der Kluge] 1632 (Knapski); in altpolnischen religiösen Texten auch als Übersetzung für lat. *ecclesia* (*ty dary, jeż my tobie obietujemy za pospólstwo* [mit diesen Gaben, die wir dir opfern für die Gemeinschaft] = *pro ecclesia*), *communio* (*sanctorum*: *wierzę w świętych pospólstwo* [ich glaube an die Gemeinschaft der Heiligen), *comitatus* (*w pospólstwie* = *in comitatu w towarzystwie* [in der Gemeinschaft, in der Gesellschaft]); sicher von *pospołu* 'gemeinsam, zusammen' [...].

Im Altpolnischen wie im Polnischen des 16. Jahrhunderts sticht *pospólstwo* von seinen Konkurrenten durch stark ausgeprägte Vieldeutigkeit ab (Gemeinschaften auf Religions-, Stadt-, Staats- oder Eigentumsebene), doch reicht die Frequenz, nach den oben angeführten Belegzahlen zu urteilen, bei weitem nicht an *lud* heran.

Relevant für den vorliegenden Kontext ist im Altpolnischen die Bezeichnung der Mittelschicht der Stadtbürgerschaft. Dem Altpolnischen Wörterbuch zufolge entwickelt sich *pospólstwo* zu einem 'Organ, das an der Stadtverwaltung beteiligt ist neben dem Stadtrat und den Schöffen'. Ursprünglich handelt es sich bei *pospólstwo* um die Einwohner der Stadt, die das Bürgerrecht besitzen, aber in jenen höchsten Instanzen der Selbstverwaltung nicht vertreten sind. Dazu zählen die kleineren Kaufleute, die Handwerksmeister, ein Teil der Gesellen u. ä.; die Reicheren gehen ins regierende „Patriziat" über[36]. Damit ist *pospólstwo* wie *gmin* und im Gegensatz zu *lud* seinerzeit ein relativ klar umrissenes gesellschaftliches Gebilde.

Faktisch beschränkt sich die Funktion, die *pospólstwo* – anders als *gmin* – besitzt, aber offenbar auf eine Art Kontrollrecht gegenüber der vom Patriziat geführten Stadtverwaltung, denn „Amt und Amtsgut wurde allerdings in den wichtigeren Städten von der Bürgerschaft durch Kauf erworben, was besonders den reichen, im Fernhandel tätigen Rats- und Schöffengeschlechtern zugute kam"[37]. In APWb liegen entsprechende Belege vor:

Tedy raczcze ... nye mayą nycz czynycz ... przesz wyedzenya any woley pospolstwa myesczkyego [Also dürfen die Ratsherren nichts tun ohne Wissen und Willen der Stadtbürgerschaft] (vor 1500 *OrtOssol.*[38] 89,4)

---

36 Vgl. Ireneusz Ihnatowicz / Antoni Mączak / Benedykt Zientara: Społeczeństwo polskie od X do XX wieku [Die polnische Gesellschaft vom 10. bis 20. Jahrhundert]. Warszawa 1979, S. 139 f. Mit dieser Denotation dient *pospólstwo* auch als Entsprechung für eine Gruppe in der antiken römischen Stadtverfassung: Wb16 enthält u. a. den inhaltlich entsprechenden, recht frequentierten Unterpunkt 'im antiken Rom: Schicht der freien Bürger, die nicht zum Patriziat gehören und nicht alle Rechte besitzen'. Dieser Zusammenhang lässt ganz entfernt an eine nirgends erwähnte Lehnverbindung von *pospólstwo* zu *populus* denken, allein aufgrund der klanglichen Nähe.
37 Vgl. Jörg Hoensch: Geschichte Polens. 2., neubearb. und erw. Aufl. Stuttgart 1990, S. 51.

oder

> Raczcze maya na kaszdy rok przed starszymy y przed pospolstwem ze wszythkych dochodow myesczyskych wząncz lyczbą [Die Ratsherren sollen jedes Jahr vor den Ältesten und der Stadtbürgerschaft über alle städtischen Einnahmen Rechenschaft ablegen] (vor 1500 *ib.*).

Zwitterhaft nimmt sich die Lage dieser städtischen Mittelschicht im 16. Jahrhundert aus. Einerseits werden in den 20er Jahren nach langen, erbitterten Kämpfen Vertreter des 'gemeinen Volks' in die Stadträte aufgenommen, andererseits erreicht der Abbau der städtischen Freiheiten 1565 seinen ersten Höhepunkt[39]. Beides schürt sicher das Abgrenzungsbedürfnis des Patriziats angesichts der neuen Konkurrenz:

> Ale iesliby pospolstwo samo się rządziło/ płochą rádą się spráwuiąc/ iáko to pospolićie bywa/ á nieprzystoynie sobie w spráwach poczynáiąc/ nieprzestrzegáiąc vcżćiwości y pożytku wszytkich w obec/ ále tylko sámych vbogich/ tedy ono Páństwo zową *Dymokratia* [Wenn das gemeine Volk sich selbst regierte/ schlechten Rat versehend/ wie das gewöhnlich zu sein pflegt/ und sich ungeschickt in den Angelegenheiten anstellend/ nicht achtend die Ehrlichkeit und den Nutzen für alle zusammen/ sondern nur allein für die Armen/ so nennen sie diesen Staat *Demokratie*] (1577 ModrzBaz 3v).

Häufigen Kontakt scheinen die unterschiedlichen gesellschaftlichen Gruppen indes nicht gepflegt zu haben, denn allein das Äußere der hohen Herren zu betrachten, ist seinerzeit wohl schon ein Schauspiel, wie ein anderer Beleg verrät:

> Panowie, kiedy raczą iść po ulicy, cierpią jakąś molestyją wielką i z sługami swemi od tego pospólstwa, który się rad dziwuje nie widając nigdy takowego ludu, ani takowych ubiorów [Die Herren, wenn sie geruhen, die Straße entlang zu gehen, leiden unter großer Belästigung mit ihren Dienern durch dieses gemeine Volk, das gern bewundert, da es sonst nie solche Leute oder solche Kleider sieht] (1573 DiarPos 32).

Während *lud* hier auf die angesehenen Personen bezogen ist, verkörpert *pospólstwo* die gaffende Masse. Aus dieser und vielen anderen Äußerungen spricht so viel Hochmut, dass es verwundert, wenn Wb16 keine pejorative Markierung feststellt. Möglicherweise ist dies der historischen Tatsache geschuldet, dass „Oben" und „Unten" im 16. Jahrhundert trotz aller Veränderungen statisch fixiert sind und insofern auch Bewunderung und Hochmut ihren festen Platz haben, ohne besondere Expressivität.

In zwei Punkten unterscheidet sich *pospólstwo* im 16. Jahrhundert grundlegend von seinen beiden Konkurrenten. Zum einen haftet nur diesem Lexem partiell eine negative Konnotation an, und zwar in biblischen Texten zur Bezeichnung der Menschenmenge. Zum anderen tritt nur *pospólstwo* in synonymische Beziehungen zum Tabuwortschatz um 'Prostitution'. Dieser zusätzliche Inhalt von *pospólstwo* ist als In-

---

[38] Aus unerfindlichen Gründen ist dieses Kürzel im Quellenverzeichnis von APWb nicht enthalten, daher kann der Beleg nicht datiert werden.
[39] Vgl. Hoensch: Geschichte (wie Anm. 37), S. 96.

diz für eine Bewertung des Wortes zu sehen, die in diesen Komponenten deutlich von *gmin* und *lud* abweicht.

Mit dem Verkümmern der polnischen Städte im 17./18. Jahrhundert als Folge der eigennützigen Adelspolitik[40] schwindet die Komponente der Stadtbürgerschaft aus *pospólstwo*. Zuletzt erwähnt Troc sie Mitte/Ende des 18. Jahrhunderts. Zum weiteren Aspekt 'der Pöbel, der gemeine Mann' nennt dieser erstmals Verwendungsbeispiele, die auch im Kontext dieses Wortes den revolutionären Zeitgeist erahnen lassen, der schon bei *gmin* und *lud* begegnete: *pofpolftwa niechęć* 'der Unwille des gemeinen Volks' oder *roziufzone pofpolftwo* 'das erboste Volk'.

Bei Linde ist Anfang des 19. Jahrhunderts der Bedeutungsumfang von *pospólstwo* endgültig zusammengeschrumpft auf 'Gesellschaft; Versammlung; gemeines Volk'[41]. Obwohl knapp die Hälfte der Belege zum Inhalt 'gemeines Volk' einen deutlich negativen Beiklang spüren lässt[42], enthält bis Mitte des 20. Jahrhunderts kein Wörterbuch einen expliziten Vermerk dieser Markiertheit[43]. Interessanterweise handelt es sich bei diesen Belegen, die von Wörterbuch zu Wörterbuch übernommen wurden, durchweg um Auszüge aus einer Art Sprichwortsammlung von 1632[44], sodass *pospólstwo* sich tatsächlich als das Element der Synonymengruppe darstellt, dem die dauerhafteste negative Konnotation anhaftet.

Das 18./19. Jahrhundert bringt *pospólstwo* keine Aufwertung. Der polnische Romantiker Adam Mickiewicz etwa verwendet das Wort in vielen Fällen abwertend bzw. scherzhaft[45]:

> Widziałem [...] w głowach pospólstwa ciemnotę [Ich sah in den Köpfen des gemeinen Volkes Dunkelheit] (*Majtek* 17–8)

---

40 Die Zahlen zum Verfall der Städte sind beeindruckend: Danzig zählte 1650 etwa 77.000 Einwohner, 100 Jahre später 46.000; Wilna hatte im 17. Jahrhundert 60.000 Bürger, 1777 noch knapp 21.000; Krakau schrumpfte vom 16. Jahrhundert bis 1770 von 80.000 Einwohnern auf 16.000 (vgl. Hoensch: Geschichte [wie Anm. 37], S. 128 f.).

41 Ein polnisch-deutsches Wörterbuch erklärt wenig später in einer Anmerkung zu dem Lemma mit den Inhalten 1. das gemeine Volk, der Pöbel; 2. die Gemeinschaft, Gesellschaft; 3. die Gemeinde; 4. das Publikum: „bloß die erste Bed. ist jetzt üblich" (Józef Kajetan Trojański: Dokładny polsko-niemiecki słownik [Genaues polnisch-deutsches Wörterbuch]. Poznań, Berlin, Bydgoszcz 1835/36).

42 Einer der Belege ist in der etymologischen Darstellung von Bań enthalten (vgl. Knapski-Beleg von 1632).

43 Linde kennzeichnet die drei entsprechenden Belege wohl innerhalb des Eintrags als *in malam partem*, die Bedeutungsdefinition enthält diesen Hinweis jedoch nicht. Hier wie auch in anderen Wörterbüchern finden sich zwar in den Bedeutungserklärungen Lexeme, die eine negativ-expressive Markierung vermuten lassen, ausdrücklich verzeichnet wird diese indes nicht.

44 Es handelt sich um den dritten Teil von Grzegorz Knapskis polnisch-lateinisch-griechischem Wörterbuch des Titels: Continens adagia Polonica Selecta et sententias morales ac dicteria faceta ... Latine et Graecae redd. Quibus ... addita est et lux et interpretatio ex variis auctoribus. Cracoviae 1632.

45 Die zwei folgenden Belege stammen aus: Konrad Górski: Słownik języka Adama Mickiewicza [Wörterbuch der Sprache Adam Mickiewicz']. Wrocław 1962–83.

bzw.

> (W towarzystwie) znajdują się różni ludzie: [...] ludzie prości, pod ogólnym nazwiskiem: pospólstwo [(In der Gesellschaft) befinden sich unterschiedliche Leute: [...] einfache Leute, im Allgemeinen genannt: *pospólstwo*] (*L1* 90-1).

Im 19. Jahrhundert kehrt mit der Entstehung eines Kleinbürgertums in den Städten der Bezug auf eine bestimmte städtische Bevölkerungsgruppe zurück, in diesem Fall auf die unteren Klassen des Bürgertums. Neutral scheint dieser Begriff allerdings auch nicht zu sein, denn Anfang des 20. Jahrhunderts bezeichnet das Warschauer Wörterbuch diese Gruppe zugleich bildhaft als 'graue Bevölkerungsmassen'.

Explizit wird die Pejorisierung, die *pospólstwo* erfahren hat, schließlich in Dor. Für den Inhalt 'gemeines Volk' differenziert Dor eine veraltete Komponente mit Bezug aufs Mittelalter und eine jüngere pejorative 'Pöbel'. Für den ersten gibt Dor eine Reihe metasprachlicher Äußerungen als Belege an, worin *pospólstwo* als historischer Terminus auftritt, zum Beispiel:

> W pierwotnych czasach wszyscy mieszczanie odbywali zgromadzenia i razem zwali się pospólstwem [In der Anfangszeit hielten alle Bürger Versammlungen ab und zusammen nannten sie sich *pospólstwo*] (1851 Moracz. *Dzieje VI*, 65).

In keinem der Dor-Belege ist die vermerkte Pejorisierung erkennbar. Dass es sich bei dieser Verwendung seinerzeit um eine neue Erscheinung gehandelt habe, ist wenig wahrscheinlich, weil schon WarWb auf eine synonymische Beziehung zu *motłoch* verweist, das im selben Wörterbuch zur Erklärung von *gmin* herangezogen und als *verächtlich* markiert wird. Nicht ausgeschlossen ist dagegen, dass auch hier eine gewisse sozialistische Ideologisierung des gesamten Denotatbereichs durchschlägt, die eine negative Sichtweise der Volksmassen nicht duldet.

Ende des 20. Jahrhunderts hat sich die negativ-expressive Wertung endgültig durchgesetzt: AndWb sieht den Bezug auf die Land- und arme Stadtbevölkerung als veraltet an und beschreibt *pospólstwo* nur mehr als *verächtliches Wort* für 'einfache, unkultivierte Leute'. So steht es *gmin* sehr nahe: die lexikographische Beschreibung ist entsprechend, die Synonymenangaben sind identisch (*plebs* sowie *gmin* bzw. *pospólstwo*).

Damit wird der semantische Werdegang von *pospólstwo* charakterisiert durch:

– frühe partiell negative Konnotierung (in biblischen Darstellungen; vgl. Tabelle),
– seit dem 16. Jahrhundert schon abwertende Bezugnahme durch gesellschaftlich Höhergestellte, ohne dass dies als expressiv eingestuft wird (durch Wb16),
– erhebliche Veränderung des Denotatbereichs durch den Niedergang der Städte im 17./18. Jahrhundert und damit wie bei *gmin* Umdeutbarkeit des Ausdrucks, die allerdings in diesem Fall nur zu Pejorisierung, nicht zu Ideologisierung geführt hat.

3. Resümee

Zurückkehrend zur Ausgangsfrage, inwieweit die erwähnten linguistischen Mechanismen der Moralisierung von Statuswörtern und der Pejorisierung von synonymischen Lehnwörtern hier die spezifischen Bedeutungswandlungen bewirken, ist zunächst die aus dem beleggestützten Rückblick in die Wortgeschichten resultierende Einschränkung festzuhalten, dass schon die Annahme von Synonymität für sich nicht unproblematisch ist, da im Einzelnen durchaus erhebliche Unterschiede in Frequenz und Bedeutungsumfang der Wörter hervorstechen. Von Synonymie ist also nur in einem abstrakteren Verständnis zu sprechen, wobei eine wesentliche konnotative Trennungslinie zwischen den Wörtern durch das oppositionelle Verhalten in Bezug auf Ideologisierung und Pejorisierung markiert wird.

Das unterschiedliche Verhalten der Wörter gegenüber der eingangs dargestellten „moralization of status-words" basiert offenbar auf denotativen Nuancen. Dass *lud* von ihr nicht ergriffen wird, liegt wahrscheinlich an der großen Dauerhaftigkeit, mit der es eher unbestimmt und standesunabhängig die (vorwiegend ländliche) Bevölkerung bezeichnet. Statuswort in einem engeren Sinne ist *lud* nur phasenweise und dann lediglich mit einer von vielen Bedeutungen. Im Gegensatz zu *gmin* und *pospólstwo* scheint sich die Bedeutung von *lud*, sicher als Folge der aufklärerischen und sozialistischen Ideologisierung sowie unter Einfluss der zunehmenden Komplexität der sozialen Beziehungen, denotativ zu spezialisieren: waren früher 90% der Bevölkerung dem 'Volk' zuzurechnen, lassen sich diesbezüglich in einer individualisierten Gesellschaft kaum mehr klare Zuordnungen vornehmen („Wertevielfalt")[46].

Gmin und *pospólstwo* unterliegen dagegen einer erheblichen Wandlung, die auf einer Generalisierung ihrer Bedeutung beruht, hervorgerufen durch fundamentale Veränderungen des städtischen Sozialgefüges: Zunächst bezeichnen sie städtische Einheiten, dann eher ländliche, und schließlich denotieren sie Ungebildetheit sowie Unkultiviertheit. Damit fügen sie sich ganz in das Muster der „moralization of status-words".

Den geraden Weg einer solchen Entwicklung beschreibt *pospólstwo*: Parallel zum faktischen „downgrading" der bezeichneten städtischen Unterschicht im 17./18. Jahrhundert tritt eine Pejorisierung ein, und schließlich löst sich der Begriff als soziologische Kategorie auf, um nur mehr die stereotypisierten Eigenschaften der ehemals denotierten Statusgruppen zu konservieren.

Dass *gmin*, obwohl seinerzeit auch bereits partiell negativ-expressiv markiert, im 18./19. Jahrhundert von diesem Pfad abweicht und im Gegenteil zwischenzeitlich eine Aufwertung erfährt, könnte auf das von Beginn an mit *gmin* denotierte Moment der Organisiertheit zurückgehen, das Krasiński im eingangs genannten Zitat

---

46 Der deutsche Diskurs kreist aktuell um die „neue Bürgerlichkeit" als Ausdruck der Selbstverortung breiter Bevölkerungsschichten. So widmete „Die Zeit" der „Lust am Bürgerlichen" jüngst mehrere Artikel (Nr. 11, 9. März 2006, S. 49–51).

zu dieser Synonymengruppe herausstellt. Illustriert mit dem Bild der Bevölkerung (*gmin*) als Körper und denotativ ausschließlich auf die unteren sozialen Schichten fokussiert, nimmt es sich womöglich „fortschrittlicher" aus als *lud*. *Pospólstwo* gegenüber ist *gmin* in dieser Hinsicht ohnehin überlegen, da jenes sich auf lose Menschengruppierungen bezieht (vgl. Krasińskis Einschätzung) und insofern wenig geeignet ist, die solidarisch verstandene Einheit eines Volkes abzubilden.

Das endgültige semantische Absinken des Lehnworts *gmin* gegen Ende des 19. Jahrhunderts könnte Folge eines Verdrängungsprozesses sein: Möglicherweise nimmt in der ideologischen Domäne *lud* zunehmend überhand, ein Wort, das im polnischen Wortschatz zentral verortet ist, einen gemeinslavischen Kontext offenhält und zudem, wie es Krasiński Ende des 19. Jahrhunderts formuliert, den „edleren Ausdruck" darstellt, der darüber hinaus aufgrund seines standesübergreifenden Bedeutungsumfangs sprachlich die postulierte Solidargemeinschaft ausweitet von den unteren Schichten auf alle, die sich angesprochen fühlen.

Freilich ist ebenfalls denkbar, dass die Pejorisierung von *gmin* dessen Fremdheit zuzuschreiben ist – entsprechend der These von der Pejorisierung von synonymischen Lehnwörtern. Im Lichte der historischen Umstände drängt sich jedoch ein ganz anderer Erklärungsansatz auf als eine allgemeine linguistische Tendenz. Denn die Bedeutungsdegradation korreliert chronologisch mit einer Verschärfung der nationalen Gegensätze in den überwiegend von Polen besiedelten Regionen des Deutschen Reiches durch den Kulturkampf der 1870er Jahre. Schwerlich nachweisbar, aber auch nicht ausgeschlossen ist, dass der neuerliche enge Sprachkontakt, den die Teilungen hergestellt hatten und der schon wieder fast 100 Jahre bestand, *gmin* als deutsches Lehnwort (wieder)erkennen half, das nebst seiner Schwesterform *gmina* 'Gemeinde' leicht mit preußischer Administration assoziiert werden konnte. Berücksichtigt man den zu jener Zeit stattfindenden Wandel der polnischen Stereotype über die Deutschen, so erscheint eine Reduktion auf den bereits vorhandenen negativen Beiklang durchaus vorstellbar:

> In historischen Überlegungen, deren Bedeutung im öffentlichen Leben damals sehr groß war, konzentrierte man sich auf die Konflikte, die sich aus dem Wettbewerb zwischen zwei verschiedenen Modellen des alltäglichen Lebens, verschiedenen ethischen Grundlagen oder schlicht der Kultur und Zivilisation ergaben. Das historische Argument verstärkte in den polnischen Stereotypen der zweiten Hälfte des 19. Jahrhunderts die pejorative Bewertung der deutschen Nation. Das Argument diente dazu, die These zu untermauern, dass die Deutschen für Polen keine gewöhnlichen Nachbarn waren […], sondern eine Nation, die Polen gegenüber eine ständige Feindschaft an den Tag legte, Konflikte entfachte, weil das den Eigenschaften ihres Nationalcharakters entsprach[47].

Vor dem Hintergrund einer solchen Interpretation des deutschen „Nationalcharakters" wäre es, salopp formuliert, kein Wunder, wenn Ende des 19. Jahrhunderts

---

47 Wojciech Wrzesiński: Der Deutsche in polnischen Stereotypen des 19. und 20. Jahrhunderts. In: Teresa Walas (Hg.): Stereotypen und Nationen. Krakau 1999, S. 220–228, hier S. 224.

eine Degradation deutscher Lehnwörter stattgefunden hätte. Und in der Tat scheint sich, zumindest in synonymischen Kontexten, eine entsprechende Häufung negativ-expresssiver Markierungen zu bestätigen[48]. Aber von dieser Situation ausgehend würde damit weniger ein linguistisches Gesetz verifiziert als vielmehr die Deutung dieses sprachlichen Phänomens als Indiz für eine „sozialhistorische Schieflage" zwischen den kontaktierenden Sprachen nahegelegt.

Denn in krassem Widerspruch zur semantischen Entwicklung der deutschen steht etwa diejenige lateinischer, französischer und englischer Lehnwörter im Polnischen. In einer Auswertung der semantischen Entwicklung von Entlehnungen aus verschiedenen Sprachen, für die Anfang des 20. Jahrhunderts polnische Ersatzwörter vorgeschlagen wurden, stellt Andrzej Markowski fest, dass im Falle einer stilistischen Differenzierung zwischen Lehn- und Ersatzwort „fast immer der fremde Ausdruck einem höheren Stil angehört als der polnische Ausdruck"[49]. Indes stammen ausgerechnet die zwei Beispiele, die als seltene Ausnahmen die Regel bestätigen, aus dem Deutschen (*cug – pociąg* 'Zug'; *feler – błąd, wada* 'Fehler'), und unter den stilistisch höherwertigen wiederum findet sich kein einziges deutsches Wort.

Die zwei in die Umgangssprache abgerutschten Lehnwörter *cug* und *feler* unterscheiden sich jedoch durch zwei Eigenschaften von *gmin*: Beide sind junge Entlehnungen und im Zeitkontext als Lehnwörter leicht zu erkennen. Und eben diese Erkennbarkeit ist bei expressiver Markierung von Lehnwörtern vorauszusetzen, welcher Art sie auch sei. Schließlich gibt es auch synonymische deutsche Lehnwörter, die in langwährender Konkurrenz zu indigenen Wörtern stehen und die weder von Muttersprachlern als fremd empfunden werden noch eine Konnotation tragen (z. B. *kawał – część* 'Teil' oder *kram – buda* 'Verkaufsstand'). Ohne eine wie immer vage Ahnung der Herkunft wäre in Aussagen zu typischem konnotativen Verhalten von Lehnwörtern kein Hinweis auf das gegenseitige Verhältnis der Sprechergemeinschaften zu erwarten, allenfalls die typische Zugehörigkeit von Lehnwörtern zu Wortfeldern, die ihrerseits zu bestimmten Konnotationen neigen. Die Kategorie der Erkennbarkeit ist insbesondere diachronisch schwer zu greifen, war doch lange Zeit die Diversität der Begriffe von Region zu Region und auch zwischen den gesellschaftlichen Schichten ungeheuer groß[50], sodass „Fremdheit" in vielerlei Hinsicht (kontextuell,

---

48 Dies legen die bisherigen Ergebnisse der vor dem Abschluss stehenden Dissertation der Verfasserin nahe.
49 Andrzej Markowski: Zapożyczenia dawne – dziś (stan z początku i końca XX wieku) [Alte Entlehnungen – heute (Stand zu Beginn und zu Ende des 20. Jahrhunderts)]. In: Włodzimierz Gruszczyński (Hg.): Język narzędziem myślenia i działania. Materiały z konferencji zorganizowanej z okazji 100-lecia „Poradnika Językowego" (Warszawa, 10–11 maja 2001 r.) [Die Sprache als Werkzeug des Denkens und Handelns. Materialien zur Konferenz anlässlich des 100-jährigen Bestehens des „Sprachratgebers" (Warschau, 10./11. Mai 2001)]. Warszawa 2002, S. 76–85, hier S. 78.
50 Gerade in Bezug auf den Lehnwortgebrauch gab es zwischen den sozialen Gruppen große Unterschiede. Im Vergleich zur übrigen Bevölkerung enthielt die Sprache der adeligen Schichten in früheren Zeiten deutlich mehr Lehnelemente (vgl. Jerzy Podracki: Rywalizacja wyrazów polskich

individuell, sozial, regional, überregional) zu denken und „Erkennbarkeit" nicht unbedingt allein an die phonologische Gestalt gebunden ist[51]. Im Sinne Isidors von Sevilla (um 560–636), dem zufolge nur, wer die Etymologie eines Wortes kennt, es eigentlich versteht[52], kann man vielleicht von einer Art „Wortgeschichtsgedächtnis" ausgehen, das entsprechendes Wissen, sei es noch so unscharf, speichert.

Bei *gmin* ist dies womöglich geschehen, da Krasiński als einen Unterschied zwischen *gmin* und *pospólstwo* die Fremdheit des ersteren vermerkt[53]. Das könnte das Absinken von *gmin* zur Zeit unterkühlter nachbarlicher Beziehungen, überspitzt formuliert, als subversive polnische Gegenwehr erklären, indem dieser bei dem im 19. Jahrhundert sehr populären Historiker Joachim Lelewel positiv besetzte Schlüsselbegriff nunmehr abgewertet wurde.

Ursachenforschung zu sprachlichen Reflexen auf außersprachliche Wandlungen enthält allerdings hohe hypothetische Anteile: Die Komplexität allein der sprachlichen Wirklichkeit mit einer geschichtlichen Tiefe von über 500 Jahren zu erfassen ist nicht nur quellenbedingt kaum möglich. Insofern scheint es nicht gänzlich abwegig, wenn Markowski durch seine Untersuchung eines Jahrhunderts gemeinsamer Geschichte von Lehnwörtern unterschiedlicher Herkunft und polnischen Äquivalenten zu der provozierend-unbekümmerten Auffassung gelangt, das „emotionale Verhältnis zu Entlehnungen" habe „keinen Einfluss" auf deren Schicksal im Polnischen[54]. Dass die Dinge ganz so einfach doch nicht liegen, mag die vorliegende Darstellung gezeigt haben.

---

z obcymi [Rivalität polnischer mit fremden Ausdrücken]. In: Peter Thiergen / Ludger Udolph (Hg.): Res Slavica. Festschrift für Hans Rothe zum 65. Geburtstag. Paderborn, München, Wien, Zürich 1994, S. 595–600, hier S. 595.

51 In diesem Zusammenhang zeichnet sich möglicherweise eine Parallele ab zwischen Germanismen im Polnischen und Jiddismen im Deutschen. Diese weisen nämlich in synonymischen Konstellationen ebenfalls häufig einen pejorativen Beiklang auf (*Maloche* vs. *Arbeit*, *Penne* vs. *Schule*, *Pleite* vs. *Bankrott*) und werden vom durchschnittlichen Sprachbenutzer wohl in ihrer Werthaltigkeit, nicht aber in ihrer Etymologie erfasst (viele Beispiele gibt Hans Peter Althaus: Zocker, Zoff & Zores. Jiddische Wörter im Deutschen. München 2002).

52 Vgl. Małgorzata Mazurkiewicz: Etymologia i konotacja semantyczna [Etymologie und semantische Konnotation]. In: Jerzy Bartmiński (Hg.): Konotacja [Konnotation]. Lublin 1988, S. 99–112, hier S. 100.

53 Ob dies der Gelehrtheit des Autors zuzurechnen ist oder Ende des 19. Jahrhunderts Allgemeinwissen darstellt, lässt sich kaum entscheiden. Die ausdrucksseitige Ferne von *gmin* zu *gemein* legt nicht eben die Unterstellung nahe, dass es von der breiten Masse als „deutsch" erkannt wurde.

54 Markowski: Zapożyczenia (wie Anm. 49), S. 85.

Marc Carel Schurr

Die ‚Junker von Prag' und die mitteleuropäische Spätgotik

Im Jahre 1486 ließ der Regensburger Dombaumeister Matthäus Roritzer ein von ihm selbst verfasstes Werk drucken, mit dem er den zukünftigen Vertretern seines Metiers ein Lehrbuch über die hohe Kunst des Bauens an die Hand geben wollte. In der Einleitung seines „Büchleins von der Fialen Gerechtigkeit" schrieb der Architekt: „Ich habe mein Wissen [...] nit allein aus mir selbs, sunder vor [allem] auch durch die alten der kunste wissende Und nemlichen die iungkhern von prage erclaret ist."[1]

Ganz ähnlich lautet der Prolog zum kurz darauf entstandenen „Fialenbüchlein" des Hans Schmuttermayer aus Nürnberg[2]. Auch hier beruft sich der Autor, von dem wir neben dem Namen kaum etwas wissen, auf die ‚Junker von Prag' als die Begründer der damals modernsten Strömung der Baukunst, welche die Kunstgeschichte im Nachhinein mit dem Etikett der mitteleuropäischen Spätgotik versehen hat. Welche Rolle Schmuttermayer als Architekt gespielt hat, ist unklar[3]. Letztlich ist nicht einmal sicher, ob er überhaupt jemals eine handwerkliche Ausbildung als Steinmetz absolviert hat. Möglicherweise hat er das in seinem Büchlein festgehaltene Wissen lediglich aus einer anderen Quelle geschöpft und weitergegeben. Dass dem tatsächlich so war und dass es sich bei dem zugrunde liegenden Vorbild um die Fibel des Matthäus Roritzer gehandelt hat, darauf deutet eine Vielzahl inhaltlicher Übereinstimmungen, die sich bis in die Formulierungen hinein erstrecken[4]. Da Matthäus Roritzer wie sein Vater Konrad neben dem Regensburger Dombaumeisteramt seit 1454

---

1   Das Büchlein von der Fialen Gerechtigkeit. Faksimile der Originalausgabe von 1486. Hg. von Ferdinand Geldner. 2. Aufl. Hürtgenwald 1999. Zur architekturgeschichtlichen Bedeutung des Büchleins von der Fialen Gerechtigkeit vgl. Lon R. Shelby (Hg.): Gothic Design Techniques: The 15th-century Design Booklets of Mathes Roriczer and Hanns Schmuttermayer. Carbondale 1977; Ulrich Coenen: Die spätgotischen Werkmeisterbücher in Deutschland als Beitrag zur mittelalterlichen Architekturtheorie. Aachen 1989; Roland Recht: Les „traités pratiques" d'architecture gothique. In: ders. (Hg.): Les bâtisseurs des cathédrales gothiques. Strasbourg 1989, S. 279–285; Peter Morsbach: Matthes Roriczers Büchlein von der fialen Gerechtigkeit. Mittelalterliche Fachprosa als Grundlage der deutschen Wissenschaftssprache. In: Thilo Bauer / Peter Styra (Hg.): Der Weg führt durch Gassen. Aus Regensburgs Literatur und Geschichte. Festgabe für Eberhard Dünninger zum 65. Geburtstag. Regensburg 1999, S. 192–207; Lothar Schmitt: Über die schwere Geburt des deutschen Architekturtraktats: die Wiegendrucke Mathes Roriczers und Hanns Schmuttermayers. In: Scholion 3 (2004), S. 168–174; Wolfgang Strohmayer: Das Lehrwerk des Matthäus Roritzer. Hürtgenwald 2004.
2   Hans Schmuttermayer: Fialenbüchlein. Nürnberg 1489.
3   Zu Schmuttermayer vgl. Shelby: Gothic Design Techniques (wie Anm. 1); Coenen: Werkmeisterbücher (wie Anm. 1); Schmitt: Architekturtraktat (wie Anm. 1).
4   Vgl. dazu die in Anm. 1 u. 3 zitierte Literatur.

auch die Bauleitung am Chor der Nürnberger Lorenzkirche innehatte[5], lässt sich der Zusammenhang leicht erklären. Offensichtlich war Schmuttermayer mit Roritzer beim Bau von St. Lorenz in Berührung gekommen und zur Herstellung seiner eigenen Schrift inspiriert worden.

Doch nicht nur in Nürnberg und Regensburg, wo man sich geographisch ja in unmittelbarer Nachbarschaft der böhmischen Länder befand, taucht der Name der ‚Junker von Prag' in Verbindung mit ehrgeizigen Bauunternehmungen auf. Sogar im linksrheinisch gelegenen Straßburg schrieb man, wie die Beschriftung eines 1548 von Konrad Morant dort verlegten Holzschnittes mit der Schauseite des Münsters verrät[6], die Vollendung der monumentalen Westfassade den ‚Junkern von Prag' zu[7].

Dass damit Baumeister gemeint waren, die aus der Prager Dombauhütte hervorgegangen waren, erscheint angesichts der künstlerisch wie politisch herausragenden Stellung, welche die Stadt Prag mit dem kaiserlichen Hof während der zweiten Hälfte des 14. Jahrhunderts einnahm, naheliegend. Speziell die unter der Leitung Peter Parlers beim Bau des Prager Veitsdomes gefundenen innovativen baukünstlerischen Konzepte wurden um und nach 1400 in ganz Mitteleuropa aufgegriffen und weiterentwickelt. Wenn sich in Regensburg und Straßburg nun ebenfalls die Folgen dieser Entwicklung bemerkbar machten, so kann dies angesichts der Größe der beiden Bauhütten und ihrer damit einhergehenden überregionalen Verflechtung kaum überraschen.

Nähere Hinweise über die Identität der ‚Junker von Prag' geben die Quellen allerdings nicht[8]. Auch der Abgleich mit den Biographien der Straßburger Baumeister,

---

5   Zur Baumeisterfamilie der Roritzer vgl. Franz Dietheuer: Das Dombaumeistergeschlecht der Roritzer im 15. und 16. Jahrhundert in Regensburg. In: Genealogie 6 (1976), S. 174–192; Achim Hubel / Manfred Schuller: Der Dom zu Regensburg. Regensburg 1995, S. 111–149; Peter Morsbach: Die Regensburger Werkmeisterfamilie Roriczer. In: Edith Feistner (Hg.): Das mittelalterliche Regensburg im Zentrum Europas (Forum Mittelalter. Studien 1). Regensburg 2006, S. 105–122.
6   Die Beschriftung ist wiedergegeben bei Otto Kletzl: Die Junker von Prag in Straßburg (Schriften des wissenschaftlichen Instituts der Elsaß-Lothringer im Reich an der Universität Frankfurt, N. F. 15). Frankfurt a. M. 1936, S. 11. (Ein Druckfehler bei Kletzl lässt den Autor als Konrad Monrat erscheinen. Die richtige Schreibweise des Namens lautet Morant.)
7   Es existiert neben Morants Holzschnitt eine Medaille, welche die Straßburger Westfassade mit der Umschrift „Turris Argentoratis" auf der Vorderseite und drei Reiter mit der Umschrift „Die drei Junckhern von Brag 1565" auf der Rückseite zeigt (eine Abbildung findet sich bei Otto Neuwirth: Die Junker von Prag. Prag 1894, Taf. 1). Die ‚Junker von Prag' werden zudem von etlichen oberrheinischen Chronisten des 16. und 17. Jahrhunderts als Vollender der Straßburger Fassade erwähnt und teilweise auch mit Bildwerken in Verbindung gebracht. Die meisten dieser Angaben lassen sich allerdings als falsche Verknüpfungen verschiedener Überlieferungsstränge entlarven. Lediglich die Nachricht über die ‚Junker von Prag' als Baumeister, denen die Vollendung der Westfassade des Münsters zu verdanken ist, scheint einen wahren Kern zu enthalten. Eine ausführliche Diskussion dieser Problematik findet sich bei Neuwirth, S. 14–22, sowie bei Kletzel: Junker von Prag (wie Anm. 6), S. 13–46.
8   Über die genaue Bedeutung des Wortes „Junker" im Kontext der verschiedenen Quellen nachzudenken wäre die Arbeit eines Philologen. Für das Lexikon des Mittelalters ist ein Junker eine junge männliche Person adeligen Standes, aber nicht unbedingt ein Baumeister oder Steinmetz.

die für den in Frage kommenden Zeitraum sämtlich bekannt sind[9], fördert wenig greifbare Resultate zutage. Die einzige Person, bei der eine Verbindung zur Prager Dombauhütte offenkundig gegeben war, ist Michael von Freiburg. Meister Michael war tatsächlich ein Neffe Peter Parlers gewesen, hat aber in seiner lediglich fünf Jahre, nämlich von 1383 bis 1388, dauernden Amtszeit als Straßburger Münsterbaumeister nur wenig zur Vollendung der Westfassade beigetragen[10]. Was verbirgt sich also hinter den sagenhaften Leistungen der ‚Junker von Prag'? Ist den Überlieferungen aus Regensburg und Straßburg wenigstens ein Stück weit zu trauen, oder handelt es sich bloß um reine Mythen, hinter denen sich allenfalls diffuse Erinnerungen an die Glanzzeiten der Prager Dombauhütte verbergen?[11]

Interessanterweise waren es gerade die Dombauten in Regensburg und Straßburg gewesen, denen Peter Parler entscheidende Anregungen für seine Formerfindungen verdankte[12]. Von ihnen hat der junge Architekt Impulse empfangen, welche das architektonische Erscheinungsbild der von ihm realisierten Partien des Prager Veitsdomes wesentlich zu prägen vermochten. So finden sich die Vorformen der für Peter Parler charakteristischen Maßwerkfiguren, die aufgebrochenen Pässe und die Fischblasen (Abb. 1), im Einflussbereich der Straßburger Münsterbauhütte: in Salem, Konstanz, Niederhaslach und in Straßburg selbst[13]. Und der überaus originelle Aufbau des Prager Obergadens mit seinem Ondulieren der Wandoberfläche, welches durch das Hervorspringen des Triforiums an den Jochgrenzen und das Zurückdrängen der dazwischenliegenden Fensterfläche hervorgerufen wird (Abb. 2), hat einen direkten Vorläufer in der plastischen Wandauffassung der Regensburger Langhausjoche[14].

Dennoch lassen das Führen eines Wappens und die nachgewiesene Nähe zum kaiserlichen Hof, ja sogar zum Kaiser persönlich, die Verwendung des eigentlich für die Kennzeichnung einer adeligen Person reservierten Begriffs für den Prager Dombaumeister Peter Parler, vielleicht sogar für seine Verwandten, durch die Zeitgenossen denkbar erscheinen.

9 Zur Baugeschichte der Straßburger Westfassade vgl. Reinhard Wortmann: Der Westbau des Straßburger Münsters und Meister Erwin. In: Bonner Jahrbuch 169 (1969), S. 290–318; Hans Reinhardt: La cathédrale de Strasbourg. Paris 1972; Roland Recht: L'Alsace gothique de 1300 à 1365. Colmar 1974, S. 27–80; Barbara Schock-Werner: Das Straßburger Münster im 15. Jahrhundert. Stilistische Entwicklung und Hüttenorganisation eines Bürger-Doms. Köln 1983, sowie zuletzt, die jüngste Forschung resümierend, Reinhard Wortmann: Noch einmal Straßburg-West. In: Architectura 27 (1997), S. 129–172.

10 Zu Michael Parler vgl. Hans Reinhardt: Johannes von Gmünd, Baumeister an den Münstern von Basel und Freiburg, und sein Sohn Michael von Freiburg, Werkmeister am Straßburger Münster. In: Zeitschrift für Schweizerische Archäologie und Kunstgeschichte 3 (1941), S. 137–152; Marc Carel Schurr: Die Baukunst Peter Parlers. Ostfildern 2003, S. 21 f., insbes. Anm. 93, sowie zuletzt ders.: Die Münster von Freiburg i. Üe., Straßburg und Bern im Spiegel der europäischen Baukunst um 1400. Gedanken zur Legende der „Junker von Prag". In: Zeitschrift für Schweizerische Archäologie und Kunstgeschichte 61 (2004), S. 95–116.

11 Vgl. dazu die Spekulationen bei Neuwirth: Junker von Prag (wie Anm. 7) und Kletzl: Junker von Prag (wie Anm. 6).

12 Vgl. Schurr: Peter Parler (wie Anm. 10), S. 97–133.

13 Ebd., S. 46–47, 120–123.

14 Ebd., S. 108–113.

Doch wichtiger noch als die Art, wie Peter Parler die verschiedensten Vorbilder miteinander kombinierte und zu einer neuen Formensprache amalgamierte, war die heftige Wirkung, welche er damit auf die nachfolgenden Architektengenerationen ausübte. Dabei dürfte nicht allein die – zweifellos außerordentliche – künstlerische Qualität ausschlaggebend gewesen sein, sondern in mindestens ebensolchem Maße das Prestige des kaiserlichen Auftraggebers. Schließlich war der Prager Veitsdom nicht nur die Metropolitankirche des auf das Drängen Kaiser Karls IV. hin neu eingerichteten Erzbistums Prag, sondern auch die Grablege der Luxemburger Dynastie und der Ort der Verehrung Wenzels, des heilig gesprochenen Böhmenfürsten und Ahnen des Kaisers. So kann es nicht überraschen, wenn der Bau, dessen offizieller Auftraggeber das Prager Domkapitel war, in der Wahrnehmung der Zeitgenossen aufs engste mit der Person des Kaisers selbst verknüpft war.

Dass dem tatsächlich so war, belegen das finanzielle Engagement Karls IV. ebenso wie sein großes persönliches Interesse am Fortschritt des direkt neben seinem Palast auf der Prager Burg emporwachsenden Bauwerks[15]. Die Berufung Peter Parlers zum Leiter der Prager Dombauhütte stand in einem direkten Zusammenhang mit den sich aufgrund der politischen Verhältnisse verändernden Intentionen des Kaisers[16]. Den Hintergrund dieser Entwicklung bildete das Ringen zwischen Karl in seiner Funktion als böhmischer König und dem territorialen Adel um die Macht im Königreich Böhmen. Schließlich war der sichere Besitz der böhmischen Krone als Hausmacht entscheidend für das Fortbestehen einer dominanten Position der Luxemburger Dynastie im Reich. So unternahm Karl IV. verschiedene Anläufe, durch eine Verfassungsänderung im Königreich Böhmen die Macht der böhmischen Barone zu brechen und den erblichen Übergang der Königswürde an seine Nachkommen zu sichern. Nachdem er auf dem böhmischen Landtag von 1355 mit dieser Strategie endgültig gescheitert war, verstärkte sich sein Interesse am Bau der Kathedrale. Von nun an nahmen Kunst und Architektur, die am Hof des Kaisers zuvor schon mit Hingabe, aber doch im Rahmen des für einen Herrscher von Rang zu Erwartenden gepflegt wurden, eine regelrechte Schlüsselrolle ein. Die nachfolgende Blütezeit der karolinischen Kunst hat einige der bedeutendsten Werke der europäischen Kunstgeschichte hervorgebracht[17]. Dabei galt es, in verstärktem Maße das sakrale Königtum Karls IV. in Böhmen als Nachfolger und direkter Abkömmling des heiligen Wenzel in Szene zu setzen. Die tiefgreifenden Umplanungen für den Weiterbau des Veitsdomes, die unter Peter Parler erfolgt sind[18], und der enorme, nochmals gesteigerte baukünstlerische Aufwand dienten dazu, den perfekten architektonischen Rahmen

---

15 Beides zeigt anschaulich die zeitgenössische Chronik des Benesch von Weitmühl (Chronica ecclesiae Pragensis. In: Josef Emler [Hg.]: Fontes rerum Bohemicarum. Bd. 4. Prag 1884, S. 459–548).
16 Dazu und zum Folgenden vgl. Schurr: Peter Parler (wie Anm. 10), S. 74–88.
17 Einen hervorragenden Überblick bietet nach wie vor der von Anton Legner herausgegebene Katalog der großen Ausstellung: Die Parler und der schöne Stil 1350–1400. Europäische Kunst unter den Luxemburgern. 5 Bde. Köln 1978–1980.
18 Schurr: Peter Parler (wie Anm. 10), S. 57–66, 84–88.

für die Inszenierung dieser Amalgamierung von politischer Herrschaft und religiösem Kult zu schaffen.

Alles zusammengenommen – die Architektur Peter Parlers, deren besondere Formensprache kraft ihrer Originalität einen hohen Wiedererkennungswert hatte und somit auch leicht imitierbar war, das persönliche Prestige des Kaisers und die große politische wie religiöse Bedeutung des Prager Dombaus – dies alles vermag zu erklären, warum die Prager Architektur um und nach 1400 allenthalben im Reich vorbildlich wurde.

Diejenigen baukünstlerischen Motive, an welchen diese Entwicklung sich selbst dem ungeübten Auge auf Anhieb offenbart, sind die Fischblase als zentrale Figur der Fenstermaßwerke und die zu Netzen oder Sternen geflochtenen Rippen der Gewölbe (Abb. 1, 2). Ausgehend von Vorstufen, wie sie sich beispielsweise im vor 1317 entstandenen Ostflügel des Konstanzer Münsterkreuzganges erhalten haben, hat Peter Parler zwischen 1360 und 1380 die Fischblase zu einem veritablen Leitmotiv seiner Maßwerkentwürfe gemacht und daraus eine ganze Reihe von Kombinationsfiguren kreiert. Diese dominieren die meisten der prachtvollen Fenstermaßwerke des Veitsdomes, angefangen von denen der Wenzelskapelle bis hin zu den großen Obergadenfenstern der Chorapsis (Abb. 1). Auch in den Fenstern des von Peter Parler entworfenen Chores der Bartholomäuskirche in Kolin sind die Fischblasen, die dort erstmals zu regelrechten Wirbeln zusammengefasst sind, das auffälligste Merkmal[19].

Für die figurierten Gewölbe, die Peter Parler im Prager Veitsdom einziehen ließ, gibt es ebenfalls Vorstufen in Straßburg, aber auch in Avignon. Ob und inwieweit die englische Architektur, in der es Parallelen zu den parlerischen Lösungen gibt, bei der Formfindung in Prag eine Rolle gespielt hat, lässt sich schwer abschätzen[20]. Zwar gibt es große Ähnlichkeiten in der geometrischen Konstruktion des Rippennetzes im Prager Hochchor und in den Kathedralen von York und des West Country[21]. Allerdings ist die bauliche Konstruktion der englischen Gewölbe, wo die Rippen auf eine Spitztonne mit Stichkappen aufgelegt sind, völlig verschieden von den Prager Ge-

---

19 Zu Kolin vgl. Jiří Kuthan: K Parléřovu chóru kostela sv. Bartoloměje v Kolíně nad Labem. In: Dalibor Prix (Hg.): Pro Arte. Sborník k poctě Ivo Hlobila. Praha 2002, S. 127–139; Schurr: Peter Parler (wie Anm. 10), S. 89–95; Jiří Kuthan: Zu Parlers Chor der St. Bartholomäuskirche in Kolín an der Elbe. In: Parlerbauten. Architektur, Skulptur, Restaurierung. Int. Parler-Symposium Schwäbisch Gmünd 17.–19. Juli 2001 (Landesdenkmalamt Baden-Württemberg, Arbeitsheft 13). Stuttgart 2004, S. 141–148.

20 Die Vorbildlichkeit der englischen Gewölbe wurde energisch vertreten von Nikolaus Pevsner in seiner Rezension zu K. H. Clasen: Deutsche Gewölbe der Spätgotik. In: Art Bulletin 4 (1959), S. 333–336, sowie daran anschließend von Henning Bock: Der Beginn spätgotischer Architektur in Prag. Peter Parler und die Beziehungen zu England. In: Wallraf-Richartz-Jahrbuch 23 (1961), S. 191–210, und Reiner Haussherr: Zu Auftrag, Programm und Büstenzyklus des Prager Domchores. In: Zeitschrift für Kunstgeschichte (1971), S. 21–46. Zum Thema zuletzt Schurr: Peter Parler (wie Anm. 10), S. 115–120 sowie Anm. 442; Paul Crossley: Peter Parler and England – A problem re-visited. In: Parlerbauten (wie Anm. 19), S. 155–179.

21 Vgl. Crossley: Parler and England (wie Anm. 20).

wölben. Dort sind die Kompartimente, die zwischen den Rippenkreuzungen entstehen, als eigene Wölbeinheiten aufgefasst und jeweils selbständig leicht kuppelig eingewölbt[22]. Dies legt den Schluss nahe, dass Peter Parler möglicherweise zweidimensionale Projektionen englischer Gewölbe in Gestalt von Konstruktionszeichnungen zu Gesicht bekommen hat und sich von ihnen inspirieren ließ. Eine aus persönlicher Anschauung gewonnene Kenntnis, wie sie von der Forschung verschiedentlich postuliert wurde[23], erscheint hingegen eher unwahrscheinlich.

Mit dem Netzgewölbe aus parallelen Rippen im Hochchor des Veitsdomes (Abb. 2), den freien Rippen in der Sakristei und der Südvorhalle (Abb. 3) sowie den Sternfiguren der Gewölbe in der Wenzelskapelle, der Hasenburgkapelle, des Kapitelsaales und des Archivs hat Peter Parler die Prototypen geschaffen, aus denen sich fast alle Gewölbeformen der mitteleuropäischen Spätgotik ableiten lassen. In der separaten, selbständigen Einwölbung jedes einzelnen der durch die Linienzüge der Rippen voneinander getrennten Segmente des Prager Chorgewölbes ist sogar schon eine wesentliche technische und gestalterische Anregung für die Entstehung der sächsischen und böhmischen Zellengewölbe der Zeit um 1500 enthalten[24].

Fischblasenmaßwerke wie in Prag und Kolin finden sich sehr früh, nämlich noch vor 1400, am Ulmer Münster, dessen Bauhütte zwischen 1377 und 1392 zumindest zeitweise unter der Leitung eines Mitglieds der Parlerfamilie gestanden haben muss[25]. Auch das Netzgewölbe des Prager Hochchores fand eine Wiederholung im allerdings erst nach 1400 ausgeführten Chorgewölbe des Ulmer Münsters[26]. 1392 wurde im Südturm des Wiener Stephansdomes das Gewölbe der Katharinenkapelle eingezogen[27], welches mit seinem hängenden Schlussstein auf das Sakristeigewölbe im Pra-

---

22 Václav Mencl: České středověké klenby. Praha 1974, insbes. S. 60–88; Jan Muk: Konstrukce a tvar středověkých kleneb. In: Umění 25 (1977), S. 1–23; Jan Muk: Problematika klenb doby Karlovy. In: Doba Karla IV. v dějinách národu ČSSR. Praha 1982, S. 114–126.
23 Vgl. Anm. 19.
24 Karl Heinz Clasen: Deutsche Gewölbe der Spätgotik. Berlin 1958; Norbert Nußbaum / Sabine Lepsky: Das gotische Gewölbe. München, Berlin 1999; Milada Rada / Oldřich Rada: Das Buch von den Zellengewölben. Prag 2001; Zoë Opačić: Diamond Vaults. Innovation and Geometry in Medieval Architecture. London 2005.
25 Eduard Mauch: Bausteine zu Ulm's Kunstgeschichte. Verhandlungen des Vereins für Kunst und Altertum in Ulm und Oberschwaben N. R., Heft 4 (1872), S. 3; Reinhard Wortmann: Hallenplan und Basilikabau der Parler in Ulm. In: Hans Eugen Specker / Reinhard Wortmann (Hg.): 600 Jahre Ulmer Münster (Forschungen zur Geschichte der Stadt Ulm 19). Ulm 1977, S. 101–125; Reinhard Wortmann: Zu den Parlern in Ulm. In: Parlerbauten (wie Anm. 19), S. 81–86.
26 Zur Baugeschichte vgl. Armin Conradt: Ulrich von Ensingen als Ulmer Münsterbaumeister und seine Voraussetzungen. Diss. [masch.] Freiburg i. Br. 1959; Reinhard Wortmann: Zur Baugeschichte des Ulmer Münsterchores. In: Zeitschrift für Württembergische Landesgeschichte 28 (1969), S. 105–117; Reinhard Wortmann: Die Parlerkonsolen des Ulmer Münsters. Ein Beitrag zur Baugeschichte des Langhauses. In: Bonner Jahrbücher 170 (1970), S. 289–311; Specker/Wortmann: 600 Jahre Ulmer Münster (wie Anm. 25); Wortmann: Parler in Ulm (wie Anm. 25).
27 Vgl. Marlene Zykan: Zur Baugeschichte des Hochturms von St. Stephan. In: Wiener Jahrbuch für Kunstgeschichte 23 (1970), S. 28–65; zuletzt Hans J. Böker: Parlerisches am Wiener Stephansdom. In: Parlerbauten (wie Anm. 19), S. 103–107, sowie Artur Saliger: Zur kunsthistorischen

ger Veitsdom zurückgeht. Der auf der Außenseite der Katharinenkapelle angefügte sogenannte Schnepfengiebel zeigt mit einer Kombination aus Passformen und einer zweischwänzigen Fischblase ebenfalls eine eindeutig dem Formenrepertoire Peter Parlers entlehnte Motivik. Auch hier ist die Rezeption der Formen einer ganz direkten Verbindung zum Prager Dombau geschuldet, indem Peter Parlers Sohn Wenzel bis zu seinem Tode im Jahr 1404 der Wiener Hütte als Baumeister vorstand[28].

In den ersten beiden Jahrzehnten des 15. Jahrhunderts traten die vom Werk Peter Parlers inspirierten Maßwerkmotive bereits wesentlich häufiger und in nahezu allen Regionen des Reiches auf. Sie begegnen uns zu dieser Zeit, abgesehen vom Ulmer Münster, an der Pfarrkirche St. Veit im südböhmischen Krumau, am Langhaus von St. Martin in Landshut, an der Bovenkerk im niederländischen Kampen, am Kölner Rathausturm, an der Lambertikirche in Münster, am Chor der Moritzkirche in Halle an der Saale und am ab 1415 von Madern Gerthener erbauten Turm der Bartholomäuskirche in Frankfurt am Main. Diese regionale Verteilung dürfte kein Zufall gewesen sein, lassen sich doch für die frühesten Beispiele – Kampen, Köln, Krumau, Landshut – Verbindungen zur Prager Dombauhütte aufzeigen. Im Falle von Kampen und Köln gibt es sogar urkundliche Hinweise, indem der Kampener Meister Rutger in den erhaltenen Wochenrechnungen für die Jahre 1372 und 1373 unter den am Prager Dombau tätigen Steinmetzen aufgeführt ist[29]. Noch enger sind die Beziehungen der Prager Parlerhütte zum Kölner Dombau gewesen[30]. Schon Heinrich, der Vater Peter Parlers, war nach Ausweis einer zeitgenössischen Inschrift im Triforium des Prager Veitsdomes vor seiner Anstellung in Schwäbisch Gmünd als Parlier am Kölner Dombau tätig gewesen. Peter Parler selbst hatte die Tochter eines Kölner Steinmetzen geehelicht. Seine jüngere Tochter war wiederum mit dem am Prager Dombau beschäftigten Steinmetzen Michael von Köln verheiratet, der sehr wahrscheinlich ein Sohn des damaligen Kölner Dombaumeisters war. Dass auch Peters Neffe Heinrich mit einer Tochter des Kölner Dombaumeisters vermählt war, rundet das Bild einer gezielten Verschwägerung zwischen beiden Sippen ab, welches

---

Wechselwirkung parlerischer Aktivitäten in Prag und in Wien. In: Parlerbauten (wie Anm. 19), S. 109–115, insbes. S. 111.

28 Einen Überblick über den aktuellen Forschungsstand zur Parlerfamilie mit Angabe der älteren Literatur bietet Schurr: Peter Parler (wie Anm. 10), S. 13–23.

29 Joseph Neuwirth: Die Wochenrechnungen und der Betrieb des Prager Dombaues in den Jahren 1372–78. Prag 1890; Marek Suchý: Solutio hebdomadaria pro structura templi pragensis: stavba svatovítské katedrály v letech 1372–1378 (Castrum Pragense 5). Praha 2003. Vgl. auch Rudolf Redtenbacher: Über einige Beziehungen zwischen Kampen a. d. Zuydersee, Köln und Prag. In: Deutsche Bauzeitung 1884, S. 488 f.; Lenhard Helten: Kathedralen für Bürger. Die St. Nikolauskirche in Kampen und der Wandel architektonischer Leitbilder städtischer Repräsentation im 14. Jh. Amsterdam 1994. Der definitive urkundliche Nachweis, dass es sich bei dem in den Prager Wochenrechnungen genannten „magister rudger" tatsächlich um den Kampener Baumeister Rutger handelte, ist bislang allerdings nicht geglückt. Die Annahme drängt sich angesichts der Intensität des künstlerischen Einflusses allerdings auf.

30 Vgl. Schurr: Peter Parler (wie Anm. 10), S. 13–23.

fast an die Heiratspolitik führender Familien in den städtischen Zünften erinnert. Dass diese Verbindungen auch künstlerisch nicht ohne Folgen geblieben sind, belegt eine Vielzahl von Prager Einflüssen in Kölner Kunstwerken des späten 14. Jahrhunderts, beispielsweise bei den Figuren des Petersportales am Dom oder in Gestalt der berühmten Parlerbüste im Schnütgen-Museum[31].

In Krumau hatte man 1407 Meister Staněk darauf verpflichtet, die Gewölbe der St.-Veits-Kirche nach dem Vorbild der Kirche im benachbarten Milevko zu errichten[32]. Beide Bauten griffen mit ihren figurierten Gewölben unmittelbar auf das Vorbild von Peter Parlers Prager Lösungen zurück. Die Fischblasenfenster im Krumauer Langhaus zeugen ebenfalls von der Orientierung des Architekten an der Prager Dombauhütte. Über Krumau dürfte das parlerische Formenrepertoire nach Landshut vermittelt worden sein, war doch Hans Krumenauer 1395 und 1396 nachweislich am Bau von St. Martin tätig[33]. Angesichts der besonderen Formensprache des Passauer Domes, für dessen parlerisch beeinflusste Ostteile Krumenauer ebenfalls verantwortlich war, ist eine Prager Schulung von Meister Hans mehr als wahrscheinlich[34]. Von dieser Verbindung zeugt gleichermaßen das bereits um 1400 fertig gestellte Netzge-

---

31 Vgl. Legner: Die Parler (wie Anm. 17). Bd. 1, S. 155–189.
32 Václav Mencl: Česká architektura doby lucemburské. Praha 1948, S. 143–145; Karl Tannich: Die Krummauer Stadtpfarrkirche zu St. Veit. Ein Beitrag zur Geschichte ihres spätgotischen Baues. Waldkirchen 1966; Erich Bachmann: Architektur bis zu den Hussitenkriegen. In: Karl M. Swoboda (Hg.): Gotik in Böhmen. München 1969, S. 106–109; České umění gotické 1350–1420 [Ausst.-Kat.]. Praha 1970, S. 93 f.; Umělecké památky Čech. Praha 1977, S. 223 f.; Dobroslav Líbal: Katalog gotické architektury v České republice do husitských válek. Praha 2001, S. 66 f.
33 Zur Baugeschichte von St. Martin: Franz Dambeck: Hans Stetheimer und die Landshuter Bauschule (Verhandlungen des historischen Vereins für Niederbayern 82). Landshut 1957; Theo Herzog: Meister Hanns von Burghausen genannt Stethaimer. Sein Leben und Wirken. In: Verhandlungen des historischen Vereins für Niederbayern 84 (1958), S. 1–83; Hans Puchta: Hans Krumenauer und Hans von Burghausen, genannt Stetaimer. In: Jahrbuch des Historischen Vereins für Niederbayern 94 (1968), S. 71–82; Hans Puchta: Beiträge zum Stethaimerproblem. In: Das Münster 28 (1975), S. 39–49; John W. Cook: A New Chronology of Hanns von Burghausen's Late Gothic Architecture. In: Gesta 15 (1976), S. 97–104; Peter Kurmann: St. Martin zu Landshut. Architektur. In: Alfred Fickel (Hg.): St. Martin zu Landshut. Landshut 1982, S. 17–52; Norbert Nußbaum: Die sogenannte Burghausener Bauschule. Anmerkungen zur ostbayerischen Spätgotik und ihrer Erforschung. In: Ostbairische Grenzmarken. Passauer Jahrbuch für Geschichte, Kunst und Volkskunde 26 (1984), S. 82–97; Hans Puchta: Zur Stellung des Hans von Burghausen in der Entwicklung der spätgotischen Gewölbe Süddeutschlands. In: Burghauser Geschichtsblätter 39 (1984), S. 71–82; Friedrich Kobler: Hanns von Burghausen, Steinmetz – über den gegenwärtigen Forschungsstand zu Leben und Werk des Baumeisters. In: Alte und moderne Kunst 198/199 (1985), S. 7–16; Volker Liedke: Zur Baugeschichte der kath. Stadtpfarr- und Stiftskirche St. Martin und Kastulus sowie der Spitalkirche Heiliggeist in Landshut. In: Ars Bavarica 39/40 (1986), S. 1–98; ders.: Hanns Krumenauer, Werkmeister zu St. Martin in Landshut und Dombaumeister in Passau. Ebd., S. 117–127; ders.: Stefan Krumenauer, Dom- und Hofbaumeister zu Salzburg. Ebd., S. 128–141; Norbert Nußbaum: Die sogenannte Burghausener Bauschule. In: Ostbairische Grenzmarken. Passauer Jahrbuch für Geschichte, Kunst und Volkskunde 41 (1999), S. 82–91.
34 Johannes Krämmer: Die spätgotischen Ostteile des Domes in Passau. Diss. Salzburg 1972; vgl. auch Jaroslav Bureš: Ein unveröffentlichter Choraufriß aus der Ulmer Bauhütte. Zur nachparler-

wölbe nach Prager Muster im Chor von St. Martin, welches das wohl früheste Beispiel dieser Wölbform außerhalb Böhmens darstellt. In der Sakristei der ab 1407 errichteten Landshuter Heiliggeistkirche zitierte Hans von Burghausen als Baumeister, der damals auch den Bau von St. Martin verantwortete[35], beinahe wörtlich die Gewölbekonfiguration, die Peter Parler für die Wenzelskapelle des Prager Domes erdacht hatte. Die Schiffe des Langhauses der Heiliggeistkirche überwölbte er mit einer Folge von Knickrippensternen, die vom Gewölbe der Hasenburgkapelle im Südturm des Prager Veitsdomes abgeleitet sind. Zusammen mit ihren Pendants in den Seitenschiffen von St. Martin zählen sie zu den ersten Gewölben dieser Art in Deutschland. In der Apsis der Heiliggeistkirche kombinierte Hans von Burghausen die Gewölbesterne mit dem von Peter Parler in Kolin eingeführten Element des freistehenden Chormittelpfeilers. In Gestalt der so entstehenden, den Raum und die Rippenläufe der Gewölbe auf sich zentrierenden Mittelstütze kreierte Hans von Burghausen ein Motiv, welches speziell in der bayerisch-österreichischen Spätgotik große Beliebtheit erlangen sollte[36].

Schwieriger ist es hingegen, Aussagen zu den in Münster, Halle und Frankfurt tätigen Meistern zu machen, da, sofern sie überhaupt namentlich bekannt sind, bislang keine urkundlichen Hinweise auf eine Verbindung nach Prag oder Böhmen bekannt wurden[37]. Hier sind die Bauwerke selbst die sprechendste Quelle, da sie unmissverständlich Zeugnis ablegen von der Vorbildlichkeit der Prager Architektur, unabhängig davon, auf welchem Wege sie vermittelt wurde.

---

    ischen Architektur in Süddeutschland und Wien. In: Zeitschrift des deutschen Vereins für Kunstwissenschaft 29 (1975), S. 3–27, insbes. S. 12–14, sowie die in Anm. 32 zitierten Arbeiten von Volker Liedke.

35 Zu Hans von Burghausen vgl. die in Anm. 32 zitierte Literatur.

36 Vgl. Norbert Nußbaum: Die Braunauer Bürgerspitalkirche und die spätgotischen Dreistützenbauten in Bayern und Österreich. Ein raumbildnerisches Experiment des 15. Jahrhunderts (Veröffentlichungen der Abteilung Architektur des Kunsthistorischen Instituts der Universität zu Köln). Köln 1982; Nußbaum/Lepsky: Das gotische Gewölbe (wie Anm. 24).

37 Zu Münster vgl. Hans-Josef Böker: Die Marktpfarrkirche St. Lamberti zu Münster. Die Bau- und Restaurierungsgeschichte einer spätgotischen Stadtkirche (Denkmalpflege und Forschung in Westfalen 18). Bonn 1989. – Zu Halle vgl. Wulf Schadendorf: Wien, Prag und Halle. Ein Beitrag zum Einfluß der Dombauhütten von Wien und Prag auf die Baukunst Mitteldeutschlands, dargestellt an Chor und Langhaus von St. Moritz in Halle/Saale. In: Hamburger Mittel- und Ostdeutsche Forschungen 3 (1961), S. 148–199; Hans-Joachim Krause: Die spätgotischen Neubauten der Moritzkirche und der Marktkirche in Halle. In: Denkmale in Sachsen-Anhalt. Ihre Erhaltung und Pflege in den Bezirken Halle und Magdeburg. Weimar 1983, S. 225–252; Jaroslav Bureš: Die Bedeutung der Magdeburger Bauhütte in der mitteldeutschen Architektur des ausgehenden 14. Jahrhunderts. In: Niederdeutsche Beiträge zur Kunstgeschichte 29 (1990), S. 9–33. – Zu Frankfurt vgl. Friedrich Wilhelm Fischer: Die spätgotische Kirchenbaukunst am Mittelrhein 1420–1520 (Heidelberger Kunstgeschichtliche Abhandlungen N. F. 7). Heidelberg 1962; Gerhard Ringshausen: Madern Gerthener. Leben und Werk nach den Urkunden. Diss. [masch.] Göttingen 1968; Nußbaum: Dreistützenbauten (wie Anm. 36), S. 252 f.; Walter Kinkel: Der Dom St. Bartholomäus zu Frankfurt am Main. Frankfurt a. M. 1986; St. Bartholomäus-Dom Frankfurt am Main (Schriftenreihe des Hochbauamts zu Bauaufgaben der Stadt Frankfurt am Main 33). Frankfurt a. M. 1994.

Sehr schnell, ab etwa 1425, wurden die Fischblasenmaßwerke und figurierten Gewölbe zu einer regelrechten Standardform in der Architektur Mitteleuropas, und um die Jahrhundertmitte muss man die Bauwerke schon beinahe suchen, deren Entwerfer auf die Verwendung dieser Elemente verzichtet haben. Ob in Brandenburg, Wien, Neisse, Amberg, Dortmund oder Bern, egal ob Klosterkirche, Kapelle oder Kathedrale – überall begegnet man den auf die Prototypen der Prager Parlerarchitektur zurückgehenden Gewölbe- und Maßwerkformen[38]. Selbst innovative Lösungen, wie die sich vor der Wandebene überschneidenden Rippenläufe, die im nach 1464 eingezogenen Chorgewölbe von St. Lorenz in Nürnberg erstmals zur Ausführung gebracht wurden[39], lassen sich auf Prager Vorbilder zurückführen. Bereits im Gewölbe über der Durchfahrt im Altstädter Brückenturm, der unter der Leitung Peter Parlers errichtet wurde[40], finden sich solche synkopierten Rippenverschneidungen, die mit einer optischen Verschiebung der Kämpferpunkte der Rippenbögen gegenüber der Wand- respektive Pfeilerebene arbeiten.

So gesehen erscheint es also mehr als berechtigt, wenn sich Matthäus Roritzer, der ja ebenfalls am Chor der Lorenzkirche mitgebaut hat, auf das Erbe der ‚Junker von Prag' beruft. Zumindest in einem allgemeinen Sinne dürfte sich hinter dieser Formel die Vorbildlichkeit der im letzten Drittel des 14. Jahrhunderts unter der Leitung Peter Parlers an der Prager Dombauhütte entwickelten Formvorstellungen verbergen, die auch für die Architekten des späten 15. Jahrhunderts noch die Grundlage des gestalterischen Kanons bildeten.

Auf die Baumeisterfamilie der Roritzer und den Regensburger Dombau bezogen, lassen sich sogar noch konkretere Aussagen machen. Als erster Vertreter der Sippe nahm Matthäus Roritzers Großvater Wenzel mindestens ab 1415 die Stelle des Dombaumeisters in Regensburg ein[41]. Über seine Herkunft schweigen sich die Quellen aus, doch ist im böhmischen Kolin im letzten Drittel des 14. Jahrhunderts eine Familie dieses Namens nachweisbar[42]. Angesichts der Tatsache, dass der Familien-

---

38 Vgl. auch Peter Kurmann: „Stararchitekten" des 14. und 15. Jahrhunderts im europäischen Kontext. In: Rainer C. Schwinges / Christian Hesse / Peter Moraw (Hg.): Europa im späten Mittelalter. Politik – Gesellschaft – Kultur (Historische Zeitschrift, Beihefte, N. F. 40). München 2006, S. 539–557.
39 Otto Schulz: Der Chorbau von St. Lorenz zu Nürnberg und seine Baumeister. In: Zeitschrift des deutschen Vereins für Kunstwissenschaft 10 (1943), S. 55–80; Georg Stolz: Die zwei Schwestern. Gedanken zum Bau des Lorenzer Hallenchores 1439–1477. In: Herbert Bauer / Gerhard Hirschmann / Georg Stolz (Hg.): 500 Jahre Hallenchor St. Lorenz zu Nürnberg 1477–1977 (Nürnberger Forschungen 20). Nürnberg 1977, S. 1–19; Birke Grießhammer / Klaus Grebe: Modell Bürgerkirche. Bau und Ausstattung der Lorenzkirche in Nürnberg. Nürnberg 1978.
40 Grundlegend zur Baugeschichte des Altstädter Brückenturmes ist Jakub Vítovský: K datování, ikonografii a autorství Staroměstské mostecké věže. In: Průzkumy památek II (1994), S. 15–44.
41 Vgl. oben Anm. 5.
42 Viktor Kotrba: Odkud procházely Roritzerové? Příspěvek k otázce pozdněgotického stavitelského rodu. In: Umění 11 (1963), S. 65–69.

name Roritzer in Böhmen nicht gerade häufig vorkommt[43], mag diesem Hinweis doch einige Bedeutung zukommen. Dies umso mehr, als schon der Vorname Wenzel auf einen Bezug zu Böhmen hindeutet. Angesichts der Tatsache, dass in Kolin ab 1360 bis in die neunziger Jahre hinein unter der Leitung Peter Parlers am Chor der Bartholomäuskirche gearbeitet wurde, könnte Matthäus Roritzers Bezugnahme auf die ‚Junker von Prag' ihre unmittelbare Berechtigung in einer Schulung des Großvaters beim berühmten Prager Dombaumeister gehabt haben.

Aber auch die Tradition der Regensburger Bauhütte selbst, an der Matthäus ja ausgebildet wurde, lässt intensive Beziehungen zum Prager Dombau erkennen. Noch heute trägt im südlichen Bereich des Sockels der Westfassade einer der Steinquader, aus denen sich die Sockelzone zusammensetzt, das Parlerwappen, wie wir es von der Portraitbüste Peter Parlers im Triforium des Veitsdomes oder auch von einem Epitaph im Ulmer Münster her kennen[44]. Auf dem Regensburger Quader, der deshalb auch als Sammelstein bezeichnet wird, ist das Parlerwappen umgeben von zahlreichen Steinmetzzeichen. Ganz offensichtlich stand die Regensburger Dombauhütte irgendwann einmal zwischen den 1340er Jahren, als der Stein versetzt wurde, und dem Amtsantritt Wenzel Roritzers unter der Leitung eines Meisters aus der Parlerfamilie.

Vor diesem Hintergrund überrascht es keineswegs, wenn insbesondere die ab etwa 1360 entstandenen Figuren für das Hauptportal des Regensburger Domes, aber auch die Architektur und Bauplastik des ab etwa 1385 im Bau befindlichen Portales selbst, ausgesprochen enge Bezüge zur Prager Kunst offenbaren[45]. Analoge stilistische Phänomene finden sich zur selben Zeit auch in Ulm, wie insbesondere der Vergleich der figürlichen Konsolen und des Blattschmucks am Regensburger Hauptportal mit ihren Pendants an den Ulmer Langhauspfeilern deutlich macht[46].

Um 1400 entstand mit dem sogenannten Einturmriss eine Studie zur Vollendung der Regensburger Westfassade, die zu den großartigsten Architekturphantasien der

---

43 Ernst Schwarz: Deutsche Namensforschung I (Ruf- und Familiennamen). Göttingen 1949, S. 45, 48, 194.
44 Kletzl: Junker von Prag (wie Anm. 6), Abb. 68; Friedrich Fuchs: Mittelalterliche Steinmetzzeichen am Regensburger Dom. In: Feistner: Regensburg im Zentrum Europas (wie Anm. 5), S. 91–104, insbes. S. 101–104. Zu dem Ulmer Parler-Epitaph vgl. Mauch: Bausteine zu Ulm's Kunstgeschichte (wie Anm. 25).
45 Alfred Schädler: Zur kunstgeschichtlichen Stellung der Bauplastik des Regensburger Domes. In: Kunstchronik 9 (1956), S. 289–295; Achim Hubel: Plastik der Parlerzeit am Regensburger Dom. In: Legner: Die Parler (wie Anm. 17). Bd. 1, S. 389–394; Friedrich Fuchs: Das Hauptportal des Regensburger Domes. Portal – Vorhalle – Skulptur. München, Zürich 1990; Hubel/Schuller: Dom zu Regensburg (wie Anm. 5); Achim Hubel / Manfred Schuller: Regensburger Dom. Das Hauptportal. Regensburg 2000. Vgl. auch die Bemerkungen bei Fuchs: Steinmetzzeichen (wie Anm. 44) zu den Übereinstimmungen zwischen Regensburg und Prag in den Steinmetzzeichen der zwischen 1380 und 1410 errichteten Bauteile.
46 Ingrid Felicitas Schultz: Die Parler-Plastik am Ulmer Münster. Diss. [masch.] Freiburg i. Br. 1954; dies.: Beiträge zur Baugeschichte und zu den wichtigsten Skulpturen der Parlerzeit am Ulmer Münster. In: Ulm und Oberschwaben 34 (1955), S. 7–38; Wortmann: Parlerkonsolen (wie Anm. 26); Hubel/Schuller: Dom zu Regensburg (wie Anm. 5).

abendländischen Baukunst gezählt werden muss[47]. Anstelle der ursprünglich vorgesehenen – und letztlich auch ausgeführten – Zweiturmfassade schiebt sich auf dem beinahe fünf Meter hohen Pergamentriss ein gigantischer, fünfstöckiger Turm mit einem riesigen durchbrochenen Maßwerkhelm von beinahe gleicher Höhe vor das Kirchenschiff. Seine Realisierung dürfte wohl nie beabsichtigt gewesen sein, hätte sie doch den weitgehenden Umbau der westlichen Hälfte des bereits vollendeten Langhauses erfordert. Zweifellos handelte es sich bei dem Regensburger Einturmriss um eine virtuose Zurschaustellung der entwerferischen Fähigkeiten seines Schöpfers, die vielleicht das Ergebnis eines Wettbewerbs um die Dombaumeisterstelle gewesen ist. Einen deutlichen Hinweis auf die Schulung des Zeichners geben die Detailformen des Risses mit seinem Reichtum an typisch Prager Dekorationsmotiven wie Fischblasenmaßwerk und aufgebrochenen Passfiguren. Schon die Idee eines einzigen, gigantischen Turmes, der den Kirchenbau überragt und die Silhouette von weither sichtbar dominiert, findet einen Vorläufer im Südturm des Prager Veitsdomes. Mit seiner schlanken, wie eine spitze Pyramide gleichmäßig nach oben sich entwickelnden Kontur entspricht er dem Südturm des Wiener Stephansdomes, dessen Konzeption auf Wenzel Parler zurückgeht und ein Echo auf die Pläne des nie vollendeten Prager Südturmes darstellen dürfte[48]. Zugleich stellt er eine Analogie zur Planung des Ulmer Münsters dar, für die der ab 1392 dort tätige Ulrich von Ensingen einen ähnlichen Entwurf geliefert hat[49]. Letzterer war allerdings, anders als sein Regensburger Pendant, tatsächlich zur Ausführung bestimmt und wurde mit wenigen Abweichungen in Gestalt der unteren Geschosse des Ulmer Münsterturmes auch realisiert.

Eines der originellsten Motive des Einturmrisses und zugleich das einzige Element, welches beim Bau der Regensburger Fassade übernommen wurde, ist die dreieckige Vorhalle (Abb. 4). Wie ein Schiffsbug schiebt sie sich vor das Hauptportal und setzt eine einzelne, freistehende Säule mittig vor die beiden Portalöffnungen. Damit stellt sie nichts anderes dar als eine effektvoll reduzierte Variante der raffinierten Vorhallenkonstruktion, über die der Haupteingang zum Prager Veitsdom auf der Südseite des Querhauses verfügt. Hier hat Peter Parler das Hauptportal ebenfalls in zwei Öffnungen unterteilt und den Trumeau isoliert vor die Portalebene gestellt (Abb. 3). Wie in Regensburg entsteht eine dynamische räumliche Konfiguration, bei der die Wölbstruktur in Gestalt der freien Rippenbögen sich bugartig vom Por-

---

47 Karl Zahn: Die Westfassade und das Westportal des Regensburger Domes und ihre Beziehungen zu den zwei Entwürfen im Domschatz. In: Münchner Jahrbuch der bildenden Kunst N. F. 6 (1929), S. 365–401; Heinz R. Rosemann: Entstehungszeit und Schulzusammenhänge der Regensburger Turmpläne. In: Kunstchronik 15 (1962), S. 259–261; Jaroslav Bureš: Der Regensburger Doppelturmplan. Untersuchungen zur Architektur der ersten Nachparlerzeit. In: Zeitschrift für Kunstgeschichte 49 (1986), S. 1–28; Hubel/Schuller: Dom zu Regensburg (wie Anm. 5).
48 Vgl. Anm. 26.
49 Vgl. Hans Koepf: Die gotischen Planrisse der Ulmer Sammlungen. Ulm 1977, sowie die in Anm. 25 zitierte Literatur.

talgewände auf den Freipfeiler zuschiebt. Dieses Motiv, das in Prag eingebunden ist in die komplexe Struktur der sich in drei Arkaden öffnenden, rechteckigen Vorhalle, hat der Entwerfer des Regensburger Einturmrisses isoliert und zu einem dreieckigen Vorbau reduziert. Wie in Prag sollte der Portikus über der Portalzone einen geschlossenen, durchfensterten Aufbau tragen, der als Schatzkammer oder Kapellenraum dienen konnte. In der tatsächlichen Ausführung trat an die Stelle des von festen Wänden umschlossenen Raumes im Obergeschoss eine Terrasse, und die im Plan vorgesehene, an den Prager Trumeau erinnernde freistehende Säule wurde aus statischen Gründen durch einen massiven Pfeiler ersetzt. Die Grundidee ist jedoch unverkennbar dieselbe geblieben wie im Einturmriss, von dem uns leider weder die genaue Entstehungszeit noch der Name des Autors überliefert ist.

Wer auch immer zu welcher Zeit die Leitung des Dombaus inne gehabt haben mag, künstlerisch war auf jeden Fall der parlerische Einfluss im letzten Drittel des 14. Jahrhunderts in Regensburg ähnlich stark wie in Ulm. Matthäus Roritzer kann sich in der Präambel seines Fialenbüchleins also ebensogut auf das ihm in der Regensburger Hütte vermittelte, nach Ausweis des Sammelsteines mit dem Parlerwappen ebenfalls auf ein Mitglied der Parlerfamilie zurückgehende Wissen berufen haben.

Auch in Straßburg lässt sich der Schleier des Geheimnisses um die ‚Junker von Prag' als Vollender der Westfassade wenigstens teilweise lüften. In der ältesten Quelle, dem eingangs erwähnten Holzschnitt von Konrad Morant, heißt es: „Anno 1277. vnter Bischoff Conradten von Liechtenberg hat Erckwin vn Steinbach die Thürn angefangen zu bawen / vnnd biss vff die vier schnecken bracht / bisz man zalt 1384. Das vberig bisz unter die Kron / haben die lobwirdigen Junckherrn von Prag ausgemacht." Den Kern der Überlieferung dürfte sicherlich das direkte Verwandtschaftsverhältnis des Werkmeisters Michael Parler zum berühmten Prager Dombaumeister gebildet haben. Wie eingangs bereits erwähnt, hat Michael allerdings nur wenig zur Vollendung der Fassade beitragen können[50]. Der Löwenanteil, insbesondere der freistehende Turm auf der Nordseite des Fassadenmotivs, ist Ulrich von Ensingen zuzuschreiben. Ulrich, der 1392 bereits zum Münsterbaumeister in Ulm berufen worden war, stand von 1399 bis zu seinem Tode im Jahre 1419 auch der Straßburger Hütte vor[51]. Daneben betreute er noch den Bau der Esslinger Frauenkirche und kurzfristig den des Mailänder Domes[52]. Das Werk Ulrichs von Ensingen lebt wie das kaum eines anderen Architekten seiner Zeit von der intimen Kenntnis der Prager Parlerarchitektur[53]. So hat er, ähnlich wie der Entwerfer des Regensburger Einturmrisses,

---

50 Vgl. Anm. 9 u. 10.
51 Friedrich Carstanjen: Ulrich von Ensingen. München 1893; Conradt: Ulrich von Ensingen (wie Anm. 26) sowie die in Anm. 9 u. 10 zitierte Literatur.
52 Vgl. Herbert Siebenhüner: Deutsche Künstler am Dom zu Mailand. München 1944; Marc Carel Schurr: Die Architektur der Esslinger Frauenkirche. In: Ulrich Knapp / Karin Reichardt / Marc Carel Schurr: Die Esslinger Frauenkirche. Architektur, Portale, Restaurierungsarbeiten (Esslinger Studien, Schriftenreihe 18). Esslingen 1998, S. 7–88.
53 Vgl. Schurr: Münster (wie Anm. 10).

sich von den in der Architektur der Südvorhalle des Prager Veitsdomes enthaltenen Ideen inspirieren lassen. Wie sein Kollege in Regensburg hat er sich nur auf einen Aspekt des Vorbildes beschränkt. Im Gegensatz zum Entwerfer der Regensburger Portaltriangel hat er aber nicht die Idee des bugartig vorgeschobenen, isolierten Trumeaupfeilers übernommen, sondern die synkopische Überlagerung der drei Arkaden der Vorhallenfront mit den zwei Öffnungen des dahinterliegenden Hauptportales. Wie in Prag findet der durch die zentrale Öffnung des Portikus gerichtete Blick des herannahenden Besuchers keine Fortsetzung durch das Hauptportal hindurch ins Innere der Kirche, sondern er stößt auf einen freistehenden Pfosten. Einmal mehr wird hier das für die Baukunst Peter Parlers charakteristische Motiv des in die Achse gestellten Freipfeilers wieder aufgegriffen, sei es in der Mittelachse einer Portalöffnung wie beim Trumeau der Prager Portalvorhalle oder in die Mittelachse des Binnenchores wie in der Bartholomäuskirche in Kolin. In diesem Sinne ist Ulrichs Lösung durchaus verwandt mit der isolierten Säule im Dreiecksvorbau des Regensburger Einturmrisses oder mit dem Chorschluss, den Hans von Burghausen für die Landshuter Heiliggeistkirche ersonnen hat.

Noch deutlicher wird der Prager Bezug bei einem der Leitmotive in der Architektur Ulrichs von Ensingen, nämlich bei den einander durchdringenden kielbogigen Wimpergen (Abb. 5). Ulrich hat dieses ausgesprochen dekorative Gestaltungselement bei allen seinen Turmentwürfen eingesetzt, um die Übergänge zwischen den Geschossen zu kaschieren und gleichzeitig bestimmten Partien seiner Türme einen würdevollen Abschluss zu geben. Das unmittelbare Vorbild hierfür findet sich in Gestalt der Bekrönung des großen Maßwerkfensters in der Fassade des Prager Südquerhauses (Abb. 6). Da dieser Teil des Veitsdomes kaum vor 1400 errichtet wurde[54], Ulrichs Planungen für Ulm und Straßburg zu dieser Zeit aber bereits vorlagen, ist davon auszugehen, dass Ulrich von Ensingen Zeichnungen der für Prag geplanten Bauteile zu Gesicht bekommen hat. Ob dies in Ulm geschehen ist oder ob er sogar selbst in Prag gewesen ist, muss offenbleiben. Angesichts der guten Kenntnis allerdings gerade auch der räumlichen Struktur der Prager Vorhalle, die sich mit den zeichnerischen Mitteln des 15. Jahrhunderts nur schwer darstellen ließ, ist ein längerer Aufenthalt Ulrichs an der Prager Dombauhütte mehr als wahrscheinlich[55].

Zieht man die leibliche Verwandtschaft Meister Michaels mit Peter Parler und die künstlerische Verwandtschaft im Werk Ulrichs von Ensingen mit demjenigen der Prager Dombauhütte in Betracht und nimmt beides als Erinnerungsfigur zusammen, dann könnte man mit Fug und Recht von der Zeit zwischen 1383 und 1419 am Straßburger Münsterbau als der Epoche der ‚Junker von Prag' sprechen. Nicht Michael, aber Ulrich darf getrost als der Vollender der Straßburger Westfassade gelten, geht doch ihr heutiges Erscheinungsbild im Wesentlichen auf seine Pläne

---

54 Petr Chotěbor: Der große Turm des St. Veitsdoms. Erkenntnisse, die bei den Instandsetzungsarbeiten im Jahr 2000 gewonnen wurden. In: Umění 49 (2001), S. 262–270.
55 Dazu ausführlicher Schurr: Münster (wie Anm. 10).

zurück. Hält man darüber hinaus an der im Denken der Chronisten verwurzelten Vorstellung fest, Erwin von Steinbach sei der Autor der ursprünglichen Pläne für die Straßburger Westfassade gewesen, dann ergibt sich eine weitgehende Übereinstimmung mit den durch den Morant'schen Holzschnitt überlieferten Angaben. Der erste Straßburger Fassadenplan, der eine klassische Zweiturmfassade vorsah, hatte nämlich erst mit der Errichtung des Glockengeschosses seine grundsätzliche Gültigkeit verloren. Mit dem Bau dieses Glockengeschosses, das höchstwahrscheinlich unter Michael Parler und nach der Reparatur der Schäden des Brandes von 1383, also möglicherweise ab 1384, errichtet wurde, beginnt eine grundsätzliche Neuplanung des Fassadenbaus[56]. Sie beinhaltete das Schließen der Lücke zwischen den beiden Türmen und damit die Umdeutung der Fassade zu einem geschlossenen, hochrechteckigen Riegel. Dieser sollte, wie der berühmte Riss Nr. 5 aus dem Bestand der Münsterbauhütte zeigt, ursprünglich von einem kompakten, turmartigen Aufsatz in der Mitte bekrönt werden. Ulrich von Ensingen verwarf schließlich diese Idee zugunsten des hoch aufragenden, von vier Treppentürmen, sogenannten „Schnecken", begleiteten Turmes auf der Nordseite, dem zweifellos ein Pendant auf der Südseite folgen sollte. Auch wenn Ulrich die Fertigstellung seines Turmes nicht mehr erlebte und der Südturm nie in Angriff genommen wurde, ist doch die mit der Berufung Meister Michaels beginnende und mit Ulrichs Tod endende Phase des Straßburger Fassadenbaus diejenige gewesen, während der zum ersten Mal seit dem Baubeginn von der Ursprungsplanung entscheidend abgewichen wurde und die Weichen zum Weiterbau in einer bis zur Vollendung gültigen Weise neu gestellt wurden.

Die Überlieferungen, die in Straßburg und Regensburg von den ‚Junkern von Prag' berichten, enthalten also tatsächlich einen wahren Kern. Sie verweisen auf eine Epoche, in der an beiden Baustellen Meister tätig waren, die aus dem direkten Umfeld Peter Parlers und der Prager Dombauhütte stammten. Die kanonische Gültigkeit aber, welche viele der von Peter Parler so glänzend ins Werk gesetzten Formprinzipien fast überall im Reich erlangten, spiegelt sich in der aus den Quellen sprechenden hohen Wertschätzung der Nachfolgegenerationen für die ‚Junker von Prag' genauso wie allenthalben in der mitteleuropäischen Baukunst des 15. Jahrhunderts.

---

56 Vgl. die in Anm. 9 zitierte Literatur.

Abbildungsverzeichnis

1. Prag, Veitsdom. Obergadenfenster.
2. Prag, Veitsdom. Blick ins Innere.
3. Prag, Veitsdom. Südvorhalle.
4. Regensburg, Dom. Rekonstruktion der Vorhalle des Einturmrisses (Zeichnung: Katarina Papajanni). Aus: Achim Hubel / Manfred Schuller: Regensburger Dom. Das Hauptportal. Regensburg 2000, S. 46.
5. Straßburg, Münster. Maßwerkbekrönung des Turmoktogons.
6. Prag, Veitsdom. Maßwerkvorhang über dem Südfenster.

Die Abbildungen 1, 2, 3, 5 und 6 stammen vom Verfasser.

Abb. 1: Prag, Veitsdom. Obergadenfenster.

Abb. 2: Prag, Veitsdom. Blick ins Innere.

Abb. 3: Prag, Veitsdom. Südvorhalle.

Abb. 4: Regensburg, Dom. Rekonstruktion der Vorhalle des Einturmrisses (Zeichnung: Katarina Papajanni).

Abb. 5: Straßburg, Münster. Maßwerkbekrönung des Turmoktogons.

Abb. 6: Prag, Veitsdom. Maßwerkvorhang über dem Südfenster.

Swantje Volkmann

Architektur im Banat im 18. Jahrhundert

1. Einführung

Das Banat ist eine europäische Kulturlandschaft, die heute als Grenzregion Teile Rumäniens, Serbiens und Ungarns umfasst. Das Gebiet ist von alters her besiedelt und wird früh von verschiedensten zivilisatorischen Einflüssen geprägt. Anfang des 1. Jahrhunderts n. Chr. wurde es römische Provinz. Nach dem Rückzug der Römer siedelten hier zeitweilig Hunnen, Awaren, Magyaren, romanische und slawische Stämme. Nachdem die Region im 10. und 11. Jahrhundert von den Ungarn erobert wurde, wird 1177 erstmals ein „Comitatus Tymisiensis" genannt. Einen Aufschwung in der kulturellen Entwicklung erfuhr das Gebiet mit dem Bau des Residenzschlosses für den ungarischen König Robert von Anjou nach 1307 in Temeswar. Inzwischen war aber die Bedrohung durch das Osmanische Reich so sehr angewachsen, dass das Banat Vorposten der christlichen Türkenabwehr wurde. Trotz wiederholter Belagerungen hielt sich das Gebiet bis 1552. Im Sommer dieses Jahres zog Suleiman der Prächtige in Temeswar ein; das Land gelangte für mehr als 150 Jahre unter osmanische Herrschaft. Diese endete mit dem Sieg des kaiserlichen Heeres unter Prinz Eugen von Savoyen, der in einem Feldzug 1716–1718 das Banat einnahm. Innerhalb der Eroberungen des 18. Jahrhunderts, mit denen das Haus Habsburg die größte Gebietsausdehnung seiner Geschichte erreichte, bildete das Neoaquisitium Banat durch die Erhebung zur Kron- und Kammerdomäne eine Ausnahme in der Vielvölkermonarchie. Die damit einhergehende direkte Unterstellung aller Eigentums- und Rechtsverhältnisse unter den Kaiser hatte auch entscheidende kulturpolitische Auswirkungen.

Grundlegende Voraussetzung für die neuzeitliche Gestaltung der Kulturlandschaft des Banats im 18. Jahrhundert war die in den Ideen der Aufklärung und des Absolutismus gründende Überzeugung einer umfassenden Planbarkeit der gesamten materiellen und ideellen Bereiche der Gesellschaft. Die daraus entwickelten Zielvorstellungen betrafen den Willen zur Neuordnung der eroberten Region und die Entwicklung des Gebietes zu einem politischen und militärischen Machtfaktor innerhalb der Länder des Hauses Habsburg.

2. Der Banater Behördenapparat und die Bauproduktion

Ziel der Machthaberund Behörden war der Auf- und Ausbau einer wirtschaftlich leistungsfähigen Region, die innerhalb der Monarchie im Sinn des Merkantilismus Autarkie erreichen sollte. Die wirtschaftliche Autarkie war eine Grundvoraussetzung für das zweite Charakteristikum der Region, die aufgrund ihrer geopolitischen Lage einen bedeutenden militärischen Stellenwert gegenüber dem Osmanischen Reich, aber auch gegenüber Siebenbürgen und dem Königreich Ungarn besaß. Die konfessionellen Bindungen der Nachbargebiete des Banats – das Königreich Ungarn war kalvinistisch geprägt, das Fürstentum Siebenbürgen lutherisch determiniert und das Osmanische Reich islamisch – führten schließlich zu der Entscheidung, hier prinzipiell nur katholische Untertanen anzusiedeln. Diese katholische Prägung des Landes beeinflusste die Bauproduktion in hohem Maße. Voraussetzung für die Realisierung der politischen Zielsetzungen war eine kostengünstige und zugleich gewinnbringende Ansiedlung von Kolonisten. Deren Ansiedlung vollzog sich im Banat trotz einiger Fehlschläge relativ kontinuierlich, im Gegensatz beispielsweise zu den ungarischen Privatansiedlungen. Ein weiterer wichtiger Faktor für die neuzeitliche Gestaltung der Kulturlandschaft war die oben erwähnte verfassungsrechtliche Sonderstellung des Banats innerhalb der Länder der Habsburger Monarchie. Die direkte Unterstellung unter den Kaiser und die daraus resultierende Weisungsgebundenheit der Landesbehörden gegenüber der Wiener Zentralverwaltung führte im Bereich des Landesausbaus zu einer umfassenden Einflussnahme administrativer Funktionsmechanismen[1].

Neben der Abhängigkeit von Wien war die Einwirkung der Militärbehörden ein Charakteristikum des Behördenapparates. Von Bedeutung war dabei vor allem die Tatsache, dass die in den Instruktionen festgelegte Trennung zwischen militärischem und zivilem Bauwesen in der Praxis nicht durchgesetzt werden konnte. Das Bauamt blieb zunächst dem Generalkommando in Temeswar unterstellt; zivile Bauangelegenheiten unterstanden ebenso der Einflussnahme des Hofkriegsrates wie der allmächtigen Finanzbehörde der Monarchie – der Hofkammer. Beispiele wie der Kirchenbau des Ordens der Barmherzigen Brüder belegen den erheblichen Einfluss der administrativen Struktur auf die Baugestalt[2].

Die zentralistische Organisation des Banater Behördenapparates – hier vor allem des Bauamtes der Landesadministration – ermöglichte von Beginn an eine umfassende Beeinflussung des gesamten Baugeschehens der Provinz. Das Banater Bauamt wurde zu einem Garanten für die Umsetzung der am Wiener Hof entwickelten Vorgaben hinsichtlich der Bauproduktion. Während jene Zielvorstellungen, die die bebaute Umwelt betrafen, relativ problemlos in die Praxis umgesetzt werden konnten, erwiesen sich die sozio-kulturellen Determinanten als entscheidende Begrenzungsfaktoren. Der Anspruch, auf alle Lebensbereiche planend Einfluss nehmen zu

---

1 Österreichisches Staatsarchiv, Hofkammerarchiv Wien. Hoffinanz Ungarn. r. Nr. 499. Fol. 213–214 (30. Dezember 1716); Anton Tafferner: Quellenbuch zur Donauschwäbischen Geschichte. Bd. 3. Stuttgart 1978, S. 131; Feldzüge des Prinzen Eugen von Savoyen. Hg. Kriegsgeschichtliche Abteilung des k. und k. Kriegsarchivs. Bd. XVII. Wien 1891, S. 70.
2 Vgl. Henrike Mraz: Die Einrichtung der kaiserlichen Verwaltung im Banat von Temeswar. Diss. [masch.] Wien 1984; Josef Kallbrunner: Das kaiserliche Banat. Einrichtung und Entwicklung des Banats bis 1739. München 1958.

können, ließ sich nicht im gewünschten Umfang verwirklichen. Diese Feststellung betraf sowohl den kameral wie den militärisch verwalteten Teil des Landes[3].

3. Die Entwicklung der Banater Kulturlandschaft als Ergebnis barocker Bauproduktion. Planstädte, Siedlungsanlagen und Repräsentationsbauten

Ergebnis der barocken Raumgestaltung des Banats war der Aus- und Aufbau eines Netzes von Festungsanlagen, das die gesamte Region determinierte. In der Regel wurde bei der Wahl der Bauformen auf bewährte Modelle zurückgegriffen, wobei das von Sébastien Le Prestre de Vauban in der zweiten Hälfte des 17. Jahrhunderts entwickelte Festungssystem die planerische Grundlage bildete. Lediglich beim Neubau der Festung Arad wurde eine partiell neue Struktur verwendet. Analog zu den Festungsanlagen erfuhren auch die Distriktshauptorte eine Umstrukturierung, die im Wesentlichen die Regulierung beziehungsweise den Umbau vorhandener Bausubstanzen nach einem einheitlichen Schema betraf. Allerdings gab es Begrenzungsfaktoren, die eine umfassende Regulierung verhinderten. So konnten in einigen Distriktshauptorten die Regulierungen wegen vorhandener Bausubstanz nicht realisiert werden, weil die Finanzierungsmöglichkeiten nicht gegeben waren[4].

Im Gegensatz dazu wurden die neuen Dörfer nach einem Muster geplant und gebaut. Im Ergebnis entstand ein Siedlungsnetz, das noch heute durch einheitliche geometrische Grundrisse der Dorfanlagen geprägt ist. Ausgehend von bewährten, nur zum Teil modifizierten Modellen wurde die Forderung nach einer geometrisch klaren Grundrissfigur, die einerseits der ästhetischen Überzeugung der Zeit entsprach, andererseits aber auch das Ansiedlungsgeschäft erheblich erleichterte, mit Hilfe von Grundrisslösungen realisiert, die in der Regel ein Rechteck bildeten. Kunstvolle Grundrisse wie ein Doppelkreuz in Kreuzstätten oder eine radiale Anordnung der Hofstellen um den Dorfplatz wie in Charlottenburg blieben Ausnahmen. Durchgesetzt hatten sich im Banat des 18. Jahrhunderts die straff geformten Schachbrettdörfer, die nur partiell variiert wurden[5].

Im Gegensatz zu absolutistischen Planstädten wie Versailles oder Karlsruhe dominierten in den Städten der Gegenreformation nicht die profanen Monumente, sondern die Kuppeln und Türme der Kirchen sowie die Marien- und Dreifaltigkeitssäulen[6]. Hier wurde der Versuch unternommen, im gesamten Stadtgebiet religiöse

---

3 Erik Roth: Die planmäßig angelegten Siedlungen im Deutsch-Banater Militärgrenzbezirk 1765–1821 (Buchreihe der Südostdeutschen Historischen Kommission 33). München 1988, S. 340.
4 Österreichisches Staatsarchiv, Kriegsarchiv Wien. Akten des Hofkriegsrates, Genie- und Planarchiv.
5 Johann Weidlein: Entwicklung der Dorfanlagen im donauschwäbischen Bereich. Donauschwäbisches Schrifttum. Heft 11. Stuttgart 1965; T[oni] Miller: Die Siedlungen des 18. Jahrhunderts im mittleren Donautal. Siedlungsgeschichtliche Grundlagen (Schriftenreihe der Forschungsgemeinschaft Hochschule Weimar 5). Weimar 1947.
6 Christian Norberg-Schulz: Architektur des Spätbarock und Rokoko. Stuttgart, Mailand 1975, S. 28f., 54f.

Zentren zu schaffen. Die Banater städtischen Siedlungen und vor allem die Landeshauptstadt haben zwar nie jenen Residenzcharakter besessen wie die genannten Städte, dennoch belegt ihre Entwicklungsgeschichte und architektonische Prägung den Willen des Hauses Habsburg, ihrer Landesherrschaft durch die Baukunst repräsentativen Ausdruck zu verleihen[7]. Ebenso wie die großen Städte des Absolutismus wurden die Banater Siedlungen nahezu von Grund auf neu geplant und gebaut. Dass diese Neubauten im Wesentlichen in Abhängigkeit von militärischen Determinanten erfolgten, trug zur besonderen Prägung des Raumes bei. Über die städtischen Anlagen hinaus erfuhr aber – und dies im Unterschied zu den bisherigen Erfahrungswerten der Monarchie – die gesamte gebaute Umwelt eine strukturierende Umformung und Neugestaltung. Im Mittelpunkt standen neben den fortifikatorischen Anlagen die Kirchenbauten. Auf diese Weise wurde auch die Stadt Temeswar von einer Vielzahl von Kirchen, Klöstern und kirchlichen Anlagen beherrscht, die sich mit den Verwaltungsbauten zu einem Ensemble verbanden. Das Einzelbauwerk wurde in den festgelegten geometrischen Grundriss der Siedlung eingegliedert; die öffentlichen und die sakralen Gebäude bildeten in den städtischen und ländlichen Siedlungen die zentralen Bezugspunkte.

Im Rahmen der absolutistischen Baupolitik war auch im Banat ein Zusammenwirken von Raumgestaltung, Religionspolitik und landesfürstlicher Repräsentation intendiert[8]. Die Sankt-Georgs-Kathedrale in Temeswar bildet den Höhepunkt und zugleich das Zentrum kirchlicher Architektur im Banat (Abb. 1). Dabei bezeichnet die Errichtung der Domkirche als imperiale Stiftung einen Akt der Frömmigkeit und der Traditionspflege des Hauses Habsburg. Gleichzeitig vermittelt die Standortwahl – zentral an einem Platzraum, aber in bewusster Einordnung gegenüber den administrativen Repräsentationsbauten – eine deutliche Funktionsbestimmung, die sowohl den repräsentativen Anspruch als auch die religiöse Überzeugung umfasst.

Die Militär- und Verwaltungsbauten im Banat zeigen Parallelen zu Bauten gleicher Funktion in den Erblanden. Obwohl der architektonischen Qualität dieser Gebäude verstärkt Aufmerksamkeit geschenkt wurde, griffen Planer und Baumeister auf die bewährten Konzepte aus dem Palast- und bürgerlichen Wohnbau zurück. Dabei zeichnen sich die Banater Bauten trotz der Adaptierung Wiener Vorbilder durch einen vereinfachten Formenkanon aus, wobei stereometrische, langgestreckte Formen bevorzugt wurden. Eine konsequente Umsetzung der Wiener Vorbilder verbot sich nicht zuletzt durch die Enge der Festungsbezirke, die eine winklige In-

---

7   Vgl. Antonius Höller: Augusta Carolinae Virtutis Monumenta seu Aedificia a Carolo VI. Imp. Max. P. P. per Orbem Austriacum Publico Bono posita. Wien 1733; Eucharius Gottlieb Rinck: Leopolds des Grossen Röm. Kaysers wunderwürdiges Leben und Thaten aus geheimen Nachrichten eröffnet. Bd. I. Leipzig 1708.
8   Vgl. Friedrich Polleroß: Pro Deo & Pro Populo. Die barocke Stadt als „Gedächtniskunstwerk" am Beispiel von Wien und Salzburg. In: Barockberichte. Informationsblätter des Salzburger Barockmuseums zur bildenden Kunst des 17. und 18. Jahrhunderts. Heft 18/19, 1998, S. 149–168, hier S. 154.

nenhofverbauung nach sich zog und im Ergebnis eine konsequente Ausnutzung des Raumangebotes ermöglichte⁹.

4. Stadt- und Ordenskirchen im Banat. Planung und Baupraxis

Eine stilkritische Analyse der bauhistorischen Zeugnisse ergibt, dass die Sakralarchitektur des Banats zwei gegenläufigen Tendenzen folgte. Einerseits zielte die Errichtung einer Vielzahl von Kirchenbauten und kirchlichen Anlagen auf gegenreformatorische Erneuerung, andererseits entspricht die Wahl der Bauformen, die die Funktionalität des Baues in den Vordergrund treten ließ, den Säkularisierungstendenzen der staatlichen Verwaltung.

Innerhalb des Baugeschehens der Provinz standen die ländlichen Sakralbauten gegenüber den Stadt- und Ordenskirchen zurück, was sich aus der Konzentration der Bautätigkeit auf Festungen und Siedlungen mit städtischem Charakter ergab. Bereits bei den ersten Bauten, die errichtet wurden, zeigte sich, dass ein akribischer Verwaltungsweg eingehalten werden musste, um den Bau einer Kirche zu realisieren. Dabei blieb bedeutungslos, ob es sich um eine Ordenskirche oder eine städtische Pfarrkirche handelte. Beispielhaft für diese Vorgehensweise ist die Baugeschichte der Jesuitenkirche in Temeswar. Der im Sommer 1717 ins Banat berufenen Societas Jesu wurde von der Administration ein Gebäude zugewiesen, das zu den baulichen Bestandteilen des mittelalterlichen Temeswar gehörte¹⁰. Grundlage der Zuweisung war, dass die Jesuiten innerhalb des Festungsbezirkes die ordentliche Seelsorge übernahmen.

Die ehemalige Sankt-Georgs-Kirche diente den Katholiken ab 1552 als Gotteshaus; bis 1716 war sie die Hauptmoschee der Türken. Bereits 1726 bat der Superior Pater Antonius Perger Graf Mercy um Hilfe für den Neubau von Kirche und Residenz, indem die Materialien gratis verabreicht werden sollten. Mercy unterstützte die Bitte in einem Brief vom 9. April 1726 an den Hofkanzlei-Rat, in dem er beantragte, den Kloster- und Kirchenbau der Jesuiten „ab aerario" zu ermöglichen. Dazu sollten „bau-Materialien und Requisiten, alß Holtz, Kalck, und ziegl" kostenlos bereitgestellt werden. Bei diesen Schriftstücken handelt es sich um Kopien der Briefe von 1726, die der Orden einem Antrag aus dem Jahr 1768 beilegte, in dem er darum bat, „ab dem aerario die reparation ihrer Residenz und ihrer Kirchen S. J. zu Temeswar"¹¹ zu ermöglichen. Hier wird deutlich, dass der Orden eine Art Ge-

---

9   Robert Rill: Der Festungs- und Kasernenbau in der Habsburgermonarchie. In: Harald Heppner (Hg.): Das achtzehnte Jahrhundert und Österreich. Jahrbuch der österreichischen Gesellschaft zur Erforschung des achtzehnten Jahrhunderts. Bd. 11. Wien 1996, S. 55–67; Österreichisches Staatsarchiv, Hofkammerarchiv Wien. Banater Akten, Faszikel 23. rote Nummer 111. Im Folgenden abgekürzt: HKA Wien. B. A. r. Nr. Fol.
10 Vgl. Antonius Höller: Augusta (wie Anm. 7), S. 11–27; HKA Wien. B. A. r. Nr.1. Fol. 92, 97, 98; Temeschburg-Temeswar. Eine südosteuropäische Stadt im Zeitenwandel. Hg. Heimatortsgemeinschaft Temeschburg-Temeswar. o. O. 1994, S. 145.
11 HKA Wien. B. A. r. Nr. 137. Fasz. 30. Fol. 141, 150, 151.

wohnheitsrecht in Anspruch nahm, nach dem der Ärar die Bauten des Ordens schon einmal finanziert hatte. Diese Kirche war in den dreißiger Jahren des 18. Jahrhunderts so stark beschädigt, dass der Orden 1739 den Bau eines neuen Gotteshauses beantragte. Der Neubau konnte aber erst ab dem Jahre 1752 teilweise verwirklicht werden. Jesuitenkirche und -kloster befanden sich im südlichen Zentrum der Stadt am Jesuitenplatz. In der Beschreibung des Stadtplanes aus dem Jahr 1752 heißt es dazu: „Neü erbaute aber noch nicht vollendete Residenz deren P. P. Jesuitern, nebst der alten großen zu haltung des Gottes Dienst applicirten Mosche"[12]. Der Neubau der Kirche begann demnach erst nach 1752. Im Stadtplan aus dem Jahr 1758 wurde die Jesuitenkirche schon mit verändertem Grundriss aufgeführt. Die gesamten Kosten für die Bauarbeiten wurden – wie für die Kirche der Barmherzigen Brüder – von der Kameralkasse übernommen.

Der zum Teil detailliert überlieferte Schriftverkehr des Jesuitenordens hinsichtlich der Errichtung einer Kirche und einer Residenz erlaubt Rückschlüsse auf den verwaltungstechnischen Modus, der der Banater Baupraxis zugrunde lag. In der Regel stellte der Pater Superior den Antrag bei der Landesadministration, die diesen dann an die Banco-Hofdeputation weiterleitete. Die Hofdeputation verfasste ein neues Memorandum für den Vortrag bei der Kaiserin, die dieses Schriftstück offensichtlich nochmals bearbeitete und handschriftlich ihre Bemerkungen hinzufügte. Von Maria Theresia erfolgte der Weg zurück bis zur Banater Landesadministration, die die Angelegenheit dann erneut innerhalb ihrer Baukommission behandelte. Diese Vorgehensweise, die nicht nur den Jesuitenorden betraf, zeigt, mit welcher Akribie auch minimale Angelegenheiten in Wien verhandelt oder begutachtet wurden und dass sämtliche Entscheidungen von den jeweiligen Zentralstellen abhängig waren.

Für den Bau bewilligte die Kaiserin am 17. August 1753 3.000 Gulden aus der Kameralkasse[13]. Bis 1754 hatten die Jesuiten 8.000 Gulden für den Bau erhalten. Der Kirchenbau selbst wurde nach einer Darstellung des Provinzialingenieurs Karl Alexander Steinlein im Jahr 1755 begonnen, aber erst im Verlauf der sechziger Jahre wurde verstärkt an der Kirche gearbeitet. Dies hängt auch mit der Baugeschichte des Domes zusammen, dessen Errichtung vor allem in den fünfziger Jahren des 18. Jahrhunderts hohe Kosten verursachte und den Baufonds erheblich belastete. Darüber hinaus gab es offenbar Schwierigkeiten bei der Errichtung der Kirche durch die Einbeziehung der alten Grundmauern. In Steinleins Darstellung waren diese zunächst nicht in den Neubau einbezogen. Dieser Plan entstand wohl erst später, nachdem schließlich die Kirche „mit adaptirung der alten Mosceé Mauer" errichtet wurde. Dafür mussten aber jetzt erhebliche Änderungen vorgenommen werden, die sich vor allem auf das tektonische Stützsystem bezogen. Die Pfeiler sollten nicht wie bisher aus Ziegeln, sondern aus Quadersteinen errichtet, die Kuppel hingegen aus Ziegeln

---

12 Anton P. Petri: Die Festung Temeswar im 18. Jahrhundert. München 1966, S. 31.
13 Lajos Baróti: Adattár Délmagyarország 18. századi történetéhez [Datensammlung zur Geschichte Südungarns im 18. Jahrhundert]. Bd. 3. Temesvár 1896, S. 155.

hergestellt werden. Da für den bisherigen Bau nur 8.000 Gulden verbraucht wurden, waren bei der bewilligten Gesamtsumme von 42.000 Gulden noch 34.000 Gulden übrig, die nach Steinleins Darstellung auch benötigt würden. Diese Gelder wurden offensichtlich nie vollständig bereitgestellt. Über den Verbleib der für die fünfziger Jahre des 18. Jahrhunderts bewilligten Summen ist nichts bekannt. Aus den Akten wird ersichtlich, dass eine Bewilligung von Geldern noch nicht bedeutete, dass diese dann auch tatsächlich ausgezahlt wurden. Nach einem Protokoll des kaiserlichen Rates vom 16. Dezember 1767 wurde festgestellt, dass den Jesuiten bereits am 9. August 1717 und noch einmal am 20. November 1741 für ihre Missionstätigkeit in Temeswar und den angrenzen Ländern eine jährliche Summe von 2.280 Gulden bewilligt worden war. In den dazugehörigen Schriftstücken der Societas Jesu wird aber berichtet, dass keine Person oder Institution für dieses Geld mehr zuständig sei und sowohl die Anträge an den Hofkriegsrat als auch an die Hofkammer bisher ergebnislos gewesen seien[14].

Die veränderten Pläne wurden bereits im Mai 1767 eingereicht. Die Zeichnungen, angefertigt von Franz Anton Platl, Maurermeister in Temeswar, zeigen Grundriss, Längsschnitt und Fassadenaufriss der Kirche[15]. Bis zum Herbst des Jahres 1767 war die Kirche bis auf den Dachstuhl, das Dach, den Turm und die Fassade fertiggestellt. Im gleichen Jahr reichte die Landesadministration auf Verlangen der Wiener Zentralbehörden erneut Pläne für die bereits im Bau befindliche neue Pfarrkirche in Temeswar ein, die einen Kostenüberschlag zur Reparatur der baufälligen Residenz für eine Summe von 19.594 Gulden und 33 Kreuzern enthielten. Der dazugehörige Schriftverkehr endet zunächst ohne ausdrückliche Bewilligung der Summe. Am 29. August 1767 beantragte der Pater Superior Petrus Körner nochmals die Bewilligung der Kosten, jetzt aber direkt bei Maria Theresia, die schließlich ihre Zustimmung gab. Die Fertigstellung der Kirche konnte dennoch zunächst nicht realisiert werden, weil die bewilligte Summe offensichtlich nicht zur Verfügung gestellt wurde. Wiederholte Anträge der Societas Jesu in Temeswar „zur Herstellung ihrer baufälligen Residenz, und daringewinnten Pfarr-Kirchen" wurden bis zum Februar 1768 abschlägig beschieden.

Die Auseinandersetzung wurde zunächst nochmals durch Maria Theresia beendet, die am 7. Februar 1768, allerdings mit einem unverhohlenen Ultimatum, in Wien schrieb:

> Dem Pater Provinciali ist per Decretum zu bedeuten, dass ungeachtet Mein aerario ... Ich dennoch ex speciali und pro ultimato zu dem gebäu sechs tausend gulden zu bewilligen geneigt wäre: im Fall aber die Patres Jesuiten sich damit nicht begnügten, so wären meine Willensordnung, die Stadt-Pfarren der Cathedral-Kirchen einzuverleiben, und ihnen

---

14 HKA Wien. B. A. Fasz. 30. r. Nr. 137. Fol. 1, 4, 5, 9–20, 45, 100, 106. Vgl. Josef Wolf: Die Ordenslandschaft des Banats im 18. Jahrhundert. Quellen. Regensburg 1994 [Manuskript], S. 4.
15 Vgl. Anton P. Petri: Biographisches Lexikon des Banater Deutschtums. Marquartstein 1992, Sp. 1473; HKA Wien. B. A. Fasz. 30. r. Nr. 114. Fol. 112–240. Kartensammlung Rb. Rb 63/1–2.

P. P. Jesuiten aus dem bisherigen Genuß zu: 2.280 G. zu unterhaltung der nöthigen Professoren für die bisherigen Schulen 1500:G. beyzulassen.

Offensichtlich war auch diese Summe noch nicht ausreichend. Denn am 2. Mai 1769 beantragten die Jesuiten nochmals eine Summe von 9.735 Gulden und 10 Kreuzern. Dieser Antrag wurde vom Kameralbauamt an die Landesadministration weitergeleitet, die am 17. Mai 1769 einen Antrag bei der Banco-Hofdeputation stellte. Der Antrag wurde befürwortet, die Kosten sollten von der Kameralkasse getragen werden. Am 6. Juni 1769 erteilte Maria Theresia die Genehmigung in einem Reskript an die Hofdeputation: „Dass denen P. P. Jesuiten zu Temeswar den zu ihrem Kirchen bau nöthige Materialien in den sogenannten ex arial gemäß verabfolgt werden sollen"[16]. Während die Pfarrkirche der Jesuiten bis zum Ende des Jahres 1769 fertiggestellt werden konnte, wurde die Residenz infolge der Auflösung des Ordens 1773 nicht mehr vollendet. Pläne zu diesen Gebäuden hatte Franz Anton Platl ebenfalls im Jahr 1767 eingereicht[17]. Eine weitere Kirche der Jesuiten wurde bereits in den zwanziger Jahren des 18. Jahrhunderts in Kraschowa (Abb. 4) errichtet.

Die Finanzierung des Kirchenbaues für die römisch-katholische Konfession erfolgte in der Regel im Unterschied zu den anderen im Banat vertretenen Konfessionen im Ganzen durch den Ärar. Entsprechend einer der ersten Instruktionen seitens der Hofkammer für die Einrichtung des Banats vom 7. Oktober 1717 sollten den Unierten wie den Angehörigen der römisch-katholischen Religionsgemeinschaft Gotteshäuser zur Verfügung gestellt werden, wobei gleichfalls ehemalige Moscheen vorgeschlagen wurden. Die finanzielle Unterstützung dieser sollte aber nicht durch den Ärar erfolgen; vielmehr sollten die notwendigen Mittel zur Einrichtung der Kirchen von der Bevölkerung aufgebracht werden, weil diese schon lange genug im Land sei und über Vermögen verfüge. Grundsätzlich wurde damit eine Unterstützung des Kirchenbaues durch den Ärar abgelehnt, jedoch in Aussicht gestellt, dass Bauholz und Robotleistungen von Seiten des Ärars bereitgestellt werden könnten, allerdings nur, „was ohne Auslage paaren Gelts geschehen kann"[18].

In der karolinischen Ansiedlungsperiode waren für die zivilen und sakralen Bauwerke Provinzialingenieure verantwortlich, die auch an den Fortifikationsaufgaben arbeiteten. An dieser Praxis scheint sich in der Folgezeit wenig geändert zu haben. Im Klosterarchiv des Franziskaner-Klosters zu Maria Radna (Abb. 2, 3) befindet sich ein Dokument, welches belegt, dass noch 1771 in Maria Radna Baumeister tätig waren, die der Arader Festungsbaugesellschaft angehörten[19]. Auch die Baugeschichte des Temeswarer Domes beweist, dass hier die Bauaufsicht von derselben

---

16 HKA Wien. B. A. Fasz. 30. r. Nr. 137. Fol. 4, 5, 45, 68–72. r. Nr. 136. Fol. 59–63, 74, 75.
17 Vgl. Anton P. Petri: Festung Temeswar (wie Anm. 12), S. 68; HKA Wien. B. A. Fasz. 30. r. Nr. 3 (Juni 1767). Kartensammlung, Sign. Rb 38.
18 HKA Wien. B. A. r. Nr. 1. Fol. 158–217.
19 Vgl. Martin Roos: Maria-Radna. Ein Wallfahrtsort im Südosten Europas. Bd. 1. Regensburg 1998.

Person übernommen wurde, die auch den Temeswarer Festungsbau verantwortete. Die überwiegende Zahl der Bauwerke wurde von ortsansässigen Maurermeistern errichtet. Bei einem Teil von ihnen konnte nachgewiesen werden, dass sie aus dem Reich oder den Ländern der Habsburger Monarchie eingewandert waren. Die meisten Baumeister wählten zeit ihres Lebens ihren Aufenthalt im Banat. Nur von wenigen ist bekannt, dass sie in Wien studiert haben. Sicher ist aber, dass auch im Banat Künstler aus Westeuropa arbeiteten, die hier nicht ansässig waren. Dies betrifft jedoch in erster Linie Künstler, die für die Ausstattung der Kirchen verantwortlich waren. So malte Johann Nepomuk Schöpf aus Regensburg alle Blätter für die Seitenaltäre des Temeswarer Domes. Ferdinand Schiessl hingegen arbeitete als Freskant in Radna und malte außerdem das Hochaltarblatt für die alte Minoritenkirche in Arad. Das Bild für den Hochaltar des Temeswarer Domes wurde von dem Wiener Künstler Michael Angelo Unterberger gemalt. So weit wir wissen, war Unterberger aber nie im Banat. Inwiefern in diesem Bereich ein kontinuierlicher Austausch zwischen den Provinzen und Westeuropa stattfand, ist weiter zu untersuchen.

Gerhard Egger stellte innerhalb der Wiener Architekturgeschichte für das 18. Jahrhundert einen allgemeinen Zug zum Spannungslosen, Dekorativen und Zeichnerischen fest. Dass Künstler wie Jean Nicolas Jadot und besonders Nikolaus Pacassi, der als Leiter des Wiener Hofbauamtes das Baugeschehen entscheidend prägte, diesen Stil über die Jahrhundertmitte hinaus fortsetzten, bedeutete eine entscheidende Wende in der Wiener Architekturgeschichte. Sie umfasste vor allem die Abkehr vom monumentalen, phantasievollen Stil des römischen Hochbarock eines Johann Bernhard Fischer von Erlach und die Hinwendung zum kühlen, klassizistischen Barock Frankreichs. Diese Hinwendung war derart ausschließlich, dass die französische und süddeutsche Spätform des Rokoko in Wien fast gar nicht in Erscheinung trat[20]. Auch die Banater Architektur zeigt jenen zeichnerischen Stil, der die Bauwerke relativ ruhig und spannungslos erscheinen lässt. Die Baukunst der zweiten Hälfte des 18. Jahrhunderts wurde von einer Stilauffassung dominiert, die in der Fortsetzung und Variation barocker Bautraditionen bestand.

Dabei ist zu berücksichtigen, dass auch innerhalb der Banater Architektur dem Stilwandel der Jahrhundertmitte nicht nur Rechnung getragen wurde, sondern dieser hier sehr frühzeitig Eingang fand. Mit dem Tod Kaiser Karls VI. verlor der ‚Kaiserstil' der beiden Fischer mit seiner römischen und palladianischen Ausprägung endgültig an Bedeutung. Veränderte politische Realitäten, die neue Allianz mit Frankreich gegen Preußen, vor allem aber die bewusste Ausprägung des Wirkungsbereiches der Casa d'Austria als Monarchia Austria unter der Herrschaft Maria Theresias fanden ihren Niederschlag auch in der Baukunst. Ausgehend von den monumentalen Umbauten der Residenzen in Innsbruck, Prag oder Budapest – im Gegen-

---

20 Gerhard Egger: Geschichte der bildenden Kunst in Wien. Geschichte der Architektur in Wien. Von der Renaissance bis zum Klassizismus. In: Geschichte der Stadt Wien. Neue Reihe. Bd. VII, 3. Hg. vom Verein für Geschichte der Stadt Wien. Wien 1973, S. 56, 70.

satz zur Wiener Hofburg –, entwickelte sich eine vereinheitlichende Architektur, die fast gleichartig in allen Ländern der Monarchie auftrat und sich von den lokalen Traditionen deutlich abhob. Trotz der Übernahme tradierter spätbarocker Elemente bildete sich auf architektonischem Gebiet eine spezifische Formensprache heraus, die als Klammer die unterschiedlichsten Gebiete des Habsburgerreiches zusammenfasste[21]. Aufgrund des nahezu ausschließlich behördlich gesteuerten Baugeschehens wurde das Banat besonders stark von dieser Formensprache geprägt, bis hin zur Entwicklung typisierter Baumodelle.

Darüber hinaus bot der schachbrettartige Grundriss der Ortschaften einen vierflügligen Grundriss der Gebäude, die um einen rechteckigen Innenhof herum errichtet wurden, geradezu zwingend an. Grundsätzlich ist festzustellen, dass auch die kirchlichen Bauten in der Regel von den siedlungstopographischen Vorgaben bestimmt wurden. In einigen Fällen verzichteten die Erbauer daher auch auf die kanonische Ostung der Kirche. Übereinstimmungen gab es außerdem hinsichtlich der Grundrissdispositionen sowie in der Gestaltung der Schauseite. Hier dominiert eindeutig die Einturmfassade, wobei der Fassadenturm, über quadratischem Grundriss errichtet, aus der Mitte der Fassade herauswächst. Zweitürmige Fassaden blieben in der Banater Baukunst des 18. Jahrhunderts eine Ausnahme. Diese treten hier vor allem bei außerordentlich repräsentativen kirchlichen Bauwerken wie der Domkirche in Temeswar und der Wallfahrtskirche Maria Radna auf (Abb. 1–3). Hierbei ist zu beachten, dass beide Kirchen hinsichtlich ihrer Baugeschichte und ihrer stilistischen Prägung zu den Höhepunkten sakraler Baukunst im Banat beziehungsweise im Komitat Arad zählen[22]. Zusammenfassend lässt sich die Formensprache der Banater Baukunst als ein dem Klassizismus zuneigender Spätbarock beschreiben.

5. Landkirchen im Banat und das Phänomen der Typisierungsmodelle

Ein wichtiger Bereich innerhalb der stilkritischen Analyse der Banater Architektur ist die Frage nach der Herkunft der architektonischen Formen. Der stilkritische Vergleich ergibt, dass im Banat keine eigenständigen stilistischen Lösungen nachgewiesen werden können. Offensichtlich bestand ein enges Abhängigkeitsverhältnis vor allem zur Architektur der Erblande, aber auch zu den oberdeutschen Lösun-

---

21 Vgl. Friedrich Polleroß: Kunstgeschichte oder Architekturgeschichte. Ergänzende Bemerkungen zur Forschungslage der Wiener Barockarchitektur. In: ders. (Hg.): Fischer von Erlach und die Wiener Barocktradition (Frühneuzeit-Studien 4). Wien, Köln, Weimar 1995, S. 59–116, hier S. 68; Renate Wagner-Rieger: Die Kunst zur Zeit Maria Theresias und Josephs II. In: Wiener Jahrbuch für Kunstgeschichte 34 (1981), S. 7–22, hier S. 12.
22 Vgl. Robert Born: Die Domkirche in Temeswar (Timișoara). Eine kunstgeschichtliche Interpretation. Berlin 1999 [Manuskript]; Adriana Buzilă: Bisericile baroca din Banatul [Barocke Kirchen im Banat]. Diss. [masch.] Cluj-Napoca/Klausenburg 1999; Roos: Maria-Radna (wie Anm. 19); Rodica Vârtaciu / Adriana Buzilă (Hg.): Barocul in Banat. Catalog de Expozitie [Barock im Banat. Ausstellungskatalog]. Timișoara 1992.

gen. Hier überzeugt vor allem die bemerkenswerte Vielzahl der Einturmfassaden, die im Banat zu den typischen Merkmalen der Kolonistenkirche gehört. Einturmfassaden finden sich gleichzeitig auch bei der Mehrzahl der Stadtkirchen. Diese Feststellung entspricht vollständig jener Entwicklung, die in Wien in der zweiten Hälfte des 18. Jahrhunderts zu beobachten ist. Die Entwicklung reicht von der Zweiturm- zur Einturmfassade und führt schließlich zur turmlosen Fassade. Allerdings wurde diese Fassadenentwicklung bis zur letzten Konsequenz im Banat nicht durchgeführt. Auch die in Wien nachweisbare Vereinfachung der Fassade, um den Baukörper sichtbar zu machen, spielte wohl im Banat keine Rolle. Als Ergebnis bleibt festzustellen, dass für die Provinz die wesentlichen Entwicklungsstufen barocker Architekturgeschichte – wenn auch zeitversetzt – mit gelten. Die bisherige Überzeugung zahlreicher Autoren, die sich mit dem Banat auseinandersetzten und sehr dezidiert die Meinung vertraten, es sei eine Besonderheit der Banater Architektur, dass sie scheinbar mühelos barocke und klassizistische Stilelemente miteinander verbinde, wird daher hier zurückgewiesen. Diese Entwicklung kann ebenso im westeuropäischen Barock, insbesondere aber in den österreichischen Erblanden, beobachtet werden.

Die entscheidende Erkenntnis innerhalb der Untersuchung und Darstellung des Banater Landkirchenbaues ist der Nachweis, dass Typisierungsmodelle für den Sakralbau im Banat vorgeprägt und entwickelt wurden. Damit konnte die These von Elisabeth Springer partiell widerlegt werden, dass die Entwicklung von Typisierungsmodellen erst mit der unstrukturierten Tätigkeit des Wiener Hofbauamtes begann[23]. Ursprung und Anlass dieses kunsthistorischen Phänomens innerhalb der Architekturgeschichte der Habsburgermonarchie waren unter anderem die spezifischen Bedingungsfaktoren im neuen Kronland Banat. Hier entstand wegen der Notwendigkeit einer umfassenden Einrichtung beziehungsweise Wiederbelebung kirchlicher Strukturen zuerst und ausschließlich eine modellhafte Bauweise. Von dieser ausgehend, konnten entscheidende Impulse für die josephinische Pfarrreform vermittelt werden, sodass in diesem Bereich eindeutig von einer Beeinflussung des Zentrums durch die Peripherie auszugehen ist[24].

Im Spannungsfeld zwischen einfachsten Bauten, die vom Kriterium der Nützlichkeit geprägt waren, und Bauten, die Formenvielfalt und Architekturgeschmack verraten, entwickelten die Banater Provinzialingenieure – hier in erster Linie Karl Alexander Steinlein, Johann Theodor Kostka und Johann Zacharias Sax – bereits in der Mitte der sechziger Jahre des 18. Jahrhunderts Pläne für Pfarrkirchen, die in mehreren neu gegründeten Orten errichtet werden sollten. Ursache für diese vereinheitlichenden Kriterien waren die Pfarrreform in der Habsburgermonarchie und die daraus resultierende Notwendigkeit der Errichtung einer Vielzahl von Pfarrkirchen

---

23 Vgl. Elisabeth Springer: Die Josephinische Musterkirche. In: Harald Heppner (Hg.): Das achtzehnte Jahrhundert und Österreich. Jahrbuch der österreichischen Gesellschaft zur Erforschung des achtzehnten Jahrhunderts 11 (1996), S. 67–99.
24 Vgl. Polleroß: Kunstgeschichte (wie Anm. 21), S. 79–83.

sowie die Tendenzen im kirchlichen Baugeschehen im Banat. Darüber hinaus sind die besonderen Determinanten des Banater Kolonisationswesens zu berücksichtigen. Grundlage dieser Entwicklung waren die Veränderungen im Kolonisationswesen, die unter anderem die oben dargestellte Vereinheitlichung der Dorfanlagen, der Kolonistenhäuser und der öffentlichen Gebäude durch behördliche Planung erfasste. Entsprechend den ästhetischen und funktionalen Forderungen nach geometrischer Klarheit und einfacher Parzellierung entstanden Dörfer und vor allem Kolonistenhäuser, deren Grundrisse nahezu seriell wiederholt wurden, sodass die einzelnen Orte kaum noch Unterscheidungsmerkmale aufweisen. So wie die Kolonistenhäuser einheitlich geplant und ausgeführt wurden, sollten auch die Kirchen in den Gemeinden einheitlich und vor allem nach funktionellen Prinzipien gebaut werden. Aber während diese modellhafte Bauweise bei den Hausbauten ohne Schwierigkeiten gelang, konnte der Kirchenneubau nicht vollständig wie geplant realisiert werden.

Grundlage für die Pläne blieb jene Bestimmung, nach der die Planungen der Bauwerke erst vom Wiener Hofbauamt begutachtet und genehmigt werden mussten. Individuelle Lösungen waren weder möglich – denn die Finanzierung des öffentlichen Nutzbaues erfolgte von Beginn an durch den Ärar – noch erwünscht. Während für die formale Ausgestaltung der josephinischen Musterkirche keine konkreten Vorschriften überliefert sind[25], gibt es eine Fülle von Material zur Ausgestaltung der Kirchen in den Neoacquisitica. Der Antrag der Landesadministration an Maria Theresia, den künftigen Kirchenbau in den Kolonistendörfern betreffend, wurde dahingehend beantwortet, dass „die Kirchen daselbst nicht zwar allzu kostbar, doch mit dem anständigen Decoro hergestellt werden sollen". Eine gewisse Handlungsfreiheit des Baumeisters wurde nur insofern gestattet, als „in besprochenen fällen einige modification" vorgenommen werden könne. Die besprochenen Fälle betrafen dabei immer konkrete Kirchenbauten in Kolonistendörfern. Ausgehend von den Richtlinien Wolfgang von Kempelens wurde zu Beginn der siebziger Jahre des 18. Jahrhunderts dazu übergegangen, sogenannte Idealpläne für den Bau von Kolonistenkirchen in den Neoacquisitica zu erstellen. In seiner Impopulations-Hauptinstruktion hatte Kempelen auch definiert, wie die Kirchen in den Kolonistendörfern auszusehen hatten: „Solche müssen zwar solide, aber nicht zu prächtig, und mit unnützen Zierath überhäufet werden"[26]. Die Diskrepanzen zwischen Plan und Ausführung betrafen in der Regel nur Details. Allgemein ist festzustellen, dass es sich meist um eine einfachere und dann wohl auch kostengünstige Ausführung handelte. Maria Theresia war zwar eine Leitfigur der erfolgreichen Gegenreformation, und im Banat war eines der erklärten Ziele die Rekatholisierung des Landes; dennoch spielte in der neuen Provinz das Motiv des kostengünstigen Kirchenbaues – wie der kostengünstigen

---

25 Vgl. Springer: Josephinische Musterkirche (wie Anm. 23), S. 73.
26 HKA Wien. Administrationsratsprotokolle. Banat. Bd. 163. Fol. 105 (Februar 1769). B. A. Fasz. 30. r. Nr. 137. Fol. 120/2; Anton Tafferner: Quellenbuch zur Donauschwäbischen Geschichte. Bd. 1. München 1974, S. 257.

Ansiedlung – die entscheidende Rolle. Dies entspricht gleichzeitig der allgemeinen Baupraxis in der theresianischen Zeit. Im Gegensatz zu den von Joseph II. unmittelbar beeinflussten Hofburgprojekten, die von einem Klassizismus strenger Observanz geprägt waren, bildeten die Landkirchen bereits in der Regierungszeit Maria Theresias innerhalb der Monarchie eine eigene Stilgruppe. Sie wurden in großer Zahl in relativ kurzer Zeit errichtet und erhielten als Erziehungsstätten des Staates zunehmend den Charakter von Nutzbauten.

Ein adäquater Bautyp entstand mit den Kolonistenkirchen im Banat. Die einzelnen Bautypen unterscheiden sich zwar in individuellen Details, stimmen aber in der Grundstruktur überein. Die Kolonistenkirche wurde mit übersichtlichem Saalraum geplant und gebaut und von Ort zu Ort stereotyp wiederholt. Die Bedeutung dieses Typus liegt vor allem darin, dass die Form auch in den Pfarrkirchen der zweiten Hälfte des 18. Jahrhunderts innerhalb der Erblande Verwendung fand. Bereits 1740 hatte Maria Theresia formuliert, welchen Zielen der Kirchenbau dienen sollte. So schrieb sie am 2. Dezember:

> [...] wodurch die Ehre des Allerhöchsten befördert, der Unterthan in Gottes-Forcht und guten Wandel eingeleitet und darinnen erhalten, wie nicht minder auch die Jugend in denen sittlichen Lehren unterweisen, folglichen successu temporis ein Gott dem Allerhöchsten wohl gefälliges Landvolck erzielet werden möchte[27].

Im ländlichen Kirchenbau des Banats können trotz der vereinheitlichenden Tendenzen mehrere Stilgruppen festgestellt werden. Eine erste Gruppe betrifft die sogenannten Bethäuser, die zunächst im Verlauf der neuzeitlichen Kolonisation des Banats in großer Zahl vor allem in den ländlichen Siedlungen errichtet wurden. Beherrschendes Merkmal waren einfachste Konstruktionen, die sehr eng an den Kolonistenhäusern orientiert waren (Verwendung des landesüblichen Baumaterials wie Lehm und zum überwiegenden Teil ungebrannte Ziegel) und lediglich durch ihre Funktionalität den Sakralbauten zuzuordnen sind. Es wurde bei Beginn der Ansiedlung verfügt, „daß die Kirchen in den Colonisten-dorfschaften nur aus gestampfter Erde hergestellet und höchstens 150 Gulden ausgelegt werden sollen". Steinkirchen sollten erst dann errichtet werden, wenn die Bevölkerung eigene Mittel dazu beisteuern könnte[28].

Die Kosten für die Neubauten beliefen sich in der Regel auf 3.500 bis 5.000 Gulden; dabei wurde der Baufonds für die ländlichen Sakralbauten mit 10.000 Gulden nach 1774 jährlich nahezu ausgeschöpft. Von Bedeutung erscheint auch, dass die von Kempelen angeratene Hinzuziehung der Gemeindemitglieder zum Kirchenbau von der Administration konsequent eingeplant wurde. Der Ärar übernahm in der Regel Kosten in Höhe von 2.700 bis 3.700 Gulden; die Gemeinde musste hingegen Hand- und Zugrobot im Wert von etwa 1.000 Gulden leisten. Dagegen zeigen Ak-

---

27 HKA Wien. B. A. r. Nr. 10.
28 Ebd. r. Nr. 137. Fol. 120–150.

tenstücke des gleichen Zeitraumes, dass in einigen Gemeinden von einer Beteiligung der Pfarrkinder deutlich abgeraten wurde. In einem Schreiben der Temeswarer Landesadministration vom 1. April 1769 heißt es dazu:

> Auf einen Beitrag der Kolonisten, um mit der Zeit eine Kirche aus guten Materialien ohne Beschwerung des Ärars herstellen zu können, könne man sich um so weniger verlassen, als die meisten Kolonisten bekanntermaßen sehr arme Leute sind, die nicht das geringste Vermögen mit sich bringen. Folglich wird man zufrieden sein können, wenn man den Ersatz der ihnen geleisteten Anticipationen auch erst nach langen Fristen wieder erhalten wird. Auch würde es niemals rätlich sein, sie zur Reichung eines Beitrags zum Kirchenbau anleiten zu lassen, weil sich viele aus einem unvernünftigen Andachtseifer zu Bettlern machen könnten[29].

Auch innerhalb der Landkirchen, die aus festem Material errichtet wurden, können trotz stereotyper Wiederholungen Stilgruppen konstatiert werden. Neben den Bethäusern entstanden zunächst einfachste Bauten, die vor allem vom Kriterium der Nützlichkeit und durch das Ringen um eine möglichst kostengünstige Ausführung geprägt waren. Diese Bauten weisen in der Regel einen orthogonalen Grundriss mit apsidalem Chor auf. Die Eingangsseite wird mit einem Dachreiterturm versehen, wie die ersten Kirchen beziehungsweise Kapellen in Neubeschenowa und Sanktandreas beweisen (Abb. 5, 6).

Eine weitere Gruppe umfasst jene Bauwerke, die dem stilistischen Empfinden der Jahrhundertmitte zuneigt, wie die Pfarrkirchen in Saska (Abb. 7), Ulmbach (Abb. 8), Tschatad (Abb. 9) und in Großjetscha zeigen. Diese Kirchen gehören gleichzeitig zu jenen Bauten, die aufgrund ihrer außergewöhnlichen Grundrissstruktur und ihrer Dekorationselemente nicht vollständig in die Gruppe der Banater Kolonistenkirchen einzuordnen sind. Zu den beherrschenden Merkmalen zählt außerdem, dass der Innenraum nicht wie sonst üblich mit einer Flachdecke, sondern mit einem Tonnen- oder Spiegelgewölbe ausgestattet wurde.

Die umfangreichste Gruppe der Banater Landkirchen des 18. Jahrhunderts bilden jene Bauten, die wegen ihrer übereinstimmenden Merkmale als typisierte Modelle definiert werden können. Trotz nachweisbarer Einzelentwürfe zeigen Grundrisssituation, formale Auffassung und Dekorationssystem so große Einheitlichkeit, dass von einer seriellen Bauproduktion gesprochen werden darf. Dabei sind sowohl die Planungen als auch die ausgeführten Pfarrkirchen im Grundriss durchgehend als Saalbauten mit eingezogenem Chor angelegt und haben eine Westfassade, die als Schauseite gestaltet wurde: Das relativ niedrige Kirchenschiff wird von einem hohen Turm beherrscht, der über quadratischem Grundriss leicht eingezogen in der Mitte der Westfassade emporwächst. Die Schauwand wurde durch Pilaster akzentuiert, eine Gliederung der Seitenwände unterblieb in der Regel. Beispiele wie die Planungen beziehungsweise die ausgeführten Bauten in Guttenbrunn, Jahrmarkt (Abb. 10), Per-

---

29 Ebd. r. Nr. 137. Fol. 21–56. r. Nr. 45.

jamosch, Sackelhausen, Bogarosch, Deutsch-Sanktpeter, Billed und Bruckenau zeigen die genannten Analogien, die im Wesentlichen den Merkmalen klassizierender Barockarchitektur entsprechen.

Neben der Verwendung fast rein klassizistischer Stilelemente, wie sie die Pfarrkirche in Lowrin zeigt, dominieren in der letzten Gruppe der Banater Landkirchen, die im 18. Jahrhundert errichtet wurden, jene Bauten, die nahezu schmucklos sind und vollkommen vereinfachte Formen aufweisen. Tradiert werden weiterhin der Saalgrundriss mit eingezogenem Chor sowie die Gestaltung der Westwand mit einem Fassadenturm. Allerdings bleibt die Fassade – wie in der Regel auch der Innenraum – fast ungegliedert. Die Wand wird lediglich durch das meist rechteckige Eingangsportal, manchmal ein rechteckiges Fenster oder eine einfache Giebelverdachung aufgelockert und in Einzelfällen durch sehr flache Pilaster zeichnerisch profiliert. Exemplarisch genannt seien hier die Pfarrkirchen in Engelsbrunn (Abb. 11) und Grabatz.

6. Ergebnisse

Die Ursachen für diese Vereinfachungen, die im Übrigen die gesamte Architekturgeschichte des Banats begleiten, sind außerordentlich vielschichtig. Eine Komponente war die verstärkte Einflussnahme Kaiser Josephs II. auf die Architektur der Länder der Monarchie, auch wenn ihm nachgesagt wurde, kein persönliches Verhältnis zur bildenden Kunst zu haben und diese nur „nach Maßgabe des mehreren und minderen Verhältnisses betrachtete, das sie auf das allgemeine Beste des Staates haben könne"[30], ist doch die Bevorzugung eines Architekten wie Isidor Canevale, der Elemente des radikalen Klassizismus in seinen Bauwerken verwirklichte wie zum Beispiel im Augartenportal und im Josephsstöckl (im Wiener Augarten), Indiz für die neue Richtung der josephinischen Architektur. Eine weitere Ursache für die besondere Prägung der Banater Architektur ist zweifellos die Einflussnahme Kaiser Josephs II. auf diese Provinz, der das Banat noch vor Beginn seiner Regierungszeit mehrfach bereiste[31]. Von den Ergebnissen der Kolonisation zeigte er sich tief enttäuscht, sodass er eine weitere außerordentlich sparsame Vorgehensweise in dieser Provinz empfahl, die schließlich nach 1780 zum Verkauf zahlreicher Banater Güter an adelige Grundherren führte. Dabei bleibt meines Erachtens zu berücksichtigen, dass nicht nur im Banat, wo dies hinreichend nachweisbar ist, sondern auch in den Erblanden der Monarchie die Adaptierung spätbarocker Elemente vor allem auch aus fiskalischen Gründen erfolgte. Der spätbarock-konservativ geprägte Stil folgt demnach nicht nur dem Mangel qualitätvoller Möglichkeiten, sondern auch finanziellen Erwägungen.

Ein weiteres Phänomen Banater Architekturgeschichte betraf die lange Tradierung stilistischer Möglichkeiten, die weit in das 19. Jahrhundert hineinreichte. Da-

---

30 Renate Wagner-Rieger: Wiens Architektur im 19. Jahrhundert. Wien 1970, S. 25.
31 Vgl. Sieglinde Neidenbach: Die Reisen Kaiser Josephs II. ins Banat. Diss. [masch.] Wien 1967.

bei wurden im Banat noch in der ersten Hälfte des 19. Jahrhunderts Kirchen errichtet, deren Planungen entweder schon auf das letzte Drittel des 18. Jahrhunderts zurückgehen oder die mit Kirchen, die in der zweiten Hälfte des 18. Jahrhunderts gebaut wurden, übereinstimmen. Dies ist umso überraschender, als zeitgleich auch Kirchen gebaut wurden, die an neuesten stilistischen Auffassungen orientiert waren. Insgesamt ist eine retardierende Verwendung barocker Bauformen zu konstatieren.

Das vielfach für die Banater Architektur festgestellte Phänomen einer außerordentlich langen Tradierung spätbarocker und klassizierend-barocker Stilmerkmale ist im Prinzip ein österreichisches Phänomen. Zwar bleibt zu berücksichtigen, dass, bedingt durch die historischen Determinanten, dem spätbarocken Stil in dieser Region erst sehr spät zum Durchbruch verholfen wurde; dennoch entspricht diese Entwicklung grundsätzlichen Tendenzen der Architektur der Habsburgermonarchie. Walter Seitter hat nachgewiesen, dass Österreich ein Land der Spätstile ist. Bereits die Romanik hat hier sehr viel später als in Westeuropa an Raum gewonnen und wurde bis weit ins 13. Jahrhundert beibehalten, als in den übrigen Ländern Europas die gotische Architektur längst ihren Siegeszug angetreten hatte. Hinzu kommt eine Dominanz und Hegemonie des Barock, die alle anderen möglichen Kunststile nur partiell in Erscheinung treten ließ[32]. Dem kurzzeitigen Durchbruch klassizistischer Tendenzen in der Architekturentwicklung, ausgelöst durch die Reformbewegung der zweiten Hälfte des 18. Jahrhunderts, folgte nach dem Tod Josephs II. eine Reaktion im Sinne einer aufwendigeren, wiederholt prunkvolleren Gestaltung. Diese Entwicklungslinien sind auch für die Banater Architektur des 18. Jahrhunderts nachzuweisen. Übernommen werden erprobte Modelle, die teilweise aber, vor allem in Dekorationselementen, jenen kraftvollen Zusammenhang vermissen lassen, der barocke Bauten noch am Beginn des 18. Jahrhunderts auszeichnete. Neben der allgemeinen Tendenz der österreichischen Baukunst zur Stilverspätung verdankt diese Richtung ihre Entstehung vor allem der speziellen staatsrechtlichen Stellung des Banats. Die nahezu unumschränkte Einflussnahme der Zentrale in Wien auf das gesamte Baugeschehen der Provinz ließ Bauten entstehen, die sich, wenn auch in vereinfachter Form, vollständig in die Entwicklung der österreichischen Barockarchitektur einfügen.

---

32 Vgl. Walter Seitter: Schwierigkeiten mit dem Barock. In: Barockberichte 1998, S. 125–127, hier S. 125.

Abbildungsverzeichnis

1. Temeswar, St.-Georgs-Kathedrale, 1736–1774.
2. Maria Radna, Kirche Selige Jungfrau Maria, 1756–1782.
3. Maria Radna, Kirche Selige Jungfrau Maria, 1756–1782.
   Die Wallfahrtskirche ist eine Saalkirche mit eingezogenem Chor. Schiff und Chor sind mit einem Tonnengewölbe ausgestattet. Die Westwand wurde als Doppelturmfassade mit vorgezogenem Mittelteil errichtet. Den Abschluss des Mitteltraktes bildet ein balustradenähnlicher Wellengiebel.
4. Kraschowa, Kirche Maria Himmelfahrt, 1726.
5. Neubeschenowa, Kirche Hll. Wendelin, Rochus und Sebastian, 1750/51.
   An den Saal schließt sich ein eingezogener, aber sehr breit ausgeführter Chor an. Bei den Umbauarbeiten von 1784 wurde die Kirche nach Westen erweitert und ein neuer Turm errichtet. Die Jahreszahl 1751 über dem Eingang erinnert an den ersten Kirchenbau.
6. Sanktandreas, Kirche Hl. Apostel Andreas, 1811.
   Bei dem Umbau von 1811 blieb der ursprüngliche Bau als Chorraum erhalten, die Kirche wurde nach Westen erweitert. In der Gestaltung gehört der Bau von 1811 noch zur Gruppe der spätbarocken Kolonistenkirchen, wobei allerdings in der Dekoration ein kühles, zurückhaltendes Gliederungssystem favorisiert wird.
7. Saska, Kirche Hl. Franz Seraphinus, 1767.
   Grundstruktur und Gliederungssystem der Kirche weisen gegenüber den späteren Bauplänen eine Formenvielfalt auf, die für den Banater Landkirchenbau relativ ungewöhnlich war.
8. Ulmbach, Kirche Hl. Dreifaltigkeit, 1776–1778.
9. Tschatad (Lenauheim), Kirche Hl. Jungfrau Theresia, 1777/78.
   Im Vergleich zu den Bauwerken der Provinzialingenieure Steinlein und Kostka wirkt vor allem die Fassade streng und ist in Einzelelementen bereits klassizistischem Formenvokabular verpflichtet. Im Gegensatz zu den Außenpartien steht die bewegte Innenraumgestaltung, die deutlich auf das Stilempfinden der Mitte des 18. Jahrhunderts verweist.
10. Jahrmarkt, Kirche Hl. Joseph, 1771–1773.
    Die Kirche von Jahrmarkt ist eine flachgedeckte Saalkirche mit eingezogenem Chor und trapezförmiger Apsis. Die Vertikalgliederung der Einturmfassade erfolgt durch eine Pilasterordnung.
11. Engelsbrunn, Kirche Hll. Schutzengel, 1779/80.
    Die zeichnerische Profilierung, die Anordnung der Pilaster sowie das mehrfach verkröpfte Gesims und die breite Sockelzone verleihen der Fassade Ruhe und Bewegungslosigkeit. Damit gehört die Kirche von Engelsbrunn wie jene in Grabatz und Segenthau zu den Modellen, bei denen die Funktionalität eine wichtigere Rolle als die künstlerische Gestaltung spielte.

Fotos: Martin Eichler, Martin Rill.

Abb. 1: Temeswar, St.-Georgs-Kathedrale, 1736–1774.

Abb. 2: Maria Radna, Kirche Selige Jungfrau Maria, 1756–1782.

Abb. 3: Maria Radna, Kirche Selige Jungfrau Maria, 1756–1782.

Abb. 4: Kraschowa, Kirche Maria Himmelfahrt, 1726.

Abb. 5: Neubeschenowa, Kirche Hll. Wendelin, Rochus und Sebastian, 1750/51.

Abb. 6: Sanktandreas, Kirche Hl. Apostel Andreas, 1811.

Abb. 7: Saska, Kirche Hl. Franz Seraphinus, 1767.

Abb. 8: Ulmbach, Kirche Hl. Dreifaltigkeit, 1776–1778.

Abb. 9: Tschatad (Lenauheim), Kirche Hl. Jungfrau Theresia, 1777/78.

Abb. 10: Jahrmarkt, Kirche Hl. Joseph, 1771–1773.

Abb. 11: Engelsbrunn, Kirche Hll. Schutzengel, 1779/80.

Beate Störtkuhl

Der „Wettbewerb zur Erlangung eines Bebauungsplanes der Stadt Breslau und ihrer Vororte" 1921/22*

Im März 1921 schrieb der Magistrat der Stadt Breslau einen großangelegten städtebaulichen Ideenwettbewerb aus, der Konzepte für die Stadtentwicklung und -erweiterung der folgenden Jahrzehnte bis 1950 liefern sollte. Die Aufgabe umfasste verkehrstechnische und wirtschaftliche Aspekte, die behutsame Anpassung des historischen Zentrums an die Bedürfnisse der Moderne sowie, als drängendstes Problem, den Siedlungs- und Wohnungsbau[1].

Der Breslauer Wettbewerb war nach den Wettbewerben für Groß-Berlin 1910 und Düsseldorf 1912 der dritte seiner Art in Deutschland. Angesichts des ungeordneten Wachstums der Großstädte im Zuge der Industrialisierung seit dem letzten Drittel des 19. Jahrhunderts war eine vorausschauende Stadtplanung unter Einbeziehung der angrenzenden Gemeinden dringend geboten. Der Berliner Wettbewerb erbrachte theoretische Lösungsansätze, die auch nach dem Ersten Weltkrieg Gültigkeit behielten. Dies gilt vor allem für die Erkenntnisse der Reformbewegungen zu Beginn des 20. Jahrhunderts, welche anstelle der ‚Mietskasernen' durchgrünte Wohnanlagen und vorzugsweise sogenannte „Flachbausiedlungen" mit höchstens zweigeschossigen Häusern nach Vorbild der Gartenstadt forderten. Auch die Entwicklung von durchdachten, hygienischen Kleinwohnungen für die unteren Einkommensschichten wurde angeregt[2].

Die Wohnungsnot spitzte sich in Breslau nach dem Ersten Weltkrieg durch den Zustrom von Flüchtlingen, vor allem aus dem wieder im polnischen Staat aufgegan-

---

* Der Text basiert auf dem in polnischer Sprache erschienenen Beitrag der Autorin: Konkurs na rozbudowę miasta Wrocławia i gmin podmiejskich z lat 1921–1922. In: Jerzy Rozpędowski (Hg.): Architektura Wrocławia. T. II. Urbanistyka [Breslauer Architektur. Bd. 2: Städtebau]. Wrocław 1996, S. 339–358. Zum Wettbewerb seitdem auch Wanda Kononowicz: Wrocław. Kierunki rozwoju urbanistycznego w okresie międzywojennym [Städtebauliche Entwicklungslinien Breslaus in der Zwischenkriegszeit]. Wrocław 1997, S. 36–42.

1 Laut Wettbewerbsprogramm vom 1. März 1921 sollten „Vorschläge für die Ausgestaltung und Ergänzung des vorhandenen Straßen- und Bahnnetzes, für die Regelung der Bebauung der noch nicht bebauten Teile der Stadt Breslau und der Vororte, sowie für die Verbesserungen, die in den bereits bebauten Stadt- und Vorortteilen noch vorgenommen werden können", gemacht werden, unter „Beachtung der Grundsätze des neuzeitlichen Städtebaus für die Anforderungen der öffentlichen Gesundheit, der Wirtschaftlichkeit und der Schönheit". Vgl. Magistrat der Stadt Breslau: Programm für einen Ideen-Wettbewerb zur Erlangung eines Bebauungsplanes der Stadt Breslau und ihrer Vororte. Breslau 1921 (Universitätsbibliothek Breslau/Biblioteka Uniwersytecka na Piasku, Wrocław, Sign. Yc 246).

2 Das Buch eines der Preisträger des Berliner Wettbewerbs wurde zum Standardwerk der Städteplaner: Rudolf Eberstadt: Handbuch des Wohnungswesens und der Wohnungsfrage. Jena 1910.

genen Großpolen, zu. Die Einwohnerzahl Breslaus betrug 200.000 im Jahre 1870, 400.000 im Jahre 1898; 1910 stieg sie auf 515.000 und 1920 auf 540.000[3]. Das Stadtgebiet wurde in diesem Zeitraum nur unwesentlich erweitert, wobei einige Gebiete wie Eichborngarten/Grabiszyn oder Dürrgoj/Tarnogaj erst in den 1920er Jahren bebaut wurden. Mit einer Bevölkerungsdichte von 110 Einwohnern pro Hektar lag Breslau an der Spitze der deutschen Großstädte. Am dichtesten besiedelt war das Nikolaiviertel westlich des Zentrums, ein ausgesprochenes Arbeiterviertel.

Angesichts dieser Probleme entschloss sich der Magistrat der Stadt zur Auslobung eines städtebaulichen Wettbewerbs „in Verbindung mit den Vorortgemeinden"[4], wobei letzteres wohl nur eingeschränkt galt, da sich der Landkreis Breslau bereits vor dem Krieg gegen Eingemeindungen gesträubt hatte[5] und diese Politik auch bis in die späten 1920er Jahre verfolgte. Gleichzeitig sollte der Wettbewerb auch der Werbung für die Stadt dienen, das sich als „Haupthandelsplatz" und Verkehrsknotenpunkt im Austausch mit Ost- und Südosteuropa präsentierte[6] – eine Strategie, um den Verlust des früheren wirtschaftlichen Hinterlandes durch den Krieg zu kompensieren.

Für die Teilnehmer gab das „Bauamt Stadterweiterung" Unterlagen heraus, die statistische Angaben zum Wettbewerbsgebiet, von der Bevölkerungsentwicklung und Wohndichte bis hin zum Güterverkehr auf der Oder, enthielten[7]. Die Gesamtfläche des Wettbewerbsgebietes umfasste etwa 210 km^2 (21.000 ha), davon entfielen etwa 49 km^2 (4.917 ha) auf die Stadt, 160 km^2 (16.003 ha) auf die Vororte. Ihr Kreis reichte im Norden bis nach Protsch/Pracze Odrzańskie, im Osten bis Drachenbrunn/Wojnów, im Südosten bis Benkwitz/Benkowice, im Südwesten bis Bettlern/Bielany Wrocławskie, im Westen bis Neukirch/Żerniki, d. h., das heutige Stadtgebiet von Wrocław reicht lediglich im Nordosten und im Westen wesentlich über das damalige Wettbewerbsgebiet hinaus.

Teilnahmeberechtigt waren deutsche Architekten sowie „Deutschösterreicher". Einsendeschluss war der 1. Oktober 1921, am 6. April 1922 gab das Preisgericht seine Entscheidung bekannt. In der 13-köpfigen Jury saßen unter anderen der Breslauer Oberbürgermeister Wagner und der Landrat des Landkreises Herrmann; mit dem Breslauer Stadtbaurat Max Berg, Paul Bonatz (Stuttgart), Hermann Jansen, Bruno Möhring (beide Berlin) und Emil Schumacher (Köln/Hamburg) gehörte ihr eine Reihe prominenter Architekten und Städtebauer an.

---

3   Vgl. Magistrat der Stadt Breslau: Wettbewerb zur Erlangung eines Bebauungsplanes der Stadt Breslau und ihrer Vororte. Statistische Unterlagen. Breslau 1921, S. 5 f. (Universitätsbibliothek Breslau/Biblioteka Uniwersytecka na Piasku, Wrocław, Sign. Yc 246^b).
4   Programm (wie Anm. 1), S. 1.
5   Fritz Behrendt: Der Wettbewerb zur Erlangung eines Bebauungsplanes der Stadt Breslau und ihrer Vororte. In: Der Städtebau 19 (1922), S. 22; Behrendt war in den 1920er Jahren Leiter des Breslauer Stadterweiterungsamtes.
6   Vgl. Behrendt: Wettbewerb (wie Anm. 5), S. 24.
7   Bauamt Stadterweiterung: Statistische Unterlagen zum Wettbewerb zur Erlangung eines Bebauungsplanes der Stadt Breslau und ihrer Vororte. Breslau 1921.

Alle 40 Einsendungen wurden nach der Preisverleihung öffentlich ausgestellt. Das Preisgericht fand keine der Arbeiten in allen Punkten überzeugend, sah aber bei einigen Entwürfen wichtige Grundlagen für die weitere Diskussion gegeben. Man entschloss sich daher, den Hauptpreis auf fünf, den Sonderpreis auf drei Arbeiten zu verteilen und drei Ankäufe zu tätigen[8]. Den Hauptpreis (je 26.000 Mark) teilten sich die Entwürfe:

- *Antäus*, von Stadtbaurat Paul Wolf und Stadtbaumeister Otto Meffert, Hannover,
- *Plant für die nächste Zeit*, von Roman Heiligenthal unter Mitarbeit von Paul Zettler, Berlin,
- *Bodenreform*, von Adolf Rading, Breslau,
- *Wirtschaftlichkeit, Gesundheit, Schönheit*, von Henry Groß, Charlottenburg, und Briske, Berlin
- *Ost–West*, von Stadtbaumeister Wilhelm Arntz, Karl Dorfmüller und Kurt Meyer, unter Mitarbeit von Kneise, Schöll und Ketzer, alle Köln.

Sonderpreise „für Einzellösungen" (je 20.000 Mark) erhielten:

- *Jedem das Seine*, von Ernst Vetterlein, Professor für Städtebau, und Otto Blum, Professor für Eisenbahnwesen, beide TH Hannover,
- *Industrie*, von Karl Strinz, Paul Thürmer und Johannes Nadermann, Magdeburg,
- *Vorburg des Ostens*, von Adolf Muesmann, TH Dresden, Karl Wach, Kunstakademie Düsseldorf, und Hellmuth, Düsseldorf, Mitarbeiter Karl Beck.

Der letztgenannte Entwurf wurde zudem auch angekauft; durch Ankauf (je 10.000 Mark) ausgezeichnet wurden zudem die Projekte:

- *Wägen und Wagen*, von Philipp August Rappaport und Kurt Wasse, Essen,
- *Trabanten*, von Ernst May, Mitarbeiter Herbert Böhm, Breslau.

Die Arbeit *Dezentralisation bei freiem Arbeitsmarkt*, deren Verfasser nicht genannt ist, befand sich in der engsten Wahl und wurde auch besprochen, dann aber nicht ausgezeichnet.

Einige der Preisträger waren in städtischen Baubehörden tätig, etwa Paul Wolf, der 1914–1922 Stadtbaurat in Hannover war. 1922 wechselte er in dieser Position nach Dresden und prägte das dortige Baugeschehen bis 1945[9]. Auch zahlreiche Professo-

---

8   Ergebnisse und Kommentare: Bericht über den Ideen-Wettbewerb zur Erlangung eines Bebauungsplanes der Stadt Breslau und ihrer Vororte. Breslau 1922 (Universitätsbibliothek Breslau/Biblioteka Uniwersytecka na Piasku, Sign. Yc 246); Behrendt: Wettbewerb (wie Anm. 5); Max Berg / Richard Konwiarz: Wettbewerb für Vorentwürfe zu einem Bebauungsplan der Stadt Breslau und ihrer Vororte. In: Zentralblatt der Bauverwaltung 42 (1922), S. 257–263; Henry Groß: Der Wettbewerb zur Erlangung eines Bebauungsplanes der Stadt Breslau und ihrer Vororte. In: Deutsche Bauzeitung 56 (1922), S. 242–244, 333–340, 357–362; [Anon.:] Wettbewerbsergebnis. In: Ostdeutsche Bauzeitung 20 (1922), S. 125.
9   Paul Wolf war ein Schüler Theodor Fischers; vgl. http://www.tu-dresden.de/phfikm/Kunstgeschichtefinal/AusstellungWOLF.html.

ren einschlägiger Lehrstühle an Technischen Hochschulen beteiligten sich. Manche Teilnehmer waren bereits als Autoren theoretischer Überlegungen zum Städtebau hervorgetreten, wie etwa Roman Heiligenthal, dessen „Handbuch" zu städtebaulichen Fragen eben erschienen war[10]. Aus Breslau selbst waren die Architekten Adolf Rading, Lehrer (seit 1923 Professor) für Architektur an der Breslauer Kunstakademie, und Ernst May, der Direktor der Wohnungsbaugenossenschaft „Schlesische Heimstätte", mit seinem Mitarbeiter Herbert Böhm, vertreten. Rading und May, die zur deutschen Avantgarde der 1920er Jahre zählen, standen zum Zeitpunkt des Wettbewerbs am Beginn ihrer Karriere.

Die prämierten Entwürfe gingen in den Besitz der Stadt über, doch waren diese Unterlagen bislang in keinem der Breslauer Archive aufzufinden. Die übrigen Einsendungen wurden an ihre nicht namentlich überlieferten Verfasser zurückgeschickt, daher können sie hier nicht berücksichtigt werden. Der vorliegende Beitrag stützt sich auf die vorhandenen Quellen: das Urteil des Preisgerichts, zwei ausführliche Dokumentationen in Zeitschriften sowie die Kommentare von Ernst May und Adolf Rading zu ihren Beiträgen[11].

Das Preisgericht hielt sich in seinem Urteil an eine Auswertung der Arbeiten nach den Aufgabenpunkten:

– Hafenanlagen, Kanäle und Industriegebiete,
– Verkehrsanlagen,
– Hauptverkehrsstraßen,
– Altstadt,
– Grünflächen,
– Besiedelung[12].

Breslau besaß bereits einen neuen Stadthafen im Stadtteil Kletschkau/Kleczków, am Zusammenfluss von Unterer und Alter Oder, der seit 1901 in Betrieb war. Ein Stück flussabwärts lag der Kohlehafen Pöpelwitz/Popowice. Obwohl sich aufgrund der wachsenden Bedeutung des Eisenbahnverkehrs bereits am Ende des 19. Jahrhunderts ein Rückgang der Schiffahrt auf der Oder abzeichnete und Breslau zudem zugunsten des Hafens von Cosel (O.S.)/Kędzierzyn-Koźle an Bedeutung verlor, wurde in der Ausschreibung großer Wert auf die Planung eines neuen *Hafens* gelegt, da man für die damals angedachte Verbindung von Oder und Donau vorbereitet sein

---

10 Roman Heiligenthal: Deutscher Städtebau. Ein Handbuch für Architekten, Ingenieure, Verwaltungsbeamte und Volkswirte. Heidelberg 1921.
11 Bericht über den Ideen-Wettbewerb (wie Anm. 8); Behrendt: Wettbewerb (wie Anm. 5); Groß: Wettbewerb (wie Anm. 8); Adolf Rading: Erläuterungsbericht zum Generalbebauungsplan Breslau. Nachlass des Architekten, Akademie der Künste, Berlin, Abteilung Baukunst; ders.: Neue Kleinmietshausbebauungen. In: Der Städtebau 17 (1920), S. 105–113; ders.: Neue Zeit – Neuer Weg. In: Der Städtebau 19 (1922), S. 99–103; Ernst May: Stadterweiterung mittels Trabanten. In: Der Städtebau 19 (1922), S. 51–55.
12 Bericht über den Ideen-Wettbewerb (wie Anm. 8), S. 2 f.

wollte. In der Standortfrage eines neu anzulegenden Handelshafens ergaben sich zwei praktikable Lösungen, die von den Bewerbern jeweils eng mit der Ausweisung künftiger Industrieansiedlungen verknüpft wurden[13]: Ein Umschlaghafen im Nordosten der Stadt an der Breitenbachfahrt/Kanal Nawigacyjny in Höhe der Nakonzer Brücke/Mosty Jagiellońskie (u. a. Wolf, Muesmann, Rappaport) sollte eine Verlagerung des Industrieschwerpunkts vom Nordwesten nach dem Nordosten bewirken und so die Luftverschmutzung in der Stadt durch den vorherrschenden Westwind lindern. Weiterhin sprach die Nähe des Bahnhofs Schottwitz/Sołtisowice an der Strecke nach Polen mit einem gerade erstellten Abzweig nach Süden Richtung Oberschlesien für diesen Standort. Als bemerkenswerte Sonderlösung wurde die Idee von Groß & Briske bewertet, durch einen Kanal von der Breitenbachfahrt nach Nordwesten, der in Höhe Ransern/Rędzin die Oder wieder erreichen sollte, weitere Industriegebiete im Nordosten zu erschließen. Die enormen Kosten eines solchen Kanals wurden allerdings, anders als bei anderen Begründungen der Jury, hier nicht in Betracht gezogen.

Heiligenthal, Blum, Rading und Arntz legten den Hafen im Anschluss an die bestehenden Industriegebiete in den Nordwesten der Stadt bei Masselwitz/Maślice, unter anderem deshalb, weil der Schiffsverkehr in Richtung Norden bedeutender war als in Richtung Oberschlesien. Auch die Jury bevorzugte diesen Standort, plädierte wegen der Abgase jedoch gleichzeitig für neue Industrieansiedlungen im Osten, eine inkonsequente Haltung, die infrastrukturelle Erfordernisse missachtete. Abgelehnt wurden Vorschläge, den Hafen im Südosten, im Überschwemmungsgebiet (Vetterlein) bzw. bei Neukirch/Żerniki an der Lohe/Ślęza mit einem aufwendigen Verbindungskanal (Strinz) anzulegen.

Bei den Verbesserungsvorschlägen zum *Eisenbahnverkehr* sollten die bestehenden Anlagen unverändert bleiben. Im Hinblick auf die erhoffte Steigerung des Güterverkehrs zwischen Polen-Russland und Westdeutschland galt eine Verbindung des nordöstlichen mit dem westlichen Raum unter Entlastung der bestehenden Strecke über den Odertor-Bahnhof als vordringlich. Heiligenthal, Rading, Rappaport und Groß ließen diese Verbindung im Bahnhof Schottwitz/Sołtisowice an der Strecke Richtung Warschau einsetzen, der bereits durch die neue Linie nach Oberschlesien an Bedeutung gewonnen hatte. Sie führten die Strecke über ein bestehendes Gleis nach Rosenthal/Różanka bis zur Linie nach Posen bzw. in einem zweiten Abschnitt darüber hinaus bis zur Berliner Linie. Wolf, Vetterlein und Arntz legten bei gleichem Ausgangspunkt die Verbindung noch weiter nördlich, entlang des Weidetals/Dolina Widawy.

Einige Bearbeiter versuchten eine direkte Verbindung für den Gütertransport zwischen dem Nordosten und dem Verschiebebahnhof in Brockau/Brochów im Süden der Stadt herzustellen, die sie von Schwoitsch/Swojczyce über die Oder nach Ottwitz/Opatowice (Heiligenthal, Dorfmüller) oder über Bischofswalde/Biskupin

---

13 Behrendt: Wettbewerb (wie Anm. 5), S. 25 f.

(Groß) führten. Abgesehen davon, dass diese Linien durch Überschwemmungsgebiet bzw. durch ein bereits ausgewiesenes Wohngebiet verlaufen wären, war die Anbindung des Nordostens in Richtung Oberschlesien bereits durch die erwähnte Neubaustrecke von Schottwitz nach Jeltsch erfolgt.

Ebenfalls für den Güterverkehr sollte zur Entlastung von Klein-Mochbern/Muchobór Mały ein neuer Verschiebebahnhof im Westen eingerichtet werden. Die eingegangenen Vorschläge für Goldschmieden/Złotniki (Rappaport), Neukirch/Nowy Dwór (Heiligenthal, Dorfmüller) sowie Masselwitz /Maślice (Groß) fanden ohne Unterschied die Billigung des Preisgerichts, da sie günstig an der Strecke nach Berlin bzw. Stettin lagen.

Zur Verbesserung des Personenverkehrs galt es, den Breslauer Hauptbahnhof zu entlasten. Sowohl Blum-Vetterlein als auch Heiligenthal projektierten in diesem Zusammenhang eine Umgestaltung des Freiburger Bahnhofs/Wrocław Świebodzki zum „Hauptbahnhof West" und seine Verbindung mit dem Hauptbahnhof. Der aus dem Westen und Südwesten kommende Verkehr, auch der Nahverkehr, sollte dabei im Freiburger Bahnhof gebündelt und je nach Bedarf zum Hauptbahnhof weitergeleitet werden. Um die geplante Funktion und Größe zu gewährleisten, hätte der Sackbahnhof völlig umgestaltet werden müssen, vor allem aber hätte ein Gleisdurchbruch durch das damalige Gerichtsviertel, durch die Holtei- oder Sonnenstraße/ Prosta-Pawłowa, gelegt werden müssen. Doch während die Jury den Heiligenthal-Plan für diese einschneidende Maßnahme rügte, zog sie sie bei der Befürwortung des Vetterlein-Entwurfs kaum in Betracht[14]. Der unspektakuläre, aber pragmatische und letztlich auch realisierte Ansatz von Rading oder Groß, den Hauptbahnhof weiter auszubauen, fand dagegen keine besondere Erwähnung.

Für den Personennahverkehr wurde in den meisten Beiträgen die Anlage von *Schnellbahnen* nach Berliner Vorbild bis hinaus ins weitere Einzugsgebiet angeregt. Eine der Schwierigkeiten dabei war, eine Nord-Süd-Verbindung herzustellen, die das Stadt- und Flussbild möglichst wenig beeinträchtigen würde. Der Vorschlag von Groß sowie Vetterlein-Blum, den historischen Stadtkern durch eine Untergrundbahn zu umgehen, wurde vom Preisgericht positiv bewertet, obschon diese Lösung, vor allem angesichts der Breslauer Grundwasserverhältnisse, sehr kostspielig geworden wäre. Straßenverbreiterungen oder zweistöckige Brücken, wie etwa bei Rappaport vorgesehen, hätten schwere Eingriffe in das historische Stadtbild erfordert, ohne einen adäquaten Nutzen zu bringen, und wurden abgelehnt. Heiligenthal zeigte sich insofern als Realist, als er davon ausging, dass ein neues Schnellbahnnetz für Breslau zu teuer wäre. Er sah einen Ausbau der Vororteisenbahnen und der bestehenden Straßenbahnen zu Schnellstraßenbahnen vor. Entsprechend seinem aufwendigen Konzept für den Eisenbahnverkehr machte er dabei den Freiburger Bahnhof zum Mittelpunkt des Vorortverkehrs, womit er gleichzeitig die Anbindung an den Fernverkehr

---

14 Dies wurde auch von zeitgenössischen Kommentatoren bemerkt; vgl. Behrendt: Wettbewerb (wie Anm. 5), S. 43.

gewährleistete. Mit einer neuen Linie von Obernigk/Oborniki über Weide/Widawa und Odertor/Wrocław Nadodrze zum Freiburger Bahnhof wollte er an die bestehende Verbindung nach Zobten/Sobótka anschließen und so die Nord-Süd-Achse im Nahverkehr herstellen. Das historische Zentrum wäre dabei zwar frei geblieben, doch hätten neben der Beeinträchtigung des Gerichtsviertels durch den Durchbruch zum Hauptbahnhof auch neue Brücken für die Straßenbahn die Stadtsilhouette gestört. Wirtschaftliche Erwägungen veranlassten auch Rading, auf ein Schnellbahnsystem zu verzichten, doch im Gegensatz zu Heiligenthal zentralisierte er den Eisenbahnpersonenverkehr im erweiterten Hauptbahnhof, der auch Knotenpunkt des an Stelle der Schnellbahn auszubauenden Straßenbahnnetzes sein sollte. Durch eine neue Verkehrsader vom Hauptbahnhof zum Lessingplatz/pl. Powstańców Warszawy wollte Rading eine Nord-Süd-Verbindung schaffen, ohne Eingriffe im Zentrum vornehmen zu müssen. Der Leiter des Breslauer Stadterweiterungsamtes Fritz Behrendt hob in seiner Besprechung den Rading-Entwurf als wirtschaftlich und praktisch durchführbar hervor[15], dennoch fand er im Detail ebensowenig die uneingeschränkte Zustimmung der Jury wie die übrigen Entwürfe. Insgesamt erwies sich der Eisenbahn- und Nahverkehr als schwierigste und auch in der Bewertung kontroverseste Aufgabe des Bebauungsplans.

Der Ausbau der *Autostraßen* spielte im Wettbewerb noch eine untergeordnete Rolle, man orientierte sich an den bestehenden Hauptausfallstraßen. Befürwortet wurde die von mehreren Teilnehmern (Wolf, May, Groß) vorgeschlagene Anbindung von Mochbern und Mariahöfchen an die Gräbschener Straße/Grabiszyńska (nach der Eingemeindung 1928 realisiert als Klein-Mochberner Straße/Klecińska). Auch die Verlängerung der Gartenstraße/Piłsudskiego bis zur Jahrhunderthalle, die den Osten der Stadt über eine Brücke in Höhe des Zoos direkt mit dem Hauptbahnhof verbunden hätte (Arntz), fand Beifall.

Wie erwähnt, wurde im Wettbewerbsprogramm großer Wert auf die Erhaltung des historischen Bildes der *Altstadt* und der Flussinseln mit ihren Baudenkmälern und Grünflächen gelegt. Heiligenthals Verzicht auf jegliche Veränderung lehnte die Jury jedoch als unrealistisch ab. Die eingegangenen Verbesserungsvorschläge betrafen im Wesentlichen den Ausbau eines Nord-Süd-Zuges vom Schlossplatz/pl. Wolności zur Werderbrücke/Most Pomorski über den Blücherplatz/pl. Solny und die Oderstraße/Odrzańska. Muesmann & Wach erwogen in diesem Zusammenhang bereits eine Verbreiterung der Oderstraße am Elisabethkirchplatz unter Abriss der beiden Torhäuser. Wenig später, 1925, schrieb man hierzu einen eigenen Wettbewerb aus[16]; das Vorhaben wurde jedoch nie in die Realität umgesetzt.

---

15 Behrendt: Wettbewerb (wie Anm. 5), S. 46.
16 Fritz Behrendt: Die Gestaltung des Elisabethkirchplatzes in Breslau. In: Schlesische Monatshefte 3 (1926), S. 38–45; Beate Szymanski [Störtkuhl]: Der Architekt Adolf Rading. Arbeiten in Deutschland bis 1933 (tuduv-Studien, Reihe Kunstgeschichte 56). München 1992, S. 75–80.

Die im Programm angeregte Sanierung des alten Gerberviertels zwischen Nikolai- und Oderstraße, Stadtgraben und Oder, welches eine besonders hohe Bevölkerungsdichte in überalterten Wohnungen und problematische hygienische Verhältnisse aufwies, ließ Wolf & Meffert hier ein Geschäftsviertel planen; Heiligenthal verlegte das Gerichtsviertel, welches seiner Umgestaltung des Freiburger Bahnhofs hätte weichen müssen, hierher.

Die meisten Bewerber folgten der Vorgabe, einen Neubau des Allerheiligen-Hospitals zu projektieren, doch lediglich der Entwurf von Muesmann & Wach wurde von den Kommentatoren mit Aufmerksamkeit bedacht und ist bildlich überliefert. Er zeigt zwischen Oder und St.-Barbara-Kirche zeilenartige dreigeschossige Bebauung. Diese wird durch zwei Hochhäuser am Königsplatz/pl. 1 Maja aufgebrochen, die wie ein überdimensionales Tor den Eingang zum alten Stadtkern markieren und durch ihre Blockhaftigkeit die Nachbarbauten zu erdrücken drohen.

Wie Muesmann lieferten fast alle Wettbewerbsteilnehmer Hochhausentwürfe[17], obwohl dies der Auflage der Stadtbilderhaltung zuwiderlief. Die Breslauer Jury würdigte diese Projekte daher kaum, Behrendt lehnte in seiner Besprechung Hochhäuser als städtebauliche Komponente generell ab[18]. Dies spiegelt die geschwächte Position des Breslauer Stadtbaurats wider: Max Berg hatte mit seinen 1920 veröffentlichten Entwürfen für Breslau[19] wesentlichen Anteil an der Hochhausdebatte in Deutschland, die 1921/22 mit dem Wettbewerb am Bahnhof Berlin-Friedrichstraße gerade ihren Höhepunkt erreichte[20] – in der Stadt selbst war er mit seinen Ideen jedoch auf große Skepsis gestoßen. So sind aus dem Breslauer Wettbewerb neben dem Projekt von Muesmann lediglich zwei weitere Hochhausentwürfe überliefert. Dass der Beitrag von Strinz-Thürmer-Radermann wegen der „städtebaulichen Monumentalgestaltung" ausgezeichnet wurde, ging vermutlich auf die Initiative Bergs zurück. Deren Entwurf für die Bebauung des Bürgerwerders/Kępa Mieszczańska zeigt in der Aufgliederung und Staffelung der Baumassen deutliche Bezüge zu Bergs Projekten. Unmittelbares Vorbild der expressionistischen „Zukunftskathedrale", die die Oderinsel beherrschen sollte, war der von Zacken bekrönte Entwurf für ein Büro- und Geschäftshaus in Magdeburg, der 1921 unter der Ägide des damaligen (1921–

---

17 Behrendt: Wettbewerb (wie Anm. 5), S. 50.
18 Ebd.
19 Max Berg: Der Bau von Geschäftshochhäusern in den Großstädten als Mittel zur Linderung der Wohnungsnot am Beispiel Breslaus. In: Ostdeutsche Bauzeitung 18 (1920), S. 272–277; Hochhäuser im Stadtbild. In: Wasmuths Monatshefte für Baukunst 6 (1921/22), S. 101–121. Dazu Jerzy Ilkosz: Hochhäuser für Breslau von Max Berg. In: Vittorio M. Lampugnani / Romana Schneider (Hg.): Reform und Tradition. Moderne Architektur in Deutschland 1900–1950. Stuttgart 1992, S. 200–219; ders.: Das Hochhaus in der Stadtstruktur am Beispiel Breslaus in den Jahren 1919–1928. Die städtebauliche Konzeption Max Bergs. In: Jerzy Ilkosz / Beate Störtkuhl (Hg.): Hochhäuser für Breslau 1919–1932. Delmenhorst 1997, S. 31–60 (poln. Ausgabe: Wrocław 1997).
20 Florian Zimmermann (Hg.): Der Schrei nach dem Turmhaus. Der Ideenwettbewerb am Bahnhof Friedrichstraße Berlin 1921/22. Berlin 1988; Dietrich Neumann: Die Wolkenkratzer kommen! Deutsche Hochhäuser der zwanziger Jahre. Debatte. Projekte. Bauten. Braunschweig 1995.

1924) Stadtbaurats Bruno Taut entstanden war – Paul Thürmer war Mitarbeiter Tauts im Magdeburger Stadtbauamt[21]. Der babylonische Turm des „Sportforums" von Wolf & Meffert in der Ohleniederung steht dagegen noch ganz in der Tradition wilhelminischer Monumentalbauten und Denkmäler, ebenso die gigantische Achsenbildung, welche das Forum mit der Jahrhunderthalle auf der gegenüberliegenden Oderseite verbinden sollte[22].

Bei der Ausweisung der *Grünflächen* und *Siedlungsgebiete* galt es das Bevölkerungswachstum bis 1950 zu kalkulieren und die Wohndichte herabzumindern. Außer Heiligenthal und Rading, die von einem Anwachsen der Stadt auf 700.000–800.000 Einwohner ausgingen, nahmen alle Bewerber eine Zahl von 1 Mio. Einwohnern an. Die Entwicklungsmöglichkeiten waren dabei durch die topographischen Gegebenheiten und die bereits ausgewiesenen Neubaugebiete eingeschränkt. So war das Grünflächennetz durch die Überschwemmungsgebiete der Oder und ihrer Nebenflüsse und -arme (Ohle, Weide, Lohe, Weistritz), die als Siedlungsland ausschieden, teilweise festgelegt. Davon ausgehend, planten fast alle Teilnehmer nach dem Konzept der „radialen Stadtentwicklung", das Rudolf Eberstadt im Wettbewerb Groß-Berlin vorgestellt hatte. Es sah – im Gegensatz zum ungeordneten Wachstum der Städte in der Gründerzeit, deren neuere Bebauung sich konzentrisch um den alten Stadtkern legte und ihn zu ersticken drohte – eine Auflockerung des Stadtkörpers durch radial verlaufende Grünkeile vor. Dabei zeichneten sich die Entwürfe von Rading, Arntz sowie Muesmann durch den Versuch aus, auch innerhalb des bereits bebauten Gebietes bis hinein ins Stadtzentrum neue Grünflächen zu gewinnen.

Bei der Ausweisung neuer Siedlungsgebiete differenzierten Wolf, Heiligenthal, Groß, Rappaport, Muesmann und Blum kaum, sie nahmen eine gleichmäßige Entwicklung aller Vororte an. Dagegen richteten sich Arndt-Dorfmüller-Meyer nach den bestehenden Industriestandorten und Verkehrsverbindungen und sahen im Süden eine Ausdehnung in Richtung Brockau-Krietern und im Westen längs der Frankfurter Straße/Legnicka vor, wo sich seit 1919 bereits die Siedlung Pöpelwitz nach dem Bebauungsplan Theodor Effenbergers im Bau befand. Für die Zukunft planten sie die Einbeziehung von Deutsch-Lissa/Leśnica und Hundsfeld/Psie Pole als Wohnorte, allerdings ohne eine Verkehrsanbindung zu gewährleisten.

Bezüglich der Gestaltung der Wohngebiete unterschieden sich die meisten Bewerber kaum; ihre Vorschläge der zweigeschossigen Reihenhausbebauung mit Gartenanteilen und öffentlichen Grünflächen sowie dreigeschossiger Bebauung in den bereits dichter besiedelten Vierteln entsprachen den Erkenntnissen des Siedlungsbaus, die im Berliner Wettbewerb erstmals zusammengefasst worden waren. Bei den abge-

---

21 Landeshauptstadt Magdeburg / Stadtplanungsamt Magdeburg (Hg.): Bruno Taut in Magdeburg. Eine Dokumentation: Projekte – Texte – Mitarbeiter. Magdeburg 1995, S. 162.
22 Dazu Jerzy Ilkosz: Die Jahrhunderthalle und das Ausstellungsgelände in Breslau – das Werk Max Bergs (Schriften des Bundesinstituts für Kultur und Geschichte der Deutschen im östlichen Europa 28). München 2006, S. 229–235.

lehnten Entwürfen von Wolf & Meffert sowie Groß & Briske, die in den Wohnvierteln monumentale Straßenachsen und überdimensionierte öffentliche Gebäude anlegten, klang die Gigantomanie wilhelminischer Planungen nach, die ein Jahrzehnt früher zahlreiche Projekte für Groß-Berlin bestimmt hatte.

Grundsätzlich neue Ideen brachten dagegen die Vorschläge Adolf Radings und Ernst Mays. Rading projektierte nur an wenigen Stellen, etwa in Leerbeutel/Zalesie und Bischofswalde/Biskupin, in Anpassung an die bestehende Landhaus-Bebauung Flachbausiedlungen mit Gärten; grundsätzlich stellte er jedoch dieses aktuelle Ideal des Wohnungsbaus als Lösungsmodell für die großstädtischen Wohnprobleme in Frage. Stattdessen entwarf er Parkstädte in mehrgeschossiger Bauweise mit großzügigen Nutzgartenflächen, die sich mit den öffentlichen Grünanlagen zu einem durchgehenden Grünnetz verbanden. Rading suchte dabei nach neuen ästhetischen Wirkungen. Statt zur herkömmlichen Blockbauweise ordnete er die Einzelhäuser zu Zick-Zack-Formationen – ein Nachklang expressionistischer Architektur – oder zu kreisförmigen Siedlungseinheiten. Nach außen, zu den Hauptverkehrsstraßen hin, waren in erster Linie Geschäftshäuser mit bis zu fünf Stockwerken vorgesehen, während die Bebauung an den ruhigen Wohnstraßen bis auf zwei Stockwerke herabgestaffelt werden sollte. Anordnung und Staffelung der Baukörper sollten der Raumbildung, die Rading als wesentliches Element der Stadtbaukunst galt, dienen. Gleichzeitig führte der Architekt praktische Argumente für seine außergewöhnlichen Bebauungspläne an: Die sägeförmige Ausrichtung sollte Nordwohnungen ohne Sonneneinstrahlung verhindern[23]. Die Jury bezweifelte diesen Effekt und plädierte an einigen Stellen für eine etwas niedrigere Bebauung. In der Tat wäre wohl die Lichtzufuhr in den Eckzimmern gerade bei den fünfstöckigen Gebäuden unbefriedigend gewesen. Grundsätzlich wurde der neue Ansatzpunkt des Entwurfes jedoch als wichtiger Denkanstoß aufgenommen[24]; tatsächlich entzündete sich im Verlauf der 1920er Jahre die Kontroverse zwischen konservativen und avantgardistischen Architekten besonders an der Frage „Flach-, Mittel- oder Hochbau?"[25].

Während Rading neue Wege des großstädtischen Wohnens wies, forderte Ernst May in seinem Entwurf „Trabanten" die Auflösung der Großstadt durch einen Ring neugegründeter Siedlungseinheiten mit 50.000 bis 100.000 Einwohnern. Diese „Trabanten" sollten die „Mutterstadt" in einem Abstand von 30 bis 40 km umgeben. Um den Grüngürtel zwischen den Organismen zu erhalten, musste die Einwohnerzahl der Großstadt limitiert werden. Die Trabanten sollten zwar mit allen öffentlichen Einrichtungen ausgestattet sein und auch neue Industrien anlocken, doch ihr wirtschaftliches und kulturelles Zentrum blieb die Großstadt, mit der sie ein exzel-

---

23 Rading: Erläuterungsbericht (wie Anm. 11).
24 Bericht über den Ideen-Wettbewerb (wie Anm. 8), S. 5. Zu Radings Wettbewerbsbeitrag Szymanski [Störtkuhl]: Adolf Rading (wie Anm. 16), S. 155–160.
25 Vgl. den Aufsatz von Walter Gropius: Flach-, Mittel- oder Hochbau. In: Moderne Bauformen 30 (1931), S. 321–328.

„Wettbewerb zur Erlangung eines Bebauungsplanes der Stadt Breslau und ihrer Vororte" 285

lentes Verkehrsnetz verbinden würde. May hatte die Idee der Trabantenstadt von seinem Lehrer Raymond Unwin aus England übernommen und im Zusammenhang mit dem Breslauer Wettbewerb erstmals veröffentlicht[26]. Die Jury verlieh May dafür einen Sonderpreis, befand aber einschränkend, dass Breslau mit seinem Einzugsgebiet zu klein für dieses Konzept sei. Dass es auch deshalb nicht greifen konnte, weil es die städtebauliche und wirtschaftliche Entwicklung zu stark reglementierte, bemängelten Adolf Rading und Martin Wagner in späteren Kontroversen mit May; die heutigen „Satellitenstädte" im Umfeld der Großstädte, die als reine Schlafstädte mit Mays Ideal wenig gemein haben, geben diesen Bedenken im Nachhinein recht. May verfolgte seine Idee bei seiner Tätigkeit in Breslau und ab 1925 als Stadtbaurat von Frankfurt am Main, ohne je etwas anderes realisieren zu können als – allerdings sehr gut konzipierte – Vorortsiedlungen, wie beispielsweise Goldschmieden/Złotniki bei Breslau oder Frankfurt-Praunheim.

Der Stadterweiterungswettbewerb erbrachte verschiedene Ansatzpunkte zur Klärung der städtebaulichen Probleme Breslaus; eine in allen Punkten durchschlagende Lösung war bei der Komplexität der Aufgabe, vor allem von Ortsfremden, kaum zu erwarten. Alle beachtenswerten Vorschläge sollten bei den weiteren Planungen des Stadterweiterungsamtes herangezogen werden, ebenso die Entwürfe, welche die Breslauer Stadtbauräte Berg und Scholz nach der Jurysitzung außer Konkurrenz vorlegten. Doch die Landkreisgemeinden, die sich bis 1928 erfolgreich gegen die Eingemeindung nach Breslau wehrten, machten die Intention des Wettbewerbes zunichte[27]. Die schwirige Wirtschaftslage führte dazu, dass auch im Stadtbereich nur ein Bruchteil der hochfliegenden Pläne realisiert werden konnte. Im Eisenbahnverkehr wurde lediglich die Nord-Ost-Spange zwischen Sołtisowice und der Posener Strecke verwirklicht. Ein Schnellbahnnetz blieb unfinanzierbar; selbst der Ausbau der Trambahn verzögerte sich wegen Geldmangels[28]. Neue Hafenanlagen erwiesen sich als unnötig, weil der Schiffsverkehr weiter rückläufig blieb. Neue Industrien siedelten sich weiterhin im Westen der Stadt an, weil sie dort die erforderlichen Infrastrukturen vorfanden. Das Problem der Sanierung des Gerberviertels konnte nicht gelöst werden. Veränderungen in der Verkehrsführung im Stadtkern blieben aus, obwohl es während der Zwischenkriegszeit dazu eine Reihe von Planungen im Stadtbauamt gegeben hatte. Einige Projekte wurden erst in der Nachkriegszeit umgesetzt, so geht etwa die West-Ost-Verbindung/Trasa W–Z, die seit den 1970er Jahren den

---

26 May: Stadterweiterung (wie Anm. 11).
27 Als Kritiker der Großstadt machte sich May zum Fürsprecher für eine eigenständige Entwicklung der Vorortgemeinden; vgl. Landkreis Breslau (Hg.), unter Mitarbeit von Ernst May: Denkschrift des Landkreises Breslau zur Frage der Eingemeindung von Vorortgemeinden in die Stadt Breslau. Breslau 1925.
28 Vgl. Adolf Rading: Die Zukunft der Breslauer Stadtgestaltung. In: Schlesische Monatshefte 3 (1926), S. 273–276, und die Replik von Fritz Behrendt: Die Breslauer Eingemeindung. Ebd., S. 347–350.

Altstadtkern im Süden durchschneidet, auf frühere deutsche Planungen zurück. Die Kriegszerstörungen, unter anderem des Gerberviertels, hatten den Raum für die Realisierungen frei gemacht.

Lediglich einige öffentliche Bauten wie das Polizeipräsidium, eine Reihe von Schulbauten[29] und – als einzige Hochhäuser – das Telegraphenamt und die Städtische Sparkasse[30] wurden neu errichtet. Die wichtigen Investitionen in der Innenstadt – in erster Linie Geschäfts- und Warenhäuser – wurden vor allem von der Privatwirtschaft getätigt. Die städtische Bautätigkeit musste sich aufgrund der akuten Wohnungsnot und des beschränkten finanziellen Budgets auf den Siedlungsbau konzentrieren: Unter städtischer Beteiligung errichtete die Breslauer Siedlungsgesellschaft A. G. unter anderem die großen Siedlungen Zimpel, Pöpelwitz und Eichborngarten, so dass die Bilanz des Wohnungsbaus in den 1920er Jahren insgesamt positiv ist. Angemerkt sei, dass in der Siedlung Tschansch (Heim & Kempter, Hans Thomas, Gustav Wolf, 1928/29) – bewusst oder unbewusst – Radings Gedanke einer sägeförmigen Bebauung entlang der Oppelner Straße/Opolska realisiert ist, um die Wohnungen gegen den Verkehrslärm abzuschirmen.

Der Breslauer Wettbewerb spiegelt die städtebauliche Diskussion zu Beginn der 1920er Jahre wider, die pragmatische Lösungen forderte, aber dennoch, wie jede Zeit, architektonische Visionen hervorbrachte. Aus verschiedenen Gründen musste er ein „Ideen-Wettbewerb" ohne direkte Auswirkungen bleiben, was jedoch bei derartig groß dimensionierten Projekten durchaus die Regel ist – auch die Projekte für Groß-Berlin 1910 blieben größtenteils auf dem Papier stehen.

---

29 Vgl. Beate Störtkuhl: Schulbauten in Breslau 1918–1933. In: Berichte und Forschungen. Jahrbuch des Bundesinstituts für Kultur und Geschichte der Deutschen im östlichen Europa 12 (2004), S. 99–122.
30 Ilkosz/Störtkuhl: Hochhäuser (wie Anm. 19).

Abbildungsverzeichnis

1. Das Wettbewerbsgebiet (Bauamt Stadterweiterung: Statistische Unterlagen zum „Wettbewerb zur Erlangung eines Bebauungsplanes der Stadt Breslau und ihrer Vororte").
2. Schema der Entwicklung des Eisenbahnverkehrs, Wettbewerbsbeitrag „Jedem das Seine" von Ernst Vetterlein und Otto Blum (Deutsche Bauzeitung 56 [1922], S. 358).
3. Bebauung des ehemaligen Gerberviertels und Neugestaltung des Allerheiligenhospitals, Wettbewerbsbeitrag „Vorburg des Ostens" von Adolf Muesmann, Karl Wach und Karl Beck (Deutsche Bauzeitung 56 [1922], S. 362).
4. Bebauung des Bürgerwerders, Wettbewerbsbeitrag „Industrie" von Karl Strinz, Paul Thürmer und Johannes Nadermann (Der Städtebau 19 [1922], S. 28).
5. Max Berg: Entwurf für ein Hochhaus an der Siebenhufener Straße in Breslau, 1920 (Muzeum Architektury we Wrocławiu).
6. Bruno Taut: Entwurf für ein Hochhaus am Kaiser-Wilhelm-Platz in Magdeburg, 1921 (Landeshauptstadt Magdeburg/Stadtplanungsamt Magdeburg (Hg.): Bruno Taut in Magdeburg. Eine Dokumentation: Projekte – Texte – Mitarbeiter. Magdeburg 1995, S. 39).
7. Entwurf eines Sportforums in Verbindung mit dem Ausstellungsgelände um die Jahrhunderthalle, Wettbewerbsbeitrag „Antäus" von Paul Wolf und Otto Meffert (Deutsche Bauzeitung 56 [1922], S. 241).
8. Schema der Stadtentwicklung nach Rudolf Eberstadt: a) konzentrische Stadtentwicklung; b) radiale Stadtentwicklung (Der Städtebau 19 [1922], S. 52).
9. Planungsschema neuer Wohnviertel, Wettbewerbsbeitrag „Vorburg des Ostens" von Adolf Muesmann, Karl Wach und Karl Beck (Deutsche Bauzeitung 56 [1922], S. 362).
10. Siedlungsentwurf aus dem Wettbewerbsbeitrag „Antäus" von Paul Wolf und Otto Meffert (Deutsche Bauzeitung 56 [1922], S. 241).
11. Schema einer Wohnbebauung, Wettbewerbsbeitrag „Bodenreform" von Adolf Rading (Der Städtebau 19 [1922], S. 100).
12. Schema: „Verbindung der einzelnen Trabanten mit der Mutterstadt", Wettbewerbsbeitrag „Trabanten" von Ernst May (Der Städtebau 19 [1922], S. 54).
13. Ansicht eines Trabanten, Wettbewerbsbeitrag „Trabanten" von Ernst May (Der Städtebau 19 [1922], S. 53).

Abb. 1: Das Wettbewerbsgebiet.

„Wettbewerb zur Erlangung eines Bebauungsplanes der Stadt Breslau und ihrer Vororte" 289

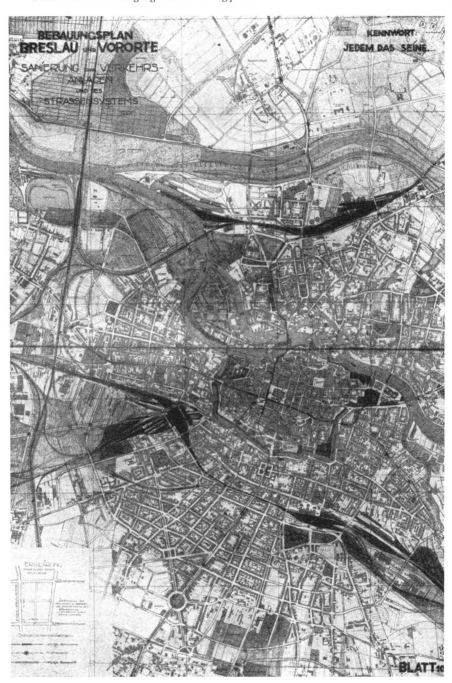

Abb. 2: Schema der Entwicklung des Eisenbahnverkehrs,
Wettbewerbsbeitrag „Jedem das Seine" von Ernst Vetterlein und Otto Blum.

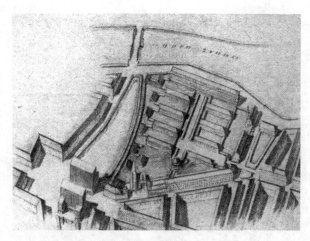

Abb. 3: Bebauung des ehemaligen Gerberviertels und Neugestaltung des Allerheiligenhospitals, Wettbewerbsbeitrag „Vorburg des Ostens" von Adolf Muesmann, Karl Wach und Karl Beck.

Abb. 4: Bebauung des Bürgerwerders, Wettbewerbsbeitrag „Industrie" von Karl Strinz, Paul Thürmer und Johannes Nadermann.

Abb. 5: Max Berg: Entwurf für ein Hochhaus an der Siebenhufener Straße in Breslau, 1920.

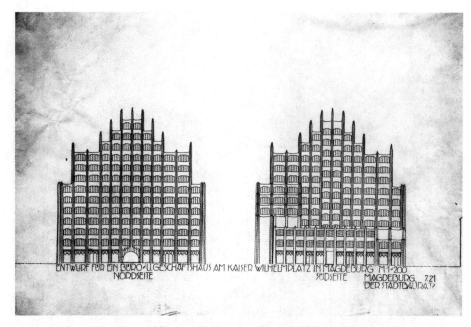

Abb. 6: Bruno Taut: Entwurf für ein Hochhaus am Kaiser-Wilhelm-Platz in Magdeburg, 1921.

Abb. 7: Entwurf eines Sportforums in Verbindung mit dem Ausstellungsgelände um die Jahrhunderthalle, Wettbewerbsbeitrag „Antäus" von Paul Wolf und Otto Meffert.

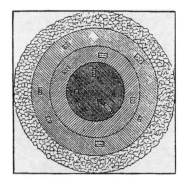 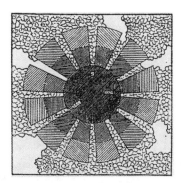

Abb. 8: Schema der Stadtentwicklung nach Rudolf Eberstadt:
a) konzentrische Stadtentwicklung; b) radiale Stadtentwicklung.

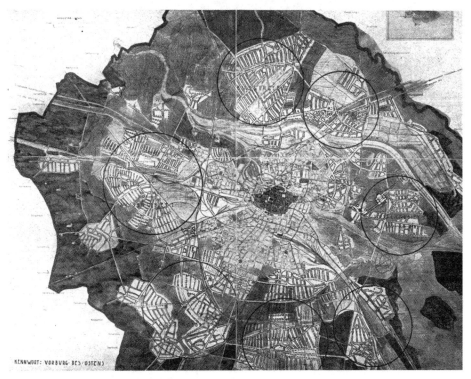

Abb. 9: Planungsschema neuer Wohnviertel, Wettbewerbsbeitrag „Vorburg des Ostens"
von Adolf Muesmann, Karl Wach und Karl Beck.

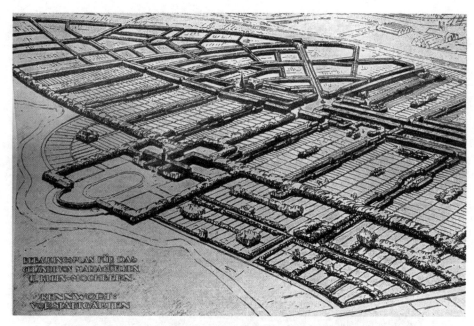

Abb. 10: Siedlungsentwurf aus dem Wettbewerbsbeitrag „Antäus" von Paul Wolf und Otto Meffert.

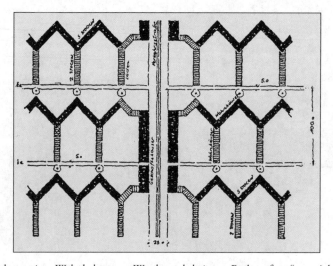

Abb. 11: Schema einer Wohnbebauung, Wettbewerbsbeitrag „Bodenreform" von Adolf Rading.

„Wettbewerb zur Erlangung eines Bebauungsplanes der Stadt Breslau und ihrer Vororte"

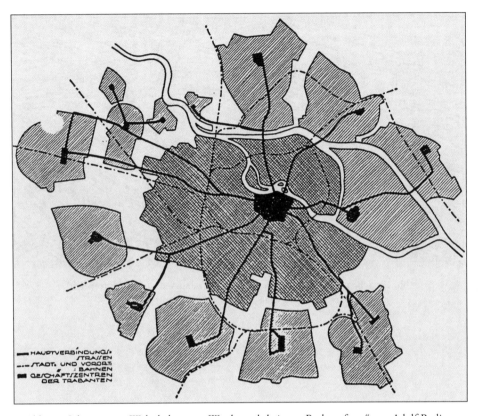

Abb. 11: Schema einer Wohnbebauung, Wettbewerbsbeitrag „Bodenreform" von Adolf Rading.

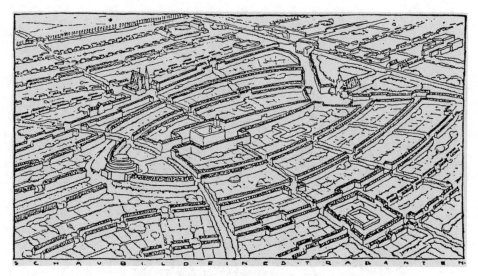

Abb. 12: Schema: „Verbindung der einzelnen Trabanten mit der Mutterstadt", Wettbewerbsbeitrag „Trabanten" von Ernst May.

Anhang

Autorinnen und Autoren

Prof. Dr. Joachim Bahlcke, Universität Stuttgart, Historisches Institut, Keplerstraße 17, 70174 Stuttgart.
Arbeitsschwerpunkte: Gesellschafts-, Verfassungs-, Religions- und Kirchengeschichte Mittel- und Ostmitteleuropas in der Frühen Neuzeit; Geschichte Schlesiens; christliche Reunionsbestrebungen.

Prof. Dr. Brigitte Bönisch-Brednich, Victoria University, School of Social and Cultural Studies, Anthropology, P. O. Box 600, Wellington, Neuseeland.
Arbeitsschwerpunkte: Wissenschaftsgeschichte; Theorie und Methode empirischer Forschung; Sachkulturforschung; Reiseliteratur; Migration und Deutsche im Ausland.

Dr. des. Per Brodersen, Winsstraße 16, 10405 Berlin.
Arbeitsschwerpunkte: Geschichte Russlands und der Sowjetunion; Mentalitäts- und Migrationsgeschichte; Neue Kulturgeschichte.

Julia Cartarius M. A., University College London, Department of Hebrew and Jewish Studies, Gower Street, London WC1E 6BT, Großbritannien.
Arbeitsschwerpunkt: Geschichte der Juden in Oberschlesien.

PD Dr. Victor Dönninghaus, Albert-Ludwigs-Universität Freiburg, Historisches Seminar, Neuere und Osteuropäische Geschichte, Werthmannplatz, 79085 Freiburg.
Arbeitsschwerpunkte: Geschichte Russlands und der Sowjetunion; Nationalitätenpolitik und Diaspora-Minoritäten; Geschichte der Russlanddeutschen; Geschichte der Krim; deutsch-sowjetische Beziehungen; Colonial Studies.

Dr. Elisabeth Fendl, Johannes-Künzig-Institut für ostdeutsche Volkskunde, Goethestraße 63, 79100 Freiburg.
Arbeitsschwerpunkte: Heimatvertriebenen-Volkskunde; Kulturgeschichte der böhmischen Länder; Erinnerungskultur der Heimatvertriebenen; Museum und Erinnerung.

PD Dr. Marc Carel Schurr, Université de Fribourg, Séminaire d'histoire de l'art, Avenue de l'Europe 20, 1700 Fribourg, Schweiz.
Arbeitsschwerpunkte: Kunst- und Architekturgeschichte des Spätmittelalters.

Katinka Seemann M. A., Doktorandin an der Carl-von-Ossietzky-Universität Oldenburg, Fakultät III, Institut für Fremdsprachenphilologien, Slavistik, 26111 Oldenburg.
Arbeitsschwerpunkte: Empirische Sozialforschung; Landsoziologie; Geschichte des deutsch-polnischen Kultur- und Sprachkontakts.

Prof. Dr. Werner Stark, Philipps-Universität Marburg, Institut für Philosophie, 35032 Marburg / Berlin-Brandenburgische Akademie der Wissenschaften, Kant-Ausgabe, Am Neuen Markt 8, 14467 Potsdam.
Arbeitsschwerpunkte: Vorlesungen und handschriftlicher Nachlass von Immanuel Kant; Albertus-Universität Königsberg im 18. Jahrhundert.

Dr. Beate Störtkuhl, Bundesinstitut für Kultur und Geschichte der Deutschen im östlichen Europa, Johann-Justus-Weg 147a, 26127 Oldenburg.
Arbeitsschwerpunkte: Architekturgeschichte des 20. Jahrhunderts; neuere Kunstgeschichte Ostmitteleuropas; Geschichte der Kunstwissenschaft.

Živilė Vagonytė M. A., Westfälische Wilhelms-Universität Münster, Germanistisches Institut, Abteilung Literatur des Mittelalters, Johannisstraße 1–4, 48143 Münster.
Arbeitsschwerpunkte: Geschichte der deutschen Literatur des Mittelalters im östlichen Europa; mittelalterliches Buch- und Bibliothekswesen; Handschriftenkunde.

Dr. Swantje Volkmann, Donauschwäbisches Zentralmuseum, Schillerstraße 1, 89077 Ulm.
Arbeitsschwerpunkte: Architektur in den donauschwäbischen Siedlungsgebieten; Kulturlandschaftsgestaltung im Banat von der neuzeitlichen Kolonisation bis zur Gegenwart.

Prof. Dr. Matthias Weber, Direktor des Bundesinstituts für Kultur und Geschichte der Deutschen im östlichen Europa, Johann-Justus-Weg 147a, 26127 Oldenburg.
Arbeitsschwerpunkte: Geschichte Schlesiens; Geschichte der Frühen Neuzeit; Geschichte der Habsburgermonarchie; deutsche Rechtsgeschichte.

Register*

Ortsregister

A

Agram (kroat.: Zagreb): 96
Alba Iulia → Karlsburg
Allenstein (poln.: Olsztyn): 18
Altbunzlau (tschech.: Stará Boleslav): 90, 95
Alt-Kossewen (poln.: Kosewo): 173
Amberg: 234
Angyalkút → Engelsbrunn
Antwerpen: 148
Arad: 249, 254-256
Archangel'sk: 148
Ardagger: 89
Armavir: 114
Arolsen → Bad Arolsen
Artemovsk: 107
Aščhabad → Aschgabat
Aschgabat (turkmen.: Aşgabat oder Aščhabad): 148
Auschwitz (poln.: Oświęcim): 120, 121, 138
Avignon: 228

B

Bad Arolsen (bis 1996 Arolsen): 14, 15, 23, 25
Baku: 148
Baltijsk → Pillau
Baltikum: 40, 45, 61, 117, 181
Banat: 6, 58, 60, 68, 86, 93–95, 247–263, 298
Banská Bystrica → Neusohl
Barbing: 178
Bari: 88
Basel: 227
Báta: 87
Bayern: 173, 178, 234
Beijing → Peking
Belgrad (serb.: Beograd): 94, 95, 98, 149
Beograd → Belgrad
Bereg: 91
Berezovaja Gat': 113
Berlin: 192, 275–280, 282–284, 286
Bern: 227, 234
Beuthen O.S. (poln.: Bytom): 59, 119, 122–125, 128, 131, 132
Biled → Billed
Billed (rumän.: Biled, ungar.: Billéd): 261
Billéd → Billed
Bleiburg (slowen.: Pliberk): 93
Bogáros → Bogarosch
Bogarosch (ungar.: Bogáros): 261
Bonn: 16
Brandenburg: 192, 234
Bratislava → Pressburg
Braunau: 233
Breslau (poln.: Wrocław): 275–278, 280–283, 285–287, 291
Bressanone → Brixen
Brest: 149
Brixen (ital.: Bressanone): 91
Brjansk: 140
Bruckenau (rumän.: Pischia, ungar.: Hidasliget): 261
Bucureşti → Bukarest
Buda → Ofen
Budapest: 255
Bukarest (rumän.: Bucureşti): 148
Bulgarien: 148
Bytom → Beuthen O.S.

C

Carasova → Kraschowa
Cenad → Tschanad
Černjachovsk → Insterburg
Český Krumlov → Krumau
Char'kov: 105
Charlottenburg: 249, 277
Cheb → Eger
Cherson: 105, 111

---

* Die Register wurden erstellt von Thomas Dobutowitsch und Burkhard Olschowsky.

Chodau (tschech.: Chodov): 178
Chodov → Chodau
Cluj → Klausenburg
Constanța → Konstanza
Cosel (poln.: Kędzierzyn-Koźle): 123, 278
Crucene → Kreuzstätten
Cruceni → Kreuzstätten
Csatád → Lenauheim oder Tschatad

D
Dal'nyj: 148
Danilovka: 115
Danzig (poln.: Gdańsk): 60, 62, 67, 69, 218
DDR: 43, 46, 157, 179, 197
Deutschland: 119, 120, 123–128, 130, 141, 154, 157, 165, 168, 172, 174, 179, 191, 225, 233, 275, 281, 282
Deutsch-Sanktpeter (rumän.: Sânpetru German, ungar.: Németszentpéter): 260
Dlouhá Loučka → Langendorf
Długawieś → Langendorf
Doneck: 105
Dortmund: 234
Dresden: 277
Dudestii Noi → Neubeschenowa
Duisburg: 19, 20, 22, 148
Düsseldorf: 139, 275, 277

E
Ebental (russ.: Nikolayevka): 115
Eger (tschech.: Cheb): 178
Eger → Erlau
Egerland: 178
Eichstätt: 93
Ekaterinoslav: 105
Elbogen (tschech.: Loket): 178
Engelsbrunn (rumän.: Fântânele, ungar.: Angyalkút): 261, 263, 274
England: 193, 229, 285
Erdély → Siebenbürgen
Erlau (ungar.: Eger): 96
Essen: 277
Esslingen: 43
Esztergom → Gran

F
Fântânele → Engelsbrunn
Frankfurt am Main: 226, 231, 233, 285
Frankreich: 255
Freiburg: 94, 227
Fünfkirchen (ungar.: Pécs, kroat.: Pečuh): 40, 85, 87, 92, 93

G
Gailsbach: 178
Gdańsk → Danzig
Genf: 119, 122, 126, 130
Giarmata → Jahrmarkt
Giżycko → Lötzen
Glatz (poln.: Kłodzko): 90
Gleiwitz (poln.: Gliwice): 120–127, 129, 131–135
Gliwice → Gleiwitz
Gmünd: 227
Gnadenfeld (russ.: Neikovo): 108
Görlitz: 40, 60
Grabaț → Grabatz
Grabatz (rumän.: Grabaț, ungar. Garabos): 261, 263
Garabos → Grabatz
Gran (ungar.: Esztergom): 80, 81, 83, 85, 87, 88, 96
Graz: 95
Gregorsdorf (poln.: Grzegorzowice): 129
Greifswald: 18, 40
Grönenbach: 94
Großbritannien: 162
Großjetscha (rumän.: Iecea Mare, ungar.: Nagyjécsa): 260
Groß-Strehlitz (poln.: Strzelce Opolskie): 125
Großwardein (rumän.: Oradea): 88
Grzegorzowice → Gregorsdorf
Gundelsheim: 40
GUS: 43, 57, 117
Guttenbrunn (rumän.: Zabrani, ungar.: Temeshidegkút): 260
Győr → Raab
Gyulafehérvár → Karlsburg

H
Halberstadt: 192
Halbstadt (Rayon): 116
Halle an der Saale: 231, 233
Hamburg: 19, 22, 65, 139, 148, 194, 195, 233, 276
Hannover: 277

Heimtal (russ.: Staraja Buda): 113, 114
Helsinki: 148
Herne: 40
Hidasliget → Bruckenau
Hindenburg (poln.: Zabrze): 122–125, 131

I
Iecea Mare → Großjetscha
Innsbruck: 198, 255
Insterburg (russ.: Černjachovsk): 139, 142
İskodra → Skutari

J
Jahrmarkt (rumän.: Giarmata, ungar.: Temesgyarmat): 260, 263, 273
Jerusalem: 120, 187
Jugoslawien: 44, 73

K
Kaliningrad → Königsberg
Kalocsa → Kollotschau
Kampen: 231
Karl-Liebknecht-Rayon: 107, 114
Karlsburg (rumän.: Alba Iulia, ungar.: Gyulafehérvár): 101
Karlsruhe: 249
Kasachstan: 115
Katowice → Kattowitz
Kattowitz (poln.: Katowice): 121, 122
Kaunas: 149
Kędzierzyn-Koźle → Cosel
Kempten: 94
Kiel: 148
Kiew (ukrain.: Kyjiv): 18
Klaipėda → Memel
Klausenburg (rumän.: Cluj): 40
Kłodzko → Glatz
Kluczbork → Kreuzburg O.S.
Knin: 97
Kolin: 70, 229, 230, 233–235, 238
Kollotschau (ungar.: Kalocsa): 81, 85, 87–98, 96
Köln: 88, 89, 231–233, 276, 277
Komárno → Komorn
Komárom → Komorn
Komorn (ungar.: Komárom, slowak.: Komárno): 86
Komsomol'sk: 139

Königsberg (russ.: Kaliningrad): 5, 7, 11–26, 29, 31, 34, 35, 39, 54, 61, 70, 139, 140, 146, 150, 208, 298
Konstanz: 227, 229
Konstanza (rumän.: Constanța): 148
Kosewo → Alt-Kossewen
Kosmodemjanskoje → Moditten
Kraschowa (rumän.: Carasova, ungar.: Krassovar): 254, 263, 267
Krasnodar: 148
Krassovar → Kraschowa
Kreuzburg O.S. (poln.: Kluczbork): 123, 129, 132
Kreuzstätten (rumän.: Cruceni, ungar.: Temeskeresztes, serb.: Crucene): 249
Krim: 108, 109, 297
Kroatien: 86, 100
Krumau (tschech.: Český Krumlov): 231, 232
Kuban': 115
Kursk: 140
Kyjiv → Kiew

L
Laibach (slowen.: Ljubljana, ital.: Lubiana): 90, 95
Landshut: 231–233, 238
Langendorf (poln.: Długawieś, tschech.: Dlouhá Loučka): 131
Leipzig: 42, 120
Leitmeritz (tschech.: Litoměřice): 83
Lenauheim oder Tschatad (ungar.: Csatád): 260, 263, 272
Leningrad → St. Petersburg
Leoben: 95
Libau (lett.: Liepāja): 149
Liepāja → Libau
Lindig (tschech.: Lípa): 178
Lípa → Lindig
Litauen: 12, 51, 56, 70, 181, 213
Ljubljana → Laibach
Lodz (poln.: Łódź): 148
Łódź → Lodz
Loket → Elbogen
London: 120, 121, 132, 136, 148
Lötzen (poln.: Giżycko): 177
Lovrin → Lowrin
Lowrin (rumän. und ungar.: Lovrin): 261
Lübeck: 54, 190, 194

Lubiana → Laibach
Lüneburg: 22, 40, 47

M

Magdeburg: 42, 187, 192, 233, 277, 282, 283, 287, 292
Magnitogorsk: 139
Mailand (ital.: Milano): 237
Mainz: 16, 17, 22, 24
Marburg: 11, 16, 19, 26, 40–42, 186
Maria Radna → Radna
Mariupol': 108
Mechelen → Mecheln
Mecheln (niederl.: Mechelen): 91
Melitopol': 110
Memel (litau.: Klaipėda): 149
Michelbach: 42
Milano → Mailand
Milevko: 232
Minsk: 149
Moditten (russ.: Kosmodemjanskoje): 16, 20, 26, 35
Mohač → Mohács
Mohács (kroat.: Mohač): 84
Moločansk (Rayon): 108–110
Moskau (russ.: Moskva): 16, 18, 19, 23, 63, 66, 145, 148, 150
Moskva → Moskau
München: 20, 40, 47
Münster: 40, 92, 231, 233
Murmansk: 149
Murom: 148

N

Nagyjécsa → Großjetscha
Napoli → Neapel
Neapel (ital.: Napoli): 90, 91, 99
Neikovo → Gnadenfeld
Neisse (poln.: Nysa): 125, 234
Németszentpéter → Deutsch-Sanktpeter
Neubeschenowa (rumän.: Dudestii Noi, ungar.: Ujbesenyö): 260, 263, 268
Neupetsch → Ulmbach
Neuseeland: 153–155, 157, 158, 160–164, 167, 169
Neusohl (slowak.: Banská Bystrica): 96
Neutra (slowak.: Nitra): 85, 87, 95
Neutraubling: 6, 51, 66, 171–180

New York: 148
Niederhaslach: 227
Nikolayevka → Ebental
Nitra → Neutra
Nürnberg: 225, 226, 234
Nysa → Neisse

O

Oberpfalz: 97
Oberschlesien: 42, 53, 58, 61, 66, 119–132, 134–138, 279, 280, 297
Obertraubling: 175, 179
Ödenburg (ungar.: Sopron): 97
Odesa → Odessa
Odessa (ukrain.: Odesa): 105, 108, 149
Ofen (ungar.: Buda): 96
Oldenburg: 4, 11, 47
Olmütz (tschech.: Olomouc): 40, 89, 90
Olomouc → Olmütz
Olsztyn → Allenstein
Omsk: 108, 148
Opole → Oppeln
Oppeln (poln.: Opole): 91, 120, 122–124, 128, 133, 134, 137
Oradea → Großwardein
Orël / Orjol: 140
Osmanisches Reich: 247, 248
Ostbrandenburg: 44, 73
Österreich: 79–83, 85, 86, 89–96, 98, 99, 101, 233, 248, 249, 251, 257, 262
Ostpreußen: 15, 20, 21, 45, 56, 59, 67, 69, 140, 173, 177
Oświęcim → Auschwitz
Oxford: 19

P

Padova → Padua
Padua (ital.: Padova): 95
Paris: 119, 182
Passarowitz (serb.: Požarevac): 86, 93
Passau: 95, 232
Peciul Nou → Ulmbach
Pécs → Fünfkirchen
Pécsvárad → Petschwar
Pečuh → Fünfkirchen
Peiskretscham (poln.: Pyskowice): 123
Peking (chin.: Beijing): 148
Periam → Perjamosch

Perjámos → Perjamosch
Perjamosch (rumän.: Periam, ungar.: Perjámos): 260, 261
Petrovskij (Rayon): 107, 111
Petschwar (ungar.: Pécsvárad): 63, 89, 95
Pillau (russ.: Baltijsk): 16
Pischia → Bruckenau
Pliberk → Bleiburg
Polen: 12, 39, 43, 44, 51, 52, 56, 57, 59–61, 65, 67, 69, 73, 111, 122, 126, 130, 182–187, 206, 208, 210, 213–216, 279
Pommern: 40, 44, 45, 53, 56, 57, 62, 67, 70, 73, 174
Posen (poln.: Poznań): 55, 148, 279, 285
Potsdam: 23, 40
Požarevac → Passarowitz
Poznań → Posen
Pozsony → Pressburg
Prag (tschech.: Praha): 6, 54, 60–62, 70, 90, 95, 96, 126, 148, 225–246, 255
Praha → Prag
Pressburg (slowak.: Bratislava, ungar.: Pozsony): 57, 88
Preußen: 11, 20–23, 51, 56–59, 62, 65, 68, 69, 89, 255
Pumperle (tschech.: Řasnice): 178
Pyskowice → Peiskretscham

R

Raab (ungar.: Győr): 83, 87–89, 93, 96, 99
Racibórz → Ratibor
Radna → Maria Radna
Řasnice → Pumperle
Ratibor (poln.: Racibórz): 122, 123, 131, 132, 186, 187
Regensburg: 22, 40, 171, 178, 225–227, 234–240, 244, 255
Reval (estn.: Tallinn): 148, 149
Riga (lett.: Rīga): 16, 148, 149, 182
Rīga → Riga
Rjazan': 140
Rochlitz: 14
Rom (ital.: Roma): 80, 81, 90–91, 93, 95–99, 216
Roma → Rom
Rosenau (slowak.: Rožňava, ungar.: Rozsnyó): 96
Rostock: 19

Rotterdam: 148
Rožňava → Rosenau
Rozsnyó → Rosenau
Rumänien: 40, 43, 44, 59, 73, 148, 247
Russische Föderation, Russland: 12, 15, 16, 18, 19, 23, 39, 43, 44, 59, 73, 103, 107, 115, 117, 139–141, 145, 181–192, 194, 279, 297

S

Săcălaz → Sackelhausen
Sachsen-Anhalt: 233
Sachsen-Zeitz: 82, 83, 88, 93, 98
Sackelhausen (rumän.: Săcălaz, ungar.: Szakálháza): 261
Salem: 227
Salzburg: 89, 95, 232, 250
Samland: 22, 23
Sankt Andreas: 260, 263, 269
Sankt-Peterburg → St. Petersburg
Sânpetru German → Deutsch-Sanktpeter
Saska: 260, 263, 270
Sathmar (rumän.: Satu Mare, ungar.: Szatmárnémeti): 84
Satu Mare → Sathmar
Scardona → Skradin
Schlesien: 40, 44, 45, 51, 52, 55, 59, 60, 63, 65, 66, 68, 70–73, 89, 120, 122, 155, 168, 297
Schwäbisch Gmünd: 70, 229, 231
Scutari → Skutari
Semendria (serb.: Smederevo): 93, 94, 97
Semj-Modruš → Zengg-Modrus
Serbien: 93, 247
Shkodër → Skutari
Siebenbürgen (rumän.: Transilvania, ungar.: Erdély): 40, 45, 60, 88, 100, 101, 248
Skradin (Scardona): 88
Skutari (alban.: Shkodër, ital.: Scutari, türk: İskodra): 87
Slavgorod: 105, 108, 110
Slowakei: 43, 44, 53, 62, 68, 73
Smederevo → Semendria
Sofia: 148
Solodyri: 113
Sopron → Ödenburg
Sowjetunion: 23, 44, 63, 73, 116, 139, 141, 146–150, 181, 297

Spiš → Zips
Srem → Syrmien
Srijem → Syrmien
Stará Boleslav → Altbunzlau
Staraja Buda → Heimtal
Steiermark: 95
Steinamanger (ungar.: Szombathely): 96, 98
Stettin (poln.: Szczecin): 280
St. Gallen: 61, 91
Stockholm: 182
St. Petersburg (russ.: Sankt-Peterburg, 1921–1991: Leningrad): 6, 18, 54, 61, 66, 148, 149, 181, 182, 184–186, 188, 192, 194, 195
Strasbourg → Straßburg
Straßburg (französ.: Strasbourg): 226, 227, 229, 237–240, 245
Strzelce Opolskie → Groß-Strehlitz
Stuhlweißenburg (ungar.: Székesfehérvár): 92, 96
Stuttgart: 276
Syrmien (kroat.: Srijem, serb.: Srem): 93, 96
Szakálháza → Sackelhausen
Szatmárnémeti → Sathmar
Szczecin → Stettin
Szeged → Szegedin
Szegedin (ungar.: Szeged): 94
Székesfehérvár → Stuhlweißenburg
Szepes → Zips
Szombathely → Steinamanger

T
Tallinn → Reval
Temesgyarmat → Jahrmarkt
Temeshidegkút → Guttenbrunn
Temeskeresztes → Kreuzstätten
Temeswar (rumän.: Timișoara): 94, 95, 247, 248, 250–256, 260, 263, 264
Terek: 114, 115
Thorn (poln.: Toruń): 18, 62, 69, 70, 187
Timișoara → Temeswar
Tirana: 148
Toruń → Thorn
Transilvania → Siebenbürgen
Trento → Trient
Trient (ital.: Trento): 90
Tschanad (rumän.: Cenad): 85, 86, 94, 95
Tschatad → Lenauheim

Tschechien: 40, 43, 44, 73
Tschechoslowakei: 68, 154

U
Ujazd → Ujest
Újbécs → Ulmbach
Ujbesenyö → Neubeschenowa
Ujest (1937–1945: Bischofstal, poln.: Ujazd): 122
Ukraine: 43, 104, 105, 109–112, 114–117
Ulan-Bator: 148
Ulan-Udė: 148
Ulm: 40, 230–232, 235–238
Ulmbach oder Neupetsch (rumän.: Peciul Nou, ungar.: Újbécs): 260, 263, 271
Ungarn: 40, 43, 44, 63, 73, 79–96, 98–101, 208, 247, 248, 252

V
Vác → Waitzen
Versailles: 249
Veszprém → Wesprim
Vilnius → Wilna
Vladivostok: 148
Volodarsk (Rayon): 113
Vorkuta: 139
Voronež: 140

W
Wagrain: 93–95
Waitzen (ungar.: Vác): 81, 87, 90–92, 95, 96, 99, 101
Warschau (poln.: Warszawa): 18, 68, 120, 148, 182, 186, 187, 202, 219, 222, 279
Warszawa → Warschau
Washington: 121
Weihendorf → Woinowitz
Weimar: 19, 53, 249
Weißbrunn → Wesprim
Wesprim oder Weißbrunn (ungar.: Veszprém): 82, 85
West Country: 229
Westfalen: 52, 57, 69, 233
Westpreußen: 20, 24, 40, 44, 73
Wien: 80, 81, 83, 84, 87–93, 95–101, 120, 230, 231, 233, 234, 236, 248–253, 255–258, 261, 262
Wilna (litau.: Vilnius): 11, 149, 201, 208, 218

Woinowitz (1936–1945 Weihendorf, poln.: Wojnowice): 129
Wojnowice → Woinowitz
Wolhynien: 112, 113, 116
Wrocław → Breslau
Würzburg: 42

Y
York: 229

Z
Zabrani → Guttenbrunn
Zabrze → Hindenburg
Zagreb → Agram
Zala: 90
Zengg-Modrus (kroat.: Semj-Modruš): 96
Zips (slowak.: Spiš, ungar.: Szepes): 68, 96

Personenregister

A
Alexander I., Zar: 182
Althann, Michael Friedrich von: 90, 91, 98, 99
Althann, Michael Karl von: 90, 91
Aly, Götz: 137
Ammenhausen, Konrad von: 186, 187
Anderson, Eduard: 16, 20, 25
Angress (Gastwirt): 123
Aquin, Thomas von → Thomas von Aquin
Arnoldt, Emil: 18
Arntz, Wilhelm: 277, 279, 281, 283
Assmann, Aleida: 176

B
Bachtin, Anatolij: 16
Baron (Tuchhändler): 123
Batthyány, Ignác: 101
Beck, Karl: 277, 287, 290, 293
Becker, Johann Gottlieb: 15
Behrendt, Fritz: 281, 282, 285
Bellmann, Günter: 198
Berg, Max: 276, 282, 283, 285, 287, 291
Berger, John: 180
Berkowitz, Michael: 121
Bernadskaja, Elena: 185
Bernheim, Franz: 119, 120, 126
Białobłocki, Bronisław: 214, 215
Bloomfield, Leonard: 198
Blum, Otto: 277, 279, 280, 283, 287, 289
Bodmann, Rupert von: 94
Böhm, Herbert: 277, 278
Böhm (Rechtsanwalt): 123
Böll, Heinrich: 171
Bonatz, Paul: 276
Brauer, Leo: 131, 132
Brecht, Bertolt: 175
Briske: 277, 279, 284
Brückner, Friedrich August: 25, 27
Bude, Heinz: 173
Bujakowski, A.: 132
Burghausen, Hans von (Stetheimer): 232, 233, 238
Buturlin, Dimitrij P.: 183
Byčkov, A. F.: 189

C
Canevale, Isidor: 261
Čaplin, Nikolaj: 105, 112
Černyšëv, Vasilij: 147
Chayes, Ilse: 135
Chodakovskij, V.: 146
Chvatov: 105
Clasen, Karl-Heinz: 229
Čuvanov, Michail I.: 190

D
Dąbrowski, Jan Henryk: 213
Danziger (Kaufmann): 123
Defoe, Daniel: 173
Dobiaš-Roždestvenskaja, Olga: 184
Dönhoff, Marion Gräfin: 15
Dorfmüller, Karl: 277, 279, 280, 283
Dubrovskij, Pëtr: 182
Durzak, Jerzy: 162

E
Eberstadt, Rudolf: 283, 283, 293
Effenberger, Theodor: 56, 69, 283
Egger, Gerhard: 255
Eichmann, Adolf: 130, 131
Engels, Friedrich: 214
Ensingen, Ulrich von: 230, 236–239
Erwin von Steinbach (Meister Erwin): 227, 239
Esterházy, Imre: 87
Eugen, Prinz: 93, 94, 247, 248
Evans, Mary: 165
Eyb, Albrecht von: 189

F
Fajnberg: 106
Falkenstein, Euseb Anton Adalbert Freiherr von: 94
Feinberg, Nathan: 119, 120
Fillusch, Max: 125
Fischer, Franz: 178
Fischer von Erlach, Johann Bernhard: 255, 256
Fraknói, Vilmos: 79
Franckenberg, Johann Heinrich von: 91
Franz, Julius: 125
Franz II., Kaiser: 96
Frei, Norbert: 171

Freiburg, Michael von (Michael Parler): 227, 237, 239
Friedrich II. („der Große"), König: 14
Frischbutter, Waldemar: 114
Fuhrmann, Horst: 42

G
Gadebusch, Friedrich Konrad: 57, 68
Garampi, Giuseppe: 101
Gebhardt, Ignaz: 115
Gerthener, Madern: 231, 233
Gestwa, Klaus: 141
Gmünd, Johannes von: 227
Goldhagen, Daniel: 137
Goldmann, Nahum: 130, 131
Graf, Philipp: 120
Grimm, Jacob und Wilhelm: 197
Groß, Henry: 277, 279–281, 283, 284
Grossman (Funktionär): 115

H
Haacke, Harald: 15
Habsburg-Este, Karl Ambros von: 81
Haendler, Fritz: 133
Haendler, Kurt: 133
Hagemann, Friedrich: 19
Hagen, August: 18
Hansen (Bruder): 189
Hamsun, Knut: 173
Harrach, Johann Ernst Graf von: 95
Harras, Franz Graf Hrzan von: 95, 96, 98
Heiduk, Franz: 186
Heiligenthal, Roman: 277–283
Heimann (Geschäftsinhaber): 123
Hellmuth (Architekt/Städtebauer): 277
Hentschel, Gerd: 198
Herrmann, Alfred: 276
Hesse, Hermann: 174
Heydeck, Johannes Wilhelm: 22, 25, 28
Hippel, Theodor Gottlieb (von): 15
Hitler, Adolf: 126, 127, 129, 137
Hrabec, Stefan: 205

J
Jadot, Jean Nicolas: 255
Jansen, Hermann: 276
Jonca, Karol: 120
Joseph I., Kaiser: 97

Joseph II., Kaiser: 92, 101, 256, 259, 261, 262
Julius, Alfred: 129

K
Kalinnikov, Leonard: 16
Kant, Immanuel: 5, 7, 11–27, 29–36, 39, 58, 69
Karasek-Langer, Alfred: 172
Karl VI., Kaiser: 87, 88, 90
Katharina II., Zarin: 181
Kempelen, Wolfgang von: 258, 259
Kershaw, Ian: 137
Ketzer (Mitarbeiter Architekturbüro): 277
Kiseleva, Ludmila: 186
Klonowic, Sebastian Fabian: 205
Kluge, Friedrich: 206
Knabei, Lotte: 129
Knapski, Grzegorz: 216
Kneise (Mitarbeiter Architekturbüro): 277
Koch, Erich: 59, 69
Koch, Torsten: 180
Kochmann, Arthur: 124, 127, 131, 132, 134
Kohler, Erika: 155, 157, 158, 163, 165, 168
Kohler, Peter: 165
Kollonich, Leopold Graf: 86, 87, 98
Kollonich, Ladislaus Graf: 86, 88
Kollonich (vorher von Zay), Ladislaus Baron: 88
Kollonich, Sigismund Graf: 86, 87, 98
Köln, Michael von: 231
Konovalov, Nikolaj: 150
Kopernikus, Nikolaus: 18
Körner, Petrus: 253
Kostka, Johann Theodor: 257, 263
Kowalewski, Arnold: 18
Krasiński, Adam Stanisław: 199, 202, 220, 221, 223
Krumenauer, Hans: 232
Krumenauer, Stefan: 232
Kuhrke, Walter: 15

L
Laborde, A. Comte de: 185
Lahrs, Friedrich: 14
Laurentius von Ratibor: 186, 187
Legner, Anton: 228
Lehmann, Paul: 185
Lelewel, Joachim: 207, 208, 210, 214, 223

Lempart, Matthias: 125
Leopold I., Kaiser: 89, 97
Le Prestre de Vauban, Sébastian: 249
Leslie, Wilhelm Graf von: 90, 95
Leubuscher (Kaufmann): 123
Lewin, Moritz: 123
Lewis, C. S.: 198
Lichtenberg, Konrad von: 237
Linde, Samuel Bogumil: 201, 206, 207, 213, 218
Lippmann (Kaufmann): 123
Logutova, Margarita G.: 191
Lustig, Ernst: 120
Lustig, Wilhelm: 135

M
Malter, Rudolf: 17
Mandeville, Johann von: 187
Maria Theresia, „Kaiserin": 79, 80, 87, 90, 92, 100, 252–256, 258, 259
Margulies, Emil: 119
Markowski, Andrzej: 222, 223
Marx, Karl: 214
May, Ernst: 277, 278, 281, 284, 285, 287, 296
Mayer, Theodor: 96
Meffert, Otto: 277, 282–284, 287, 292, 294
Mercy, Claudius Florimond Graf: 94, 251
Meyer, Kurt: 277, 283
Micheli (Gebrüder): 19
Mickiewicz, Adam: 210, 213, 218
Migazzi, Christoph Bartholomäus Anton Graf: 91, 92, 98, 100, 101
Mil'čakov, Aleksandr: 111
Minzloff, Rudolf I.: 186–189
Möhring, Bruno: 276
Morant, Konrad: 226, 237, 239
Motzkin, Leo: 119, 124
Muesmann, Adolf: 277, 279, 281–283, 287, 290, 293
Müller, Ernst: 178
Müns, Heike: 153
Murjanoff, Michael: 184, 188
Mussolini, Benito: 127

N
Nadermann, Johannes: 277, 287, 290
Naruszewicz, Adam: 207

Neisser, Emmanuel: 123
Nesselrode, Wilhelm Franz Johann Bertram von: 92, 93

P
Pacassi, Nikolaus: 255
Parler, Heinrich (Vater Peters): 231
Parler, Heinrich (Neffe Peters): 231
Parler, Michael → Freiburg, Michael von
Parler, Peter: 59, 70, 226–239
Parler, Wenzel: 231, 236
Pázmány, Péter: 80
Peitler, Antal József: 99
Perger, Antonius: 251
Perlzweig, W. L.: 130
Pevsner, Nikolaus: 229
Platl, Franz Anton: 253, 254
Poniatowski, Stanisław August, König: 207
Prus, Bolesław: 214
Puff (Frisör): 134
Puttrich, Johann Gottlieb: 14, 25, 30

R
Rading, Adolf: 53, 70, 277–281, 283–287, 294, 295
Rappaport, Philipp August: 277, 279, 280, 283
Rauch, Christian Daniel: 14, 15, 17, 22, 23, 25, 32
Reichmann, Georg: 123, 133, 134
Reicke, Rudolf: 18
Renzetti, Giuseppe: 127
Renzetti, Susanne: 127
Robert von Anjou, König: 247
Roritzer, Konrad: 225
Roritzer, Matthäus (Roriczer, Mathes): 225, 226, 234, 235, 237
Roritzer, Wenzel: 234, 235
Rosenkranz, Karl: 18
Rosenthal (Geschäftsinhaber): 123
Rummel, Franz Ferdinand von: 97
Rutger (Steinmetzmeister): 231

S
Sachsen-Zeitz, Christian August von, Herzog: 82, 83, 88, 93, 98
Sachsen-Zeitz, Moritz Adolf von, Herzog: 83
Sänger (Staatsanwalt): 124

Sax, Johann Zacharias: 257
Schadow, Johann Gottfried: 13, 19
Schaffgotsch, Philipp Gotthard von, Fürstbischof: 89
Scheffner, Johann George: 13, 14, 24
Schiessl, Ferdinand: 255
Schlesinger, Hugo: 135
Schmidt (Sekretär des Zentralbüros der Dt. Komsomolsektionen): 105
Schmidt, Gustav: 192
Schmidt, Roderich: 42
Schmuttermayer, Hans: 225, 226
Schöll (Mitarbeiter Architekturbüro): 277
Scholz (Bürgermeister): 174
Scholz (Stadtbaurat): 285
Schönborn-Buchheim: 90
Schöndörffer, Otto: 18
Schöpf, Johann Nepomuk: 255
Schubert, Friedrich Wilhelm: 18
Schumacher, Emil: 276
Schutschkow (Philosoph): 19
Seitter, Walter: 262
Šelepin, Aleksandr: 150
Seuse, Heinrich: 190
Siemering, Rudolf: 14, 19
Simmel, Georg: 172
Sinzendorf, Philipp Ludwig Graf von: 89, 98, 99
Spechtsharts von Reutlingen, Hugo: 191
Springer, Elisabeth: 257
Staerk, Antonio: 184
Stalin, Iosif Vissarionovič: 66, 112, 115, 141, 142, 145, 147
Staněk (Meister): 232
Staszic, Stanisław: 210
Steinbacher, Sybille: 120
Steiner, Josef: 123
Steinlein, Karl Alexander: 252, 253, 257, 263
Stephan „der Heilige", König: 79
Stetheimer, Hans → Burghausen, Hans von
Stöger, Ferdinand: 91
Strinz, Karl: 277, 279, 282, 287, 290
Suchtelen, Graf: 182
Suleiman „der Prächtige", Sultan: 247
Swonke (Fahrradmonteur): 134
Szelepchényi, György (Juraj): 85

T
Taut, Bruno: 283, 287, 292
Tekorius, Alfonsas: 11
Tepel (Familie): 157, 158
Thomas, Hans: 286
Thomas von Aquin: 187
Thürmer, Paul: 277, 282, 283, 287, 290
Thurn-Valsassina, Anton Kasimir von: 93
Tjan, D.: 142
Trimberg, Hugo von: 187
Troc, Abraham: 201, 206, 218

U
Unterberger, Michael Angelo: 255
Unwin, Raymond: 285

V
Verbőczy, István: 79, 80
Vetterlein, Ernst: 277, 279, 280, 287, 289
Vincenz, André de: 198
Volkra, Johann Otto Graf: 88

W
Wach, Karl: 277, 281, 282, 287, 290, 293
Wagner, Martin: 285
Wagner, Otto: 276
Wagrain, Franz Anton Engl von: 93–95
Warda, Arthur: 13, 18
Wasse, Kurt: 277
Wehler, Hans-Ulrich: 171
Weinlaub (Bühnenleiter): 123
Weissmann, Georg: 119, 120, 126–128
Weitmühl, Benesch von: 228
Welzer, Harald: 180
Wendriner, Georg: 133–135
Wenzel I., der Heilige, Fürst von Böhmen: 228
Werthebach, Eckhart: 42
Wild, Michael: 178
Wobser (Förster): 16
Wolf, Gustav: 286
Wolf, Paul: 277, 279, 281–284, 287, 292, 294
Wolff, Heinrich: 51
Wolff, Paul: 134
Wolffsohn (Geschäftsinhaber): 123

Y
Yezierska, Anzia: 162

Z
Załuski, Joseph: 182, 186
Zay, Ladislaus von → Kollonich, Ladislaus
Zettler, Paul: 277